OLD RECORDS NEVER DIE : One Man's Quest for His Vinyl and His Past

レコードは死なず

by

Eric Spitznagel

エリック・スピッツネイゲル 著

浅倉卓弥 訳

OLD RECORDS NEVER DIE :
One Man's Quest for His Vinyl and His Past

by Eric Spitznagel

Japanese translation rights arranged
with the author c/o Sanford J. Greenburger Associates Inc., New York,
through Tuttle-Mori Agency, Inc., Tokyo

This Japanese edition published in 2021
By P-Vine Inc., Tokyo

目次

ケリーとチャーリーに
君らがいなくちゃ何も始まりも終わりもしなかったのだから

本書の巻頭に置かれたこの文章が、そこまでまるっきりイカれている訳でもない、その説明とでもいったほうがよさそうな序文的何か

——ジェフ・トゥイーディ

初めて自分の金で買ったレコードは四十五回転のシングルだ。たぶん七四年頃、七歳くらいのことになる。大学生だった姉貴が帰省で帰ってきた時に〈レコードバー〉という店へ連れていってくれた。そこでエアロスミスの「ドリーム・オン」とパイロットの「マジック」を買った。ラジオで耳にし、どちらもすごい曲だと思っていたからだ。

初めて自分の金でアルバムを買ったのは、いや、まだ何かで収入を得てなどいなかったからこの言い方はどうかとも自分でも思わないでもないし、あの頃僕が手元に持っていたお金というのは結局のところ、小遣いの残りか、さもなければ誕生日カードに入っ

ていたのをかき集めたものだった訳だが、とにかくそういうのを握り締め、当時姉がいたアリゾナ州トゥーソンまで足を運んだ時になる。そこからさらに日帰りでメキシコまで出向き、同地でブロンディの『パラレル・ラインズ《恋の平行線》』のスペイン語盤を買った。

　もちろん歌は英語だが、ジャケットの方は一字一句余さずスペイン語で印刷されていた。そのうえ盤《ディスク》自体もクソみたいに安っぽいプレスだった。薄っぺらな、五十グラムもないようなヴァイナルだ。実際今にも向こう側が透けて見えそうだった。当時よくシリアルのおまけについていたソノシートってやつと同程度だ。

　この二枚のシングルとメキシコ版『パラレル・ラインズ』とが、我がレコード遍歴のいわば補助輪の役目を果たした。収集癖が本格的にスタートするのは兄スティーヴの方からの影響による。

　末っ子の僕は家族の全員と十歳単位で年が離れていた。だからこの兄が大学を出て戻ってきた時も、まだ幼児の域を抜け切ってはいなかった。八歳かせいぜい九歳だ。そしてそのスティーヴに通販の〈コロンビアハウス・レコードクラブ〉の注文書を埋めている現場を押さえられた。僕の手からそいつを奪い取った兄貴はこう言った。

「何やってんだ？　お前、これマジか？」

「なんでさ」

　僕は食い下がった。

「だって十二枚ものレコードを一ペンスで売るっていってるんだよ。そんな額でいったいほかのどこで十二枚ものレコードが手に入るっていうのさ。十二枚だよ？」

「わかったわかった。お前、自分のレコードが欲しいんだな」

頷いて兄貴は続けた。

「だったら俺のをくれてやる」

本当にくれた。箱一杯分ぎっしりだ。しかもこいつが世にも奇天烈なラインナップだった。兄貴はどうも電子系の音に入れ込んでいたらしく、ハリー・チャピンにあのヴァンゲリスのいたアフロディテス・チャイルド、クラフトワークに大量のフランク・ザッパといった感じだったのだ。

そしてさらにこの〝〈コロンビアハウス〉事件〟を聞きつけた姉が自分の持っていたうちから何枚かを譲ってくれた。彼女からのお下がりには、大量のモンキーズにハーマンズ・ハーミッツ、それからビートルズが含まれていた。ポップミュージック入門とでもいったところだ。

かくして僕はいきなり、自分では何一つ持ってなどいなかった状態から、かくも喜ばしき、しかも広範に及ぶコレクションの持ち主となったのだった。すっかり夢中になった。なんか変なジャケットだな、こいつは飛ばしちまおうか、なんて思わせるレコードは一枚もなかった。誰かがあえてこの音楽をヴァイナルに刻み込むという手間をかけ、しかも売ってまでいたのだ。それを思えばすべてに価値があるはずだと信じられた。

幼くてまだものもよく知らない子供だった僕は、誰かがその音楽にレコードにするだけの意味を認めたのだとしたら、そこには絶対何らかの価値があるはずだという考え方を頭から信じ込んでいた。存在がそのまま価値に結びついていた訳だ。

今も自分のレコードは全部持っている。本当に全部だ。二枚のシングルにメキシコヴァージョンのブロンディに兄姉から譲り受けた一式。どれが元々兄のコレクションだったかも過《あやま》たずに示せる。ジャケットに白いシールが貼られ、そこに〝ＳＫＴ〟という兄のイニシアルが記されているからだ。

たとえ盤《ディスク》やジャケットにそれとわかる特徴がなくても、傷やノイズの場所さえわかれば自分のものは特定できる。そういうのがどこにあるかもわかっているのだ。

たとえば僕の『ロンドン・コーリング』は「デス・オア・グローリー」の途中で一箇所音が跳ぶ。今なおこの音跳びが聞こえてこないとむしろ変な気持ちになる。まあ、いいものではないし、魅力的だと思っている訳でもないが。

仮に誰かに交換を申し込まれたとしよう。たとえばリマスター盤とか、もっとレンジの広い高音質のリミックス盤とかみたいなやつだ。それでも自分が首を縦に振るとは到底思えない。たぶん古いアナログ盤の方を取っておく。

少なくとも僕はより高音質の『ロンドン・コーリング』なんてものには微塵の必要性も感じていない。むしろ不可欠なのはあの音跳びだ。音跳びのないやつを聴いたりしてしまえば魔法が解ける。たちまちあの世界から引きずり出されちまう。

レコードはまた、自分にとって意味があった物事たちの象徴としても機能する。歌というだけの意味ではない。言いたいのはその歌を含んだ、質感を持ったあの盤《ディスク》の存在そのものが、ということだ。アルバムなんて手に入れるのにも一々苦労させられたものだ。それぞれに物語があった。

近くの町にディスカウントショップの〈ターゲット〉があった。母がよく買い物に足を運んでいた。もう少し大きくなった頃には僕も一緒についていき、彼女が買い物を終えるまでぶらぶらとレコード屋で過ごしていた。そんなある時、安売りのワゴンの中に『ロンドン・コーリング』を見つけた。マジで今にも喉から手が出てきそうなほど欲しかったのだが、そいつにはステッカーが貼られ、こう記されていた。

「親への勧告《ペアレンタル・アドヴァイザリー》・露骨な内容《エクスプリシット・コンテント》・野卑な言葉遣《ストロング・ランゲージ》い」

正確ではないかも知れないが、そういった主旨の内容だ。まだティッパー・ゴアが騒ぎ出し、例の面倒くさい〈ＰＭＲＣ〉が動き出す以前の時期だ。だからそのステッカーも、レコード会社が貼ったのか、それとも店が独自に作ったものだったのかもわからない。いずれにせよ僕にはそいつを剥がしてしまう必要があった。どうしたって〝露骨な内容〟なんて警告があるレコードを母が買ってくれるはずもなかったからだ。

そこで僕はそいつを爪で削り始めた。でも全然上手くいかなかった。ようやく三分の一くらい剥がせたところで帰らなければならなくなった。仕方なく、問題のレコードを店内の違う場所へとしまいこみ、必ず戻ってくるからなと誓いを立てた。

再び来られたのは二週間後だったのだが『ロンドン・コーリング』はまだあった。僕は作業を続行した。新品のソファに載っかった猫よろしく、そのステッカーを引っ掻き続けたのだ。帰るまでにはまたさらに三分の一くらい剥がすことに成功していた。この手のステッカーというのは驚くほどしっかり貼ってあったのである。

その次に同店に行けたのはだが、それから優に一ヶ月か二ヶ月も過ぎてしまった後だった。当然もうなくなっていると思っていた。でもそれはまだそこにあり、今度こそ首尾良く全部剥がすことにも成功した。そこでアルバムを母のところへ持っていき、なるべく普段通りに聞こえるよう気をつけながらこう言った。

「ねえ、これ買ってくんない？」

一瞥した母は肩をすくめ、それから首を縦に振った。

「いいわよ」

僕は買い物カゴにレコードを入れた。完全犯罪でもやりおおせた気分だった。

このレコードもまだ持っている。ジャケットには我が幼き日の爪痕が今なおはっきり刻まれている。この部分からシュリンク包装の内側に指を突っ込み、そうやって僕はあの〝露骨な内容〟ステッカーに挑んでいったのだ。

そんな痕跡がまだ見つけられることも実に喜ばしい。簡単に手に入れられたものでなどなかったことの証拠だからだ。まるで『ショーシャンクの空に』でティム・ロビンスが演じた彼みたいだ。金槌一つでじわじわと自由への道を切り拓いた、刑務官たちに気づかれないことを願いながら、石壁を辛抱強く削り取っていたあの彼だ。

同時にこいつは、自分がクラッシュを聴けた事実にどれほど驚き、かつありがたく感じたかを克明に思い出させてくれる、そのよすがともなっている。彼らのレコードは、買って一度か二度聴いて、棚に戻しそのまますっかり忘れてしまうような代物ではまったくなかった。むしろ禁制品のようだった。

　この『ロンドン・コーリング』をターンテーブルに載せる時にはいつだって危険な気配をひしひしと感じた。今にもＳＷＡＴ《スワット》の一団がドアを蹴破り寝室へと雪崩込んできてこれを奪っていくに違いない。マジでそう考えていた。

　セントルイスの中古屋〈ユークリッドレコード〉に勤めていた時代の戦利品も幾つか持っている。どれがこの〈ユークリッド〉で手に入れたものかもやはり間違いなくいえる。その全部に〝Ｚ〟と書かれたラベルが貼ってあるからだ。

　売りたいんだけれどと店に大量のレコードが持ち込まれた際には、まず中に自分が欲しいと思うものがあるかどうかを確認した。そうしつつ、おそらくは百ドル相当のレコードの束に五十ドルの値をつけて引き取るのだ。それから今度はそれぞれのジャケットにステッカーを貼っていく。これには僕らが幾らでそれぞれを手に入れたかがわかるような記号が書いてある。後から現れたオーナーがこれを確認し、店頭での売値をつけていくというシステムだった。

　では買い取った中に自分の欲しいものが混ざっていたとしよう。この場合、自分が余計な金を支払わなければならない羽目になど、絶対ならないよう画策しておく必要がある。でも幸いこいつはただで手に入れたのだという符号があった。それが〝Z〟だ。一緒に買ったほかのレコードに十セントずつも載せていけば、欲しいレコードを〝Z〟に分類してしまうことはさほど難しくはなかった。

　Z分類のレコードはどれでも好きに持っていってよかった。たとえ店頭に出ていたとしてもだ。ただしこのシステムにはちとばかり細工をしなければならなかったことも本当だ。胸を張れることだとも思ってないが、だから、我がコレクションの中にあるこの〝Z〟のステッカーのアルバムのうちの何枚かが、本当はZ分類でなど全然なかったこともまた自明なのである。

　ところでパブリック・イメージ・リミテッドの『フラワーズ・オブ・ロマンス』をお聴きになったことはおありだろうか。一九八一年発表の作品だ。僕が十四だった年だ。すぐさまクリスマスに両親にねだるレコードのリストに入れた。

　もっとも無事手に入れられるなどとは全然思ってもいなかった。ところが信じられないことに二人はこいつを探し出して、ちゃんと買ってきてくれた。クリスマスの朝プレゼントの包みを開けてこいつを見つけた時にはまさに驚天動地の思いを抱いた。『ロンドン・コーリング』再びといった趣きだが、今度はずいぶんと簡単だった。

　そこへ父がこう言った。

「おい、そのお前の戦利品のどれかをここで皆に聴かせてくれるってのはどうだ？」

　家族はもちろん全員が揃っていたし、そのうえその場には、叔父叔母に祖父母に従姉妹たちまでいた。さらにはちょうど御近所さんの何人かが顔を出しにきてくれたようなタイミングでもあった。こうした人々の目が揃ってこちらを見守る中、僕は『フラワーズ・オブ・ロマンス』のシュリンクを引き裂き、我が家のプレイヤーのターンテーブルに載せ、一曲目へと針を落とした。

同作を知らない方のために説明しておくと、ド頭の曲はタイトルを「フォー・エンク《四方を》ローズド・ウォールズ《閉ざす壁》」という。僕はこいつを一九八一年のクリスマスの朝、我が家の居間で大音量で鳴らした訳だ。しかもこれが実に薄気味悪い曲なのだ。歌詞の方もまったくクリスマスっぽくはない。〝鬱《グルーム》たる破滅《ドゥーム》が部屋《ルーム》で待機している〟とか〝異教徒を滅ぼせ〟とか、さもなければ〝ジャンヌ・ダルクは魔術師だ〟とか言っている。

このレコードもちゃんと持ってる。一曲目にはしっかりと傷が残っている。あの時こいつが大いなる偏見に晒されて、乱暴にターンテーブルから引きずり下ろされて以来、この傷はずっとその場所にある。

父はこう言った。一字一句間違いはない。

「こいつはいったい何だ？　お前俺を殺す気か？　いったいどこのどいつが好き好んでこんなものを聴く？　何が起きてる？」

一度でもなにがしかの意味を感じたレコードは全部持っている。どの一枚として売ってはいない。ＣＤが登場した時も、僕自身はそれほど感動したという訳でもなかった。音質にはなんだか首を傾げさせられたくらいだ。

僕がＣＤを買うのはもっぱらその方が便利だからという理由からだけである。持ち運びが簡単なことは確かだからだ。ＣＤウォークマンなりステレオラジカセなりに突っ込めばどこでも好きな場所に持っていける。やがていよいよデジタル配信の時代がやってきた。僕だってバカではないから今はiポッドに音楽を入れて聴いている。それはでも決してアナログレコードの代わりになっている訳ではない。

そういう訳で僕がエリックのこの本の巻頭にこんな原稿を書いているという事実に関しては、なんだか奇妙な気分でいる。皆様もたぶんこの先そいつを読むことになる訳だが、彼がやったことについては、僕にはまるで理解できない。

だから、あなたがたの気持ちを削いでしまいたい訳ではまったくないのだが、でも真面目な話この男は絶対どこかイカれている。

ここに何を書けばいいのかに関して僕とエリックは複数回の話し合いを持った。

「正直にいうけど〝こいつなんでこんなことしてんだ？〟みたいな内容以外には何も頭に浮かんではこないんだ。だってこれまるっきり頭がおかしい。イカれてる。今すぐ止めちまえ」

レコードを売り払ってしまったことをいっているのではない。自分が売った、そのまさに同じ盤《ディスク》を取り戻してやろうなんて考えついてしまったことをいっている。そこは誤解しないでいただきたい。

若い頃から聴いてきて、なのに手元から失くしてしまったレコードたちを、もう一度その順番でたどりなおしてみようというのなら理解できる。むしろ高尚な試みだ。だけど、もし自分が彼のような立場になったらと考えてみると、たぶん――いや、よくはわからないが――でもやっぱりこんなことはしないと思う。手放してしまったことについて自分を責め、でもそこから先は前に進むことにし、新たな思い出でも作ろうとするに違いない。

　すると彼は、じゃあこんなふうに仮定してみてくれないかとか言い出した。僕の家が火事になる。妻と子供を助け出した後、では僕はコレクションの中からどのレコードを救い出そうとするだろうか。まずは『ロンドン・コーリング』を探すのか。「デス・オア・グローリー」に音跳びがあり、ジャケットにはまだ思春期にもならない時期の自分の爪痕が刻まれているあの一枚だ。

　それとも〝Ｚ〟なり〝ＳＫＴ〟なりといったステッカーが貼られている中から何か持ち出そうとするのか。あるいは、今なお父の激怒の痕跡をしかと留めた『フラワーズ・オブ・ロマンス』をひっつかむのか。

　言われて僕も考えた。けれど浮かんできたのはそのどれでもないという答えだった。僕はかなり現実的な方なのだ。間違いなくこの瞬間、それこそ後々まで必ず心の傷になってしまいそうな状況を思い浮かべた際に胸に湧き起こったのは、もし失ったら決して二度と取り戻せないような重要な一枚があったはずだということだった。所蔵品の中でも稀覯盤と呼べそうなレコードに思いを馳せて、あれを失くしたら泣くだろうなとも考えた。でも、それは本当に換えの効かないものなのか？

けれどその時、つまりそんな筋書きの中に自分の身を置いてみて、結局たどりついたのはTレックスのレコードだった。『ベアード・オブ・スターズ』だ。兄がくれた中に紛れ込んでいた。どうにも説明しがたいのだが、これが僕にとっては非常に貴重な一枚なのである。

このレコードは、ここはこの同じ一枚がということだが、これは今まで複数の世代に渡って受け継がれてきている。兄からこれをもらった僕がまずそれこそひっきりなしに聴いた。そして今現在は我が息子たち、スペンサーとサムとがこいつを大層気に入っている。ものすごく幼い時期から二人はこれを聴いている。

同作のどこが腕白どもの胸にそこまで響いたのかはさっぱりだ。マーク・ボランのカタログの中でも、特に重要だったりあるいは人気が高かったりする訳でも全然ない一枚である。しかし僕らには意味がある。

曲のせいかも知れない。ひょっとしてあのアルバムを思い浮かべる際、僕自身が例の〝SKT〟のステッカーを切り離すことができないせいかも知れない。それはこいつがかつては兄の持ち物だったこと、僕の手元にくる以前にも短くはない歴史というものが存在したことの証拠でもあるからだ。このステッカーが実に不思議な方法でこの一枚を貴重なものにしているのだろう。

しかしそれにしたって、いったいどうして我が家が火事になんて遭わなくちゃならないんだ？　それにそもそもまず真っ先にギターをなんとかしなくちゃならないだろう。だからこの本にまつわる一連は、皆こんな具合にして、始まるなりすぐ、どこか胡散臭くなっていくのである。お読みになればわかる。

はじめに

初めて何かを感じさせてくれた曲というのをまず思い浮かべてみて欲しい。

もっともこれは、メロディーは口ずさみやすく、しかもラジオから絶えず聴かされていたせいで、歌詞もすっかり頭に入っているといったタイプの、いわゆる流行りの〝歌〟をいいたいつもりではない。

え、でも私は大好きなんだけどな。ひょっとするとあなたはそんな気持ちになるかも知れない。けれどそういうのはきっと〝私ってばなんてアイスクリームが大好きなんでしょう〟とか口にしているのとさほど変わらない。基本食べている最中にしか感じないものだ。

だがしかし、アイスクリームのことが頭から離れなくなりつい夜更かししてしまったといった経験は、おそらく誰にもないはずだ。友人相手にアイスクリームの含蓄する深い意味について議論を交わすなんて場面もまた然り。このアイスクリームこそが、そんなふうにわかってもらえるなんてついぞ思ってもみなかったような方法で自分を理解してくれているのだといった気持ちにまでなって、すっかり心奪われてしまうなんてことも、九分九厘起きない。こんなふうに口にする人間など絶対にいない。

「ああ、これだよこれ。これこそは僕が自分の葬式で、参列者たちに是非とも食べてもらいたいアイスクリームだッ」

だから僕がここで取り上げたいのは、毛穴からずぶずぶと内側にまで入り込んでくるような音楽のことだ。血管にもぐり込み、やがては遺伝子の一部ともなる。見棄てられた、あるいは誤解されたといった気分になった時でも常に寄り添っていてくれる。そういう曲だ。こいつは間違いなく自分のためだけに書かれたものだと信じられる音楽だ。あら偶然ね、私もその曲大好きよ、愛してるくらい、なんて誰かに言われればついにやけもしてしまう。

だがちょっと待った。そんな輩が愛について何を知っているという。彼ら彼女らとその歌との関係なんぞ所詮一夜の情事みたいなものでしかない。せいぜいが一夏のアヴァンチュールが関の山だ。けれど自分とこの曲との関係は、それこそ比翼《ソウルメイト》の鳥のようなものなのだ。

仮に誰かから例のあの超難問をぶつけられたとしてみよう。

「もし絶海の孤島にアルバム一枚しか持っていけないとしたら、何を選ぶ？」

普通はなにがしかの作品を挙げる。その中には、この現世でこの先続くのであろう気の遠くなるような残りの時間、延々と繰り返し聴き続けたとしても絶対に飽きないだろうと自分が信じられる一曲が収録されている。

そしてあなたはそいつを流しながら、薪を集め、ほとんど木の枝のままといった様相の槍を手に生き物を狩り、そうやって緩慢に狂っていく。歌。音程と言葉とが独自のやり方で組み合わされたもの。海岸線で一人死んでいくような場面では是が非でも必要な慰めだ。

しかしこういった一切は決して軽々しく口にしてはならない。むしろまずは、さも難しい問いをぶつけてきたもんだという振りくらいはしなければならない。そして、こんなことを考えるのは生まれて初めてだといった顔を装いながらこう答えるのだ。

「ふむ、少し考えさせてくれ」

ことこの質問に関しては、徹頭徹尾、クールかつ普段通りに見えるように心がけて対応すべきだ。その曲に対して自分の抱く想いは、今のこの場面にはやや不適切ででもあるかのように装うのである。

だから、それを耳にすることが即この宇宙で感じる我が身の寂しさをたちまち軽減してくれるとか、そういった程度では済まないのだと、むしろもしその曲が存在していなかったらきっと肉体の中の何かが分子レベルで今と違っていただろうとまで考えていると、相手にもそのように思わせなければならない。

さて、ではいよいよ改めてその一曲を思い浮かべていただきたい。目を閉じて、聴き慣れた和音を頭の中に鳴らしてみて欲しい。

見つかったか？

ちゃんと聴こえてきたか？

ならば問おう。

そいつの匂いはどんなだ？

ひょっとしてここまでくると皆様の中には、僕の質問などまるでナンセンスだと思い始めた方も出てきていることだろう。どうにもちんぷんかんぷんな野郎だな、とか。それは全然かまわない。むしろ正しいのかも知れないし。

たぶんあなた方は音楽というものをデジタルのフォーマットの形でしか知らない世代の人たちだ。触ったり持ったりできないものだと考えている。だって物理的な存在ではないから。

そいつはエーテル層の中にある。画面に現れはするが、まずはファイル形式が適合していないとどうにもならない。メガバイトとギガバイトと圧縮方式との問題だ。ダウンロードするかストリームのまま使うか、あるいはクラウドにおいておくか。そういう方法なんだろう?

　さほど遠くない昔、音楽のフォーマットというのはただ二種類きりだった。〝お、こいつはいい音だな〟か、あるいは〝うへえ、アルビンとチップマンクスのアルバムみたいな音だ〟かのどちらかだ。ちなみにこいつはシマリスの出てくるマンガで、キャラクターたちがキンキン声で歌った曲が大昔に大ヒットした。だからまあ、これだけ判断できれば済んだのだ。

　しかし今や音楽を手に入れようと思うなら、まずはこんな質問から始めなければならなくなっている。

「なあ、こいつを聴くにはレイムのＭＰ３エンコーダが必要になるのか?」

　さもなきゃこう。

「それってちゃんとしたキロバイト数あるやつなのか? 何? たった一二八? まいったなあ、俺の六四〇以下は受けつけないんだ」

　ま、君らのデジタルフォーマットがＭＰ３であれＭＰ４ＡｓであれＷＭＡであれＡＩＦＦであれＯＧＧであれ大差はない。匂いがないことに変わりはない。あなたの音楽を鳴らしてくれるものならば、こっちもまた、ｉポッドであれラップトップであれ所詮何でもいいのだが、それ自体からであれば、あるいは何らかの匂いもするのかも知れないが。

　でもその時鳴っているのが、たとえばフー・ファイターズであれジェイＺであれ、結局は同じ匂いしかしないはずだ。それはある一曲やあるアルバム特有のものでなどまったくない。

　レコードというものはもっと違った何かだった。実体のある存在だ。大きくて不必要にかさばり、不便であまつさえ壊れやすい。

　あるいはそれは皮膚にもたとえられようか。良くも悪くも生涯を通じ変化していく。皮膚には傷だってつく。意図的にだったり事故のせいだったりする。火傷を負うこともあろう。刺青が入れられることもありえようし、傷跡が残ってしまうこともある。

　でも、元々それが有していたなにがしかの性質は保持される。そいつはやはり同じ皮膚だ。何らかの変遷に晒され、懸命にそれを潜り抜けてきたというだけのことでしかない。

　いいレコードに限った話ではあるが、中には強烈な匂いを放つものが存在する。海辺みたいな香りがすることもある。父親のコロンみたいだという場合もあろう。たとえば一九七七年にエルトン・ジョンの『グレイテスト・ヒッツ』を、元々はサクランボの加工場だった建物がつい先日改装されてできあがった〈ライオンズクラブ〉のバザーの会場で二ドルで手に入れたりすると、そいつからは十年経ってもそこはかとなく桜の香りがしてくるものだ。

　僕にはもう一つ挙げられる。ビリー・ジョエルの『ストレンジャー』だ。あのジャケットを見ると必ず〈カルバンクライン〉の〝オブセッション《妄執》という香水の匂いを感じる。

　八〇年代半ばに祖母が胆嚢癌と診断された。手術の当日、両親はニューヨークに飛んだ。その間僕と弟とは別々に、二人の友人だったそれぞれの家族に預けられることになった。

僕を受け容れてくれた家には娘さんが一人いた。デビーという名前で、僕より二つばかり年上で、そして卑怯なほど魅力的だった。ホワイトスネイクのあるビデオに出てくる女性と似ていたりもしたのだが、その彼女と時たま学校ですれ違うこともあった。そんなにそばにいる存在なのに、手の届きそうもなさといったら実に圧倒的だった。

その日のことは今でもはっきり覚えている。彼女の家の前で一人車から降ろされた。そして彼女の部屋に案内してくれた御両親からこう告げられた。

「ここで寝てもらうことになるからね」

今自分がここにいる。彼女の部屋に。今にも目が回りそうだった。だって神様、あの娘の寝室なんですよ。彼女が眠る場所だ。それもたぶん——下着姿で。

僕はまず彼女のレコードコレクションを確かめた。美人が色っぽい下着姿で自分の部屋にいる時にいったいどんな音楽を聴いているのか。是非ともそれを知りたかった。

この時僕の手が一番最初に引っ張り出したのがビリー・ジョエルの『ストレンジャー』だった。まだ聴いたことはなかったが、ジャケットだけではっとした。

ＢＪはベッドの上に座っていた。ちゃんとしたスーツで靴はなし。落ち着いた様子で、傍らに置いた、舞台用と思しき白の仮面を見下ろしている。壁にはボクシングのグローブが一組ぶら下げられている。いかにもわざとらしくもあったが、それでもロードショー公開時に買ってもらった『スター・ウォーズ』の各キャラクターのフィギュアをまだ全部後生大事に持っているような十三歳の子供の目には、このビリーの姿は非常に複雑で、かつ思慮深げに映った。

もう少しスーツを着るようにしよう。それからボクシングのグローブも買わなくちゃ。そう心に書き留めた。

レコードからは間違えようもない独特の匂いがしていた。でも、僕がその匂いを名前で呼んで説明できるようになるのはこの時から十年も経ってからだ。友達の紹介で初めて会ってデートした相手が〝オブセッション〟をつけていたのだ。首尾良く彼女とある程度いちゃつくことができている間、僕は首筋に鼻を近づけ、深く息を吸い込んでからこう囁いた。

「ビリー・ジョエルの『ストレンジャー』みたいな匂いがする」

そこから先が上手くいかなかったことは申し上げるまでもない。

その夜もどれくらいそうやってデビーの『ストレンジャー』の匂いを嗅いでいたかはわからない。いきなり音を立ててドアが開き、当のデビーが部屋に駆け込んでくるまでだ。僕を睨みつけながら彼女は言った。

「あんたもうここにいる訳だ」

「うん」

そうは答えたが、まるでキャンプ場に迷い込んできた熊でも見つけたような目で彼女を見上げていたのではないかと思う。頷いた彼女がにじり寄ってきた。

「ねえ、これってなかなかの事態よね。あんたはそう思わない？」

相手が何を言わんとしているのかはさっぱりだった。それでもこう考えたことは忘れない。

「なかなかっていったい何が？　これのどこが〝なかなか〟だなんて言うんだ？　それに、なんで彼女はこんなにすぐそばに立つ？　ひょっとして何かして欲しいのか？　キスとかか？　ああそうか、僕はキスとかするべきなのか。そりゃそうだよな。キ、キスしなくちゃ。これってだって、そういうことじゃん。よし、す、するぞ。キ、キ、キスするぞッ」

しなかった。それどころか彼女の家にいた一週間、以降はまともに口をきいてもらえたことさえついになかった。ひょっとすると僕は大チャンスを逃してしまったのかも知れない。さもなければ、最初彼女は僕のことをほかの誰かと間違えていて、近づいてみてようやくそれがわかったのだが、礼儀正しい彼女にはそんな説明をすることもできなかったのだろう。うん、こっちの方がありそうだ。

やがて僕も『ストレンジャー』を買った。でもそれはまったく同じ代物という訳ではなかった。曲は大体同じように聴こえたが、本質的な何かが失われていた。息を飲むようなあの匂いがしなかった。

さらにもう一枚、そこから漂い出す臭気が僕自身の個人的神話の一部ともなっている作品がある。リプレイスメンツの『レット・イット・ビー』だ。同作は一九八四年の発表で、僕が買ったのは一九八六年のことになる。そして最終的に売り払ってしまったのが一九九九年だ。

我が手元にあった十年を超えようというこの期間の大部分、このジャケットはずっと、単に中のヴァイナル盤《ディスク》を保護する以上の役割を与えられていた。大麻の安全な隠し場所として機能していたのだ。たぶん以下のような理屈でこいつが選ばれたのだ。

たとえば誰かが、つまりは両親か、さもなければ十代の若者の部屋を無作為抽出して捜査しようという麻薬取締局《DEA》の人間か、ということになる訳だが、仮にそうした面々が、子供連中はきっとレコードジャケットの中に大麻を隠しているはずだというバカげた考えにたどり着いたとしよう。そうなれば彼らはきっと、よりそれっぽいアルバムを探すはずだというのがこの想定の根幹だった。

おそらく連中はいの一番にサイプレス・ヒルを確認する。さもなきゃグレイトフル・デッドだ。ボブ・マーリーの『レジェンド』も極めて怪しい。そこまで想像した僕は、まずこの『レット・イット・ビー』をクローゼットの中のすぐ目につくところにしまうことにした。あからさまな囮《レッドヘリング》である。こうしておけばきっと他の場所など探そうとも思わないに違いない。まちがいなくこんな感じになる。

「ああ、その中西部野郎《マッツ》どものレコードの山は探す手間などかけなくていい。あの連中は酒はしこたま飲むが、草はやらねえ」

もちろん母も麻薬取締局も両方とも、アーティストに対する僕の嗜好の目の回りそうな節操のなさなど事前にリサーチ済みなのだ。

ちなみに僕は逮捕されたことはない。もちろんこの『レット・イット・ビー』が実に巧妙な隠し場所だったおかげだ。いや、そんなことはまったくなくて、ただこの世界の誰一人、僕が大麻を吸っていようがいまいが洟も引っかけなかったというだけのことでしかない。

こうした音楽たちを聴かなくなってしまったことはない。実際これらのアルバムに関しては以後も複数の形《フォーマット》で手に入れている。『レット・イット・ビー』のＣＤなら三枚も持っていたし、曲単独で買ったＭＰ３データも数えきれない。そうやってたくさんの、ｉポッドにｉパッド、ナノスにミニスにシャッフルズの中へと突っ込んでいった。

確かに音符は同じだ。声だって聴きなれたものだ。だけどもう自分の音楽だという感じが全然しなかった。

一つには匂いがしないせいだ。それからスクラッチノイズ。針の引っかかる音などどこにもない。そんなものなくてもどうってことないじゃないかと思われるかも知れないが、僕は何よりあのスクラッチ音をこそ恋しく思う。

スクラッチこそは肝心だ。それは単に不完全さを表象するにとどまらない。あの音と一緒に何か意味のあるものが生み出されていた。それは溝のその箇所に何かが刻み込まれた証拠だった。その時何か重要なものが、終生傍らにあるはずだったレコードなる存在の一部となった。歌こそは証人だった。連中こそが、我が折々の里程標《マイルストーン》の現場に立ち会ってくれたのだ。

人生がまるっきりのクソみたいになっちまった時、お約束のごとく虚空に差し伸べられていた手をそっと取ってくれたのが歌だった。祝うべきことが起きてははしゃぐ我々に、踊るための音楽を提供してくれたのが歌だった。歌だ。なるほどその通りだ。

しかしより厳密にいえばその正体は、その時自分が所持していた、形のあるその存在そのものなのである。手で触れて、持ち上げて、そしてそいつが鳴らす音楽に耳を傾けながら、それ自身が延々と回り続ける様を見守っていた。音楽こそが唯一元気をくれるものだった。

それは何かを教えてくれるだけの存在でなどなかった。相棒にして共犯者だった。

そのレコードを、そんな特別な一枚をもしまたもう一度手にすることができたとして、見ただけでそれとわかるだろうか。

それが自分の所持品だったと。

僕自身は自分のものならきっとわかると思いたいなと考えている。たとえば湿っぽい地下室とか、水漏れのしているエアコンの真下の棚とか、そういう場所にあったとしても、だ。

どこに傷がついていたかも覚えている。だってつけたのは僕だから。音が跳んだりひずんだりする箇所もわかる。たぶん自分の肉体と血とが自分のものだとわかるように、僕は自分のレコードを見分けることができるはずである。

一九九九年に父が亡くなってしまった直後の数ヶ月間、僕の頭にはあるバカげた想像が繰り返し甦って止まなかった。

それは、父が実は〝致命的な心臓発作〟というものを装ってみせたのではないかというものだった。そうやって死んだと信じ込ませ、町を飛び出し、そのまま故郷のテキサスへとケツまくったか、あるいは愛人を連れどこぞへ逃げ出してしまったのではないかとか、何故だかそんなふうに考えてしまうのだ。振り払うことができなかった。

同時にそんな戯言は一応の慰めにもなってもいた。葬儀やそのほかの間、急流に弄ばれていたのはむしろ僕自身の人生の方だったからだ。でもそんな想像の波間を漂っていたおかげで僕は、悲しみで呼吸もままならなくなったりするまでのことはどうにかせずに済んでいた。

幻の父はニューオルレアンズ辺りのどこかにいた。下手くそに髪を染め、口髭を生やし、ブラジル人の恋人と一緒に安宿から安宿へとジプシーのような日々を送っていた。白昼夢の中では時に、僕自身がマルディグラ《肥沃の火曜日》のパレードの只中を彷徨い歩いているという場面にも出くわした。すると遠くに父の姿が見つかった。自動車のハンドルさながらに顔を囲んだ髭をたっぷり蓄え、サファリ帽を斜めにかぶり、これが最後だとばかりに思い切り息を吸い込んでから傍らにいる恋人の首筋にキスなんぞしている。

彼女の名はいったいなんというのだろう。ロザリオか、それともヨランダか。そんなことを訝るうち、ふと父と目が合った。父にも僕が父だとわかったことがわかっている。それが僕にもわかってしまう。父は笑う。弱々しい笑みがこう告げる。

「すまないな、息子よ。この十五年お前を助けてやれるような場所にいてやれなくて本当に申し訳ない。でもお前が今どんなふうに日々を送っているかもわからなくてこっちだって心底淋しいんだ。俺はお前が想像もできないほどお前を愛しているんだからな。逝ってしまわなくて済んだらどんなによかったかとも思う。しかし〝人生は短い《ラ・ヴィーダ・エス・コルタ》〟んだ。いつかわかる」

そしてそのまま彼は吐息とともに姿を消してしまう。パレードの人混みにすっかり紛れ込んでいく。僕は追いかける。人々を押し退け、仮面のままの酔客たちにぶつかっては躓《つまず》き、竹馬男たちの脚の間を滑り抜け、観光客の手から飲み物を叩き落としまでしながら、駆けて、駆けて、駆けていく。周囲には楽しげな笑い声と音楽と、そして祝祭の気配とが満ちている。

父を見つけられるなどとは思っていない。それは自分でもわかっている。だがかまわないのだ。父がまだここにいたことを自分が知ってさえいればそれでいい。

彼はまだ僕と同じこの蒸すような空気を吸っている。少なくとも今の父は、自分はあの〝俺は六十で心臓麻痺に襲われたんだ〟といった計略で僕をからかおうとしたりは決してしていないと認めてくれていた。

幻とはいえマルディグラのパレードのあの雑然たる人混みの只中で父の目を見分けられたのと同様に、僕には自分の持っていたリプレイスメンツの『レット・イット・

ビー』がわかるはずだった。そいつはずっと傍らにいたからだ。つき合ってはその都度すぐ振られてしまったガールフレンドたちに、胃袋を掴んで締め上げられでもしているようだった孤独感、セロテープと薄っぺらなパンクのギターリフとで辛うじて繋ぎ止められられていた自意識。貧しさとともにそんなものどもたちに彩られていたあの歳月、あれはずっとその場にあった。だからもう一度目にしさえすれば必ずわかる。決して葉っぱの臭いがするからだけじゃない。

仮に再びあれと同じ部屋にいられたとしたなら、むしろ気づかないでいることは不可能だろうくらいに、この判別については自信がある。しかし難しいのはそこではない。厄介なのはまず見つけ出すことだ。まだ二十代のうちに全部売り払ってしまったのだ。

レコードを手放してしまってからもこの身には様々なことが起きた。結婚もしたし初めてまっとうな職場に勤めることもした。父を埋め、ほとんど離婚しそうにもなった。そして親というものにまでなった。

笑い出したくなるほど無謀なことに見えるかも知れない。でも、たぶん長いこと懸命に探し続け、諦めを退け続けてさえいけば、ひょっとして見つけられるかも知れないではないか。マルディグラのパレードの中に死んだ父親を見つけることだって不可能ではないかも知れないのだから。

時に何かが永遠に失われたと思ってしまう。自分の一部がすっかりどこかへ姿を隠してしまった気がして仕方がなくなる。つい注意を払うことを疎かにしていたその隙に、そいつは消えてしまった。

あなたは追いかける。角を曲がったところにある裏路地に着くまで走り続ける。そうすればどうにか取り戻すことができるかも知れない。

だけど、じゃあそこから先いったいどうなるっていうんだ?

One

「何かお探し？」

レジ脇で物説いたげに突っ立っていた僕に気づいた、ブロンドにピンクのメッシュという頭をした店員の娘がそう言った。レコード店で働く女の子には是非こうあって欲しいというタイプだ。パンキッシュで、でもひょっとして今にも刃物でも取り出すんじゃないかというほどではなく、サイコビリーなるジャンルを切り拓いた伝説のバンド〝クランプス〟のロゴ入りのTシャツ姿で、片手で葡萄を摘まんでいる。

まるで悪意のない質問だった。僕だってここまで何千人もの〝店員〟なる人々から、それこそ何千回どころではきかないほど聞かされている。特に返答の難しい部類ではない。巨人《トロール》から、この橋を渡りたいなら今から出す問題に答えろと詰め寄られているのとは天と地ほども違う。推奨される答えはこうだ。

「いや、ありがとう。大丈夫だ」

だがこの時は口輪筋のやつが協力を拒んできやがった。相手は笑顔で待っている。向こうだってこんな事態に慣れているはずもない。

　シカゴはレイクビューにある〈レックレスレコード〉なる店だ。僕が初めて借りたアパートからもほど近い。足を踏み入れるのはほぼ二十年ぶりになる。それでも見回した限り、店内はさほど変わってはいない様子だった。

　フロアに流れる音楽は、当時も大抵そうだった通り、曖昧で、かつ興味を掻き立てずにはいない種類のものである。自分がいかに不勉強であるかが身に染みる。たぶんそう感じさせる意図で選ばれているに違いなかった。

　ちなみにこの時のＢＧＭに関して僕にわかったのは、またずいぶんと大きくペットがフィーチャーされているんだなといった程度である。でもヴォーカルの方はイギー・ポップが必死で『魂の叫び《ラトル・アンド・ハム》』のボノみたいな印象を出そうとしているようにしか響かなかった。

　その歌声の中、店内のあちこちで髭面の野郎どもが自身の領域を確保しつつ、計算機を叩く古き良き時代の会計士らのごとき手つきで各々の目の前の棚のレコードを一枚一枚、パタパタと確認する作業に没頭していた。

　八〇年代から九〇年代にかけて僕が足繁く通っていたほかのレコード店たちは、わかった範囲ではすでに絶滅していた。ループにあったあの伝説の〈ローズレコード〉すらその運命を免れ得なかった。同店には二階へと続くエスカレーターがあり、いや、降りる方だってちゃんとあったのだが、とにかくそれを昇った先のワンフロアが格安品でいっぱいだったものだ。しかしその場所は今理容学校になっていた。

　ハルステッドで教会さながらの店構えを誇っていた〈エヴィルクラウン〉も同様である。同店は〈Ｓ＆Ｍ〉の皮革用品店と同じ区画で、息子さんがかの〝食人鬼〟ことジェフリー・ダーマーの字義通りの餌食になってしまったという年老いた父親の経営による、狭苦しい立ち飲みのコーヒーショップと並んでいたものだが、こちらともども影も形も失せていた。

　今そこにあるのは〈電池別売り《バッテリーズ・ノット・インクルーデイド》〉だかいう名の店だ。こいつは〝未婚女性《バチェロレッテ》の独身最後の夜のためのパーティー用品の店〟なのだそうだ。クラークアンドベルモントにも行きつけが一軒あったのだけれど、こちらは名前が思い出せない。いずれにせよそこは現在〈ダンデイダラー〉だかいうファンシーショップになっている。

　〈レックレス〉もそうした我が縄張りの一つだった訳だが、こちらも元々の場所からは通りを挟んだ向かい側に移転していた。それだけで居心地悪かった。大学を出て実家に戻るとベッドが食堂にあったみたいな気分だ。

　確かに寝る場所はある。ひょっとするとより好都合にはなったのかも知れない。足元は比べ物にならないほど広いし、食べものやテレビにも容易に手が届く。

　けれど記憶とは違う。いろいろ否応なく体験させられた大事な諸々のすべては、ここではない別の部屋での出来事だった。

　この〈レックレス〉について鮮明に覚えていることは一つきりだ。だがこいつがある種〝自分はあれで一人前の男になったのだ〟的な物語だったりもするのである。もっとも当時はさほど偉大な一歩に見えていた訳でもない。初体験とかとは全然違う。ところであの手の経験には大抵、もたついちまったこととか明らかな判断ミスといった思い出がつきまとうものだろう。十分楽しめたやつなんて絶対一人もいないだろうが、それでも無事に済んでくれたことについてだけは神に感謝したはずだ。

　いやだからこいつはもっと全然他愛のない話なのだ。でもその重要性においては決して劣るものではなかった。高校時代の夜の集まりで、生まれて初めて女の子から強烈なアプローチを受けたみたいな感じだ。ワオ、こいつはいったいどういうことだ、とかつい思っちまう。そうこうするうち誰もこっちを見ていないようなタイミングを見計らって体を傾けてきた相手が、耳元でこう囁いたりする訳だ。

「ああ、はいってきて欲しいなあ」

　こいつが十六歳の女の子の台詞だったりすれば、そりゃあもう、舞い上がってとっ散らかってマジたまらなくなる。天地が引っくり返ってもこんなこと起きるはずがないとか思う。だってこんなのこう言われたも同然だ。

「ねえ、一緒にスペースシャトルに乗り込んで火星に行きましょうよ。入植者になるの。そうすればいずれ私たちの子孫がそこで新しい文明を築くことになるわ」

　彼女に〝はいれる〟なんて事態が一旦頭に浮かんでしまえば、ほかのどんなことだって同じくらいには有り得るだろうと思えるものだ。そもそも語感がたまらない。有史以来そっち方面で人類が耳にした最もエロい表現だくらいに言ってしまってかまわないだろう。

　実際にはしかしもちろんそのまま何もなく家に帰ることになる訳だが、自分がその手の欲求の対象となったのだという電気ショックみたいな興奮は簡単に消え去りなどしない。夜中じゅうずっと、一睡どころか一瞬たりとて目を閉じることすらできないままで過ごすことになる。そしてそのキンキンの両のまなこを見開いて、この世界の誰かが自分の裸を見たいと思ってくれたんだというとち狂った考えに延々支配され続けることになる。誰だってそうなる。なるはずだ。いやだから、絶対僕だけじゃないはずだ。

違わないよな？

　さて、この我が〝〈レックレス〉の思い出〟なる事件が起きたのは一九九三年だ。例によってパタパタとレコードを棚から持ち上げ一枚ずつ確かめているうち僕は、どうみても三つか四つは年上の少年らの一団に近づき過ぎていた。皆名前も聞いたことのないバンドのロゴの入ったよれよれのTシャツという格好で、二の腕には複雑怪奇な刺青を入れていた。一人など首全体を蜘蛛の巣が覆っていた。

　連中はニルヴァーナを話題にしていた。コベインが一番肝心な部分でピクシーズをパクっているのは明らかで、たとえ本人がいよいよそれを認めたとしても、盗作であることには何ら変わりはないといった内容だ。しかも、ニルヴァーナの方は今なお宇宙一ビッグなバンドの地位にあり続けているのに、メインストリームはいまだピクシーズについては無視を決め込んだままでいる。これがつまり、音楽ファンと呼ばれる連中の多くが結局は間抜け野郎に過ぎないという事実の動かぬ証拠だというのである。

「だからよ、道の向こうでモーツァルトが指揮棒振ってるってぇのに、この馬鹿野郎どもときたらまだサリエリを聴きたがってるみたいなもんなんだ」

　一人がそう鼻を鳴らした。明らかにリーダー格だ。スキンヘッドで、耳にはマヨネーズの蓋ほどもサイズのあるピアスをぶら下げ、マルボロの臭いをさせている。

　そこで僕はくぐもった笑い声を漏らした。聞こえているし、自分もまったく同意見だと彼らにわかってもらいたいつもりだった。

「ぐへへ」

　そこへ別の一人の野卑た笑い声が挟まった。

「あいつらなんて、ストーン・テンプル・パイロッツをすげえバンドだと思っていやがるんだからな。お前らパール・ジャム聴いたことねえだろとか言ってやりたくなるよな」

　ところがマヨネーズ蓋ピアスの頭ツルツル男はこれにはくすりとも笑わなかった。むしろ相手を睨《ね》めつけた。

　棚から顔を上げることはしないまま僕は、そのパール・ジャムのエディ・ヴェダーの唸るようなバリトンを真似て歌い始めた。曲は「ドーター」だったが、歌詞は多少いじった。娘《ドーター》を音楽《ミュージック》に変えたのだ。

「私を〝音楽〟なんて呼ばないで。そんなつもりはないんだから――」

　頭ツルツル男もこれには笑ってくれた。満足げにすら見えた。のみならず、彼は僕に声をかけて呼びつけた。

「おうガキ、いいもん見してやるぞ」

　マジで今にも睾丸がせり上がって体の中に潜り込みそうな気持ちになった。本当だ。鼻高々でもあったが死ぬほどビビってもいた。

　レジカウンターの向こう側まで僕を連れていった彼は、そこにあった〝新入荷〟と書かれた箱へと手を伸ばした。そして中から『イントゥ・ザ・ホワイト』というタイトルのピクシーズの輸入盤を取り出した。ＢＢＣのライヴ音源を集めたものだ。それまで存在も知らなかったし、当然買おうと思ったこともなかった。五十ドルなんて価格がついていれば絶対無理だ。

　しかしこの、耳に空き缶をぶら下げた小粋なスキンヘッド氏が、僕がこれを買うのに相応しい男だと認めてくれたのである。いったいどう言えばいい。こんな感じか？

「ああ、確かにお祖母ちゃんから家賃の足しにしなさいと五十ドル貸してもらってはいます。でも、もう全部持ってる曲なのに、それが海の向こうの遠い国のラジオ番組のためだけに録音された音源だからといって、そいつを全部つぎ込んじまう訳には、さすがにいかないんじゃないかと思うんですよね」

この特別待遇の後にはさていったい何が起きるものなのか、さっぱりわからなかった。いやまあ違うか。この言い方は真実じゃない。どこかで僕は自分が望んでいるような展開になってくれることを期待していた。こんな具合だ。

彼はきっとそのまま僕を自分の部屋まで招待してくれる。そこは町中のクールな連中が揃ってたむろしているような場所で、水煙管《キセル》みたいな精密な道具でクスリを回し合いながら、自分たちの大好きな、たとえば雑誌の『ベン・イズ・デッド』とか、もしくはアニメの『シンプソンズ』のお気に入りエピソードとか、さもなきゃハル・ハートリー監督の映画なんかについて、親しげな議論を交わしている。

そしてその場の全員でピクシーズを聴く。ツルツル頭の彼が天井から鎖でぶら下げた黒のスピーカーから、これでもかという大音量で「ディベイサー」を鳴らす。僕も意味深な笑みで頷いて見せる。この曲の破壊性なら十分わかっているからだ。

こいつはでも、今の生活に対する些細な不平不満を引っ張り出すといった真似はしない。代わりにすぐにでも郊外の両親の元へと車を飛ばし、自分の昔の部屋へと身を隠してしまいたいような気持ちにさせてくる。そして僕はそこでビリー・ジョエルの「キーピング・ザ・フェイス」を繰り返し聴く。そうせずにはいられなくなっている——。

ま、そんな一切は現実には起こりなどしなかった。結局この輸入盤を買わされた僕がそのまま帰っていったのは当時ルームメイト四人と暮らしていたシカゴのアパートだ。そしてこの一枚を、聴きもしないのに法外な金額をつぎ込んで買い漁ってしまったほかの輸入盤やら海賊版やらですでにいっぱいになっている木製の棚へと突っ込むなり、お祖母ちゃんに電話をかけ、どうしてもあと五十ドル送って欲しいんだけどと泣きついたのだ。まったく。

　そして今それから二十年余りの時を隔て、僕は再び同店に足を踏み入れていた。あの時と同じほど不安で、同じほどの承認欲求を抱えていた。クランプスTシャツの彼女は相変わらず口に葡萄を放り込み続けている。

　目を逸らすことは難しかった。自分のレコードのコレクションと同じほど、こうした状況それ自体を懐かしく感じていたせいだ。こういう空間、つまり、そこに音楽をしまいこんで、しかもちゃんとした質感を持った物体を頒布している店に自分がいるという事実。それだけでこのイカした彼女に話しかけてもいい理由まで、しかもそれも至極まっとうな種類のやつが、こんな僕にも手に入ってしまうのだから。

　こうしたお嬢さんたちは皆、髪にピンクのメッシュを入れ、唇には輪っかのピアスを揺らしているものである。そのうえ僕が存在すら知らないニッチな音楽にも精通している。しかもそうした音楽がまた、いきなりこっちの人生を変えてくれたりもするのである。いやマジで。

「お目当てのブツとかあったりすんの？」

彼女が訊いた。

　うん、実は若い頃の高揚感ってやつを取り戻したいと思ってるんだ。頭に浮かんだ返事はそれだった。また新しい音楽を見つけてやろうとアドレナリンが全身を駆け巡るあの感じが欲しいんだ。狩りみたいなやつさ。〝向こうだって絶対狩られるのを待ってるんだ〟っていう、あれだよ、あれ。

　今は僕もiチューンズを使っている。こいつは確かにすごい代物だ。何もかもがえらく簡単だ。お気に入りのバンドが新譜を出すのがわかったなら、ただiチューンズ様に自分のクレジットカードの情報を提供しさえすればいい。すると発売日当日には全曲が我がiポッドに自動的にダウンロードされてくる。

まるで誕生日にベッドまで朝食を運んでくれる愛しきハニーみたいではないか。でもまあ、びっくりなんて全然しない。だって誕生日だから。しかもどこかでは、相手ならきっとそんなことだってしてくれるだろうなあともわかっている。で、夜にはちょっと激しいお楽しみという流れになる。

でもその行為は、自然発生的だったり、あるいは何か目的があってという訳では、残念ながらあまりない。どちらかといえば、関係性を維持するのに役に立つと互いにわかっているからやっている。そういうのはだから、最早愛などなくしてしまった生涯のパートナー同士の関係だろうと、もしくは彼あるいは彼女とiチューンズ様との関係だろうと大差ないのだ。そそられてなどちっともいないのに、ただそれなりの時間待ってさえいれば、なんとなく欲しいような気がしていたものが手に入ってしまう。そんな構図だ。

しかし音楽というものはデートの夜のエッチみたいでなど決してあるべきではなかった。もっと危険な香りに満ちているべきだった。それも合法的な危うさだ。そしてかつては実際にこの通りだった。単にそのレコードを所有しているというそれだけの事実が、時にこちらに生命の危険すら感じさせる。そういった時代が確かにあった。

僕が十代だった頃こんな噂があった。ツェッペリンの「天国への階段」を逆再生すると呪詛のようなものが聞こえてくるというのだ。かなりぞくぞくさせられた。実際に自分で試しこそしなかったが、友達の知っているやつのさらにその知り合いだかいう男が、聞くところによるとではあるが、ついにレコード盤を逆回転させる方法を見つけ出した、のだそうだった。

　で、そいつらが皆口を揃えて、誓ってもぐもぐいう声が聞こえたと断言した。曰く〝我が愛しき悪魔《サタン》に乾杯〟とか、あるいは〝我、悪魔《サタン》とともにあればこそ歌う〟とか言っていたそうだ。あと、悪魔がどうやって自分のルームメイトになったかとか、そういった連中と一緒に歌声集会《フーテナニー》をやっているとかなんとかかんとかああたらかたら――。

　こんなことまで教えられれば、自分の手元にある同じアルバムの盤《ディスク》が一層貴重なものに思われた。ここまでくれば単なる〝曲〟なんて扱いでは到底済まない。もちろんトラックそれ自体もすごい。驚異的だ。でも、ラジオで耳にするだけでは、さすがに怖かったり危険だったりといった感じまではしない。

　だがレコードそのものは、だからそれはまるで、イギリスの神秘主義者《オカルティスト》アレイスター・クロウリーの著作を持っているようなものだったのだ。内容よりも書物それ自体が、あるいは曲以上に質感を備えた物体そのものこそが、僕らの現実的な畏怖の対象となるだけの資質を備えていた。そういうことだ。

　なんとなれば、あるやり方でこれらを操作することに成功すれば、自分たちにも悪魔の叫びを解き放つことが可能になるからだ。言い換えればそいつはこの盤《ディスク》がなければ存在すらできない代物なのだ。

　僕がこのレコードに怯えたのはだから、鏡の前で風呂場の灯りをすっかり消し、体を回転させながら〝血まみれ《ブラディ》マリー、血まみれマリー〟と三回唱えなさいというあの肝試しが怖かったのとほとんど似たような理由だった。バカげているとわかっていながらどうにもできない。そういう恐怖だ。

あの頃から二十年余りの歳月を経てしまったつい先日のことになる。僕はロバート・プラントのソロアルバムをダウンロードした。タイトルは忘れた。アリソン・クラウスと一緒にやったやつだ。ものすごく聴きたいと思った訳でもなかったが、評価は総じて高かったし、ちょっと退屈していたところに〈ビットトレント〉のサイトにこいつを見つけたものだから、こんな具合に考えたのだ。

「ま、なんでもいっか」

ところが一曲目が終わるかどうかというところで我がｉポッド様がぶっ壊れた。仕方がないので〈アップル〉の店舗へ持っていくと、技術担当者だというカール君なる相手から、ひょっとして共有ソフトの〈ライムワイヤ〉に手を出したりなどしませんでしたかと訊かれた。

「いや」

嘘はついてない。この頃にはもう僕も〈ライムワイヤ〉からダウンロードできる音楽は、全部が全部、せいぜいがビル・クリントンが歌っているようなものでしかないとわかっていたからだ。自己責任を旨とするネット上のほかの盗《ぬす》人《つと》たちと同様、だから僕もこと音楽データに関しては、基本〈パイレートベイ〉から失敬しようと決めていた。

技術屋カール君の説明によれば、僕が違法ダウンロードしたファイルがたぶん〝トロイの木馬〟タイプのウィルスだったのだろうということだった。こちらのｉポッド自体がずいぶんと〝古典的《クラシック》〟であることも手伝って事態は大層悲観的であるらしい。これはまあ、旧式という言葉を彼が丁寧に言い換えてくれた訳だ。

なるほど僕は今や、自分の愛したものたちの多くが最早洒落にもならないレベルで〝古典〟

の域に分類されてしまう年齢に達していた。特に音楽の分野でこれが顕著だ。コレクションの中身は、優にほぼ八十五パーセントが、すでに〝ロックの古典〟と呼ばれる域に足を突っ込んでいるか、そこまでは行かずとも瀬戸際には立たされている代物ばかりだ。

それでもようやく最近、やはり渋々ではあるけれど、僕もまた、U2の『ヨシュア・トゥリー』は最早〝古典〟に分類されるべきだという考え方を受け容れられるようになった。だが、批評等ではすでに幾度となくそう形容されてこそいたけれど、ニュートラル・ミルク・ホテルの『イン・ジ・エアロプレーン・オーヴァー・ザ・シー』に関してはなお、たとえばそこに見つかるどの遺伝子の一部分でも、今やすっかりバーコード頭でそのうえ孫までいるような、遠い昔のヒッピーたちの世代が造り出した音楽群と共有しているなんてことは、到底認められないままでいる。断固拒否だ。

だがまあしかしとりあえずである。僕は極めて現実的な人間なのだ。時間というやつが休むことなく前に進んでいくことだってわかっているし、それゆえ、十五年とかそれくらいの歳月が過ぎてしまえば、昨日までは斬新で最先端に見えていたものが、今日になってもまだ微塵の錆も産《む》さぬままでいられるなどと考えることがどれほど非現実的で愚かであるかだってちゃんと骨身に染みて理解している。

でもこの場合はさすがにそうではなかろう。だって僕がこの新規の音楽再生装置様を購入したのは、史上初めてアフリカ系アメリカ人が我が合衆国の大統領に選出された、その直後のことなのだ。普通に考えればどんなものだってまだ〝郷愁の裏路地〟だかにしまい込まれてしまうほどの時間が経っているとはいえまい。これはまあ〝古典的〟だかいう言い方に倣ってゴミ箱のことを言い換えてみた訳だが。

「なおせるかな？」

意を決し僕は技術屋カール君に尋ねた。

「無理ッスね」

返事は簡潔だった。

「僕らにできるのは、あなたに新しいｉポッドをお売りすることです。あなたの方は、そうだな、音楽を掠《かす》め取るのをお止めになることがおできになるんじゃないかな、と」

「新しいｉポッドだって？」

思わず訊き返していた。どう考えたって道理が通らないだろう。

「てことはその、ここからまあ、君のいう〝好ましくない手段〟で手に入れた音楽たちを救済することも全然できないってことか？」

「できませんね。そういうふうには作られていないんで」

すっかりむかついた僕は、そのままこの彼を相手に、それこそ老人みたいな愚痴を延々吐き出してしまった。物事がいかに変わってしまったかというあれだ。

当時も音楽をダメにする可能性を孕《はら》んだものはあるにはあった。だが何であれ手に余るまでのことはほぼなかった。音が不鮮明になってきたなと思えば、それはつまりは大好きな曲が親指の跡でべったり覆われてしまったということで、少量のイソプロピルアルコールを使えば簡単に拭い落とせた。労力さえ惜しまなければむしろ新品みたいな響きに戻った。

問題が針の方にある場合もあった。でもその時は片手でひょいとカートリッジを外し、新しいやつのネジを締めなおしてやれば済んだ。

しかしこのＭＰ３とやらはまるで勝手が違った。イソプロピルアルコールで太刀打ちすることなど到底叶わない。自分では修復しようがない。誰かさんのところに出向かなくてはならない。そのうえ出てくる相手といえば知識をひけらかす大学生みたいな野郎で、コバルトブルーのTシャツ姿で、お宅様のiポッドはやや〝古典的〟に過ぎますねとか、頼んでもいないご高説を垂れてくれるのである。

僕らの時代、正しい音楽を相応しい環境で聴けば、そいつが頭の中を悪魔的なメッセージで満たしてくれることさえしたものだ。ロックの打ち鳴らす警鐘を恭《うやうや》しく賜《たまわ》る我らが魂には、消えない呪詛が刻まれた。

しかしよろしくない音楽を不適切な環境下で聴いてしまったせいで、結局はステレオの仕様そのものを取り替えざるを得なくなり、そのために三百ドルを請求されるなんて事態は欠片もなかった。

〈レックレス〉をぶらついていた頃、この店には未知の音楽が数限りなく並んでいた。そういうアルバムたちがすぐ身近なものともなってくれた。ところがそうした我が旧友たちも今や揃って二階級特進を果たしているようだった。

フガジの『リピーター』は？　再発盤《リイシュー》が見つかった。ザ・スミスの『ザ・クイーン・イズ・デッド』は？　やはり再発しか見当たらない。リプレイスメンツのものは何がある？　『ティム』が一枚に『プリーズ・トゥ・ミート・メス』が二枚。どちらも当然再発だ。

コレクションのうちでも揺るがぬ王位を誇っていた、最初はただその時店にいた、コステロ風の眼鏡をかけて鼻からは輪っかをぶら下げてレジに入っていた〈レコードスワップ〉の店員から強力に勧められたという理由だけで買い求めた、スクリーチング・ウィーゼルの『ハウ・トゥ・メイク・エネミーズ・アンド・イリテイト・ピープル』も、やはり再発盤でしか手に入らない様子だった。

そのうえ何もかもが特装版《デラックスエディション》だかになってい

た。造りこそ原型のままだが、盤《ディスク》は一八〇グラムのヴァイナルだ。昔よく見かけた〝ヒット曲のどれそれ収録〟といったステッカーは、今は大体こんな具合に読める。

「ダウンロードコード封入。二．八メガヘルツにて収録のハイレゾデジタル・オーディオディスク。一二キロヘルツ／二四ビット。九六キロヘルツ／二四ビット」

　ジャケットには確かに見覚えがある。だが違うアルバムにしか思えない。新品だからというだけではない。デザインがテカテカと気障ったらしく、写真も印刷も解像度が高過ぎる。

　クランプスTシャツ嬢が今にも葡萄を食べ終えそうになる。何か言わなくちゃ。

「ええと、あのう——」

　なんとかやってみる。

「だからつまり、もしあなたが御存知なら嬉しいんだが、あれだ、中古のレコードってのはどこにあるんだろう？」

　彼女が優しく微笑んでくれる。その質問なら髭に白いものの混じり始めたお客様たちからは必ず訊かれるんです、とでも言いたげだ。

「お客様の真後ろでぇーす」

　言いながら彼女が身振りで中央の通路を示した。礼を言って中古のコーナーを目指した。なるほど〝最終処分売り出し中〟とあった。

　うむ。幸先は良さそうだ。我がコレクションから流出した現物さえ見つかってくれそうな気もしてくる。ものは何でもかまわない。むしろ保存状態がやや芳《かんば》しくないことこそ肝要だ。きっと連中は、冬中をじっと地下室で過ごしてきたような匂いがしていることだろう。力を込めればジャケットが曲がってしまう程度にはほどよく湿気も吸い込んでいるはずだ。

　それからの時間、僕は休みなくアルバムを積み上げ続けた。ブライアン・アダムスの『カッツ・ライク・ア・ナイフ』とかグレッグ・キーン・バンドの『シスコ大好き《キーンスピレイシー》』などだ。特に気に入っていた作品だったからという訳でもない。ただ自分の時代の音楽で、しかも中身の盤が物理的な傷を負っているに違いないという事実のゆえである。

　こうした処分品たちの平均価格に思いを馳せて悲観的になることもなかった。一番高値で五十九セントだ。つまり、首尾良くこういうところで全部見つけられれば僕は、総額百ドルくらいで自分のコレクションを取り戻せるという計算にもなる。むしろ勇気を鼓舞された。

　僕だって音質の向上には大賛成なクチではある。それでも、二〇〇〇年以降に製造されたアナログ盤は、二十世紀のうちに作られたそれとは根本的に何かが違っているとしか感じられなかった。匂いが別物だし、そもそも手触りがまるで異なっている。自分が一九九〇年にここ〈レックレス〉で買い求めたピクシーズの『ドリトル』のLPは、今目の前にある再発の盤とはほとんど一分も重ならないような気がする。こちらも最近店頭に並んだところらしかったが、正価で十九ドル九十九セントもした。

　ちなみに僕はテスト盤の希少性なんてものには洟《はな》も引っかけない。特典でボーナストラックがダウンロードできるクーポンがついた新譜なんてのも同様だ。カラーディスクも忌まわしきピクチャーディスクも必要ない。欲しいのは自分でそれとわかるレコードだ。我が身の遺伝子の一部だと思えるものだ。

　それから一時間ほどをその〝最終処分売り出し中〟コーナーで過ごした。そして結局ピクシーズの『ドリトル』の再発盤をカウンターに持っていき、十九ドル九十九セントと交換に我が物とした。そうだよ、僕は意志が弱いんだ。

それに〝最終処分売り出し中〟の中にあったものはやっぱり全部が全部クソだったのだ。

　クランプスTシャツ嬢にクレジットカードを手渡した。

「欲しかったものは見つかりました？」

　彼女が訊いた。

「もちろん」

　そう応じたが、真っ赤な嘘だ。欲しかったものに近づけたりなど全然していない。だけど音楽と自分自身の思い出と、それから出所の信頼性に関する一切の説明を全部端折《はしょ》ってこの彼女の今の問いに正直に答えることなど、とてもではないが不可能だ。そうしようと思うならきっと、特に彼女のようなキャラクターには、こいつ頭がおかしいんじゃないかとしか思えないだろう種類の心情についてから、まずは始めなければならなくなる。

　ところでええと、今現在二十代の連中のことは普通は何て呼ぶんだっけか。新千年紀人《ポストミレニアルズ》とかだったかな？　Z世代までは確か用語になっていたと思うが、一周回ってA世代って表現はまだ使われてはいないんだよな？

　とにかく僕はまず、記憶とそして自分の過去ともう一度繋がること、それからどうやってそうした一切と、こんな具合に今やすっかり大人となってしまった自分との間に折り合いをつけるかといったようなところから始めなければならないのだ。でも頭の中が思春期以前のあの、いわばトキメキにも似た感情でいっぱいの大人など、どう考えたって基本クソだ。ひょっとするとちょっとくらいは素敵なのかも知れないが、多くの場合やっぱりクソだ。

　だからもしそんな話をここで始めてしまったら、彼女はたぶん折り目正しく頷きこそしてくれるだろうが、そうしながらも九分九厘、カウンターの下にある非常ボタンへとそっと指先を伸ばしていくことになるに違いない。

それに、もしそうなったら当然クエストラヴの話もしなくちゃならなくなる。もちろんあのザ・ルーツのドラマーの彼だ。こうした一切が結局は彼にたどり着いてしまうのだ。この男こそがそもそもの出発点だった。

だから、一切の背景まで含めてちゃんと説明しそのうえ自分を正当化しようと思うなら、すべてはさながらアリスに出てくるウサギの洞《うろ》をあまねく全部たどるような話になってしまうのである。しかもどの一つをとってもこの彼女には、おそらくほとんど意味などなさない中身にしかならない。

いったい全体世界のどこの誰がそんな、管《くだ》を巻く年寄りみたいな長広舌を訊きたがる？　ああクソ。だからそういうことなんだってば。


この辺りでそろそろ一旦話を巻き戻しておかなければならないだろう。まずは僕自身のことから説明が要る。僕は物書きをやっている。正確さをお気になさる向きのために補足すると、エンタメ関係のライターである。

でも、自分の意志で選んでこうなった訳でもあまりない。

大学を卒業しようかという時期には脚本家を志していた。シカゴに引っ越し、どうにかあの〈ステッペンウルフ・シアター・カンパニー〉に潜り込んで、はしゃぎ出したくなるほど罰当たりで、かつ極めて辛辣な芝居を書こうと思っていた。宗教的偏向の一切ないクリストファー・デュラングか、さもなきゃエロビデオとウッディ・アレン作品を観過ぎたヨハン・アウグスト・ストリンドベリって辺りになろう。

業界に入れたのは偶然だった。脚本を共同執筆していた友達の父親というのが『プレイボーイ』でコラムを書いていて、その伝手で〝白髪でダンディな編集者の皆様とのおつきあい〟的な場にも出入りできるようになり、何度か彼らと顔を合わせているうち僕とその友達とは、テレビのあの毎回水着回の『ベイウォッチ』とか、あるいはやや百合系のネタで原稿を書き、気がつけば大層な稿料を受け取れるようにまでなっていたのだ。

　ほかの選択肢などまるで持たなかった僕はこの報酬にしがみついた。以来二十年にも迫ろうかという時が過ぎ、気づけば『ヴァニティフェア』や『エスクァイア』やあるいは『ニューヨークタイムズ・マガジン』といった媒体で定期的に原稿を書くようにまでなっていた。大体は著名人《セレブ》たちのインタビューである。

　ティナ・フェイとかサー・イアン・マッケランとかウィリー・ネルソンとかスティーヴン・コルベアとかサラ・シルヴァーマンとかいった面々にも会った。この原稿を書いている時点でほかにおおよそ、たぶん計二百十三人ほど、きっとあなたも名前くらいならどこかで耳にしている人々に取材した経験を持っている。

　しかし生活のためにこうした有名人らと話をするという事態になると、やがてはいつのまにか全部がごっちゃになっていく。バズ・オルドリンにジョン・キューザックにイザベラ・ロッセリーニといった人々にまで会わせてもらえたことは決して忘れないのだが、さて何を話したかとなると記憶は最早曖昧だ。

　しかしこの点もクエストラヴには当てはまらない。僕は今でも電話での彼とのやりとりの一部始終を克明に思い出せる。この時は〈ＭＴＶハイヴ〉という同局のウェブ専門の子会社の依頼による取材だった。クエストラヴは自叙伝を出版したばかりで、僕には〝なんかこう、しょうもない逸話の一つでも引き出してきてよ〟的な役目が課せられていた。

　最初の二〇分くらいに関してならば、我が身もこの期待に寸分違わぬ働きぶりだったはずだと自負している。プリンスと一緒にローラースケートをやった秘話も聞かせてもらえたし、トレイシー・モーガンの〝靴舐めパーティー〟だかについては、それこそ徹底的に根掘り葉掘りした。ところがそこで話題がふと、シュガーヒル・ギャングの「ラッパーズ・ディライト」へと移ってしまった。華麗に歪みまくった同曲の歌詞をそれぞれに記憶から掘り起こしながら、二人して声を上げて笑い合った。

「アイ・セッド・ア・ヒップ、ホップ、ザ・ヒッピー、ザ・ヒッピー、トゥ・ザ・ヒップ・ヒップ・ホップア、ユー・ドントストップ・ザ・ロック」

　もしあなたが八〇年代初頭にすでにこの地上にいて、それでもまだ大人と呼べる年齢にまでは達していなかった世代なら、きっとこの「ラッパーズ・ディライト」をいつどこで初めて耳にしたかは鮮明に覚えていることだろう。

　クエストラヴの場合は故郷フィラデルフィアで地元のラジオを聴きながら、お姉ちゃんとお皿を洗っていた時だった。彼はそのまま表に駆けて同曲の十二インチを買ってきた。自分の金で初めて買ったのがこいつだったそうだ。

　場所はもちろんフィラデルフィアで、チェストナット通りにあった〈リスニングブース〉という店だった。価格は定価二ドル九九セントに消費税を加算し、都合三ドル十七セントだ。

　そしてこの一枚こそが、いずれ七万枚を越すまでに至る彼の膨大なコレクションの、記念すべき最初の第一歩だったという訳だ。

「七万ですか？」

驚きに言葉を失いそうになりながらも僕は訊き返した。

「あなたはレコードを七万枚お持ちだと？」

「そのくらいだと思うよ。端数は切り下げてるけれどね」

　クエストラヴはそう言った。つい先日晴れて国民的長寿番組『トゥナイト・ショウ』のバンドリーダーに就任した彼は、この収入で新しく家を買う代わりに、アナログ盤だけのための倉庫を建てたのだそうである。

「床は桜材だ。可動式の梯子もつけた。それぞれの盤をあるべき場所にちゃんとしまうには必要不可欠だったんだ。だから俺ン家で上手くやるには、インディ・ジョーンズばりの技術と身のこなしとが要求されるのさ。決してレコードを壊したりしないで安全な地点に着地しなけりゃならないんだからな」

「そのコレクションの中に、たとえば絶対に替えの効かないようなものはあるんですか？　ある種の稀覯盤のような——」

　僕は訊き返していた。

「あるいは絶対に売らないといったものは」

「うん。さっきの「ラッパーズ・ディライト」の十二インチは売らない」

　この返事にまた驚かされた。

「まだお持ちなんですか？」

「もちろん」

「それはその、現物なんですか？　三ドル十七セントで買ったっていう？」

　彼が笑った。

「まさにそいつだよ。手放しなんぞ絶対しないさ。頭によぎったこともない」

　ええとつまりこの電話の相手は、ほんのわずかな重量しかない石油化学製品の塊を、三十年以上も自分の手元に置いているということになるのか？　僕がそう訝っている間にも彼の言葉は続いていた。

「ことレコードに関しては常に細心の注意を払っている。俺のコレクションには図書館みたいな方式が採用されているんだ。知らないところで何かがどこかに行っちまうなんてことは絶対起きない。「ラッパーズ・ディライト」に限らない。七万枚全部だ」

一瞬黙ってから僕はおずおずと切り出した。

「僕はもうレコードは持っていないんです。ずいぶんと前に全部売り払ってしまいました」

今度は回線の向こうが沈黙する番だった。

「うむ、そうか。そりゃ残念だな」

ようやく届いたクエストラヴの声はため息みたいな音だった。僕の懺悔に心底打ちひしがれたらしい。まるで自分がたった今さも大したことではないといった口調で、実は父親が眠っている間に口元に枕を押しつけ、息をしなくなるまでそうしていたんです、とでも告白してしまったような気分にさせられた。

「まあでも、取り戻そうと思えばいつでもできますから」

怯むような気持ちで慌ててつけ足した。

「ああ、そうだろうな、そりゃそうだ」

クエストラヴは言ったけれど、全然そう思っているようには聞こえなかった。はっきりとわかった。

言うなればそれは、すっかり頭の中身の壊れてしまった相手から、俺はちっとも狂ってなんていないぜ、といった手合いの一言を聞かされたようなものだったに違いない。言われた方としては、ああそうだね、その通りだ、君はちっとも狂ってなんかないさ、とでも答えるより仕方がないではないか。でも、そいつがいっちまってることなどわかり切っている。

幸か不幸か、話題はそこで別の何かに移っていった。でも僕の頭からはさっきのやりとりが全然離れてくれなかった。

　僕は決して、ある日唐突に思い立ち、手持ちのレコードを全部集めてそれで篝火を焚き、そのままじっと、ヴァイナルが燃えて溶けていく様をじっと見つめていたといったことをした訳ではなかった。この手の物事が大体そうであるように、長い時が経つうちにいつのまにかそうなっていた。

　そもそもはＣＤの登場だ。そりゃそうだろ？　僕らがアナログ盤に見切りをつけるようになったのはあれのせいだ。技術そのものが変わってしまった。

　最初に買ったＣＤはトラベリング・ウィルベリーズの『ＶＯＬ．１』だった。一九八八年も終わり間際だ。両親がクリスマスにＣＤラジカセをプレゼントしてくれたものだから、そいつのいわば、筆下ろしを済ませてやる必要があったのだ。商店街まで遥々足を運んだが、買ったのは結局トラベリング・ウィルベリーズ一枚きりだった。たぶん当時ＭＴＶで繰り返し放送されていた、あの忌々しい〝取り扱い注意〟の映像がこびりついてしまっていたせいだと思う。

　だがなるほどコンパクトディスクとやらの音質は実際息を飲むほどだった。あちこちがこれほど際立っている音を耳にしたことなど初めてだった。しかもバカみたいにデカく鳴る。なるほどこれが未来ってやつかと思った。

　それからの数ヶ月で僕はレコードを売ることを覚えた。たとえるなら、ものすごくイカした女の子とキスまで行けてしまったものだから、大慌てで自分の部屋のエロ関係の諸々を処分し始めた野郎みたいなもんだ。こんなのもう要らねえやって訳だ。

　いや、わかったよ。確かにその頭沸騰野郎がまさに僕自身だった場面もあるさ。しかも一度や二度じゃ済まない。あの頃はこの手のエログッズの処分というのはつまり、枕カバーの中にＶＨＳテープを詰め込めるだけ詰め込んで、近所でも一番目立たない収集場所に持っていくという行為を指した。しかしことレコードとなるとそこまで安易にはいかなかった。

最初のうちはさほど大事だと思っていないものしか売らなかった。手元になくても寂しくならないやつだ。二十枚かそこらのベスト盤、それから、流行っていた当時はいい選択だと思っていたのに結局は馬脚を顕わにしてしまったアーティストたち。挙げるのもあれだが、ドリーム・アカデミーとかブラインド・メロンとかポルノ・フォー・パイロスとか4ノン・ブロンズとかになる。

ある種のアーティストたちの聖典と呼ぶべき作品群にも手放すのがさほど難しくはなかったものがまとまってあった。初期のトム・ウェイツに後期のジェネシス、それからキリスト教徒時代のボブ・ディランといった辺りだ。

仮にコレクションの全部と一緒にヘリコプターに乗る機会があったとしよう。しかし機体が高度を下げ出しパイロットが悲鳴を上げる。

「過積載だッ。何か捨てないとやばいッ」

この場面で僕が真っ先に機外へと放り投げるのがこれらのレコードだったのだ。

これまでのところ、ひょっとしてこれらの音楽にはもう二度と触れられないのかな、なんて懸念や呵責を覚えたことも皆無だった。ポリスの『シンクロニシティ』やピクシーズの『ドリトル』を売ってしまったことも、その時は当座の目的達成のための方便であり、何か取り返しのつかない種類の行為なのだなどとは微塵も考えもしなかった。だってもし気が変わったらまたいつでも買える。

ああクソ、だから僕はその気になればすぐ、シカゴの南のリンカーンモールの同じ〈ディスカウントレコード&テープ〉の店に戻れると考えていたのだ。自分がこの二枚を買い求めたまさにその店だ。だってこんなになっちまうなんて思わない。

だからそうやってまた、投げ売りの棚なりワゴンなりから同じものを見つけ出せば、同じ程度の小銭で取り戻せると思っていたのだ。二十世紀終盤のあの時期、レコードを売るという行為はいわば、犠牲者を生まない犯罪みたいなものだった。

しかも実入りもよかった。僕はオリジナルアルバム六枚全部に「ヒッツヴィルUK」のシングル盤までちゃんと揃えていたのだが、このクラッシュのコレクションだけで当時の最寄りの酒屋兼雑貨屋への一週間分の支払いが全部賄《まかな》えたりもした。買い取り価格が普通程度の場合でも、たとえばジョン・クーガー・メレンキャップの『スケアクロウ』はきっかり十セントだったのだが、それでも勝利の手応えがあった。「スモール・タウン」を好きな時に聴けるかどうかは本質的な問題ではなかった。いつ余分な十セントが必要になるかどうかといったことの方が重要だった。

身の周りからアナログ盤がすっかり姿を消してしまう日が来ようなどとはついぞ思ってもみなかった。一番最後にちゃんと数えた時には、たぶん一九八七年頃のことだが、コレクションはほぼ二千枚に迫っていた。だから最初の三百枚が粛正されても、せいぜいがところへこみができたな程度のものだったのだ。

しかしそこから先、何かしらの必要が生じるその都度に、あ、じゃあここの二、三十枚、今度はあっちの二、三十枚まとめて、みたいな感じになってしまった。手放すレコードを意識的に決めることすらほぼしなくなった。大抵はこんな感じだ。

「ちくしょう、週末のビール代がねえ。ん、ちょっと待てよ。確か俺まだ、ストゥージズの『ロウ・パワー』を持ってたはずだよな」

だからそいつは、引き出すのに罪悪感などこれっぽっちも感じない、極低金利の普通預金口座のようなものへと化していたのだ。セロテープでひとまとめにしたエルヴィス・コステロの初期カタログ一式や、プリンス本人にやられちまった鳩が悲鳴を上げてでもいるかのようないびつな響きの『パープル・レイン』で一山当てようかなんてことも考えてはいなかった。そもそもが投資などでは全然なかった。すべては僕自身の過去の遺物に過ぎず、些少ながらも手っ取り早く金になってくれただけだ。

かくしてコレクションのほとんどは、気づけば靄の彼方へと消えていた。けれど最後の一枚のことは覚えている。リプレイスメンツの『レット・イット・ビー』だった。

こいつを売り払ったのは一九九九年だ。結婚し、そして父を亡くした年になる。まだ他人様にまともに顔向けできない程度には貧しく、とにもかくにも早急に小金が必要だった。そして両親の家を訪ねた際、このアルバムを昔の自室の洋服ダンスの中に見つけた。それまでは、決してこれだけは売るまいと我と我が身に重ねて言い聞かせてきた一枚だった。

けれどこの時は、こんなものにしがみついているなんてまるっきりバカみたいだとしか思えなかった。すでにＣＤも所持しており、音質もそっちが格段に上だった。いや、その時はそう思っていたというだけかも知れないが、とにかくだから、すでに歪みすっかりすり切れてしまったアナログ盤は、役割などとっくに終えて久しい何かでしかなった。もう一つの、気の利いた大麻の隠し場所という役目も同じである。

だから僕がホームウッド郊外の〈レコードス

ワップ〉を訪れた際、皮肉にもこの店は僕が八六年に問題の『レット・イット・ビー』のアナログ盤を買い求めたまさにその店でもあったのが、心配していたのはただ、ここまでつんとくるほど大麻の臭いのしみついてしまったレコードでもちゃんと買い取ってもらえるものだろうかということだけだった。そしてほどなくその懸念も解消された。

　首尾よく目的を果たし〈レコードスワップ〉からシカゴへと戻る道すがら、少しだけ気持ちが軽くなっていることに気がついた。何かの重荷から解放されたかのようだ。

　あんな遺物にはもう価値なんてなかった。ただ十代の頃の自分が部屋で一人抱えていた寂しさの、その象徴みたいなものだと勝手に決め込んでいただけだ。重ねて我が身にそう言い聞かせている自分がいた。

　今のお前はいわば脱皮した蛇だ。棄てるしかないその抜け殻にもし誰かが金を払ってくれるというのであれば、ほら、ガソリンタンクだってきっとあんたに礼を言う。なあ、このすっとこどっこい野郎。

　湖畔の道路でスピードを落とし、カセットをデッキに突っ込んで僕は、同アルバムのド頭に入っている「アイ・ウィル・デア」を大音量で鳴らした。窓は全開にした。何も失くしたりなどしていない。そう信じていた。

　これこそがつまり、僕自身が我と我が身にずっと言い聞かせていたことだったのだ。信じることもできていた。しかしクエストラヴの登場ですべてが引っ繰り返ってしまった。

「そのローラースケートってのがまるで映画の『ザナドゥ』からそのまま出てきたみたいな代物だったんだよ」

　クエストラヴはプリンスのスケートについて説明してくれていた。

「ほかに言いようなんて思いつかない。とにかくキラキラ光ってた。それこそ〝魔法みたい〟ってやつだ。夢じゃないのかと思わず頬をつねってしまった」

笑うべき箇所では僕だってちゃんと笑っていた。どのインタビューでもやっていたことだ。しかしこの時は、中身などほとんど耳に入ってはいなかった。彼のレコードのことが頭から離れないままだったのだ。

僕がほとんど一顧だにせず手の中からこぼしてしまったものたちを、彼はまだ持っているのだな。そう考えていた。

「ちょっとだけさっきの「ラッパーズ・ディライト」のことを確認させてもらってもかまわないですか?」

「うむ、何だろう?」

問いかけた僕に彼が応じた。

「もちろんあなたがそうされないことはわかっています。ですが仮にそれを売ってしまわれたとして——」

「絶対売らない」

「そうだと思います。でも、行方がわからなくなってしまうとか、誰かに貸したらそのまま帰ってこなくなってしまったとか——」

「行って詰め寄るだけだ」

「じゃあそれが、たとえば又貸しとかされて、しかもその相手がそいつを持ったままヨーロッパを回るバックパッカーだかになり、しかもどこかに忘れてきて、百パーセント確かではないけどたぶんアムステルダムのユースホステルとかじゃなかったかな、なんてことを言ったりしたとしますよね——」

クエストラヴは答えなかった。でも大きく息を飲んだことはわかった。

「あるいは奥様があなたに断りなくガレージセールでもやったとしましょう。もちろんお金のためじゃない。ただ要らないものを処分したいと考えたからだ。そして「ラッパーズ・ディライト」が消えた。奥様も誰が買っていったかなんて欠片も覚えていないとします」

　沈黙はさらに続いたが、やがてついに彼の声が返ってきた。

「まあ、何だって絶対に起こらないということはないだろう」

「その時あなたはそれを探そうとしますか？」

「自分の一枚のことか？」

　僕は答えた。

「そうです。もう一度お目にかかれる可能性はそれこそ笑い出したくなるほど低い。それでも見つけ出そうとなさいますか？」

　彼は躊躇などしなかった。

「間違いなくそうするね」

「あなた大丈夫なの？」

　妻ケリーが近頃繁《しげ》く口に出す言葉がこれだ。昨夜は飲み過ぎじゃないの、とか、フェイスブックに時間を使い過ぎているみたいよといった類とは手触りが違う。穏やかでこそあるが、それ絶対、最善の選択なんてものじゃ全然ないと思うわよとでも言いたげな空気がある。

　この時も軽口めいた調子ではあったが、そこに少しだけマジな不安が混ざり込んでいた。僕の精神がまだまともなのかどうか。そこが心配になってきたとでも言わんばかりだ。なるほど我が妻たる彼女にはそれを確かめる権利もあろう。そう考えて僕は応じた。

「絶好調さ」

　妻は仕事場のドアに立っていた。顔はなおこちらに向けたままだ。是が非でもこの話を続けたいらしい。

　彼女の居心地の悪さの原因はおそらく説明す

るまでもなかった。むしろ傷口みたいにあからさまだ。午後中ずっと仕事場に籠りっ放しの僕は、けれどパソコンの電源すら入れぬまま、仕事らしい仕事などまったくしていなかったのである。ただ手の中の『ドリトル』をじっと見つめている。数日前〈レックレス〉であのピンクメッシュのお嬢さんから買った再発盤だ。

当然買ってから一度もかけてはいない。我が家にはレコードプレイヤーなんてものは最早存在しないのだ。でも、以来僕はトイレにも風呂場にも、どこへ行くにも必ずこの一枚を持って動いた。死んだ御亭主の写真を離さない未亡人みたいだ。

自分が悲しんでいることはわかっていた。けれどその理由が言葉にできなかった。でもむしろその方が好ましかった。

僕はもう四十代も半ばに差し掛かっている。人生は二十二歳くらいの時期にそうだったようにこんぐらがったりは全然していなかったし、最早僕は自分のことばかりにかまけている訳にも到底いかなくなっている。僕の周囲で世界は回ることすら止めて久しかった。

でも、いったいどんな輩なら最後の最後までそんなことにも気づかずにいられるだろう。結婚して子供が生まれ、いや、子供たちという場合も当然あろうが、とにかく一旦そうなってしまえば、毎日というのはもういきなり、なんかこう、もっとがっちりとしたものになってしまう。だからかけがえのない相手にすら、気づけばこんなことも口に出せなくなっている。

「今日は一日ベッドの中で過ごそうよ。そして『ゴッドファーザー』のシリーズをぶっ続けで全部観るんだ」

しかもその日が火曜日だったら絶対ダメだ。もう何千回も観ている映画をまた一気観するなんて無責任このうえない。ま、だからこそ楽しかったりしたのだが。

　こんなふうになりたいなんて思ってはいなかった。だってこいつはつまり、僕がいかにもありふれた、クソほども面白くもないパターンにはまり込んでいるってことじゃないか。

　中年の危機？　僕ってやつはそれほど薄っぺらかったのか？　年を取ったことで傍目にもわかるほど憂鬱そうにしてるって？　そんなのあのクソッタレのジャクソン・ブラウンの歌みたいだ。スポーツカーを買って新たな恋人でも探しに行けってか？

　しかしことはそれほど単純ではない。僕は自分が年を取ったことに憤っている訳では決してないのだ。どちらかといえば気に入っている。そいつはつまり、さほど期待されなくなるということでもあるからだ。

　四十五歳の子持ち男が疲れたからといって、十時にはもうパーティーからケツまくってしまっても、誰も腹を立てたりはしない。水を飲んだりしたくないという理由でプールサイドでスクーバのウェットスーツみたいなラッシュガードを着込んでいても、誰からも嘲笑われることもない。ポリエステルのボーリングシャツ姿で、財布に繋がった鎖が膝の辺りまで長さがあったりする中年男に向かっては、最早何人も、そういうのは映画『スウィンガーズ』以降はダサいスタイルの定番なんだよ、などと目をぱちくりさせたりはしないのだ。中年男なる存在に課せられたハードルはかくも低い。でもこれこそは僕の望むところだった。

　それでもやはり確かに何かが欠けていた。それゆえこの身はなお過去を乗り越えることができないままになっている。失くしてしまったものは若さではない。たぶん。

　ケリーと出会ったのは九〇年代の中頃だ。場所はシカゴだ。同じ〈セカンドシティ〉というコメディ専門の劇場で働いていたのだ。

同劇場は今や伝説的ともなった華麗なるコメディアンたち、ジョン・ベルーシにビル・マーレー、それからスティーヴン・コルベアといった面々を排出した店でもある。僕の持ち場はチケット売り場で、彼女は客席係だった。夜ごと観客たちがちゃんと自分の席に着けたかどうかを確認するなんてこともやらされていた。

二人とも最低クラスの賃金で健康保険にも入れてはいなかったのだけれど、測り知れない才能の持ち主らと深夜まで飲むことができた。彼らの多くがやがてお茶の間でも名前を知られた存在となったことは実に誇らしい。

当時は時に劇場で夜を明かすようなこともしていた。すでに故人だったギルダ・ラドナーとクリス・ファーレイの馬鹿でかいモノクロの写真が、いちゃついている僕らのことを無言で見下ろしていたものである。


正式につき合い始めて四年が過ぎたところでプロポーズした。婚約指輪はグレープ味のリング状のキャンディだ。僕の懐具合というのはこの頃もまだその程度だったのだ。それでも彼女に喜びの涙を流させることはできた。そして僕らはシカゴを離れ、新しい町で新しい生活を始めようと決意した。友達も大抵そうしていた。

誰も永遠にシカゴに留まったりはしない。あそこは大学みたいな場所なのだ。必要不可欠な勉強を終えたらどこかほかの土地へと移り、改めてちゃんとした大人になる。そういう町だ。

それからの二十年あまりで僕ら二人は、この国の等時時間帯《タイムゾーン》の全部を踏破した。ロスでは二人してプロの脚本家を目指し、挫折した。ユタ州ソルトレイクシティでは彼女が〈サンダンス映画祭〉スタッフの仕事にありつき、僕の方が主夫を勤めた。

結局あったかいのが一番だよねといって向

かったフロリダでは複数の町を転々とした。高級ワインで酔えさえすればそれでいいよねということになった際には、カリフォルニアのソノマに移った。次は何だろうと胸を高鳴らせながら動き続けた。同じ場所に留まるのは、これは欲しかったものではないなとはっきりわかるまでだった。

　そして今僕らはシカゴへと戻っていた。ノースサイド地区で、アパートの二階に人並み程度の広さの部屋を借りている。息子のチャーリーは三歳だ。ブロンドの彼はエネルギーの方も際限というものを知らず、毎日は目が回るようにして過ぎる。必要なことを過不足なくこなすだけで一日二十四時間では足りない。

　息子が遊ぶ約束をしていると言い出せばつき添わない訳には行かないし、日用品は羽根でも生えているみたいに消えていく。洗濯物は畳まないとならないし、就学前調査だかいう書類も埋めなきゃいけない。しかも車のローンの支払いが期日を過ぎていることをすっかり忘れていたものだから、銀行口座はほどなく空になる見通しだ。そのうえ息子には言わなくちゃならないことが山ほどある。

「こら、七面鳥にマジックでイタズラ書きするのはダメなんだってばッ」

　こういうのもある。

「ローション塗っても素っ裸で外に走っていったらいけないんだぞッ。宇宙人と間違われてもパパ知らないからなッ」

　しかしこうして自分の手が文句ばかり書き起こしていくのを改めて目の当たりにすると、仏頂面のてめえの顔面に一発お見舞いしたくなってくるな。

　僕はどうにか家計をやりくりするために仕事を三つも掛け持ちして必死で凌いでいる訳でもないし、借金のカタに家を失くすといった憂き目にも一度として遭ってはいない。子供が癌に冒されて、なのにどうしてまともな治療を受けることすらできないんだと、保険会社と喧嘩しなくちゃならないという場面もない。ぶつくさ言っているのは結局、自分の時間が最早自分のものではないといった程度の理由でしかない。

　だから、僕の毎日は、電池の買い置きがまだあったかとか、電気代を払い忘れてはいないかとか、さもなければ息子が長時間テレビを観過ぎていないかとか、そういったことを確認するのに費やされているのだ。

　あと、妻がちゃんと自分にも注意を払えてもらえていると感じられているかどうかも疎かにはできない。メールチェックしながら頷いていただけだったわ、とか思われていなかったかどうかも、一応は確かめないと。

　こと仕事と家庭の両立についてはぎりぎりのバランスが取れるようになったつもりもないでもない。まあそれは現実には、その両方を離れた自分のためだけの時間など基本午後十時を過ぎるまでは手に入らないということでもある。

　しかも大抵の場合この時刻には、もうすでに僕自身も、ベッドに潜り込んで『となりのサインフェルド』の再放送を観ながら眠りに落ちてしまいたい気分になっていたりする訳だ。

　まあだから、我が人生はかくも順調なのである。祝福されているといってもいい。

　僕が改めてこの事実を痛感させられたのは、昔からの友人の妻が乳癌と診断されてしまった時になる。発見時には転移はすでに脳にまで及び、最後には全身に広がった。忌まわしき癌野郎が彼女の体のほぼすべてを乗っ取り、ついには医者も帰宅を許した。できることはもうありませんといった説明だったらしい。もって数ヶ月、あるいはさらに短いかも知れません。

　そこで僕らも彼女にきちんとしたお別れを

言っておくべく。彼らの家まで車を走らせた。そして、ほかには形容しようもない、言葉通りの〝死の床〟へと身を横たえた彼女の傍らに立ち尽くした。彼女は本当に死にかけていた。もしかすると、こうして今自分がここに立ち、彼女の手を握りながら必死でかける言葉を探しているまさにその瞬間にそうなってしまうことだって有り得そうだった。そう思えばすべてが現実離れしていた。

　病に伏した誰かを見舞った経験が皆無だった訳ではもちろんない。でも、最早本人には終わりを待つことしか叶わない、闘うことすら止めてしまった相手はこの時が正真正銘初めてだった。しかも自分たちと同年代だ。

　ついこの前の夏、僕らは彼女と彼女の夫とを我が家の夕食に招待していた。それが直近の思い出だった。全員で赤ワインを何本も空にし、子供を授かるまでの苦労話に花を咲かせた。ケリーと彼女は長いこと、こういう言い方もあれだけれど、いわば不妊治療友達だったのだ。

　それから昔のことを幾つか笑いの種にした。そうしたすべてがあっという間に失くなってしまったこと、気がつけばそれらが大人の責任だかいうものにすっかりすり替わっている現実。だけどそんなの不公平だよな。そんな中身で盛り上がった。けどまあいいや。音楽でもかけてもう一本新しいボトルを開けようぜ――。

　その彼女が今目の前に横たわっていた。血走って赤く膨らんだ目は、一瞬だけ開いていてもすぐにまた閉ざされてしまう。反対に口の方はムンクの『叫び』を真似てでもいるみたいに丸く開いたままだ。本当に死に瀕しているのだという印象で、むしろ胸元がまだ上下していることの方が奇跡みたいに思われた。

　一時間くらいで失礼した。帰りの車中でも、ケリーも僕もほとんど口をきくことさえできなかった。途方に暮れていたのだ。人生とは貴重で、かくも儚い。だからこそ、毎分毎分に感謝すべきだ。その真理を思い出させてくれるのにこれ以上の状況はない。僕らはそれぞれ自身に向け、自分たちがいかに恵まれているかという事実を決して忘れるまいと誓っていた。それがどれほどありがたいことなのかも。

　しかしそんな決意が再び手垢にまみれてしまうのにも数日あれば十分だった。僕らはまた同じ不平不満をぶつぶつ口に出していた。ああそうだよ。友達は今癌に苛まれている。人生は貴重だ。理解した。でも今日はゴミの収集車が来る夜で、僕はまだ資源ゴミを出していなくて、そのうえチャーリーのお風呂の日だときてる、しかもケリーは今夜は僕がお風呂当番だと思い込んでいる。全然違うのに。

　さらにさらに僕には明朝までに約束している原稿が三つもある。返事を書かなくちゃならないメールは十数通に昇り、加えて誰かが電話代を払い忘れてしまったせいで、いや、誰だと名指しで非難するつもりは全然ないし、ひょっとしてこっちこそ僕の当番だったのかも知れないのだが、だからとにもかくにもそのせいで各方面からの信用がまたぞろ下落傾向に追い込まれていて、もう何時間もフェイスブックのチェックもできないような有様で、そのうえ、ああコンチクショウめ、だからこういう自分の考えをちゃんと反芻している暇さえ全然まったくないんだってばさッ。

　二十代だった妻と自分の写真を引っ張り出してつくづく驚いた。自分たちがいかに若かったかなどと感じたからではない。努力もしないで痩せていられたよな、なんて感慨が湧いてきたのとも違う。

　呆気にとられた気分になったのは、二人が二人とも、心配ごとなど何一つないような顔つきをしていたからだ。まったく人生なるもののなんとシンプルだったことか。けれどそんなことも当時はちっともわかっていなかった。かつての僕らはだから、何一つ背負ってなどいなかったのだ。いやマジな話。

写真の中の我々は、追い求めるキャリアとか義務とか、それからお互い以外に維持しなければ関係なんてものは一切ないぞ、みたいな、実にのびのびとした顔をしていたのだ。

貧乏が楽しかったはずもない。でも、たとえ貧しくてもまだ自分たちは高々二十三程度で、本当にいよいよとなった時には両親に電話し、どうか家賃分の小切手を送ってはくれないかと頼み込むことだってできるんだと、どこかでは期待していい状態だった。

それにもし望むなら僕らはたぶん、行方をくらましてしまうこともできた。所詮些細な物だがそれでもそれぞれに担っていた責任の一切を放りだし、数週間くらいなら檻から逃げ出すことだって許されただろう。理由なんぞ〝どうしても自分を見つける必要があったんだ〟といった程度で十分だ。

そこまではいかずとも、週末をまるまるベックの新譜に費やすくらいなら全然かまわなかった。すべての曲が心に刻まれ、考えなくても歌えるようになるまでマジ真剣に聴くのだ。

結婚したのは互いに三十を迎えた時だった。式は牧師の資格を持っていた父に執り行ってもらった。そしてそのままそれまでとほぼ似たような生活を続けた。

家を買うチャンスはあったはずだし、それぞれに一年以上ちゃんと続けられそうな仕事を見つけることだって、やろうと思えばきっとできた。あと、大分慣れたからといってもうここはいいやとなってしまわないような町を見つけることも。たぶんきっと。

それから子供だ。僕らは子供が欲しかった。でも、こっちもやっぱり〝いつかきっと〟だった。いつだってそうで、しかもその〝いつか〟というのも、なんとなくもうすぐだとは思うけど、やっぱりまだ先にある未来だった。

それでも〝もし子供ができたらそいつはきっとものすごくものすごいんだろうな〟みたいなことだけは考えてはいた。でも一方では自分たちが、小っちゃくて赤味を帯びた我と我が身の縮小ヴァージョンを育てることで満足してしまうような、いわゆる普通の親になるとは考えてもいなかった。

僕らの子供は全然違うはずだった。のびのびと、かつ幸せに、素敵に育つに違いなかった。だって二人とも十分にいい年になっているのだから、二十代で子供を持ったほかの連中がいとも容易く陥っていた、親なるものを標的として仕掛けられている数多《あまた》の罠になどかかるはずもなかったからだ。

僕らは子供と一緒に『スター・ウォーズ』を観るだろう。きっと彼らの方が当時の僕らよりもうんとずっとあれを気に入る。イカした音楽と大衆文化に関するあれこれもきっちり伝授する。絶対喜んでくれるはずだ。

でも時には厳格な親にもなる。万が一我が子が〝ニュートラル・ミルク・ホテルの飛行機がどうのこうのだとかいう、あのアルバムのジャケットみたいな、顔のない女の人の刺青を入れたいんだけど〟なんてことを言い出したら、こればかりは断固却下する。少なくとも十八までは絶対許さない。悪ガキ諸兄には可哀想だとは思うが、そういうのも親の役割なのである。

揃って四十を迎えるまでは子供を持つためにいろいろと頑張ってみようなんてこともしなかった。だがそこで、ちょうどアクション映画で石とか鉄とかでできた壁がじわじわ降りてくるその真下に追い込まれてしまった主人公のような気持ちになった。あれに足を潰される前に脱出しないとまじでヤバいぞ、というあれだ。

　まずは自分たちでせっせと励んでみて、それから不妊治療の相談に行き、そのままもう諦めようかという瀬戸際に追い込まれてしまったある日、したたかに流し込んだウォッカにしこたま火をつけられた一夜のあと、我々は実に〝古典的〟なやり方で妊娠に成功したのだった。

　そしてチャーリーが生まれてきた途端、生活は一変した。しかもその後もこいつは数センチ単位で日々変化をし続けた。そんなある朝目を覚まし、鏡を覗いて唖然とした。自分がすっかり疲れていることに気がついたからだ。老けたのではない。ただ疲弊していた。

　僕がその日そんな状態だったのはひとえにこの事実のせいである。仕事場の椅子に重たく沈み、ものを思うこともできず、理由もなく死ぬほど悲しくて、まるでそいつに捕まっていなければ今にも溺れてしまうとでもいわんばかりの勢いで、それにしてもそういうものにしては些か高価過ぎる、あのピクシーズの再発アナログ盤を浮き輪代わりにしがみついていたという訳だ。だって浮き輪ならもっと安く買える。

　だからチャーリーが仕事場に入り込んできて僕の手から『ドリトル』をかっさらっていった時も、最初は注意すら払わなかった。床に座り込んだ息子が改めて戦利品を点検し始める。ジャケットからレコードを取り出し、真っ黒な表面に懸命に指を押しつけている。タブレットを起動させようとでもしている感じだ。

「どうやったら動く？」

　彼が訊くので説明した。

「そいつはそれだけじゃダメだ。レコードプレイヤーってものが要る」

　息子が僕を見て、何それ？　と言う。

「でっかい機械で、天辺の丸い板がぐるぐる回るようになっている。そんでこのお皿みたいなやつの上にレコードを置く。次はものすごく小さな針のついた機械の腕を回っているレコードに置いてやる。すると音楽が鳴り始める」

　息子が顔をひん曲げた。心底からのしかめっ面だ。三歳の男の子がそんな表情を見せることは滅多にない。野菜を食べることを強要されたり、さもなければ、泥だらけですっかり幸福でいたところを無理矢理お風呂に入れられた場合くらいだ。僕の今の説明にも彼をしかめっ面にさせるだけの破壊力があったらしい。

　息子は今度はジャケットに注意を向けた。

「この猿何者?」

　今度の質問にはずいぶん熱がこもっていた。

「わからんな。ただの猿だ。バンドのメンバーじゃない。全然違う」

「バンドには誰がいた?」

「まずブラック・フランシス。それからキム・ディール。それからあともう二人、別の男たちがいた。連中はピクシーズという名前のバンドだったんだ。そして昔パパはこいつらのことが死ぬほど大好きだったのさ」

「今はもう大好きじゃないってこと?」

　チャーリーが重ねた。

　うむ。息子よ。そういうのをパンドラの匣《はこ》というのだよ。開けるとぞろぞろ虫が出てきて大変厄介なことになる。

　もちろん僕は今でも彼らが大好きだ。昔はそれこそ、それが仕事でもあるかのような勢いで連中のレコードを聴いていた。アパートの暗い一室で、耳をヘッドフォンで塞ぎ、一曲一曲が自分自身の記憶と分かちがたくなるまで音楽に身を浸した。だから、そうすることによって報酬でももらえるみたいな勢いだったのだ。

　そのうえ時には、そいつの友達の知り合いの

知り合いのそのまた知り合いだかが彼らのギグのチケットを都合してくれられるかも知れない程度の理由で、よく知りもしない相手の車に飛び乗ってしまうようなこともやっていた。

だが我が身もいつのまにか年を取り、ロックのライヴへの情熱なんてのも昔とは全然違う様相となっていた。息子とのこのやりとりに先立つこと二週間ほど前だ。古い友人の一人が、ピクシーズの再結成ツアーのシカゴでのステージに興味はあるかと訊いてきた。それがたまたま実は今日の日付だったりもする。若い頃にはこの彼とは、二度三度ではきかないほど、連れ立ってピクシーズを観に行ったものだ。

最後にピクシーズを観たのもやはりこの彼と一緒だった。数年前のデトロイトでのステージだ。しかしこれがどうにも面白みに欠ける経験となった。実際今世紀に入ってからの同バンドの公演には、場違いな対比だけをまざまざと見せつけられている印象ばかりが勝っていた。

音楽の凄まじさは健在だ。けれど一方で、迂闊にもふと周囲を見回してしまったりすると、観客が皆、自分と同じくらいの四十過ぎの野郎どもばかりであることに気づかされざるを得ないのである。それこそブラック・フランシスばりの肥満にバストまで膨らませた連中だ。どうみても下り坂だ。

だから代表曲の「ウェ《切》イヴ・オ《断》ブ・ミュ《の》ーティレ《波》ーション」が今客席に起こせるものは〝いや、悪いけどゆっくりの曲の時には座らせてもらうことにするよ〟的ウェイヴでしかなかったのである。

それでもなお僕には、また彼らをこの目で生で観られる機会をみすみす袖にしたいなどとは到底思えなかった。行かないと返事すれば何か大切なものを失くす結果に繋がる気もした。たとえるならそういえばもう数ヶ月妻と愛し合っていないことにふと気づき、でも全然平気だなと感じてしまうようなものだ。しかしこの時は様々な事情から断わらざるを得なかった。

まずは仕事があった。最悪でもその日付の次の日までに原稿にしなければならないインタビューを複数抱えていたのだ。加えて夜の時間はすでにケリーの方がママ友たちと出かける予定になっていた。彼女の外出の番だったのだ。当然息子の面倒は僕が見なければならない。

もちろんベビーシッターを頼むことも不可能ではない。だがそのためには、ベビーシッターならば十分任せられそうな十代の女の子がいる〝ある意味では友達〟くらいにしかいえない相手を探し出し、電話をかけなければならない。ひどくややこしかったし、煩わしかった。

夜も更けて寝かしつける段になっても我が息子殿はピクシーズのアルバムを抱えたままでいた。たぶんそれが僕にとってどれほど重要なのかをわかっていたのだと思う。だから自分でその理由を突き止めようと考えたのだ。

彼が満足するような説明を僕らの方ができなかったり、あるいは答えることを拒んだりした命題に対しては、息子はいつも同じような態度を取った。あのお祖父ちゃんスピッツはいったいどこ行ったの？　とか、さもなければ、ねえ、死ぬってどういうこと？　といった類の質問である。

彼を布団に押し込んで、駄菓子屋やら真夜中の台所やらを飛び回る話を読んで聞かせてやりつつも、もしかしたらパパは今夜、まさにそのピクシーズのライヴに行けていたかも知れなかったんだぞ、なんてことは決して口にしないよう気をつけた。息子に嫌な思いなどさせたくなかったからだ。

こんなのは悲劇でもなんでもない。むしろいいことだ。幸運なくらいだ。二つの選択肢のうちから選ぶ価値のある方を選べたのだから。それでも喪失感は残ってしまうが。

チャーリーがなお質問を止めなかったものだから、一番鮮明に記憶に残るピクシーズのコンサートの話をしてやった。僕はそれを夢さながらの、鮮やかな総天然色で覚えていた。一九九一年十二月の、シカゴの〈リビエラシアター〉でのステージである。

当日僕はすっかりクスリでラリった状態で会場に到着した。もっとも、息子にはこの部分は割愛して聞かせた。その日の銀行口座の残高は二ドルで、どうやって家に帰ればいいのかも正直覚束なかった。ひょっとすると帰れないかも知れないな、くらいに思っていた。

正確な演奏曲目《セットリスト》をここで挙げて見せることは残念ながら叶わない。僕が大好きだった曲たちをすべて披露してくれたことは間違いないが、書き留めておくことまではしなかったのだ。ただ、あんなに興奮し、感謝に満ち、そして、これからも生きていけると痛切に感じられた経験が、それまでほとんどなかったこともまた疑念を挟む余地はない。

話の途中で欠伸を漏らした息子が訊いた。

「ロボットはいた？」

譲歩することにした。

「ああ、もちろんいたさ」

「そいつ腕からビーム出る？」

「当り前だろ」

そう答えた。ある意味似たようなものだったからだ。

そこで僕は息子の額にキスをして居場所を居間へと移した。そして今度はそちらの部屋で、妻と一緒に『ラヴ・イット・オア・リスト・イット』の再放送を観ながら、白ワインを一瓶、一気に空にした。だって僕はもうすっかり、まったく、うんざりするほど大人になってしまっているのだから。

翌日は愛車のホンダCR−Vを駆り、単独で湖畔をドライヴした。こいつは一端《いっぱし》のやくざ者仕様で、あちこち金縁で、窓はもちろん色ガラス、シートにはワッシャー加工を施した毛足の長いフェルトが隙間なく貼ってあり、リムは七十センチのクロム製、ハンドルも特注で、鎖状になっているという代物である。

いや、全部嘘だ。そんなもの一切ついてはいない。ベビーカーでも収まる大きさを誇るトランクを備えた、極めて標準的なホンダCR−Vである。しかしこいつでも、二十数年の長きにわたってそれぞれに一時凌ぎの仕事しかしてこなかった者同士のカップルであるケリーと僕とがつい最近になるまで決して手に入れることのできなかったあるものをもたらしてくれてはいた。衛星放送だ。

「さぁてこれからの一時間は、お待ちかね、デフ・レパードにコリー・ハートの登場だ。それからもちろん皆の大好きなあの連中だってたくさんかける。ホール&オーツだ」

直前にハンドルを握っていたのがケリーだった場合、チューニングは必ず80’s《エイティーズ》の専門局に合わされていた。中でも郷愁たっぷりのこの時間はMTV草創期のVJ《ヴィデオジョッキー》、アラン・ハンターの番組が届いてくるのだった。

もちろん80’s専門の衛星ラジオを聴いている全員が全員、このアラン・ハンターが誰だったかを覚えていなければならない必然性などたぶんない。でも少なくとも僕にとってこの人物は、テレビの画面の姿を借りていたとはいえ、あの輝かしき八〇年代の間に僕が経験した多少なりとも艶《つや》っぽい場面のほぼすべてにおいて、同じ室内に一緒に居てくれた、もとい、居やがった相手でもあったりする。

　のみならず彼は喋ってさえいた。いつだって背景みたいに存在し、スパンダー・バレエのビデオの紹介なんぞをさらりとやってのけていたのだ。しかもその間に僕が、酸性洗剤で洗ってあえてボロボロにしてあるジーンズの上から懸命に、さてクリトリスというのはいったいどこらへんにあるのだろうと虚しくまさぐっているという事態については一切触れないでいてくれるほどには慎み深かったものである。

「続いてはボン・ジョヴィだ」

　これは記憶の中ではなく、今車に一緒に乗っている方のアランの声だ。

「こいつらには俺もすっかり昔に戻らされちまうんだ」

　始まったのは「リヴィング・オン・ア・プレイヤー」だった。

　いつもならボン・ジョヴィがかかるなりすぐチャンネルを変えてしまうのだが、この時は何故かそのままにした。

　最後まで聴いた。本当にきっちり耳を傾けていた。労働者階級の若者と、それから彼らのクソみたいな仕事を綴った手垢まみれの常套句たちの一字一句に身を浸したのだ。

　八〇年代当時に初めて耳にした時も、この曲は所詮まだ無骨で自己陶酔が過ぎるようにしか思えなかったものだ。描かれたトミーとジーナだかの苦境にも、ひょっとしてライオネル・リッチー殿ならばマジで天井で踊れる《ダンシング・オン・ザ・シーリング》かも知れないよなといった程度の真実味しか感じはしなかった。

　でも、だったらどうしてこの曲がこんなに記憶に残ってる？　いったい全体なんで僕はこの「リヴィング・オン・ア・プレイヤー」なんて曲をここまで隅から隅まで知っている？　あの頃の僕はただ――。

ああそうか。彼女だ。ヘザー・Gだ。ヘザーは僕が生まれて初めてまともにつきあった相手だった。しかしそうなる以前には、僕はただ高校の音楽室で、部屋の反対側にいる彼女の姿に些か熱心過ぎる視線を必死で注いでいただけだった。

彼女の楽器はクラリネットで、こっちはトロンボーンだった。この事実だけでもう相手は手の届く範囲の外にいた。トロンボーン奏者というのは女に縁などないものなのだ。

さらに喜ばしくないことに、彼女は掛け持ちでチアリーダーもやっていた。だから吹奏楽部の練習にも決まって、布面積の実に少ないあの格好で現れてもいたのである。

最初はとにかく音楽絡みの話で印象に残ろうとした。運動神経や、あるいは女の子がぞくぞくするような顎の形といった資質など一切持ち合わせていなかった十代の僕が、それでも少しでいいから彼女たちに覚えてもらおうと望むなら、手段はそれしかなかったのである。

しかしこの試みは結局は災厄と化した。

僕はカセットデッキがついていることしか取り柄もないような親のプリマスで、学校まで送らせてはもらえまいかと彼女に申し出てみた。デッキにはストーンズの『スティッキー・フィンガーズ』を突っ込んでおいた。そうすれば、たとえ後部座席にはトロンボーンケースが横たわっていようとも、自分が本当は危険な香りのする男なのだと主張できると考えたのだ。「ビッチ」の歌詞なら全部諳んじていたし、ミックのあの唸るような感じで歌うことも多少ならばできるようにはなっていた。この曲ならきっとひそかな悪ガキっぽさもしっかり裏付けてくれるに違いなかった。

ところがどっこいぎっちょんちょん。この不幸な短いドライヴの間カセット様が車内に流して寄越したのは「デッド・フラワーズ」だったのである。生憎こちらの曲には同じ効果は望めない。一切まったく、てんでまるっきり。

「カントリーが好きなの？」

戸惑ったような笑みで彼女が言った。

「カントリーじゃないよ」

慌てて抗議した。

「こいつはストーンズだ」

彼女はもう数秒耳を傾けてはくれた。しかしミックの鼻にかけた物憂げな声は議論の余地も与えてはくれなかった。

「違うわ。これは純然たるカントリーよ」

彼女はそう結論づけた。

一九八五年のシカゴ郊外で暮らす女の子にとってカントリーほど色気と縁遠いものもない。彼女にとってそういうものは、デュラン・デュランにポリスにボン・ジョヴィといったバンドの領分だった。特にボン・ジョヴィだ。多少でも彼女とつき合いがある連中は全員が全員、ジョン・ボン・ジョヴィこそは彼女の一番のアーティストで、彼女の胸の痛みに心の底から共鳴してくれるロックシンガーで、夢の中で抱かれている相手なのだと知っていた。

かくのごとき次第で僕は、自分たちの間にも音楽に関して共通の話題があることを是が非でも彼女に理解してもらわなければならなくなった。ボン・ジョヴィの音も、あの胡散臭い〝俺たちカウボーイだぜい〟的ポーズも本当は我慢ならなかった。だがもしそうすればヘザーとつきあえるとなったら、当時の僕はきっと、グレゴリアンチャントにだってきっちり合わせてエアギターを披露して見せただろう。讃美歌にギターが嵌まるなら、という話ではあるけれど。

そういう訳で僕は彼らの三作目に当たるあの『スリップリー・ホエン・ウエット《ワイルド・イン・ザ・ストリート》』を買っ

た。もっとも普段使いのレコード店は回避した。近くの藪から少女の死体が見つかって以来、誰も周囲には足を運ばなくなっていた商店街まであえて出向いた。

　アルバムを手に入れた僕は勇躍学校へと持っていき、吹奏楽部の練習の時間、努めてさりげなく見えるよう開けっ放しのトロンボーンケースの上に置きっ放しにし、ヘザーが気づいてくれるのを待った。もちろん彼女も見逃したりはしなかった。

「これすごいでしょう」

　そう言った彼女はすでにジャケットを胸に抱き締めていた。まるで恋人の上に跨がる前にまず、腰骨の辺りにしがみついてみてでもいるかのような勢いだった。

「どの曲が好き?」

「一番は「ソシアル・ディジーズ」かな」

　僕がその曲を選んだのは単にヒットチューンではなかったからだ。もしレコード屋にたむろすることで何か学習できていたとしたら、それは、本物のファンはヒットではない曲の方を好みがちだという事実であろう。まだ日和見程度でしかない自称ファンたちに食い荒らされていない曲たちだ。

　この答えには彼女も感動してくれたようだった。いや、そう見えただけかも知れないが、少なくとも物言いたげな眼差しをこちらに向けてくれたことは本当である。

　後でまた一緒にちょっとばかし時間を過ごそうかということになった。幾つかの曲を聴き、ＪＢＪ《ジョンボンジョヴィ》に関するすべてを語り尽くそうという訳だ。彼女が電話番号を教えてくれたので、僕はそいつをアルバムジャケットの上に書き留めた。そうすることでこっちの本気度が伝わってくれればと考えたのだ。

　要は僕という男は、彼女の番号を控えるのにも、投げ捨てたり失くしてしまったりしそうな紙切れ程度のもので済ませたりはしなかったのである。彼女の口にする数字の一つ一つを大好きなアルバムにしかと刻み込んだのだ。毎晩眠りに就く前に見つめるはずのそいつの上に彼女の証拠を永遠に留めたのだ。

　きっと時には「ネヴァー・セイ・グッバイ《さよならなんて言わない》」に合わせ鼻歌を歌ったりもするのだろう。いや、なんでもいいんだけどさ。そしてそこにある彼女の番号を見つめたりしながら僕はこう考えるのである。

「そうさ。僕が彼ら《ジョヴィ》を好きなのと同じくらい彼ら《ジョヴィ》のことを愛している彷徨える魂が、この世界には存在しているんだ」

　正式につき合うようになった時にも僕はこのレコードを持っていた。そして彼女がそれを終わらせ、僕をしこたま打ちのめした時にもやっぱり持ったままでいた。大学にまで持っていった。シカゴで転々としていた当初の幾つかのアパートにさえこいつはあった。

　どうしてかはわからない。聴くはずもなかっただろうことは神様だってお見通しである。

　でもそこには彼女の電話番号が刻み込まれていた。迂闊に棄てたりあるいは売り払ってしまうには、あまりに個人的なものになり過ぎていた。それでもほかのすべてのレコードを捨て去ってしまったのと同様、僕は結局こいつもどこかへ失くしてしまっていた。ああ神様、なんでもしますから――。

　僕はもう一度あれをこの目で見たいです。

　湖畔を走る車の中「リヴィング・オン・ア・プレイヤー」に耳を傾けながら、かような具合にして僕は、あまりにも鮮烈な啓示を受けたのだった。何を為すべきかが突然、これ以上なくはっきりとわかった。

　あのレコードを探し出す必要があった。どれでもいい訳ではない。まさにあの、同じレコードだ。ヘザーの電話番号が刻まれているあの一枚だ。かつては僕の所蔵品だった現物だ。

たぶんあれには何か途轍もなく大きな意味があった。おそらくは大人になるための通過儀礼のようなものだった。

車線変更をしようとし、向かいから現れた対向車にあわや衝突しそうになって、危うく車をスリップさせかけた。

僕は進路を南に向けた。郊外の〈レコードスワップ〉を目指すのだ。もう十五年も足を踏み入れてもいない店だ。

もちろんヘザーのレコードがそこにあるかどうかなどわからなかった。でも、捜索を始めるならそこが一番理に適った場所である点には間違いはなかった。

だけどだとしたら、一枚きりで止める理由がどこにある？　どうせなら全部取り戻すっていうのはどうだ？　同じアルバムならいいって訳じゃない。僕にわかるような匂いなんて全然しない再発盤などもってのほかだ。今隣の助手席にある『ドリトル』のリイシューなんかじゃダメなんだ。

確かにこいつも、かつて僕にとってものすごく大きな意味を持っていたものと見た目だけは同じに見えている。でも複製《レプリカ》でしかない。音質がいいからといって、いや、高音は確かにしゃりしゃり響くし低音は膝が震えてくるほどではあるが、でも、だからよりいいんだってことには全然ちっともなりはしない。

欲しいのは僕のレコードだ。僕が持っていたそのものだ。字義通り我が持ち物だった盤《ディスク》たちだ。僕はあれらを取り戻したい。

できれば全部。最低でも見つけられた限り。

クエストラヴなら間違いなくそうする。

Three

〈レコードスワップ〉について語れることならたくさんあるつもりだが、残念ながらそのどれ一つとして正確とはいえない。間違いなさそうなのは以下の内容くらいだ。

所在地はイリノイ州ホームウッドだ。シカゴからは車で一時間ほど南へ下った辺りになる。ディキシー道路沿いに建っていることは確かだが、あれほど足繁く通っていたにも関わらず正確な住所は今も知らない。隣が中華料理屋で、道路を挟んだ反対側には楽器店の〈メロディーマート〉があった。ちなみに僕が最初のトロンボーンを買ったのがこの店だ。相応しい音楽がいかに一切を変えてしまうかなんてことを理解するよりずっと昔のことではあるが。

ええと、ほかには何があったろうか。そうそう、裏口から出てすぐ脇の路地の長い塀にマンガの黄色い鳥の〝トゥイティー〟や、絵本の犬の〝おおきいあかいクリフォード〟なんかの落書きが見つかったはずだ。この塀は裏通りのライヴハウスの場所まで続いていて、そこはジャンルを問わないバンドを出演させる店で、いつだってインドネシア煙草《クレテック》みたいな臭いをさせていた。

〈スワップ〉の看板はあまり洒落ているとはいえない。真横から見た男性の意匠だ。奇妙に幾何学的な髪型で、スーツの上下を着込み、分厚い眼鏡をかけていた。小脇にレコードを抱えどこかへ駆けているといった様子だった。早足というレベルではなく、間違いなく走っていた。

　同店について今断言できることはこれくらいしか見つからない。その先はどうにも曖昧になってしまうのだ。初めて足を踏み入れた場面は覚えている。その時リプレイスメンツの「バスタード・オブ・ヤング」がかかっていたこともたぶん確かだ。でも、そんなはずぁねえだろうとも思う。むしろある訳がない。だってそれじゃあ映画みたいで完璧過ぎる。

　当時の僕はまだ髪型も決まっていない十代のガキで、着ているものもダサかった。たぶんウィーザーのヴォーカル、リヴァース・クオモですら、皮肉の一つも出てこないほどだったはずである。そしてビリー・ジョエルのレコードを複数枚抱えていた。ここまでは間違いなく本当だ。祖父母が皆、プレゼントをくれることには熱心だった割りには揃いも揃って何を贈ればいいかという発想には乏しく、おかげで僕は『ガラスのニューヨーク』ばかり何枚も持つ羽目になっていたのだ。

　そこで売ることを思いついた。手っ取り早く現金が手に入るし、ひょっとしてその場で何かまた、ビリー・ジョエルっぽい新しいものも買えるかも知れないという魂胆だった。

　カウンターに行き、売りたいんですけれど、とBJのレコードを差し出した。店員は揃ってピアスに刺青という出で立ちだったが、皆優しそうな顔つきだった。話し方も穏やかだ。大手術を控えた患者に接する医師看護師にはこうあって欲しいよなと思うような物腰である。

　彼らはそして、僕の渡したジャケットから中身を取り出すと、ピザの焼き釜みたいな煉瓦積みのオーヴンの中へとそいつを次々に突っ込んでいった。本当にピザを焼くみたいに、あの木製の、しかもずいぶんと大きさのある篦《へら》の上に盤《ディスク》を載せ、炎の中へと押し込んでしまったのだ。抗議しようとしたが、彼らは僕の唇の前に指を立ててそれを制した。そして腕をつかまれ店の奥へと連れて行かれた。

　そして連中がレコードを幾つか改めて選んでくれた。やがて僕を変えてくれることになった作品たちだ。おかげで僕は、自分が同じ高校のほかの誰と比べても、奥底の奥底ではきっとましなのだという自信が持てるようになった。言い訳も効かないほどに独創性を欠き、音楽的な冒険になど挑みもしない連中だ。やつらはフィル・コリンズを聴いて、うん、これでいいや、くらいに思うのだ。そんな訳あるか、バカ野郎どもめ。

　僕らはやつらとは違う。物事を感じ取ることができる。我々はだから、連中が決してできないようなやり方でこの世界を知ることができるのだ。なるほど我々の目に見えている世界の様相というものも、大方の場合は連中の目に映っているそれとほぼ同じだ。世界は商店街の端の洋服屋より先には広がっていないし、反対側もせいぜいデパート脇の駐車場辺りで終わっている。あの界隈では運が良ければ一発抜いてもらうこともできるらしいとは聞くけれど。

　だがしかしだ。我が輩は今やキャンパー・バン・ベートーベンの『テレフォン・フリー・ランドスライド・ビクトリー』の持ち主なのだ。クランプスの『バッド・ミュージック・フォー・バッド・ピープル』もまた然り。デッド・ケネディーズの『フランケンクライスト』も我が手中にある。トム・ウェイツの『ソードフィッシュトロンボーン』もだ。これらを手に入れ、どうして世界に目を啓《ひら》かれぬままでいられよう。

　ほかの連中は外界に関する知識を、たとえばブライアン・アダムスの『レックレス』とか、あるいはリサリサ＆カルト・ジャムの『スパニッシュ・フライ』辺りから得ていた。あとあれだ、クソッタレな『マイアミ・ヴァイス』のサントラだ。それから『ウィ・アー・ザ・ワールド』なんてのもあった。さらにはワム！の『メイク・イット・ビッグ』も挙がる。しかし自分たちの名前に〝！〟《びっくりマーク》をつけてしまうようなバンドだぞ。ドライヤーで決めた自らの髪型と真っ白なパンツとにそこまで興奮し、理屈さえもうわからなくなっていたとしか考えられないではないか。

　どこに出向かずともそういう一切が間違っていることならすぐわかった。ひどいどころでは済まない間違い方だ。証拠ならレコードの中に山ほど見つかる。

　最初に〈レコードスワップ〉に足を踏み入れた時、僕はまだ不安定な子供に過ぎなかった。出てきた時も同じほど不安定だった。でもそれはすでに、いわばルー・リード的不安定さだったのだ。それだけでカッコがついてしまう。

　いや、僕だって自分のこんな回想がちっともあてにならないことならわかっている。脚色され過ぎている。でも中には幾ばくかの真実もある。デッド・ケネディーズをこの時見つけたことは本当だ。ビリー・ジョエルを喜んで買い取るよと言ってくれた寛大な店員の一人が教えてくれたのだ。でもオーヴン云々の一連は、たぶん妄想だと思われる。

でもその光景は美しかった。ほかの連中にとっての高校みたいなものだったのだと思う。現実の学校生活での僕は、意味のあるものなど何一つ見出すことができないでいた。だが〈レコードスワップ〉のおかげで、アルバムたちの並んだあの棚たちを際限なく捜索し、自分だけのコレクションを作り上げていくことができた。終わりを知らない腐肉動物たちの狩りのようだった。

そして午後中をずっとダイナソーJr.にまつわるトリビアを肴《さかな》に、まさに同バンドのシンガーであるジョセフ・マスキスそっくりの二十三歳を相手に延々話し込んだりもしたのだ。こういう場面こそが一番しっくりきた。自分自身になれていると感じられた。

戻ってみれば何もかもがまったく前と同じなはずだ、などと期待していた訳ではなかった。店員たちが入れ替わってしまっていることには疑念を挟む余地もない。ジーザス・リザードやソニック・ユースのポスターなんかは当然剥がされ、ほかの何かに居場所を譲っていることだろう。よくは知らないが、アニマル・コレクティヴとかブラック・キーズとかいった辺りではないか。それとも四十男にはさらにまるっきり馴染みのない、むしろ困惑させられる種類のアーティストたちだろうか。

ひょっとして壁も塗り替えられているかも知れない。それでもクレテック煙草ほどの強烈な臭いはしないだろう。かつてはジャズコーナーだった場所を今やカントリーが占めていたりするかも知れない。リズム&ブルースなんてジャンルがまだ存在するものかは疑わしい。僕はだから、こういった変化のすべてに対しては、一応身構えてはいたのである。

でも、よもや店そのものがなくなっていようとは夢にも思っていなかった。


「よろしければ中を御案内しましょうか」

　見るからに好青年というその相手が言った。ちょっと体にぴったりし過ぎの空手着に全身を包んでいる。受付前のその場所にどれくらい立ち尽くしていたのかすら、最早自分でもよくわからなくなっていた。その前段階でまず、入り口前を数え切れないほど行き来していた。それからようやく、扉をくぐってみる勇気をどうにか絞り出したのだ。

　こんなことがあっていいはずがない。ここはきっと以前と同じ場所じゃないんだ。なるほど向かいにはちゃんと〈メロディーマート〉が見えている。隣は中華料理屋だ。すべて記憶の通りにも思える。ただ一つ〈レコードスワップ〉があったはずのこの場所を除いてではあるが。南無三、今やそこは〈ドラコアカデミー〉だかいう名前の、なんだかよくわからないものに取って替わられていたのである。

　受付の空間にもどんな意味も感じられなかった。仮に同じ建物を使っているのだとしても壁の位置すら変わっていた。当時入り口の向こうはそのままロフトみたいにして、ずっと先の先まで開けていた。カーヴを描いて右へと進んで行った突き当たりにレジがあった。いやそもそもは、レコードの棚が入り口に対して垂直に、幾つもの列を成して設置されていたのである。

　でも、こいつはいったい何だ？　受付はちょうど僕の最初のアパートのお風呂場くらいの広さしかない。真ん中には噴水がある。クソみたいな噴水だ。

　信じられない思いで立ち尽くした。この辺りは新譜のコーナーだったはずなのに。それともサントラだったっけか。必死でそれを思い出そうとしていた。

　ピチピチ空手着に収まった好青年君が、確かリチャードという名前だったかとも思うが、とにかくその彼が近づいてきて、まず自己紹介をして寄越した。ご質問がおありでしたらなんでもお答えしますよとのことだ。空手に興味をお持ちの息子さんか娘さんがいらっしゃるのですかとも訊かれた。

　嘘をつくことにした。まあ、一部だけだ。息子がいるのは本当だし。けれど、まだ五歳から十歳の間なんて年齢などではまるでない。どうやらこの範囲だと〝幼年龍《ジュニアドラゴン》クラス〟なるものに入門できるらしい。

　そこでようやくこちらが彼の肩越しに必死で向こう側を覗き込もうとしていることに気づいた相手が、中を御案内しましょうかと申し出てくれた。引きずられるようにして、廊下に沿って並んだ幾つかの部屋を見せられた。でも頭の中は〝昔はこうじゃなかったのに〟という思いが壁のごとく立ちはだかるだけだった。

　なるほどそこには子供たちがいた。声は聞こえていた。宙を蹴り上げるそのたびに唸るような叫びを上げている。小さな体がマットに投げ出される音も響いていた。

　それからより広い一室に通された。敷き詰められたマットの上は、今度は思春期直前の子供たちでいっぱいだった。

　壁際に並んだ親たちと思しき人々が一斉に訝しげな目をこちらに向ける。なるほどリプレイスメンツのＴシャツにトレンチコートという格好の僕は確かにいかにも場違いで、悪目立ちした。気まずい思いを噛み締めた。

　ピチピチ空手着リチャード君は営業トークの真っ最中だ。聞いている振りをしながら白い壁に刻まれていた溝に指の一本を走らせた。何かを探し求め、地図上のルートをたどっているような気持ちだった。

ニューヨーク・ドールズが自分たちの名前を冠して発表したデビュー作を初めて自分の耳で聴いた時のことなら、仔細余さず覚えている。一九八九年の出来事だ。場所は知り合ったばかりの女の子のアパートだった。

でも名前はいったいなんといっただろう。アビイかアビゲイルか、それともアブリアナとかだったろうか。とにかくそんな感じだ。間違いないのは、この彼女がドレッドの髪を紫に染めていたことだ。相手が〈レコードスワップ〉の従業員だったのか、それとも単なる客だったのかもわからない。どういうつもりで僕に話しかけてきたのかも。

最初に行動を起こしたのは彼女の方だ。主導権は終始向こうにあった。なんだか上手い具合にヘンリー・ロリンズの話に引きずりこまれてしまったのである。その時たまたま僕が、彼のバンド、ブラック・フラッグのレコードを手にしていたせいである。

どこかでコーヒーでも飲みましょうよと彼女が言った。でもすぐ、二人ともホームウッドでコーヒーが飲めるところなんて知らないねという話になり、頓挫した。同時に互いのあからさまな嘘にひそかな笑みをやりとりもした。探せばそういう場所だって、一つくらいなら絶対に見つかるはずだった。

アビーもしくはアビゲイルは、とにかくそんな名前の彼女は、そこで僕を自分のアパートへと招待してくれた。さほど遠くではなかったけれど、僕にしてみればほかの惑星の探査に出向くようなものだった。

僕はもう彼女と寝てみたくてたまらなくなっていた。だからこそ彼女の布団の上で、彼女と並んで横になり、このバンドのレコードを一緒に聴くことに同意したのだ。

　僕の知識の範囲では、同バンドのフロントマンだったという人物が、今は別の名前で「ホット・ホット・ホット」というシングルをヒットさせ、当時アーティストとして乗りに乗っていた。それゆえすっかり油断していた。ほぼ二十年も前に録音された彼らの「パーソナリティー・クライシス」にすっかり打ちのめされたのだ。有り得ないほどキャッチーだった。

　でもこの頃この元デイヴィッド・ヨハンセン氏は、今やバスター・ポインデクスターという名前で活動しており、そのリーゼント頭のイメージを、僕はどうにも拭い去ることができなかった。アルバムのジャケットでも彼は、タキシードを着込んでマティーニをちびちびと舐めながら〝バレちゃった〟みたいな顔つきをしていたのである。

　デイヴィッド・ボウイでもない限り、自分というものを新しくかぶりなおすことは普通は至極難しい。彼であれば、ある時は〝ジギー・スターダスト〟であったかと思えば、その次には〝シン・ホワイト・デューク《痩白の侯爵》〟として存在することも可能だった。しかもどちらのキャラクターも途轍もなくすごかった。

　だが彼こそは規則の存在を浮き彫りにする例外の方なのだ。彼以外のほかの誰にも、ロックンロールの世界にもやはり厳然と存在している〝収穫逓減の法則《デイミニッシング・リターンズ》〟から逃れることは叶わない。これが元モンキーズのマイク・ネスミスが辛い時期を過ごさなければならなかった理由である。最初の一歩をモンキーたちの一員として踏み出すことは、自らの手で自分の墓穴《はかあな》を掘ってしまったようなものなのだ。

「モリッシーがこう言ってたのは知ってる?」

　紫ドレッドヘアの彼女が言った。A面のどこかだったはずだ。

「ミック・ジャガーはダンスの動きをこのデイヴィッド・ヨハンセンからパクったのよ」

美しいラベンダー色の髪が胸の上に滝みたいに降り注いでいた。縒れているところがまたそれっぽい。僕は彼女の裸が見たくて見たくてたまらなかった。心底だ。

だけどそれと同じくらい、こんなバカげた理屈をそのまま見過ごしてしまう訳にはいかなかった。いったいどっちが先だと思ってる。

「そんなことある訳ない」

僕は反駁した。

「そんなの、マディ・ウォーターズはブルースの弾き方をジョージ・ソログッドから教わったんだって言うようなもんだ」

レコードの残りがかかっている間中、僕らは議論し続けた。そして、ラストの「ジェット・ボーイ」のあの切り裂くような最後の音が響く頃には、我々の間には何一つとして音楽的な共通項などないという事実が痛いほど浮き彫りになっていた。

「どうやらあなたにジョニー・サンダース&ザ・ハートブレイカーズはお好きかしらとか訊いてもまったく意味はないみたいね」

目を剥きながら彼女が言った。

「トム・ペティのバンドのこと?」

僕は訊き返していた。本当に知らなかったのだ。言うまでもないが、どちらも名前こそハートブレイカーズではあるけれど、全然まったく別物だ。だから僕はさらに見当違いな台詞を続けてしまったのだった。

「うーん。でもどうしてトラベリング・ウィルベリーズができたかっていう説明にはなりそうだよね。しょぼくれ野郎にはバンドを維持するのも難しかったんだろうからさ」

ま、結局やはりいい思いをさせてもらうことはできなかった。

僕はでもこの思い出が大好きだ。どれくらい好きかというと、息子が初めて歩こうとして、でも顔からまっすぐに地面に倒れ、そこでさも最初からそうするつもりだったみたいな顔をして、だってこうすれば欲しかったオモチャにもちゃんと手が届いたんだからとでも言いたげな様子になり、歩くのなんてのはだから、こっちとしてはすでに笑ってしまっているのだが、結局はどうでもよかったんだよ風になんとか繕おうとする、その一連を撮影したビデオと同じほど慈しんでいる。紫色のドレッドヘアの、確か名前がAで始まっていたあれだけイカした女の子とどうにかなれたかも知れない機会を自分が棒に振っちまったんだと思えば、この映像と同じほど暖かな気持ちになれるのだ。

だって、必死でカッコつけようとして、見事に失敗した訳だから。

「大丈夫ですか？」

ピチピチ空手着リチャード君の声がした。

「もし御存知だったら嬉しいんだが――」

いよいよ僕は切り出した。

「この場所は昔レコード屋だったんだ」

「そうなんですか？」

訊き返してきた彼の言葉に、腹にパンチでも受けたらしい少年の悲鳴が背後から重なった。ぐひゃあ、とでもいった感じだ。

「つまりさ――」

恐る恐る僕は続けた。

「要するにあの店は閉まっちまったってことなんだよな？」

彼は周囲を見回すような素振りを見せた。映画『ベスト・キッド』のラルフ・マッチオみたいな格好の子供たちが互いに空手チョップを繰り出し合っているだけだ。

「そのように思いますけれど」

リチャード君が頷いた。

自分の職場の壁の匂いを嗅ごうとする僕を、彼の方だってきっと訝しく眺めていたのに違いなかった。実際そうしている自分にも大した意味は感じられなかった。

だけど請われれば説明できる準備はあった。父の遺骨を手渡された時と似ていたのだ。あの時も僕は骨壺の香りを吸い込んだ。中を開けたりはしなかった。ただ階段に座り鼻を近づけたのだ。何か自分でもわかる匂いがしないものかと考えたのだ。ナンセンスだ。でもやった。

ほかにちょっと似ているだろう事例も思い浮かぶ。自分の子供が生まれた時、普通最初にやるのは、その彼なり彼女なりの頭の匂いを嗅ぐことだったりするのである。

新生児の頭なるものには実にはっとさせられる。なんとも不思議だ。枝からもぎ取ったばかりの新鮮なフロリダオレンジみたいなのだ。

息子が生まれて最低でも一年ほど、僕はたぶん、最低でも一日二十回くらいは彼の頭を嗅いでいた。でもある時突然その素晴らしい匂いがしなくなった。理由はわからない。ただ消え去ったのだ。

それでも我が子の頭を嗅ぐことはなかなか止められなかった。失われてしまったものの欠片を求め、もっと懸命に吸い込めばひょっとしてそれが見つかるのではないかとか、ついつい考えてしまうのだ。

これ以上巧い説明は思いつけない。だから僕はすでに赤ん坊ではなくなってしまった息子の頭を今なお嗅ぐのと同じ理由で、この道場の壁のを嗅いだのだ。昔そうだったものが最早そうではなくなったことを惜しんだのだ。

ピチピチ空手着リチャード君とはその後も少しだけ会話を交わした。次に始まるどれだかのクラスがお子様に相応しいのではないかと思いますよといった内容だったが、彼がもう、僕に息子がいるなどとはこれっぽっちも思ってはいないことも明々白々だった。

　パンフレットを幾つかもらい、そこでふと、あるいはそれで僕が決して彼の時間を無駄に使わせてしまった訳ではないのだと納得してもらえるのならばとかつい思いついて、ほとんどクレジットカードを手渡してしまいそうにもなった。いや、しなかったんだけど。

　最後にもう一度、塗りなおしたばかりと思しき壁を名残惜しんで一撫でし、いよいよ僕はその施設を後にした。


　そのまま僕は〈イートライス〉なる中華料理屋のボックス席に単身腰を落ち着けた。かつては〈レコードスワップ〉の隣だったあの店だ。そしてそこの紙ナプキンを広げいそいそとリストを作成し始めた。かつて持っていたレコードのうち、自分でもきっと見ればすぐ、こいつは僕のものだとわかりそうなものを並べていったのだ。場合にはよっては〝嗅げばすぐ〟というケースも有り得なくはなかった訳だが。

『エグザイル・イン・ガイヴィル』
リズ・フェア

　ジャケットに貼られた店のステッカーの価格表示が英ポンドになっている。これは僕が夏休みにバックパッカーで出かけ、ロンドンと北イングランドとを回った際に買い求めたものだからだ。本当はマンチェスターでザ・スミスのレコードを買うつもりだった。そういうことこそ肝要だと考えていたのだ。ビートルズならば無論リヴァプール、ニルヴァーナならばシアトルで、という訳だ。

　で、実際寸前まで行った。同地のオルダム通りにあった〈ピカデリーレコード〉なる店で彼らの初期ベスト盤『ラウダー・ザン・ボム』を手に、勇躍レジへと向かったのだ。ところがそこでえらくキツいイギリス訛りの愚連隊と話し込んでしまった。この連中がマジですっかり、このリズ・フェアに心酔していたのである。

　彼らは、リズ・フェアこそは我らが時代の最重要アーティストであり、とりわけ〝抜きの《ブロウジョブ》女王《クイーン》〟についての歌を歌わせたら右に出る者などいないと、口々に例証まで上げ始めた。

　そんな訳で僕はザ・スミスの代わりに彼女の『エグザイル・イン・ガイズヴィル』を買ってしまったのだ。だから、六千キロあまりも移動したうえで、自国での三倍にも迫るだろう価格で、当時のシカゴの自分のアパートから高々十キロ足らずの距離にあったスタジオで録音されたレコードを購入してきたというお話である。

『レット・イット・ブリード』
ローリング・ストーンズ

　ジャッケットにデカデカと〝WBCR〟というラジオ局の略称が、それも油性マジックで書いてある。それから泥だらけの靴跡も。こちらはドクターマーティンだ。見れば間違いようもない。この靴跡は事故でついた訳ではない。大学ラジオの同局のスタッフ氏がかなり本気でこのレコードをぶっ壊そうとした証拠である。幸いにもこの試みはついに成功しなかった。

『アライヴII』
キッス

　バンド名の上の場所にボールペンの殴り書きで〝触るな《ハンド・オフ》!!!〟と書いてある。二歳年下の我が弟マークからの警告文だ。彼がおおよそ七つで、僕が九つの時だった。このヴァイナル盤に対する彼の所有権の主張はしかし、結局は素早くも無慈悲な報復行為に晒されるという結果を招いただけだった。〝！《びっくりマーク》〟が三つ重なっていたことも鮮明に覚えている。一つきりでは弟が心からの叫びを表現するにはマジで足りなかったのだ。

　本人がこんなことまで覚えているかはわからない。呪詛めいた警告をキッスのレコードに書き込んだことだけではない。そもそもがキッスのレコードなんてものを自分で持っていたのかどうかについても、である。弟は僕らがともに子供だった頃と比べると別人になっていた。何より今のやつは嫌らしいくらいの金持ちだ。

　無論マークは生まれつき金持ちだった訳ではまったくない。もしそうなら僕だって同じ境遇にあるはずだ。弟がそんなふうになれたのは、一見分の悪い勝負にもきっちり打って出ることができるといった才覚があったせいだ。あいつはだから、いわゆる〝ハイエナ投資家《ドゥームズディ》〟と呼ばれる人種なのである。

　弟はだから、そうなればと願っている者など誰一人としていないような市場の破綻や、そのほかの経済的災厄が起こってしまう方に賭け金を張るのだ。ニュースで株式市場がまたぞろ打撃に見舞われて、国債発行の上限額が最早崩落の瀬戸際にあると報じられるその都度、やつはまた新たな数百万ドルを稼いでいるのである。

　僕とマークとの違いはだから、今や課税区分だけでは済まなくなっている。ほとんど別の宇宙に生きているようなものだ。たとえばつい誰かに、自分の弟はすっかり裕福なんだとか漏らしてしまったとしよう。すると大概はこんな質問が返される。

「じゃあもう一生会ったりもしないんだね。そうだよな？」

　どうしてそんなふうに思うのか、首を傾げたくなってしまう。特に〝もう一生〟ってところが実に奇妙だ。

　正直に言ってしまっていいなら、いやまあたぶんこういう場であればなおさらそうあるべきだとも思うからもう告白してしまうが、確かに互いに子供だった当時ほど僕らは近しくなんぞない。だがそんなの避けられない事象だ。だって廊下一つ隔てただけの部屋にお互い生活していた頃と比べても、気持ちのうえでさらに緊密になるなんて、ほぼ不可能に決まっている。

　弟の、実は不当でもあったキッスのレコードの独占権の主張以上に、僕らの間に意味を持つものなど何一つ見つからなかった時代である。僕にとってあいつはただ弟だというだけではなかった。むしろ宿敵みたいなものだった。頭の中はいつもあいつでいっぱいだった。それも大概は、あいつがいかにチンポコ野郎で、イカしたレコードを独り占めしようとしたがってばかりいるかといった内容だ。

　最後に弟を訪ねた時にはバカみたいに広いあいつの屋敷の裏庭で一緒に夕食を食べた。そしてそのまま、たぶん僕の一年分の電気代くらいの値段のスコッチを飲みながら遅くまで起きていた。それぞれの人生に起こった出来事を報告し合いもしたが、こと互いの経済的状況に関しては、実はさほど変わらないよな、みたいな芝居を二人で虚しく続けながらだった。

『アライヴII』は名盤でもなんでもない。記憶が確かならむしろ駄作の部類に入る。そんなことは一曲目すら始まらないうちから明らかになる。レコードはツアースタッフの誰かが観客に向けて叫ぶ声で幕を開けているのだ。しかも、まだ言葉も覚束ない子供が炉心融解でも目の当たりにさせられてしまったような言い方だ。

「最高が欲しいか？　くれてやるぜっ。今世界で一番熱いバンド、キィーーッスだっ」

　それでも週末をまるまるこのジャケットを眺

めつつ、年代記的な順序で収録された曲たちをその通りに続けて聴いて、僕はすっかりまいってしまった。

「この音楽には美学がある」

たぶんそんな具合に感じたのではないかと思う。だがはっきり覚えている訳でもない。いずれにせよ当時の僕は何か重要なものを感じ取っていた。何に似ているかといえば、高校の化学の授業で見かけた、いかにもぐっとくるタイプの女の子だろうか。

美しい黒髪のその娘には時々心此処にあらずといった様子でピンク色の指先にその髪をくるくると巻きつける癖があった。それがまた妙になまめかしく、目にするたびいつも、なんだかいけないものを見てしまったような気持ちにさせられたものだった。

キッスの『アライヴII』を聴きながらジャケットの端のジーン・シモンズが雨の中で口からごぼごぼ血を吹き出しているかのごとき粒子の粗い写真を眺めている場面で感じるのは、実はそういうものである。

そんな事情もあるにはあるが、僕はやはり何よりも、ジャケットの表に我が弟が記した警告文の落書きがあるがゆえにこそ、あのキッスの『アライヴII』の現物をなんとか取り戻したいと考えている。弟と僕とが互いの日々においてそれぞれ最も重要な存在だった、そういう時期が確かにあった証拠だからだ。

『バンド・オン・ザ・ラン』
ポール・マッカートニー&ウィングス

ジャケットに〝リクトンパーク公立図書館所蔵品〟というシールが、やはりけっこうデカデカと貼ってある。僕がこいつを同図書館からガメてしまう直前、同じレコードの現物を聴いていたのはスティーヴという名の青年だった。かっては僕の高校の生徒でもあったらしい。

何故僕がそんなことまで知っているかというと、この作品は図書館から借りて済ませることにして問い合わせてみたところ、係の人がちょうどこのスティーヴが借りているところだと教えてくれたからだった。

彼が期日通りに返却したところで図書館がこちらに連絡をくれた。そしてこれとほぼ時を同じくして、まさにこのスティーヴなる少年が自分の母親を殺してしまったというニュースが僕の耳にも入ってきたのだった。

身の毛もよだつ話だった。親子は自宅で喧嘩になり、彼が拳銃を持ち出して彼女を撃ってしまったのだ。そのまま彼は母親の死体を車のトランクまで引きずっていった。まだ近所に残っていた森に埋めるつもりだったらしい。

だがしかし、作業をほぼ終えようかというところで、照明代わりにつけっ放しにしていた車のテールライトと死臭とに気づいた巡回の警察官に現場を押さえられたのだった。死体遺棄の現行犯だ。

以来あの当時は、友人たちが集まれば必ずこの話題が出たものだ。誰かがこんなふうに切り出すのである。

「なあ、おふくろ殺しちまったやつのこと、覚えてるよな?」

僕らは揃って厳粛に首を縦に動かした。母親殺しなんて事態さえ、すでに自分たちの日常の一部ででもあるかのように思われていた。

スティーヴが逮捕されてからの一ヶ月、僕はとにかくこの『バンド・オン・ザ・ラン』を繰り返し聴いた。ほとんど偏執的だった。こいつの仕業なのか。ひょっとしてこのアルバムがあの男に母親を殺させたのではないのか。そんなふうに考えていた。

返却予定日がやってきた時、僕はこいつを隠してしまおうと決め込んだ。最初は衣装ダンスにしまい込み、次には地下室に持っていき、毛布のしまわれていた箱の一番下に突っ込んだ。見つけられてしまいかねない可能性は完璧に排除しておきたかった。もちろん自分たちの所蔵品の正当な価値などきっと評価できないに違いない、非営利の、貸し出し専門の機関に戻してしまうことなどまっぴらだった。

　正直ポール・マッカートニーにはほとんど興味もなかったうえ、この『バンド・オン・ザ・ラン』に関してはなおさらだった。だがこの特別な一枚には、おそらくはスティーヴの指紋がまだこびりついているはずなのだ。いうなれば〝殺人道化《キラー・クラウン》〟ことジョン・ウェイン・ゲイシーの絵画を手元に持っているようなものではないか。狂気の証左が我が所蔵品だという訳だ。失くしてしまったとか適当な言い訳をし、罰則金もちゃんと支払った。かくしてこいつは晴れて我が物となったのである。

『レイン・ドッグ』
トム・ウェイツ

　ジャケットの写真の男性の唇の上に真っ赤な口紅が塗りたくられている。当時はこの人物こそトム・ウェイツ本人だろうと勝手に思い込んでいたものだが、実際はたぶん、水兵か誰かが娼婦に甘えているところを撮影した古い素材であったはずだ。

　口紅が誰のものだったかまでは生憎と覚えてはいない。おそらくはその頃つき合っていた誰かだとは思うのだが、ただ一夜を共にしただけの相手だったかも知れない。そもそもレコードはその彼女のものだったのか、それとも僕が買ったのか。そんなことさえ忘れている。

　以来何人ものルームメイトと暮らしたし、同居相手が交際相手であったことも幾度かはあった。その都度やがては道を分かつことになった訳だが、そうしていよいよ部屋にあったレコードも分けなおす段になると、決まって僕はこう言い放っていた。

「ああ、僕の『レイン・ドッグ』は口紅が塗ってあるやつだ」

『ニューヨーク・ドールス』

さて問題の一枚である。ところがこいつはジャケットだけで、中にはプリンスの『サイン・オブ・ザ・タイムス』が入っている。自ずと逆もまた然り。

僕はだから結局、例のアビーだかアビゲイルだかを相手にやらかした記念碑的大失態をついに乗り越えることができなかったのだ。紫のドレッドヘアで、僕のことをニューヨーク・ドールズくらいなら知っているだろうと思い込んでいたあの彼女だ。たぶんこっちを手っ取り早くやれそうな誰かさんと勘違いでもしていたのだろう。まあそういうこともあらぁな。

しかしこういうのはただ忘れてしまえば済む種類の物事ではない。失敗から学べという教訓なのである。僕にとっては〝万一のため今すぐ『ニューヨーク・ドールズ』を買ってきてちゃんと勉強しておくんだ、だって、雷だって同じ場所には絶対二度と落ちないとは限らないんだからさ〟的瞬間だったのだ。

しかし問題が一つあった。ちょうどこの頃の僕はそれこそ徹底的に殿下《プリンス》にはまっていた時代だったのだ。だから、自分が六歳の時に解散してしまった、性別不詳で全員揃ってヤク中のグラムパンクバンドよりはよほど『サイン・オブ・ザ・タイムス』の方が聴きたくて仕方がなかったのである。

しかしパンク的感性の持ち主たる女の子とよろしくやりたいと思うなら、殿下に心酔していることなど迂闊に表に出すべきではない。そもそもがそういうことを期待していると気取られてはいけない。

　だから僕はこの『サイン・オブ・ザ・タイムス』については『ニューヨーク・ドールズ』の中に隠しておくことにしたのだ。当然ドールズのレコードは『サイン・オブ・ザ・タイムス』のジャケットへとしまわれざるを得なかった。

　この二つがちゃんとそれぞれ正しい容れ物の中へとしまいなおされないうちに両方ともが売り払われるなり失くなるなりしてしまったことについては、かなりの確率で自信がある。


『レット・イット・ビー』

リプレイスメンツ

　我が全コレクションのうちでもこの一枚こそは再び見つけられる確率が最も高い気がする。しかも最後に手放したレコードがこいつであれば、ベルヌーイだか平均の法則だとかいう数学的な考え方ですら、たぶんこちらに味方してくれるはずである。

　だって手元からなくなっていたのは高々十六年とかそれくらいでしかないのだ。もしまだこのレコードがこの世に存在し、こちらが見つけられるような状態にあるなら、たとえ目に入らなくても僕にはまず臭いでわかる。

　たとえば映画の『ポルターガイスト』よろしく墓地の上に家が建てられ、その下に埋められていたとしても全然無問題《モウマンタイ》だ。大麻樹脂の臭いはきっと、ちょうどあの怒れる悪霊たちよろしく泡を立てながら地面から沸き立ってくることだろう。

　手慰みのつもりなど毛頭なかった。こいつは作戦計画書なのだ。我が決意表明だ。

　自分のレコードの大半を売り払った相手の店

がなくなってしまったからといって、諾々《だくだく》と諦めてしまうつもりになどならなかった。移転先の住所もわからない。でも、仮に廃業していたとしてもかまわなかった。

僕のレコードたちはまだ存在している。そうでなくてはならない。倉庫が火事にでもなって全部が全部すっかり溶け落ち灰に還ってしまっていたりしない限りは、それらはまだこの地上にある。誰かがそいつを持っている。

今の所有者たちは、ひょっとすると自分がそれを持っていることにすら気づいていないかも知れない。地下室の奥で、スーパーマーケットのロゴの入った防水仕様のワイン用の木箱の一番底に押し込まれたりしているかも知れないではないか。友達の屋根裏部屋ってことだってあり得よう。高校の文集とか、あるいはもう誰も覚えていないほど遠い昔に亡くなった親類の手紙なんかと一緒に積んであるのだ。あいつらはきっとその手の隅っこの暗がりで一身に埃をかぶりながら、再び見つけ出してもらえるその時をじっと待ち続けてくれている。

だがあるいは自分はただ阿呆みたいに感傷的になっているだけなのではないのか。一応はその可能性も考えた。でも、フロッピーディスクを取り戻したいというのとは訳が違う。僕がしようとしているのは、昔のＡＯＬの契約用《サインアップ》のＣＤとか、あるいはちょっと中に息を吹き込んでやればすぐになおった任天堂のカートリッジなんかを探しだそうというのとはまったく別だ。

もしあのレコードたちをもう一度この目で確かめられたならきっと何かが繋ぎなおされる。その点には確信があった。リセットボタンを押すようなものなのかも知れない。

中華料理屋を出ると表は雨だった。車へと戻っていく間にも、雨は傍若無人に僕の体をずぶ濡れにした。好きにさせた。

シカゴのこんな土砂降り具合には、ジョン・キューザックの出ていた『セイ・エニシング』を思い出す。主人公が、彼女だったかそれともいずれ彼女にしたいと考えている相手だったかと車の後部座席に並んでいる場面だ。ここで二人は初めて結ばれる。ピーター・ゲイブリエルを聴きながら、かつ寒さに震えながら、だ。

　観るたびに僕は、主人公は相手の娘が好きなのと同じほどこの音楽が大好きなのだろうなと考えてしまったものだった。それというのも、この場面では、彼がたぶんまさにそう感じただろうその瞬間に、音楽の方もきっちり同じ感情を捕まえているからだ。いわば鏡さながらの完璧さで、すべてが彼自身へと照射しなおされていくのである。

　二つの事物がこんな結びつき方をしている事例など、滅多には見つかってこない。二人の人間の間であれば皆無だと断言してもかまわないくらいだ。こうした事象はただ人と歌の間にのみ、極稀に生じるだけなのだ。

　たとえば自分の感じているものを自分でも上手く把握できないような場面があるとする。でもそこにある音楽が聞こえてくる。するとこう言いたくなる。

「これだよ、これッ」

　キューザック演じる『セイ・エニシング』の主人公はこの時きっと、今の瞬間をこれからもずっと絶対忘れまいと心に誓ったことだろう。でも彼はたぶん、彼女のことすらそんなに先まで覚えてはいられない。じき連絡も途絶えてしまう。いや、今やフェイスブック上でだけの友達になっている可能性もなくはないか。だけどひょっとして、名前さえ忘れてしまっていることも有り得ないとは言い切れまい。

　それでも嵐のようなその雨の夜、後部座席でピーター・ゲイブリエルを聴きながら女の子にしがみついて震えていた記憶だけは決して消えない。その瞬間の彼は、ピーター・ゲイブリエルの音楽によって美しさを限界にまで増幅された、その名前のない感情に支配されてしまっていたからだ。

僕はたぶん、どんな音楽に対してもこうした側面を求めていた。土砂降りの最中、車中で恋に落ちてしまった場面でこの身を感動に打ち震わせてくれるような作用だ。だがあらゆる歌たちが皆それほど完璧であるはずもない。

CR―Vに乗り込んだ僕は、まずはもう一度ラジオをつけた。何か鳥肌が立つくらいのものが聴きたかった。この道行きの先へと我が身を誘《いざな》ってくれるもの、さもなければ、エンジンを切ったままこの場所にしばらく座っていたいと思わせてくれるような、そういう完璧な音楽が欲しかった。

そうやって、そいつに身を委ねながらハンドルを握りしめ、この雨が穏やかなリズムでフロンスガラスに打ちつける様をしばし見守るのである。そして、今までとは根本から違ったやり方で、改めてこの人生ってやつを見つめなおしてみるのだ。

――。

流れてきたのは『リヴィング・オン・プレイヤー』だった。

まただ。

この一日で二回目だ。

いや、80’s《エイティーズ》の専門局にチューニングを合わせたままにしておいた僕が悪かったのだということは重々わかっている。でも、まるで全宇宙がこぞって僕をおちょくりにきているような気持ちにさせられたことばかりはさすがに否めなかった。

Four

チャーリーがまだ生後一週間だった時期、尺取り虫よろしく自分の腹にしがみついた我が子に向け僕は、これがこの子の一番のお気に入りの子守唄になってくれればいいなとか思いながら、なるべく甘い声を作ってこう歌って聴かせていた。

信号を正規化せよ
そしたら君はフロンの上で大爆発
旧石器時代の永遠《イーオン》さ

（ソウル・コフィング「シュガー・フリー・ジャズ」）

チャーリー誕生までの九ヶ月というもの、友達や家族にあるいは親戚連中といった面々の全員から、本人の子供の有無にすら関係なく、来たる一年に僕が耐え忍ばなければならない子供向けの音楽のひどさについては、それこそ耳にたこができるほど聞かされたものだった。

誰もが決まって勝ち誇った笑みを浮かべなが

ら喋った。あたかも僕の身に定められた音楽的災厄を思えばこみ上げるものを押さえられないとでもいった表情だ。他人の不幸は蜜の味ってやつだろう。

さらに『機関車トーマス』についても教授された。念のためだがこれは、擬人化された、しかも落第ばかりを繰り返している英国製列車駆動装置の名称である。あと『ヴェジテールズ』の話もあった。この野菜君たちは改宗など絶対しそうもないほど信心深いそうだ。だからなんだってんだ。クソッタレ。

妻と避妊せずにいたし始めるよりもずっと以前から僕は、自分は絶対「プップー大きな赤い車」みたいな曲の歌詞は覚えたりすまいと決意していた。もっとも、イギー・ポップが同曲をカヴァーし〝赤い車〟の語がペニスの比喩として機能しているとなれば話は別だが。

子供向けの音楽なんてものに価値があるとは思っていない。そもそも必要ないだろう。だってどんなアーティストのカタログにだって、一曲くらいは赤ん坊に聴かせるのにも相応しいやつが見つかってくる。

ピクシーズを例に取ろう。言わずもがなだが決して新生児に「ウェイヴ・オブ・ミューティレーション《切断の波》」とか「ユー・ファッキング・ダイ《クソしてくたばれ》」は聴かせてはいけない。この点は僕も激しく同意する。

しかし「ホエア・イズ・マイ・マインド《我が心はいずこ》」ならどうだ。それでもちょっと不気味に感じてしまうのは、これが映画『ファイト・クラブ』を思い出させるからだ。

しかしちゃんと読めば同曲の歌詞はまったくの無害で、むしろ甘ったるいほど詩的だとわかる。シルヴァスタインの絵本からの引用じゃないかと思うくらいだ。

「カリブの海で泳いでいます／生き物が岩陰に

隠れています」

なんと可愛らしい。

初めてソウル・コフィングのアルバム『ルビー・ヴルーム』に針を落とし、ものの五分も経たないうちだった。これは最初のシカゴ時代の出来事で、当時の僕のアパートは、映画『アンタッチャブルズ』の中で爆破されてしまう何たらいう名前のバーの、その通りを挟んだちょうど向かいだったのだけれど、とにかくその瞬間その場で僕は、この「シュガー・フリー・ジャズ」についての決意を固めたのである。

いつか我が子にこれを歌ってやらないと。

瞬間的にそうわかった。メロディーがどこか子供の歌に通じていたのだ。まあたぶん相当ラリっていたのかも知れないし、ちゃんと自分で繁殖するのは、この日から数えてもまだ二十年も先のことではあった訳だが、でも本当にこの点は確信していた。この歌だ。そう思った。

そしてこの決意を誰も彼もに宣言した。しかし誰もがどうにも居心地悪そうだった。二十代もまだ始まったばかりの時期に集まって音楽を聴いているような場面では、赤ん坊の話など、誰も真剣に俎上に載せたりはしないものだからだったせいだ。当り前かも知れないが特に女性陣は、頼んでもいないのに聞かされたこの我が宣言に対し、決して肯定的な反応を返してはくれなかったものである。

九〇年代の終盤には我が未来の妻もまだ、ほかの相手と比べて多少長くつき合っているよなあといったガールフレンドでしかなかった訳だが、僕のこの宣言に対する彼女の反応は、それ以前の誰とも比べものにもならないほど大らかだった。しかし同時に彼女は僕をしこたまからかうことにも一切躊躇などしなかった。

忘れられない夜がある。彼女のワンルームマンションで僕は煙草の煙を窓から外へと吐き出していた。そちら側の手には食器洗い用の黄色いゴム手袋を嵌めていた。凍えそうに寒かったからだ。そうやって煙草をふかしながら僕は、自分がどれほど、いつの日か会えるはずの我が子にこの「シュガー・フリー・ジャズ」を歌ってやりたいと望んでいるかを熱く語った。男でも女でもかまわないんだとまで言った。

「つまりそれ、我が子に自分自慢がしたいってことよね」

彼女が訊いた。

「なんだって？　そんな訳あるか。こいつは素敵な歌だぞ」

「でも今のって、まるでランディ・ニューマンの歌に出てくる思い込みの激しい老人みたいにしか聞こえないんだけど」

言わんとする意味は十分にわかった。なるほどランディ・ニューマンの歌は基本すべて、思い込みが激しくてしかも頭の固い老人についてのものである。しかしここで彼女が特に引き合いに出した〝思い込みの激しい老人〟というのは「息子への手紙《メモ・トウ・マイ・サン》」に出てくる人物なのだ。同曲にはほかの語り手もいて、こちらの方は子供が父親の知識にさほど感動しなかったからという理由で体罰を与えたりしている。誉められた曲ではまるでない。

お前が話し方を覚えるまで待つよ
その時には私がいかに
機転が利いていたかを教えてやろう

あまりの鋭さに何も言えなくなった。

この頃はまだ、自分の未来の息子なり娘なりが、僕のこの音楽への妄念みたいなものを受け継いでくれないなんて事態は想像もできていなかった。たとえどこもちっとも似ていなかったとしても、肉体的特徴についてなら、むしろ他人みたいでもかまわないつもりだった。

だがしかぁし。我が子と僕とは同じレコードを聴いて涙を流さなければならない。ここだけは絶対に譲れない。そういう事態にならないんだったら、なんで子供なんて持ったりする。

　いやまあ確かに、僕自身と父との間にそういう絆があった訳では決してない。しかしこれに関しては責めを負うべきは親父の方だ。彼が聴く音楽が間違ったものばかりだったからだ。

　もし父の愛聴盤とやらがウィリー・ネルソンやキャット・スティーヴンスやジム・クロウチなんかよりはもうちょっとだけエレクトリックだったら僕らにだってチャンスはあった。

　年を取ると多少は金言めいたことも言えるようになる。我が子を抱え上げいよいよあの「シュガー・フリー・ジャズ」の支離滅裂な歌詞を歌って聴かせた時のことだ。まあそうなるだろうなあとは常々予感してはいたのだけれど、理屈など関係ない場所で僕は、こうしたことも所詮は一瞬で、ただ移ろい過ぎていくのだなと痛感した。

　やがて息子が自身の音楽的見地を表明できる年齢ともなれば、我々の好みはきっと相容れないものとなっていく。そして僕は、自分たちは本当に同じ遺伝子を共有しているのだろうかと首を傾げたりするのだ。

　なるほどまだ赤ん坊の彼の頭の中であれば、こちらの望むかぎりこいつは、自分のものだくらいに思っている曲たちでいっぱいにしてしまうことも叶うのかも知れない。

　でも長い目で見れば所詮そんなの大したことではない。十六歳くらいにもなろうものなら、彼はおそらく、たとえば〝アシッドロボット・ヒップホップ〟とか、とにかくそういうたぶん多分にクソッタレな、未来の十代たちの間で流行《はや》っているような音楽を聴いていることだろう。赤ん坊の頃に聴かせてやっていたんだぜとか言いながらそうした曲たちを思い出させてやろうとしても、向こうは目をくりくりさせるばかりになる。

　まあでもかまわない。子守唄は本当は僕のためのものなのだから。

　チャーリーが生まれた時、なるほどかつて経験したことのない種類の愛情が胸中に起きた。でも二日目にはもう、それこそフリーフォールに乗せられたみたいにすっかりパニックを起こしていた。こんなに小さくて壊れやすそうな人間を、いったい全体この自分が台無しにしてしまったりせずまっとうに育ててあげられる可能性というのはどのくらいあるものなのだろう。

　きっと中には親というものになるべくして生まれてきた人たちというのもいるのだろう。そうした人種はスシ職人の正確さでオムツを替えることができるし、ヒマラヤのシェルパたちよろしく夥《おびただ》しい量のベイビー用品を一度に背負うことも容易い。

　一方でこの僕はいまだ平日の昼間から飲むことを考えているし、電力会社から最終通告が届くまで支払いを待つのがいい考えだと思っているような体たらくなのだ。

　この手の育児不安が膨れ上がるその都度僕はチャーリーに歌を歌って聴かせた。彼がそれで宥められたかどうかはわからない。だが僕自身は明らかに平静を取り戻すことができていた。

　まだ十代だった頃、リプレイスメンツの「アンサティスファイド」に合わせて声が掠れるまで歌っていたのと同じ効果だ。つかの間ではあれど、自分でも人生だかいうものがちゃんとわかっているような気になれた。

　これは僕とケリーとが、いよいよいざ息子が生まれるとなった時さてその場にはどんな音楽がかかっているべきかという問題に、至極どころでなく二人して頭を悩ませた理由ともやや通じている。実際議論は数週間にも及び、思い浮かんだ限りの曲を俎上に載せた。育児書を読むより長い時間をこの出産当日に相応しいBGMのリスト作りに費やしたことは間違いがない。

アーニー・ディフランコの「ディレート《拡張》」は入れるべきかどうかといった議論にある夕方をまるまる空費したこともある。こんなもの、現実の彼女の子宮頸部にはもちろん何の作用も及ぼさなかったし、むしろこの論戦のせいで出産教室に出るのを忘れてしまったほどだった。

実際に真の同意と呼べるところまで漕ぎ着けられた曲は一つきりだ。フー・ファイターズの「レイザー」である。歌詞もあからさまに過ぎず、完璧だ。

「時間だ、さあ目を覚ませ／多少はましな隠れ家を捜さないと」

まあ、デイヴ・グロール自身は決して、母親に子宮収縮を起こさせながらなかなか世に出てこようとしない頑迷な新生児に呼びかけるべく歌ったつもりなどなかったろうが、でもその可能性だって、絶対にゼロだとまでは誰にも断言できはすまい。

さらに数行歌を続けると、息子は幸福そうに喉を鳴らした。

使徒の化石を発見
熊手で髪を梳いてやる
逃げられなんてしないんだぜ

それからこれは誓って言うが、この少し先の〝学校を爆撃〟云々の辺りにくると、小さくて無垢で赤ら顔の当時のチャーリーは、決まってこちらを見上げて満面の笑顔になったものだ。ま、ただおならでもしただけだったのかも知れないが、それでも僕には大勝利だった。

〈シカゴランド・レコードコレクターズ・ショ

ウ〉なるイベントを見るため僕は、遥々西遠方のヒルサイド地区にまで出向いた。これはレコードの小売業者たちが一堂に会する大ガラクタ市みたいなものだ。二ヶ月に一度、高速からはやや外れた〈ベストウェスタンホテル〉なる場所を会場にして開催されている。時に〝中西部最大のレコード博〟などとも称されるが、こんな言い回しがどれほど人々の胸に刺さるものかは疑わしい。ミシガンで一番の海老がありますぜ、程度のものではないだろうか。

　場内を歩き出して数分も経たないうちだ。どうやら僕はいきなり宝箱の蓋を開けたようだった。正面入り口脇のブースにソウル・コフィングの「シュガー・フリー・ジャズ」の十二インチシングルを見つけたのだ。使いようのないリミックスヴァージョンが四つも一緒に収録されており、ジャケットには不格好な〈スラッシュレコード〉だかのロゴ以外のものは見当たらない。実際震え出していた。なあ、こいつは俺が持ってたやつだよな、そうだろ？　気づけば我が身にそう語りかけていた。

　どう見たって同じに思えた。〝宣伝専用／転売不可〟のステッカーも貼ってあるし、ジャケットは少しだけ反っている。こいつはつまり、以前の持ち主がものを丁寧に扱うタイプではなかった証拠だ。ワオ、大当たりだ。起訴状《ギルティアズ》通り《チャージド》ってやつだ。

　けれど中から盤《ディスク》を取り出して一気にへこんだ。新品同様だったのだ。溝には汚れもなく、完璧な左右対称を誇っている。ピカピカでつやつやで、ミラーボールみたいにすべてを映して見せてやろうとでもいわんばかりの勢いだ。まっとうな扱い方しかされてきていないことは明白である。触るのは端だけ。親指の跡や爪による傷がついたりしないよう、十全の注意を払って接せられてきたに違いない。

ほかと同様そのブースも、十を越える数のレコードをびっしり詰めた箱たちが、並べて積み上げられていた。それがカウンター代わりという訳だ。

その向こう側にいた相手と目が合った。丸椅子から立ち上がった彼が近づいてくる。デパートの催事のサンタクロースばりに真っ白な髪を長く伸ばし、後ろでまとめてポニーテイルに仕上げている。ラッシュのロゴのＴシャツはアイロンでもかけたみたいだ。そばまで来るとシャンプーとペパーミントガムの匂いがした。

「そいつは一度もかけられたことがねえ」

ガムをくちゃくちゃやりながら相手が話しかけてくる。

「まっさらだ」

盤をジャケットにしまい、ありがとう、と言いながら相手に渡し、それからつけ足した。

「でも残念だけど、僕の探してるものじゃないんです」

白髪ポニーテイル氏が胡散臭そうに目を細めた。こちらを値踏みでもしているようだ。

「ったく、しょうがねえなあ。じゃあどうすっか教えてやらあ」

そしてほとんど囁きに近い声になりながら彼が続けた。

「十ドルでいいぞ。持ってけ泥棒」

そこで相手は僕の肩の向こう側へと素早く視線を走らせた。まるで今の一言を聞きつけた群衆が、現金を手に我先に突進してくるとでも信じているかのようだ。

「ありがたいお話です。でも興味ないんです」

だがその返事にも彼は重ねて言い募った。

「どこを探したってこれより上物は出てこねえぞ。滅多にない出物なんだ。これほどの状態ならなおさらだ」

仕方なく僕も同じ答えを繰り返した。

「おっしゃる通りだと思いますよ。だけど探しているのは違うんだ」

「この曲のシングルはこれ一種類だけだと思ったがな」

口調はやや苛立たしげになっていた。

「もし型番違いとかを探してるんだったら、悪いことは言わねえから――」

「傷の入っているやつが欲しいんです」

言葉を止めた彼が口の中でガムを噛んだ。かまわず続けた。

「もっときちんと言うと、ある特別な傷です。二番目の〈モラッセス・ダブ・ヴァージョン〉だかの途中についてる。だから、おわかりかと思いますが――」

そこで僕は無理矢理笑顔を繕った。

「いや、マジで大したことじゃないんです。お察しかとも思いますが」

白髪ポニーテイル氏は黙ったまま僕を見据えた。そしてようやくこう言った。

「じゃあなにか？　俺がお前さんのためにその傷をつけてやればいいってことか？　ならそうするぜ。なんならお前さんが自分でつけたっていい。こちとらちっともかまわねぇ」

「いえ、それはけっこうです。僕はだから、なんというか、一九九八年についた傷を見つけ出そうとしてるんですよ」

彼はしばし口を閉ざしたままになった。今のはきっと自分には理解できない種類のジョークなのだろうとでも思いたがっている様子だ。ここまでは前置きみたいなもので、すぐにも僕が財布を出し、あの忌まわしくも無傷の盤に金を払うに違いないとでも。

それでもやがてはいよいよ見込みなしとでも判断したらしく、後ろにいた客の方へと動いていった。

ま、どう思われようがかまわない。ここにはほかにも多くの業者が店を出しているのだ。僕は周囲に広がった頭の海を見渡した。皆下を向き親指を忙しく動かして、一枚ずつレコードを検めている。

だだっ広い屋内には、コオロギの声に似ているようでしかし明らかに異なる、むしろ蜜蜂の羽音に近い、絶え間ないかすかな響きが満ちていた。しかしこの虫どもは、つがう相手よりはよほどビートルズの四十五回転の方に御執心なのである。なるほど確かに〝ビートル〟の語は虫っぽくないでもないけれど。

僕が探している、かつて我が物だったレコードたちが今なおこの合衆国に存在していると仮定することは、たぶん理に適っている。仮に市街地区域の外にまで出ていても、午前中いっぱいのドライヴでたどり着ける範囲にはあるはずだ。一つずつでいいから我がコレクションを再構築していこうという決意を固め、リサイクルショップから始めてどこだかのお宅のガレージセールに至るまで、一軒一軒地道に潰していくことも不可能ではない。

でも、それらのいわば震源地《グラウンドゼロ》へとまず向かうことだってできるのだ。つまりは仲介業者に小売業者、それに、深刻なアナログ盤中毒患者たちが一堂に会するこの手のレコード市である。で、それらが今、安っぽいウェディングケーキの生クリームの匂いの染みついたホテルの大宴会場へと運び込まれようとしている訳だ。

だがもし我がコレクションたちが万が一にも州境を越えていたらどうなるだろう。この可能性についても検討した。でもこの〝中西部最大のレコード博〟だかに出店している面々は決して地元の業者ばかりではなかった。ミシガンにインディアナ、ミズーリにアイオワ、ウィスコンシンにコロラドといったところからも来ているのだ。シカゴは初めてだという者などたぶん一人としていない。むしろ幾度となく訪れている。巡礼よろしく毎年この〈レコードコレクターズ・ショウ〉に足を運んでいるはずだ。

　だとするともう十年も前に僕の売ったレコードを彼らの誰かが買い取っている可能性も少なからずあろう。そうして家に持ち帰り、何度か針を落としてみて、たぶんこんな具合に思ったのに違いないのだ。

「ちくしょう、こんなクソに金を払い過ぎちまったぜ。落書きはあるし、いい曲になると針跳びだ。こいつは是が非でもほかの間抜け野郎を見つけてつかませちまわねえとならねえぞ」

　かくして連中は、自分がそもそもそいつを見つけたこの地へと再び運び込んでくる次第になるのである。きっとそのはずだ。たぶん、おそらく。是非ともそうであって欲しい。

　以前連邦の保安官だったという知り合いがいた。その人物によると、脱獄囚を捜索する場合にはまず隣町の酒場から手をつけるらしい。連中はすぐにはメキシコ行きの飛行機なんかには乗らないのだ。一番近い出口で九十四号線を下り、そして、地球は平らで重力なんてものはないと思っているような女を相手に酒を飲んでいるのだそうだ。

　メイン会場の大広間に入るとレコードはさらに果てしない列を成していた。数キロ先まで続いているようで、むしろ爽快ですらあった。

　頭も目も今にも回り出しそうで、間にできている狭い通路を、両手を広げて一気に駆け抜けたい衝動に駆られた。スティングが「アラウンド・ユア・フィンガー」のビデオでやっていたように、ただしあの蝋燭たちの代わりにレコードのケースたちを、スローモーションで次々となぎ倒して行きたいくらいの気持だった。

　だがこんな浮かれ具合は早計だったと言わざ

るを得ない。自分でも何を考えていたのかさっぱりだ。どうやら僕は、売り手たちの方は開場前からすでに現地入りし、こんなやりとりを交わしているとでも思っていたらしい。

「さあ野郎共、ここでは商品は確実にアルファベット順に並べられることになっている。そういう訳だから、Rで始まるものは全部あっち側に集めておいてくれ」

現実には各ブースのほとんどが、むしろ可能な限りぐちゃぐちゃになるよう企んで商品を並べているとしか思えなかった。ジャンル分けしている業者も見受けられたが、そういうのは笑いたくなるほど広範囲か――〝二〇世紀のポップス〟って、どんだけ――さもなければ、不必要なほど曖昧模糊かつ幻惑的だった。

たとえば〝ポップコーンみたいにオッパイを揺らすやつ〟なんてラベルが見つかった。一応中身は全部確かめたが、それでもなお、冗談にしたってこいつがいったいどういう音楽を定義しようとしたものなのかは、最後までヒントの欠片も見つからなかった。

さらにはこうしたジャンル分けが多少なりともわかりやすさを目指そうとしていたものだとして、たとえるなら〝由緒正しきロック〟といった場合になるが、しかし中身の方は、どれ一つとしてその言葉と関係なかったりもした。単に〝ロック〟とだけ記された箱に見つかったものには以下の作品が含まれていた。

コメディアンのジョージ・バーンズの『アイ・ウィッシュ・アイ・ワズ・エイティーン・アゲイン』、シーラ・Eの『グラマラス・ライフ』、エルヴィス・プレスリーの『レッツ・ビー・フレンズ』。アトランタ・リズム・セクションの『シャンペン・ジャム』、ベティ・ライトの『デンジャー・ハイ・ヴォルテージ』、ゲイリー・マーシャルの『ショウ・

ストッパー!!』、イーグルスの『グレイテスト・ヒッツ』、なんだかよくわからない『ファニー・ボーン・フェイヴァリット』なる一枚、『ベスト・オブ・ビーチ・ボーイズ』、ジュリアン・レノンの『デイドリームの街で』、そしてジム・フォスターの「Xレイ・アイズ」の四十五回転。シングルエディットらしい。

どれほど役に立ったかもわからないが、とにかく僕は、どうしてもっと、それこそ鳥が鳴き始めるくらいの早朝から動いていなかったのだろうと自分を蹴飛ばしたい気持ちになった。朝六時の開幕にも間に合うように。ここにいるプロたちがまず顔を揃える時間だ。往時の金鉱掘りよろしく、しかしこちらはただひたすらアナログ盤だけを求め、生涯をレコード棚の採掘一筋に費やしてきた強者たちである。

彼らは常に専用の鞄と一緒に動く。たとえ身分証を忘れてもカーボンファイバーブラシを持たずに家を出ることなど決してしないベテランなのだ。見知らぬ人々と出会いを重ね、友達になりこそするけれど、誰が相手でも決して目で会話するまでには至らない。

そういえばソニック・ユースのギタリスト、サーストン・ムーアがこの手の催しにしばしば足を運んでいるとも聞いた。彼ならば間違いなくそうした早起き連中の一人に名を連ねていることだろう。そしてとっとと欲しいものを見つけては、上物《じょうもの》だけを掻っ攫い、こんな場所からはそそくさと退散してしまっているはずだ。

でもだとすると、僕の探しているレコードたちというのが、どんな意味でも決して〝上物〟になど当たらないことは、かえって好都合かも知れない。そんな思いも湧いてきた。

基本はまっしぐらに自分のレコードだけを探すつもりでいた。だが実にしばしば簡単には目を背けられない代物たちに行き当たった。ペンギン・カフェ・オーケストラの『サインズ・オブ・ライフ』なる一枚を手にした時にはつい思わず固まった。そんなバンドもアルバムもそれまで耳にしたことはなかった。

しかもそのジャケットのイラストというのが素っ裸の人間の首の上にペンギンの頭が載っているという代物だった。いったい何を見せられているのかと数分は目が離せなかった。

絵の中にはやはりペンギン頭の猿も一匹描かれていて、小さな自転車に跨がり、銃を振り回していた。いやマジ、これを見て何をどう感じ取ればいいというのだろう。

それからクイーンズライクの『ヒア・イン・ザ・ナウ・フロンティア』も出てきた。こうしてレコードを延々パタパタやり続けているうちも僕は、自分でとっくに嫌いだとわかっているアーティストや作品に関しては、ここまで数百枚単位できっちり無視を決め込んできていたのだけれど、この作品には思わず手が止まった。クイーンズライクが好きだったことなどかつて一度としてない。なのにジャケットが僕を捉えてしまったのである。

そいつはやはりイラストで、砂漠の光景に肉体から切り取られた耳だけが五つ、標本みたいに瓶詰めにされて置かれているというものだった。思わず見入った。ちゃんと見ようと棚から引っ張り出すまでした。

クイーンズライクの音ならもう大体わかっていた。たとえ四ドルで手に入るとしても、これを買うのが大きな間違いだということもまた然り。仮に家に連れ帰って針を落としてみたとして、一曲目の途中でもうこんな具合に思っているに違いない。

「こりゃ耳をレイプされてるようなもんだ」

そこで絶対聴くのを止める。そしてそのまま二度と触りもしなくなる。

だがそういう一切を頭から追い払い、いや、どうしたって湧き起こってはくるのだが、それでも無理矢理退けて、ただこんなふうにレコードだけを手にしてしまうと、瓶詰めの耳のモチーフはあまりに強烈に過ぎ、何か違うものが見つかるんじゃないかという気になってきた。可能性なる罠にかかった訳だ。偉大なアートワークにはそういった力があるものだ。

けれど昔はすべてがそうだった。買わずに音楽を聴くことなど不可能だった。ジャケットのみを頼りに決断しなければならないような場面が多々あった。

たとえばデッド・ケネディーズの『フランケンクライスト』のジャケットを見て、それが自分が聴かなければならない音楽かどうかを判断しなければならないなんて事態を想像してみていただきたい。基準となり得るものは、唯一フリーメイソンのパレードの光景だけだ。大の男が同じ司祭の格好をして、同じ小さなゴーカートに乗っかって列を為している。

まずあなたは、この二択に答えを出さなければならない。このジャケットはある種の皮肉《アイロニー》なのか、それとも真摯に作られたものなのか、というやつだ。つまり、写真はただ適当に選ばれたのか、それとも何かしら中の音楽とテーマの部分で共鳴していたりもするのだろうかといった設問だ。

だがこんなの結局は直感に従うしかない。そしてこの直感という野郎は時にとんでもない間違いをやらかしてくれるものなのである。

ジェーンズ・アディクションの『ナッシング・ショッキング』の時は僕の直感君も、まあ、いい仕事をしてくれたといえる。あの炎の髪を持つ裸の双児たちは、その先に待ち受けていた、自分の中の音楽がすっかり吹き飛ばされてしまうような体験の見事な先触れとなってくれていた。しかし時には大外しをやらかすケースもある。壁画のライオンみたいな意匠は決して信用してはいけない。それがたとえ後期とはいえ、あのストーンズのジャケットに採用されていたとしても、絶対に、である。

「ザ・バンドの最初のアルバムはあるか？」

隣にいた先天性色素欠乏症《アルビノ》の男が苛立たしげな声を上げた。いや、実際にそうなのかはわからないが、とにかく彼はものすごく真っ白だった。限りなく透明に近い白で、瞳孔がちゃんとあるのかもすぐにはわからない。長髪でデニムのジャケットを羽織った彼はだから、チーズマカロニのクリームソースにすっかり漬け込まれた、ギタリストのジョニー・ウィンタースみたいに見えていたのだ。

テーブルの向こうにいた男が眉を曲げながら応じた。

「ホークス時代のってことか？　あるいはディランと一緒のやつか？　それともほかの何かだろうか？」

アルビノ・ジョニーは怒った雄牛みたいに鼻を鳴らした。

「「ザ・ウェイト」が入っているやつだ」

「『ビッグ・ピンク』か」

そう言った業者は笑みを浮かべ、一瞬だけ間をおいてからこう言った。

「いや、ないな。そういやあれにはもうずいぶんとお目にかかってねえ」

アルビノ君が呻いた。大袈裟で大仰な声だった。ないと言われるのはもう何度目かもわからないとでも言いたげだ。

ここまでに僕は彼のこの同じ受難を繰り返し立ち聞きする形になっていた。自然発生的にできあがった人の流れの中、相手が僕のすぐ前にいる形になっていたのだ。テーブルからテーブルへ、箱から箱へと移動しつつ、静かに前屈みになりパタパタパタパタパタとレコードを確かめ、また進む。パタパタ、パタパタ、前進。その繰り返しだ。

　彼はすでに五人か六人の業者に同じ質問を発していた。その都度相手は首を横に振った。最初は彼もこの運命を甘受すべく努めているように見えていた。でも苛立ちは次第にあからさまになった。もうちょっと楽に見つかってはくれねえもんかな。瞳のない目がそう訴えていた。

　彼の態度はまったく正しい。そして、これもまたネジのぶっ飛んだ話だが、より簡単な方法とは実は現実に存在している。

　もしザ・バンドの『ミュージック・フロム・ビッグ・ピンク』を手に入れたいなら、もっと時間の要らない方法が、この御時世、誇張ではなく少なくとも百くらいは考えられるのだ。

　まずとりあえずは〈eベイ〉でも覗いてみるといい。幾らでも売りに出されている。しかも様々な形式が揃っている。アナログ盤にカセットにCD。きっと8トラックだって見つかる。しかもたぶんここより安い。

　あるいは、もし彼がとにかく急いであのアルバムを聴きたいと思っているのであれば、ネット上を探せばそれこそ数限りなく見つかるはずだ。ダウンロードにも数秒しかかからない。しかも、ほぼただ同然である。

　でもそんなことはきっと彼だって百も承知なのだ。違うのかな。さすがに本人が世界の仕組みとさえ一切無縁ということもあるまい。だからコンピューターを使いさえすれば、たぶんパンツすら履かないうちに自宅で簡単に手に入れられるようなアルバムを見つけるため、わざわざ高速をドライヴし、郊外の〈ベストウェスタン〉なんてホテルまでやってくる必要などないことは、彼だって十分わかっているはずだ。

苦行のつもりかも知れないが、だとしてもこれは〝愚か者の苦行〟としか呼びようがない。しなくてもいい不便に甘んじているだけではないか――。

目の端に見覚えのある影を認めたのはこの時だった。角を曲がり、ジーンズを履いた痩せた脚たちの隙間を縫って進撃する息子チャーリーの今日の服装は、チョコレート色の親指の跡とドーナツの欠片の柄のカーディガンという実に皮肉の効いたものだった。本人は実際に、この年齢の一回分にしてはやや多めの砂糖を摂取させられてもいたからだ。

万一に備え正確な情報を開示しておくと、この犯人は僕である。息子にも自分と同じくらいこのイベントを楽しんで欲しいと考えたのだ。そこでまあ、あの年頃の子供を同じような昂揚状態に持っていくには、やはり糖分が一番手っ取り早い手段だろうと判断したのだ。

大雑把だがこれはおおよそ僕が初めてコカインに手を出した動機と共通している。最初で最後となったその経験は、ガース・ブルックスのコンサートに出向く直前だった。正直あまり行きたいとも思わなかったものだから、コカインでもキメればなんとかなるだろうくらいに考えたのだ。

それにしてもあの薬物とガース・ブルックスの相乗効果はばっちりだった。会場の僕はカウボーイ大好きの、大はしゃぎのダンスマシーンと化していた。のみならず「リヴァー」ではちびっとだが泣きもした。

しかしチャーリーへの砂糖の投与は、どうやら僕のコカインのようには作用してくれなかったらしい。息子は退屈し同時にハイになっていた。危険な極まりない取り合わせである。

「チャーリー、ダメだ」

手に取ったボブ・モールドのレコードから顔

を上げることもせず、努めて穏やかに僕は言った。ちょこちょこと足元を行き過ぎた息子は、金属で補強された箱の角にあわや頭をぶつけそうになりながらもぎりぎり瀬戸際で回避していた。ケリーはチャーリーのすぐ後ろにいた。どうにかついていっている感じだ。

「ねえ、まだかかるの?」

　妻がそう訊くので、僕は叶う限り全力の〝ご冗談でしょ?〟的表情を顔の上にこしらえて見せた。しかし息子の追跡に忙しい愛妻殿は見向きもしてくれなかった。そのままペイヴメントのTシャツを着た髭面男を押し退ける形となった彼女が、小さな詫びを口ごもる。こんなことならきっと片親の方が断然マシだったわとか思い込もうとしているように見えなくもない。

　でも僕だって、君たちを連れてくるなんてつもりは全然さらさらなかったのだよ。当初は一人で来る予定だった。せいぜいあって、男友達の誰かを誘うかだ。それも、一時間かけて郊外までドライヴし、そこからの六時間はお互いの存在も完璧に無視し、ただレコードだけを眺め続けるぞというこのお誘いの歪み具合に気づきもしない相手でなければならなかった。

　ところが声をかけた連中は、最後の最後になって必ず、実はついすっかり忘れてしまっていた〝御予定〟とやらがあるのだとかのたまった。さもなければ敬愛すべき奥様諸氏が、自分も知らないうちにすでにその週末の約束をしてしまっていて、びっくりはしているがどうにも動かすことができないのだそうである。

　だから一人で来ようと納得していた。だがそれもケリーが、ひょっとしてこれは家族のお出かけのいい機会になるかも知れないわなどと思いついてしまうまでだった。

　もちろんそんなことは一ミリたりとて有り得ない。僕にはすぐそうわかったのだけれど、妻の決意は固かった。

　彼女がようやく状況を直視できたのは郊外を目指す長いドライヴに入ってしまってからだ。行く先がいつもの〈ギャップ〉とか〈アップルストア〉といった近場でなど全然なかったからだ。つまりは〝すぐ戻ってくるから〟的な買い物には絶対にならないのだ。ここに至ってやっと妻もそこを理解してくれた。

「ねえ、いったいどのくらいのレコードを買うつもりなの？」

　声はジェットコースターのあの、最初の緩慢な昇りの時みたいな怯えの色を帯びていた。

「わからない。とにかく行ってみないと」

　答えて僕は肩をすくめた。

　それから一瞬だけ夫婦揃って前方に続いたアスファルトを見据えた。彼女の肩に力が入り、空気が変わったことがわかった。

「それにしたっていったいどこに置くつもり？　今のアパートにそんな場所ないでしょう。部屋の隅にでも積み上げておく？」

「いや」

「全然わかんないわよ。置く場所もないレコードをあなたはまとめて買うという。それどころか、我が家にはプレイヤーもないのよ？　ただ眺めていたいってこと？」

「プレイヤーならいずれ買う」

「ならそっちはいったいどこに置く訳？　寝室かしら？　とにかく、その魔法のプレイヤーとやらがどこに入る予定なのかだけはちゃんと事前に教えておいて」

　妻はほぼ恐慌状態だった。彼女がここまでになることは滅多にない。後部座席で自分用の小型ＤＶＤプレイヤーに夢中だったはずのチャーリーにも何かがおかしいとわかったようだ。ママ怒ってる。パパのせいだ。

　そのまま妻は、もうこっちもすっかり聞き慣れている繰り言を始めた。曰く、音楽のことと か、その音楽を失くしてしまったことを気に病む必要などどこにもないのだ、とか、とにかくどういうつもりか知らないが、それはつまり、僕らの小さな市営のアパートにさらに物を詰め込むということであり、しかもそれは、前時代に作られた嵩張る盤と過剰な量の厚紙とでできていて、そんなものが家の中にのさばれば、当然ほかのものを置ける場所は逼迫する。そしてまた――この辺りでいよいよ首筋の血管が目に見えるほどひくひくし始める訳だけれど――もう必要もなくなってしまったものをまた持とうとするなんて狂気の沙汰だというのである。

　音楽ならもうあるじゃない。あなたにとって大事だった音楽は、今やいつだってそこにあるのよ。持っていたもの、喜んで聴いていたもののすべてといってもいい。しかもそれは最早衣装ダンスの中に自身の居場所を要求することさえしない。だってクラウドの中にあるのだから。

　さてここだ。ここに至って彼女は僕をすっかり見失ってしまうのだ。僕にはこのクラウドという存在がちっとも理解できないのだ。

「だからあなたの音楽は全部そこで守られているのよ」

　彼女はそうも口にする。これもまた初めて聞かされる言葉でもなんでもない。

「だからもう壊しちゃう心配も失くす心配も一切しなくていいの」

　壊しちゃう、か。僕自身はことレコードプレイヤーに関してはいまだかつていわゆるハイテクマニアであった試しもない。周波数範囲拡張《フレクエンシーエクステンション》とか音調正調機能《トーナルコレクトネス》とか、あるいは再生時の音質ひずみ軽減の最善策といった忌むべき言葉たちは、こちらもまた僕の理解の遠く及ばぬ遥か先にある。

　しかしレコードプレイヤーなるものが、たとえそれがどんな代物であれ、そんな〝壊しちゃう〟なんて、いわば壊滅的な結果など絶対に招かないことならよく知っている。プレイヤーで聴いていれば、自分の音楽たちのどの一つとして消えて失くなってしまうようなことには決してならない。

　考えてみれば皮肉めいている。破壊されてしまうはずなどなく、よしこの世でもっともクソみたいなプレイヤーだとしても、それさえあれば永遠に再生することが可能で、実際に不滅の形容にすら相応しかったはずの我がレコードたちが、今や手元からすっかり消えてしまっているのだから。

　僕にも単純に、あるいは不明だったというべきかも知れないが、とにかくその理論上にしか存在しない、不可触の耐火金庫の中に自分の音楽の全部を貯めておこうなどと考えていた時期があった。そこで手ほどきしてもらおうと考えて古い友人のグレンに電話をかけてみた。コンピューターに精通している相手だ。でもひょっとすると、ただ安心させて欲しかっただけなのかも知れないが。

「じゃあ僕の古い音楽は消えてなくなっちゃうってことか？」

　どこかの段階で僕はそう尋ねていた。耳に返った自分の声はパニック寸前みたいだった。

「違う違う。そうじゃない」

　グレンは僕を宥めにかかった。

「iクラウドの中の君専用の場所に保管されるんだ。音質だって格段によくなる」

「アルバムのアートワークはどうなる？」

「メタデータも全部一緒にオーディオファイルの形式に変換される。一切だ」

「だとするとな、たとえば僕のトム・ウェイツの『ソードフィッシュトロンボーン』は日本からの輸入盤で、表の店のシールには漢字が使われていたりもするんだが、そういうのもちゃんと変換だかされるのか？」

　これには彼も言葉に詰まった。

「重要なのか？」

　そりゃそうだ。僕はさらに重ねた。

「それに、ジャンルはどうなる？　僕のファイルもあのｉチューンズのしょうもない分類に仕分けなおされてしまったりしちゃうのか？　それとも自分のやり方が持ち込めるのか？」

　実際僕はｉチューンズなんかに比べればよほど中身がすぐにわかる分類方法を苦心して作り上げていた。だって〈オルタナ＆パンク〉や〈ロック〉なんてものでは全然何も伝わってこないじゃないか。僕のＭＰ３ファイルはだから、たとえば〈中性的ポップロック〉とか〈やや鼻につくベビーブーム世代〉とか、さもなきゃ〈ほとんど興味が持てなかったインディーズ作品〉といったジャンルに分類されているのである。〈酒と女とキリストを扱ったオルタナ系カントリー〉なんてのもある。明快だろ？

「そこは大丈夫だと思うよ」

　グレンは言ったが、言葉ほど確信があるようには聞こえなかった。

「だったらさ、ｉチューンズが〈フォーク〉として扱っている曲を〈無条件で敬愛する鼻声アーティストたち〉とかに分類しなおすこともできるのか」

「できるんじゃないか？　たぶんだけど」

「なら連中が〈ブルース〉と呼びたいという音楽を〈高校の頃大麻をやっていた時代にはもうちょっとマシに見えていた白人によるブルースめいたもの〉というサブジャンルに配置しなおすべきだと主張できたりもするのか？」

「そこまではさすがに確実なことは言えない。でも、いったいなんでそんなとこばかりにこだわるんだ？　音質は明らかにいいんだ。ラベルなんて誰が気にする？」

　僕がする。僕は実際そこまでにもう何日も、文字通り一日二十四時間ずつをこの問題だけに取り組んで過ごしていたのである。完璧なアートワークとかあるいはタワーレコードの価格のシールがまだ天辺の角のところに貼ってあるのに湿気でやられてしまったジャケットをなんとか再生したやつなんかを、自分で取り込み、電脳空間に総ざらえしていた。

　さもなければ、はたしてガスライト・アンセムは〈皮肉っけのない労働者階級たちの頌歌〉として位置づけられるべきなのか、それともせいぜい〈スプリングスティーンっぽい〉くらいで済ませた方が無難なのかといった命題に延々頭を悩ませていた。仮にiチューンズマッチとやらがこういう小ネタ群を全消去してしまうのなら、実はそいつの存在それ自体こそが、覚えている必要もない小ネタだということにもなりえようというものだ。

　さほど遠くない昔、前の世紀の後ろ半分の時代には、いやそれ以前も同じだったろうとは思うが、とにもかくにも、自分の家に招じ入れる人間については十分な検討を加えなければならなかったものである。最もまっとうに見える人物が、実にほの暗い衝動をうちに秘めていたりするからだ。すなわちあの、おぞましくも理屈なんぞ通じない、他人様のＣＤコレクションにちょっかい出したいという欲求である。

　こうした連中を残しほんの数分でも場を外しなどしてしまおうものなら、戻った時には自分の音楽が無意味なアルファベット順に並べなおされてしまっているのを目の当たりにさせられる羽目にもなる。よりひどい場合はジャンルとか時代ごとに分けられていたりする。

　しかもこの現行犯たちは大抵、すっかり自己満足に浸っていたりする。自分が何か価値あるサーヴィスを提供したとでも思っているのだ。

こんな風にまで口にしやがる。

「いや、違うケースに入っているCDに気づいちゃったんだ。『デイドリーム・ネイション』の盤が『ドリトル』のケースに入ってるなんてとんでもない話だよな。だろう？」

こうした場合できることはただ一つ。短い笑みを浮かべ、それからこのお節介野郎だけは決して二度と自分の音楽には近づけさせまいと心に刻みつけるのだ。

僕の音楽はだからクラウドなんてものの中には存在していない。これから先もそうなることはないだろう。何故なら僕は、自分の音楽には傷物であって欲しいと考えているからだ。ひずみとか破裂音とか、古いレコードや時にCDでも起きた、そういうものが好きなのだ。

それに、もし誰かが僕のiポッドに手を出したとして、その彼はきっと、曲が分類されているそのバカさ加減に当惑し、ついには腹を立てるに違いないなんて想像をするのも、僕はまた大好きだったりするのである。

その我が音楽たちをごく普通にありふれたコレクションへと貶めてしまうくらいなら、むしろ僕は、ハードドライヴの故障ですべてが一瞬で無に帰してしまうリスクの方を好む。

「とにかく、聴けもしない、置く場所さえないようなレコードに、あんまりたくさんのお金を使っちゃうことだけはよしにして」

ケリーが言った。

この二時間後には、僕には二人がどこにいるのかさえもうよくわからなくなっていた。手はモリッシーの『ボナ・ドラッグ』をつまみ上げたままである。ジャケット全面に敷かれた、クレヨンみたいな青い色どりに見事に射すくめられてしまっていた。

こいつを棚から見つけ出した時は、まるで角を走って曲がったところでいきなり昔のガールフレンドに出くわしたような気持ちになった。彼女からもらった手紙をまだ靴箱の中に大事に隠し持っているような相手だ。さてまず何から口にすればいい？　考えろ——。

「チャーリーやめてっ」

　しかしケリーのその叫びが僕を甘ったるい白昼夢から引きずり戻した。妻の姿は見えなかったが息子の動きは音でわかった。後方のどこかだ。小さな足が長屋の鼠みたいなリズムを刻んでいる。人々の脚をすり抜け、捕縛の手を逃れるたびけたけたと声を上げて笑っている。

　彼の存在に気づいた大人たちが目を見開いていることもわかった。三歳の男の子が危険いっぱいの迷路を駆け抜けているからではない。むしろそのチョコレートだらけの指先が、刀剣《スウォード》よろしく彼らの貴重なアナログ盤たちに狙いを定めていることを理解したがゆえだ。

「エルヴィス・コステェロゥっ」

　テーブルの下にもぐり込んだチャーリーは、どこかの箱から取り出してきてまとめて持っていたらしいレコードをざっと自分で検めた。コステロの名を叫ぶ前には、幾つかのタイトルがちゃんと読めている振りまでしていた。

　そして次には息子は、その儚くも壊れやすいシングル盤たちを床に叩きつけ始めた。そこそこけっこうな力だ。一枚も割れなかったのはマジ奇跡みたいなものである。

　前の晩僕らはなるほどコステロの曲を幾つか一緒に聴いていた。コステロは彼のお気に入りのアーティストなのだ。息子が彼はレコードを出していたのかと訊くので、もちろん、ずいぶんたくさん出しているぞ、と応じた。

　傑作もあれば普通のもある。だから、もしお前が明日全部の箱を確かめるくらいのつもりで探せば、きっと何枚かは見つかるはずだ、なんてことまで口にしてしまった。

　灰色の分厚い眉毛とフランク・ザッパみたいな髭とで顔中を覆った男がいよいよチャーリーに照準をつける。

「いや済まねえが旦那《サー》、そいつは丁寧に扱ってもらわねえと困るんだ」

　怒号でこそあったが当惑も顕わで、どこか頼りなげだった。こんな場面は彼にも想定外だったに違いない。それにしても三歳児に〝旦那〟と呼びかけるなんて、慌てるにもほどがあろうというものだ。

「エルヴィス・コステロ、どっかーん」

　思わず額に力が入り、自ずと指の方からはそいつが抜けた。真っ青な『ボナ・ドラッグ』が棚の中へと滑り落ちるが、そのままにする。僕の予算を食い尽くしてしまうだけのレコードを息子が壊してしまわないうちに是が非でも取り押さえなくてはならなかった。

「そいつはあんたのガキか?」

　僕がチャーリーと取っ組み合い、ロブスターの鉤爪みたいになっていた手からようやく、まだ生き延びていたコステロの『スパイク』を取り上げることに成功した時、頭上からそんな声がかけられた。顔を上げると男が二人いた。どちらも僕と同年代で、この場の制服とも呼ぶべきロック系のTシャツ姿である。

　一人の胸にはダイナソーJr.のアルバムジャケットがプリントされていた。もう一方はガンズ・アンド・ローゼズだ。どちらもロシアのマトリョーシカ人形みたいな体型だった。首がなく、下まで一気にズドーンというあの感じだ。

　この会場で、チャーリーに怯えた冷笑以外のものを向けてくれたのは彼らが初めてだった。僕が息子をしっかり捕まえている間にダイナソーJr.の方が、請うてもいない自らの音楽遍歴語りを、僕らを聴衆に一席ぶり始めた。

「俺が自分のプレイヤーを手に入れたのもちょうどお前さんくらいの年だった」

そこで彼は僕の息子に頷いて見せた。

「まさにそんな具合に床に座ってよ、レコードがぐるぐるぐるぐる回っているのを飽きもせず眺めていたもんだ。ちとばかしイカれていたんだろうな」

そこで彼は自ら爆笑し、相棒のガンズ・アンド・ローゼズにまぜ返されていた。

「あんなあ、てめえはまだ現役バリバリのイカレ野郎だぞ。過去形にすんな」

ダイナソーJr.も負けてはいない。

「てめケツ掘ったろか」

慌ててチャーリーの耳を塞いだ。かまわずに二人はさらに続けた。子供の頃に魅了されてしまったそいつが、ではどうやって生涯の趣味にまでなっていったかという内容だ。税理士の話よりは多少マシかなといった程度だ。

「家にゃあアルバムが五万枚以上ある」

これはガンズだ。

「このうち一万枚がコレクションの核だ。何があっても売らないやつだ。子供みたいなもんだな。あと次の七千五百枚も、やっぱり我が子みたいなもんだよ。その先は季節労働者《ホーボー》どもだ。どっかに行っちまうようできてる」

「そのホーボーどもは売るってことか？」

「ホーボーどもってのはいつだって好きな時にいなくなるんだよ。風の吹くまま気の向くままってやつだ。ただ、いつか帰ってくるかも知れねえのも本当だ。だがガキは守ってやらんとならねえ。大事にしまっといて世間様の荒波なんぞにゃ決して晒してやるもんじゃねえ」

ダイナソーJr.が笑った。

「お前だって頭沸いてやがるじゃねえか」

ガンズが肩をすくめて応じる。

「だけどてめえよぉ、何が問題かわかってんのか？　なんつうか、俺も最近いよいよ熱が冷めてきちまったらしいんだ」

「そんなことあるか、ホラ吹き野郎」

「いやマジだ。確かに俺はいつだって新しいもんを探してる。だが手に入れても何度か聴いた後は箱にしまい込むだけだ。だけど、こんな俺にも近頃責任ってものができちまってな。芝も刈らなきゃならねえしよ」

　そこへ人混みの奥からケリーが現れた。足も止めずに僕からチャーリーを取り上げていく。

「捕まえたっ」

　勝ち誇った声こそ上げるが、でも体の方は、そのまま動くことを止めようともしない。

「ちょっと待て、これから――」

　自ずと背中に声をかける形となった。

「しなきゃならないことをして」

　振り向きもせず妻が言う。

「でも、なるべく急いでくれると私はとっても嬉しいの。わかってるわよね？」

「何か探してるブツがあるのか？」

　訊いてきたのはガンズだった。僕は足元に並んだ数十ともつかないレコード満載の箱たちを見下ろした。今やそいつは、時間だけをやたらと浪費する作業としか思えなくなっていた。

「お二人はリプレイスメンツの『レット・イット・ビー』をお持ちだったりしないかな？」

　僕が尋ねると二人ともが笑った。

「こいつはいきなりの難題だな。お前さんだってわかってんだろ？」

　訊き返したのはダイナソーJr.だ。

「つまり、ないってことだよね」

「そうだ。連中だと『ドント・テル・ア・ソウル』なら年に一度くらいはお目にかかるがね」

　彼がそのまま先を続けた。

「そういや数ヶ月前に『ティム』が一枚きり店に入ったが、並べてほぼきっちり三十分で売れた。しかし残念ながら、四十年この商売をやってるが、オリジナルの『レット・イット・ビー』はこの目で拝んだことがねえ。八〇年代の発売当時も含めて一度もだ」

「てことは、こいつはビッグフットを探すようなもんだってことか」

僕はそう返事した。一応は面白いことを言ったつもりだった。

「全然違う」

ダイナソーJr.が訳知り顔で応じた。

「ビッグフットなら俺は前に見たことがある」

「俺だって見てるぞ」

こちらはもちろんガンズである。

「あんなの大したことじゃねえ」


何故『レット・イット・ビー』がそれほど重要なのかは自分でもよくわからない。そうであるべきでない理由の方なら百万だって挙げられる。まず同作中には、僕自身の人生と直接的に関わって見える要素など、今においても過去においても皆無に等しい。

収録曲には「アンドロギュヌス《両性具有》」があるが、僕自身は、大学の一年目にあった『ロッキー・ホラー・ショウ』の上映会の際、皆と一緒に女装の真似事をしたことを除けば、その手のどんな経験もしたことはない。そっちの傾向を持つ友人がいたことも同様だ。いやまあだから厳密には、この上映会とあと、ハロウィーンの際に時々やったボウイの仮装以外は、ということにはなるが。

それから行きつけの安酒場で泥沼めいた自己嫌悪に陥ってしまうほどのアル中であったこともないし、自分たちより一層人気のあるグループのビデオをＭＴＶで目にし、行き場のない思いを抱え込むバンドのメンバーであったこともない。遠距離恋愛の経験もないから当然、夜中に彼女を電話で捕まえようと延々留守電にメッセージを残し続けたこともない。むしろそこまでしてしまう心理状態には腰が引ける。

　扁桃腺を手術で取ったりもしていない。もちろん勃起《ボナー》はする。それでも『ゲイリーズ・ゴット・ア・ボナー』の内容は、そうした場面のどの記憶にも訴えかけはしない。特に〝彼女にそれをすりつけろ〟の辺りが、やっぱり引く。

　収録曲の中でわずかでも自分の実人生との直接的関わりを感じさせるものは、たぶん「アンサティスファイド」一曲きりだ。もっともポール・ウェスターバーグがこの時何を不満に感じていたかは定かでない。それでもそこには、映画『ハードボディーズ2』を観るため苦心して映画館にもぐり込んだのに、予告で期待させられていたほどには裸のオッパイを目にすることができなかったという忸怩《じくじ》たる思いは含まれていなかったに違いないとは思う。ああちくしょう。それこそ大不満《アンサテイスファイド》だったさ。

　そもそも十代の僕はパンクとはまるで無縁だった。ピアスを開けたこともなければ刺青も同様である。この中部野郎《マッツ》どもを聴き始めた頃だって、さほど頻繁に大麻に手を出していた訳ですらなかった。それでも僕はこの『レット・イット・ビー』が大好きなのだ。あるいはそれは、連中やその作品が当時の自分とは真逆の存在に思えていたせいかも知れない。

　僕はまったくみっともない子供だった。トロンボーンを吹き、スポーツは苦手で、そのうえビリー・ジョエルの聴き過ぎだった。まあこのビリー・ジョエルの部分はさほど悪くはないのかも知れない。だが経験から言わせてもらえば〝「ガラスのニューヨーク」なら歌詞なんて見ないで歌えるよ〟なんて口にするガキは〝もう手で抜かれ過ぎちまってヘロヘロなんだ〟などとは決して言ったりしないものだった。

この『レット・イット・ビー』を聴いた時、それだけですっかり、そういう尖ったといおうか、すかした連中への仲間入りができた気持ちになった。自らすすんでそうなった負け犬たちだ。欲求不満的な態度も実際にはある部分までは所詮見せかけでしかない。だって連中が経験済みなのは明らかだったし。僕らとは比べるべくもなかった。

だからたぶん僕の『レット・イット・ビー』はいわゆる〝ライナスの毛布〟みたいなものだった。学校に行く際にはいつも必ず内緒で持ち込んでいたし、近所の人たちと何かの交渉を持つ場面も同様だった。

自分はやつらの知らないことを知っている。あいつらはどうしようもない間抜けどもだ。デュラン・デュランとかコーリー・〝クソ野郎〟・ハートなんかが音楽だと本気で思ってやがる。それですっかり理解できたと思い込んでる。だがそんなの、コカコーラのCMに体によさそうな成分を見つけようとしているようなものでしかない。

しかしこちとらはその間にサリンジャーの長編を手に取っているのだ。マジあいつらはサリンジャーが現存していることすら知らないんだぞ。今にも飢え死にしそうだというのにその事実に自分で気づくこともしない。

成果など皆目なく、ただ辱めばかりを受けていた、そんな似たようなある日のことだ。帰宅して部屋に戻った僕はこの『レット・イット・ビー』をかけ、しがみつくようにジャケットを持ち、そこに映る四人のくたびれた中西部のパンク野郎どもが屋根の上で揃って座っている写真を眺めた。それがなんだかブルース・バナーを射貫いたガンマ線みたいに思えた。

きっと僕のことだって超人ハルクに変えてくれるに違いない。なるほど外の世界では無理かも知れない。でも、ハルクの心臓はこの胸で脈打っている。たとえ誰にも気づかれることはなかったとしても。

十代のうちに僕は、ボロボロでこそあったが、このリプレイスメンツの海賊盤《ブートレグ》『シッツ・ヒッツ・ザ・ファンズ』を手に入れることにもどうにか成功した。今だから言わせてもらうが、これが僕の音楽的バイブルとなった。郊外の陰府《シエオル》で正気を保つための生命線となったのだ。

しかし実際に僕がこれに耳を通したのはおそらくせいぜい一度か二度で、それも、半ば上の空でのことだった。ま、こと音楽に関する限り僕の回想などさほど当てになるものではない。拳を突き上げデフ・レパードやポイズンに心酔していたことは過小評価し、ピクシーズやミート・パペットに尋常ならざる愛を抱いていたことについては実際以上に重きを置いている。

それでも僕はなお、自分が必要以上にこのアルバム『レット・イット・ビー』を過大評価しているとは思わないのである。何故ならこの盤《ディスク》にまつわる最大の思い出は、本当に必要だった時に手元になかったことだからだ。今でも内蔵を抉られるような記憶だ。

父が死んだ日のことなら何もかもを覚えているし、同時に何一つ頭に残っていないようでもある。その日の記憶の一切はおぼろげな輪郭しか有していない。一方で、海馬のどこかにこびりついたままの細部は、ばかばかしいほど詳細で、限定的でもある。

その午後僕はケリーと一緒にオーストラリア産のワインを飲んでいた。ちょうどカリフォルニアのバーバンクに越したばかりで、圧倒的に貧乏で、楽しみといえば日のあるうちから安酒で酔っ払うくらいが関の山だった頃だ。向かいに住んでいた御夫婦がシュガー・レイの曲を大音量で鳴らしていたことも間違いはない。

「毎朝」

どんがらがっしゃん。

「彼女の四つ脚ベッドが――」

こんな具合に夫婦喧嘩の最中にこの曲を鳴らすのが二人のお約束事だったらしいのだ。怒鳴り声を掻き消してくれるとでも思っていたようだが、実際には全然そんなことはなかった。またやっているなというのは筒抜けだった。

確かにそれぞれの声音が一際高まった時だけではあったけれど、結婚の悲哀というものを無理矢理考えさせてくれるに十分だったことも本当だ。時に〝あんたのろくでなしの母親が〟とか〝二度と触んないで〟なんて言葉が届き、まあだから、いろいろと勉強させてもらった。

そこへ母から電話がきた。それもはっきり覚えている。数分ばかり特にこれといった話題もないまま会話を交わした。

母はミシガンの天気のことを口にした。つい最近雪が降ったのだとも言った。ほんの十数センチではあったが、通りには車よりも多い数の除雪車が走っていたのだそうである。

さらに彼女は当たり障りのない種類の質問を重ねた。新しいアパートのこととか、ロスのスモッグはどんな具合なのかとか、高速を使わなくても行ける場所に雑貨店はあるのかといった内容だ。そしてそこで、ちょうど僕が、そろそろ必要な世間話は終わったかなと受話器を置こうとしたまさにそのタイミングで、母が爆弾を投下した。

母は父を見つけた状況を説明した。キッチンの床で俯せに倒れていたそうだ。テーブルには食べかけの玉子サンドが載っていた。慌てて救急に電話したらしい。けれどすでに脈はなく、体もすっかり冷たくなっていたから、手遅れだろうことは母にもわかったのだそうだ。

「すぐ帰るよ」

そう言ったが母は頷かなかった。

「いいのよ、大丈夫。だって忙しいでしょ？」

「母さん」

「だって高いじゃないの。最近の航空運賃見たことある？　腹が立ってくるほどよ。あんたにそんなことさせられない」

「そのくらいはなんとかなるさ」

僕は言い募った。

「でもあんた電話代にだって汲々《きゅうきゅう》としてるじゃないの。カリフォルニアからミシガンまでの飛行機代をどうやって捻り出すつもり？」

「ねえ、この話今しないとダメかな」

「あんたが心配で言ってるの。予定外の出費なんてさせられない。負担をかけたくないのよ。特に今、あなたが父親を亡くしてしまったような状況ではね。皆やらなくちゃならないことがたくさんあるわ」

どうして母は泣いてないんだ？　そう訝ってすぐ自分もまた涙などこぼしてはいないことを不思議に思った。ひょっとしてこいつは全部現実じゃないのかな。確かに現実とも思えない。むしろ夢の中でこれは夢だと気づいた瞬間に似ている。そしてこう思うのだ。

なんてこった。道理でイカれてやがる。ならもう少し注意して見てみるか。そうすれば起きてからも多少は覚えていられるし——。

「どうしても来たいっていうのなら——」

ようやく母が頑なさを解いた。

「私に払わせなさい」

「そんなのダメだ」

「譲らないわよ。ちょっとだけ待ちなさい。クレジットカードを確かめるから」

それからがさごそいう音が聞こえてきた。あふれる寸前のゴミ箱に腕を突っ込んででもいるかのようだ。

「そんなことまでしないで欲しいんだ」

僕は懇願した。

「私がそうしたいのよ」

母もこちらを宥めにかかる。

「それから〈サウスウェスト〉はもう使っちゃダメよ」

「どこがまずいのさ」

「感謝際にあんたを招待するのにあそこに幾ら取られたと思ってるの」

「僕が頼んだ訳じゃない」

そして続けた。

「ねえ、お願いだから今はその話はよそう。胸が悪くなる」

「あそこはもう時間がないとかぐだぐだまくし立てて、挙げ句には片手片脚寄越せくらいのことは言いかねない会社だわ」

彼女は警告を重ねることを止めなかった。

「やっぱり次の週末に来るくらいのつもりでいいわよ」

「母さん、もう止めてってば」

「私はただ、ああいう大きな航空会社は利益を貪る術に長けているんだと言いたいだけ。ああいう輩にお金を払い過ぎてはダメなの。ところで〈スピリット航空〉を使ってみようと思ったことはある？　あの会社はお手頃だわ」

「あそこはカリフォルニアからの便はやってなかったと思うよ」

「そう？　それはびっくりだわ。ミシガンからフロリダなんかはとてもお安く飛んでくれてるのよ。この前あなたの大叔母様を訪ねた時も全部で八十九ドルくらいしかかからなかった。すごいと思わない？」

「その通りだと思うよ」

「だから、どこで取るかはちゃんと考えてね」

「ちゃんと考える。わかったよ、母さん」

けれど母はそこで間を置いた。

「ごめんなさいね、エリック。さっきから、見つけたらすぐマスターの番号を教えようと思ってるんだけど、あれはいつも父さんの胸ポケットに入っているのよ。だけどまだ私、父さんをひっくり返せてないの」

　何が起きたのか、そして今何がどうなっているのか。それがこの時ようやく僕の頭にも突き刺さった。今でもその光景が目に見えてきそうなほどだ。

　灯りもつけない真っ暗なキッチンの床の上、母は冷たくなった父の傍らで膝をついているのだ。まさに彼女が父を見つけたその場所だ。あるいはひょっとするとインディアンみたいなあぐらぐらいはかいているのかも知れない。脚が痺れてしまったからだ。一方で指先は落ち着かなく、電話のコードを巻いたり解いたりしている。手の方にはどうさせておくのがいいのかもよくわからないからだ。

　そうしながらも母はずっと、もう一方の手で父のポケットからどうにか財布を取り出そうと悪戦苦闘していたのだ。できれば父の体はあまり動かさずに済ませたいとも思っていたことだろう。触り過ぎてしまいたくないのだ。

　だって触ってしまえば、自分が暗いキッチンの床に座り込み、死んでしまった夫の傍らで、百万キロも離れたカリフォルニアにいる息子と話しているのだという事実が一層はっきりしてしまう。

　とうとう母はクレジットカードを回収することに成功し、それ以降はお互いに、財布とか遺骸については仄めかすこともしなかった。代わりに飛行機の乗り継ぎ方を巡って些細な口論をし、その後は弟が全然捕まらないのだという話をした。最近のやつは忙し過ぎるらしかった。

あるいは僕らは一切をキッチンの中の出来事に収めてしまいたかったのかも知れない。

そのキッチンにほかの人間の足音が響き始めたのが回線越しにも伝わってきた。救急の人たちが着いたから一回切るけど、後でまたかけるから、と母が言った。

いきなり受話器が火傷しそうなほど熱くなった。そんな錯覚に慌てて手を放してしまうと、そいつはそのまま真下に落ちた。それからケリーに向きなおって告げた。

「父さんが死んだ」

その後は一切を遮断した。ケリーが泣き出して、まだ自分がそうなっていないことを改めて不思議に思った。肉体の感覚が失われていくようだった。気づけばいつのまにか居場所を居間に移し、ソファに体を投げ出していた。

考えることなど止めてしまいたかった。今しがた起きた一切の意味が理解できなかった。そうやって、そのままケリーが必要なところに電話をかけてくれている声を聞いた。彼女は報せなければならない人々に連絡し、そして、生憎とこの夜の遅番のシフトに入ってしまっていた航空会社の予約受付窓口の哀れなお馬鹿さんを怒鳴りつけていた。

苦痛はものすごい勢いで迫ってきた。この身の周囲で手ぐすねを引いていやがった。臭いさえわかった。やつらは鮫みたいにこちらを囲み、もぐり込める入り口を探していた。

ただ座っているだけでは遅かれ早かれ入り込まれ、この胸を食い荒らされてしまう。何か手を打たなくちゃ。頭の中を別の物でいっぱいにして気持ちを逸らしてしまわなくては——。

だから僕は『レット・イット・ビー』を探した。いつもの場所に見当たらなかったものだから、さらに捜索範囲を広げた。棚を総浚《ざら》えし、荷造りしたままだった箱を開け、衣装ダンスを隅々まで確かめた。壁紙を一部剥がしもした。

　妻はそんな僕の様子をただ見守っていた。心配そうだったが、何も訊こうとはしなかった。

　とにかく腰を落ち着けて、あのアルバムからせめて何曲かは聴かないと。そうしなければ次の行動にも移れない。

　どんな音楽でもいい訳じゃなかった。今だけはあれでなくてはダメだった。それも、できれば喧しいくらいの音量で。

　叶うなら「アンサリング・マシーン」や「アンサティスファイド」といった感傷的なクソでない方がいい。「トミー・ゲット・ヒス・トン《トミーは扁桃腺を》シル・アウト《摘出した》」や「シーン・ユア・ビデオ」のような、一緒になって叫べるタイプのやつがいい。そうだ、あれなら〝てめえらのまがい物のロックンロールはよぉー〟とか大声も出せる。

　けれど見つからなかった。もうなくなっていたのだから当然だった。数ヶ月前に僕は、我がレコードコレクションの最後の砦でもあったその一枚を、小遣い銭のために売り飛ばしていたのである。いや、何かほかの目的だったかも知れないがそれすら覚えてはいない。タコスと一緒にワインでも買ったのかも知れない。

　プレイヤーの方もやはり同じ運命をたどっていた。『レット・イット・ビー』を売り払ってしばらくして、もうこれも要らないなと廃棄したのだ。

　その時は当然の判断に思われた。レコードがもうないのにいったいどうしてプレイヤーが必要になる？　なのに何故今僕はレコードを探してなんている？　たとえ見つかってもかけられる機械もないのに。それもわかってるのに。

　だから、ちゃんとものを考えられてなどいられなかったのだ。

　レコードもプレイヤーも処分するのに微塵の躊躇も感じなかった。しかしこの夜ばかりは、霞んだようなバーバンクのアパートの一室をうろつき、宝石泥棒みたいに次から次へと棚からものを引っ張り出しながら、あの『レット・イット・ビー』を取り戻せるなら何だって差し出すのに、と考えていた。

　実際には是が非でも聴く必要があった訳でもなかった。必要としていたのはむしろジャケットだった。あの写真を眺めてまた安心したかった。自分が本当の自分より強くなったかのような幻を確かめたかった。それこそがあの作品が十代の僕にくれていたものだった。

　こうした作用は年月を経たからといって簡単に霧散してしまうものでもない。もしあれと今少しだけでいいから、ほんの数分だけでいいから一緒にいることができたなら、僕はきっと、次に何が起ころうと無事潜り抜けることができるはずだ。そうわかっていた。

　しかしそいつは失われていた。仕方なく代わりにCDを聴いた。でも同じでなど全然なかった。ジャケットだって、あれをそう呼んでいいのならという留保は必要だろうが、とにかくそいつはまるで、アパートの各戸のドアの下にしれっと押し込まれてくる地元の中華料理屋の出前メニューみたいでしかなかった。

　音はデジタルだ。どう説明したって格段によくなっている。四四、一キロヘルツだ。だからこいつは、だって、キロヘルツの数字が俄然増えている。しかもダイナミックレンジは十六ビットだ。どのアナログレコードだってこんなビット数はない。たぶん十かそのくらいは増えている。そうなんだろう？　でも、だったらどうしてこんなに物足りないんだ？

　音も歌詞も、そこにまつわるものは基本全部そっくりだった。むしろより鮮明に、より躍動的にもなっている。

　しかしパソコンの前で自分の小指の爪と同じ

ほどの大きさしかないスピーカーからこぼれ出した曲たちを聴いていると、まるで遥か彼方から帰ってくるやまびこを必死で探っているような気持ちにしかならなかった。

　父が死んだ。この時ばかりは音楽も僕を助けることはできなかった。


　ゴミ箱を漁るアライグマよろしくテーブルの下へともぐり込んで尻だけを突き出し、まだ見ぬお宝を求める盗賊みたいに箱の中の捜索を続けていると、やがては微妙な気分にもなってくる。ホームレスにでもなったみたいに思えるのだ。違うのは、彼らはもっぱら生存本能に従っている点だろう。死なないためには食べ物なり身を隠す場所なりが必要だ。

　翻って僕を突き動かしているのはそんな御大層なものではない。僕がここに身を屈めているのは、このコーナーのものには全部一ドル以下の値段しかつけられていないからだ。

　しかも売り主が言うには、物置にあったものは一切合財持ってはきたが、自分でも何があったのか全部把握している訳では全然ないのだそうだった。

　物置氏はなおたらたら自分のコレクションについて垂れ流していた。結局どの一枚にも大した意味はなかったんだとまで言った。

「ベアーズ戦を見ながら値付けをやったんだ」

　声は否応なく僕の耳にも届いてしまう。

「何があるかなんて洟も引っかけなかった。こいつらは記憶にある限りずっと物置にあった。運び出すだけで六時間かかった」

　売り手にはけっこう彼みたいな男がいる。ごく普通の人物だが、家に大量のアナログ盤が見つかったという訳だ。それらが物置なり屋根裏部屋なり、あるいは母親の家などでもう長いこと埃をかぶっていたという経緯である。

だからこの手合いは大儲けしたいなどとは少しも考えていない。基本は不要物を処理してしまいたいだけだ。

もう少し早い時間なら投げ売り具合にも多少の駆け引きは見受けられたかも知れない。だが夕方の四時半ともなれば、辺りは最早モロッコの市場みたいな雰囲気と化している。毛糸の帽子の売り子たちが、自分の売り物になど最も興味を持ちそうにないような相手にでも平気でこんな声をかけていく。

「そこのハンサムさん、全品半額でいいからちょっと見てってよ」

「箱の数といったらなかった」

頭上から響く顔も見えない物置氏の声は、僕が彼のレコードを確かめる間にも休むことなく続いた。

「買って買って買いまくってたんだよなあ。かくしてたまりにたまっていった訳だ」

その先にも彼は何やら続けていたが、僕はもう注意を傾けることも止めていた。五十セントの箱から出てきたあるものに心臓が止まりそうになっていたのだ。まるで夢の中の光景が現実に飛び出してきたかのようだった。ずいぶん昔の知り合いが訪ねてくる夢だ。友遠方より来たる有りってやつだ。

しかも彼らは記憶の通りにまだ若く見目麗しく、そのうえ揃って完璧だった。ただし、何かが損なわれていた。妻や恋人を連れていたり、あるいは目が瞳だけだったりする。

だってそいつは夢で、夢とは結局自分の頭の中にあるガラクタに過ぎないのだから。

僕の手にあったのはボン・ジョヴィのレコードだった。あのボン・ジョヴィのレコードだ。我がコレクションであることは疑いを差し挟む余地もない。

　持っているだけで今にもこいつが粉々に砕け散っていくんじゃないかと思えて仕方がなかった。ジャケットは、乾いてこそいたがボロボロで、乾燥リンゴの実みたいだった。どこかの時点で何かしらの水の中から救い出された、そういう事態を通過してきたことが明らかだ。

　その後はとりあえずは乾かすべく、やや熱過ぎる場所に放置されていたのに違いない。たとえば温水暖房装置《ラジエーター》の上とかだ。だって、反るとか皺が寄るといった言葉では最早済まない状態なのである。化学物質の構造自体が根本から変質したかのようだ。実際、幾何学的にも有り得ないような角度で曲がっている。〝ダダイストの芸術家が再創造したレコードジャケット〟とでも呼ぶべきだ。

　僕がそのレコードを手にし、かつそのデザインを目にするのは本当に八〇年代以来初めてのことだった。一つには、発売当初のジャケットがどこかの段階で、バンドの意向によって差替えられてしまったという理由があった。

　僕はまず以前と同じ理屈抜きの反応を覚えていた。このデザインは女性の色気というものへの冒涜だ。そう思ったのだ。要するにこれ以上有り得ないほどひどいということだ。

　そもそもが〝滑りやすい《スリップリー》〟という語は二月のミシガンの道路に使うべきものであって、女性の胸の隆起した部分に用いていい形容詞では決してない。これを見ると頭には決まって、どこかはわからぬがとにかくどこかから逃げ出そうとしているチャーリー・チャップリンが、女性のそういうもの《ヴァギナジュース》で濡れた床の上で何度も繰り返し転んでいる光景が浮かぶ。そしてこう言うのだ。

「まったくこの床は濡れていると滑りやすい《スリップリー・ホエン・ウエット》ったらありゃしない」

そのまましばらく僕は机の下に居続けた。ボン・ジョヴィは一旦脇に置き、なるべく平常心に見えるよう努めながらほかの確認作業を続行したのだ。こんなの大したことじゃないさ的なポーズをどうにか繕おうとしていた。

　でも頭は大混乱だった。耳鳴りがし、鼓動なんて〝ラテンの王様〟ことティト・プエンテが奏でるマンボのリズムさながらだった。

　ポーカーフェイスを決め込むなんて芸当が自分にできないこともわかっていた。何気ないふうを装おうとすればするほどこの身はきっと、ガレージセールで思いがけずレンブラントを見つけてしまったアマチュア美術蒐集家のようになっていく。

　こんなに簡単でいいはずがない。そうじゃないか？　まだ着手したばかりだというのに目的のものの一つが見つかってしまうなんて、どうして有り得る？

　僕だって数学ならば知っている。こいつはあまりにも分の悪い賭けであるはずだったのだ。アメリカレコード協会《RIAA》の集計データに拠れば、一九八三年から一九八五年までの――この時期はすなわち、僕が自分にとって本当に貴重なレコードを少なくとも百枚は買い求めていた期間でもある訳だが――その間のＬＰとＥＰを合わせたアナログ盤の、返品を差し引いた総出荷数は、五億八千百二十万枚に上る。市場に出回ったレコードの総数だ。これが我がレコードの黄金時代に生産され、流通した枚数である。

　僕が取り戻したいと考えている数百枚のレコードのうち、同じ部屋にいることさえできれば絶対に分かると思えたもので、この時期の産物に当たるのは計五枚だ。

　よし、ではこの賭け率の悪さを跳ね返してやろうではないか。

　僕はだから、五億八千百二十万枚のうちから五枚のレコードを探し出そうとしている訳だ。しかしこの分母の数値はアメリカ全土が対象である。中西部に出荷されていたものに絞れば、最大でも二億くらいに見積もってかまわないのではないか。

さらにシカゴとその近郊とに限定したらどうなるか。根拠などないが、五十万くらいに収まってくれそうな気がする。たぶん。

かくして僕の勝利の確率は跳ね上がる。現実的には五十万枚ほどの中から五枚を探し出そうという話になる。こいつはまあ、確かにまだ圧倒されるが不可能でもなさそうだ。取り戻そうとするレコード一枚につき十万枚を確かめて行けばいい勘定である。

それに、求めているレコードがそれぞれ必ず九万九千九百九十九枚目になるということもなかろう。ただまあ箱から盤を引っ張り出す作業に起因する職業性手根管《カーパルトンネル》症候群に対する心の準備だけはしておいた方がよさそうだが。

今日のレコード市で僕は、ここまでにたぶん千枚くらいはチェックしているのではないかと思われた。やや甘いかも知れないが、でも四時間ほぼ休みなしで指を動かし続けていたのだから有り得ない数字だとも言い切れまい。

だから、あわやという事態なら起きるかもなとは思っていた。一枚か二枚、精査が必要になる場面もあるかも知れないといった予感だ。しかし今なお九万九千枚がその先に待ち構えているはずの段階で、よもや我が聖杯の一つが舞台袖で手ぐすねを引いて出番を待っていようとまでは、さすがに思っていなかった。

ではどうやってこいつが自分のものだとわかったか。以下この点を検証する。

①実は僕の『スリップリー・ホエン・ウエット』は自動車事故で九死に一生を得ている。こ

れを書いている段階までで僕が経験した最悪にして唯一の事故だ。一九九〇年の夏だった。

　僕はミシガンの高速を走っていた。当時リーラノー半島にあった、家族のコテージからの帰路である。同所は鍋つかみ状の形をしたミシガン湖の小指に当たる箇所になる。向かっていたのはもちろんシカゴ郊外の我が家だった。

　ところがこのルートの中程で車が道路から飛び出してしまった。正確にどこだったかを示すには、やはり手をミシガン湖の地図に見立てて説明するのが一番いい。次のイラストの矢印の辺りになる。

　スピードの出し過ぎだったうえ、やや過積載気味でもあった。どういうつもりかノミの市で見つけた椅子を助手席に積み込んでいたのだ。しかもその脚の一本は、今にも僕のこめかみに突き刺さりそうな角度で伸びていた。

　こうなればあとはちょっとしたハンドルの戻し過ぎだけで十分だった。気づくまもなくすっかり吹き飛ばされていた。車はあっさり飛び跳ねた。警察の報告書に拠れば我が愛車は七回引っくり返った後ようやく沼に突っ込んで止まったのだそうだ。

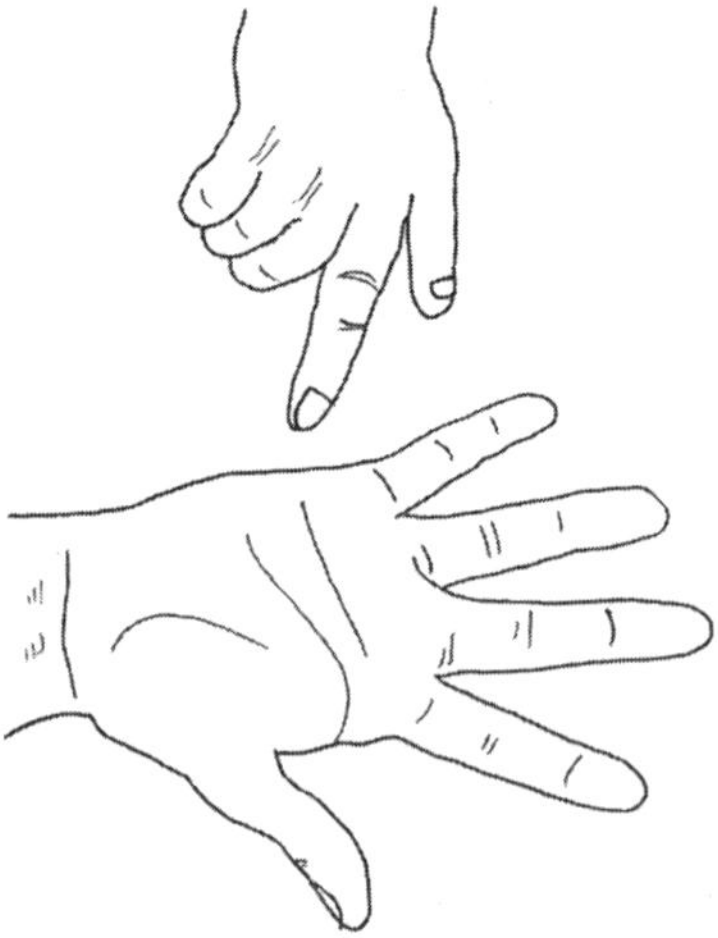

　目を覚ましたのは病院だった。車輪付きのベッドの上にいて、まさにＣＡＴの検査室へと

運び込まれるところだった。僕は元気だった。骨折どころかマジかすり傷程度で済んでいた。だが車の方は手の施しようもなかった。

　確認しに出向いた時には、まだ車体には沼の水が残り泥もそのままだった。殺人事件を扱ったミステリーにでも登場してきそうな按配だ。

　車内の一切もまた見る影もなかった。服に本にあのクソッたれな椅子。すべてが水浸しで見事に引きちぎられていた。

　そして、この車の中から完全にダメになってしまわずに回収できた唯一のものが、実はこの『スリップリー・ホエン・ウエット』だったのである。正直そこにあったことさえ自分では覚えてもいなかった。

　こいつは運転席の下に毛布にくるんだ状態で押し込まれていたのだった。尻の下にボン・ジョヴィを敷いたまま自分がどれほどの時間運転していたのかも、最早神のみぞ知るだ。

まったくいったいどうやって、こいつの全部はほぼ無傷の状態で、あの劇的ともいっていい事故を潜り抜けることができたのだろう。いや、確かにジャケットは泥まみれだったし、盤《ディスク》もすっかり反り返って、とてもではないがもう一度聴ける望みはなかった。

　だが残っていたのだ！　真っ二つに割れることも幾千万もの欠片と化していることもなかった。例の椅子の方は今や木っ端微塵の木切れの山だったというのにだ。それなのになお、こうして『スリップリー・ホエン・ウエット』をこの目で見ていることができる訳だし、しかもそれが何なのかも十分わかる。

　さらにさらにだ。表面のヘザー・Gの電話番号もまだちゃんとそこにあった。こちらもいったいどうしてだか、数字たちは流し落とされてしまうことをしていなかったのである。

　魔法みたいだ。奇跡としかいいようがない。

断言できる。たぶん神意の介在とか、そういうものの動かぬ証拠だ。理解などできるはずもないが、そこに何か重要な意味があることばかりは絶対絶対間違いはない。

彼女に電話をかけろということか。それとも長髪系グラムメタルとの関係を考えなおせという啓示だろうか。いずれにせよ天上のなにがしかの力が介入し、周囲にあったほかの一切が暴力的に灰燼へと帰していく中、この一枚だけを守り賜うたことには疑念を挟む余地もない。

何故この時の僕が、自分がこうしてまだ生きていて、しかもまっすぐに立つこともでき、潰されてもいない肺で呼吸できていることこそは神意の介在であるといった発想に至らなかったのかはいまだに謎のままである。

おそらくは多少濡れた程度の『スリップリー・ホエン・ウエット』の方がよほど、七回引っくり返って沼に突っ込んだ車の操縦者本人がまだボン・ジョヴィのレコードに関する宇宙の陰謀説を組み立てられるほどには脳味噌もまともで、要はだから、死んだりしてはいないという事実よりもわかりやすかったからではないかと思われる。

さて、そうなるとこの、全体に強張り表面にはプディングみたいな泡まで浮かせ、わずか一ドルの半分の値段で売りに出されている一枚の『スリップリー・ホエン・ウエット』もまた、実は驚くべき偶然の一致だったとでもいうことになったりもするものなのか。

つまりはこいつは、どこかの沼から救出された、ジャケットの表に電話番号のメモのある、中西部出身のあのボン・ジョヴィたちの作った、この世界で二枚目のレコードだったりもするのだろうかということだ。それともやはり今僕が思い描いている通りのものであるのか。

そろそろ電話番号の方の検証に移ろう。

②このレコードのジャケットの表には七〇八で始まる番号が記載されている。これが動かぬ証拠ではないなんてことはありうるか。

だが万が一こいつがヘザーの番号ではなかったらどうなる？　その可能性だって皆無ではない。シカゴ郊外の、七〇八で番号の始まるエリアで暮らし、ジョン・ボン・ジョヴィの標榜したカウボーイ気取りのポップロック・スタイルに心酔し、手の届く範囲にペンが見つかった女性というのが有史以来彼女一人きりだったということもあるまい。

確かに僕の筆跡のようにも見える。だが確実とも言い切れない。ちょうどカセットに録った自分の声を耳にするようなものだ。あれは何故だか絶対、自分の声ならこんなふうに聞こえるだろうと考えていたようには響かない。

しかもここにある僕の筆跡というのがまた、いや、それが僕の筆跡であるとしてということにはまだなる訳だが、とにかくそいつはなんだかひどくぎこちないのだ。あたかもこれを書いた誰かさんは、今まさに自分の手元が誰かに凝視されなんらかの判断材料にされているといったことを、まあそんなことも実際は全然ちっともなかったのだとしても、そういうのをひしひしと感じてでもいるかのようなのである。

そしてこいつは、僕の記憶が確かならば、まさに彼女の電話番号を書き留めたその場面で僕が感じていたものだったりする。

唯一の確認方法はかけてみることだ。だが携帯は車だ。もちろんテーブルから這い出して駐車場に駆け、つまり、僕がいない間にほかの誰かがこいつに目を留めてしまったりしてしまわない可能性に賭けることはできる。

しかもこの不安が合理的というか、多少でも意味のあるものであるためには、まずは四つん這いになって喜んでテーブルの下に潜り込み、五十セントの投げ売りの商品の中に最早かけることも到底できそうにないボン・ジョヴィのレコードを見つけ、浮かれたようにこう叫び出す人物がもう一人想定できなければならない。

「やったぁ、とうとうあったぞ。説明不要のあのボン・ジョヴィの八〇年代の大ヒット作だ。しかも、何十年も泥水に浸かっていたかのような有様ときてやがる。よほど勇猛果敢な針ででもないかぎり、こいつをもう一度鳴らすなんてのことは不可能だ。そのうえこの電話番号だ。これを見過ごすことはできないぞ。ここにあるこんな番号が、いったいどうすれば、吹奏楽部の練習にいつもチアリーダー姿でやってきていたあの娘以外のものであるという？　あの娘の太腿はそれこそ息を飲むほどだった。週末丸々でも見つめ続けていられた。こいつがたったの五十セントだって？　マジか？　買ったッ」


　片手で持てる程度の量のレコードと一緒に僕はテーブルを這い出した。

「お買い上げだね？」

　恰幅のよい物置の彼がそう言ってレコードの価格を順番にレジに打ち込み始めた。

「うん、いい買い物させてもらったよ」

　平静を装うべく虚しく足掻きながら応じた。だが問題の『スリップリー・ホエン・ウエット』が出てきたところで相手の手が止まった。

「お前さん、マジでこれを買うのか？」

　そう尋ねた彼がそのまま続けた。

「確かもうちょっとマシなのがもう一枚あったと思う。持ってきてやる」

「いや、こいつで十分なんだ」

　応じた自分の声は幾分力んでいた。

「しかし聴けそうもないぞ」

　言いながら相手はジャケットから盤を取り出して点検し始めた。九分九厘彼の言う通りだろう。そいつはまるで、猫の爪研ぎ台の役目を終え、次には酒場で灰皿に使われるという、いわば二重の責め苦をその身に受けてきたかのような有様だったのだ。

「気にしないんだ」

　彼の手が止まった。

「なら只でくれてやる」

　最後に彼はそう言った。

「俺様は何も守銭奴じゃねえ。むしろお前さんはリサイクルゴミに出す手間を省いてくれてるようなもんだからな」

　笑って応じたが少しばかり力が入り過ぎた。面白かった訳ではない。ほっとしたのだ。

　彼が本当にそうしてしまう前にこいつを見つけられたことは、実際途轍もない幸運だった。この週末のこの郊外のこのホテルの宴会場で、この場所のこの段ボールでできあがったテーブルの一つに僕が潜り込んでいなければ、こいつはたぶんこの世界から姿を消していた。

　物置氏の方も僕の笑みの意味に気がついたようだった。そして、自分は何故こんな役にも立たない代物を後生大事に持っていたのかとでも訝ったのだと思う。

　それでも最初にして唯一の機会に彼は、これを有効に処分することには成功した訳だ。さもなければ僕の『スリップリー・ホエン・ウエット』と、それからヘザー・Gの電話番号の最後の名残は今頃はきっと堆肥にでもなっていたはずだ。神は偉大だ。

「お店をやってらっしゃるんですか？」

　人混みに妻と息子の気配を探りながら半ば社交辞令のつもりで改めてそう尋ねた。

「いや、もうさっぱり儲からねえからな」

　顔を上げることもせず彼は肩をすくめた。

　ほかの一式が合算された一ドル二十五セントの金額を相手に支払いながらも、僕自身にもまだその話題がどこへ行くのかなど皆目見えてはいなかった。奇跡がまだ終わっていなかったなんて、僕にわかるはずがない。

「〈レコードスワップ〉まで廃業してしまったことには相当ショックを受けました」

そう続けた僕の言葉に物置氏が目を上げた。

「どこだって？」

僕は応じた。

「郊外に在ったやつです。確かホームウッドでしたっけ」

「ああ、あそこな。あそこは閉じてからしばらく経つ。いや、シャンパン通りの〈レコードスワップ〉かと思ったもんでな」

僕はそのまま彼が何かしら続けてくれるのを待った。今のなんとも重大な一言について、もう少し情報が得られないかと考えたのだ。けれど相手はいかにも座り心地の悪そうな椅子に腰を据えたままだった。

「そこはその、名前を引き継いだということなんですか？」

結局自分から切り出した。

「いや、そっちは兄弟のもう一人の方の店だ。確かボブ・ダイナーとかいったと思う。テッドはホームウッドの店を閉めちまったが、ボブはまだやってる。場所は幾度か変えたみたいだけどな。経営者は変わってねえはずだ」

後方から何かがぶつかったような音が届いてきた。テーブルが幾つか横倒しになり、たぶん誰かに押されたせいだろうが、まとまって地滑りを起こしたレコードが床に撒き散らされる気配もした。叫び声も複数聞こえている。中の一つは間違えようもなくこう言っていた。

「このクソガキを連れてきたのはいったい全体どこのどいつだッ」

顔を向けるまでもない。誰が原因かなど火を見るよりも明らかだ。しかしこの瞬間の僕はもう、自分が親であることさえほとんど忘れかけていた。

　頭の中の我が身は、さながらモノクロ映画に登場する、鉄の顎を誇る主人公の探偵ででもあるかのようだった。子飼いの町のチンピラの一人が、ようやく手がかりを漏らして寄越したのだ。しかも相手は、自分がたった今すべてを吹き飛ばしてしまうような爆弾を落としたことにもまるで気がついてはいない。

　まだ骨格だけのこの筋書きの中、身の毛もよだつ事件の犯人だろうとこちらが目星をつけていた相手は、しかしとっくの昔に死んだものと思われていた。

　ところが今そいつに双児の兄弟がいたことが判明した。そのうえこいつの方もまた、容疑者と同じレベルで、貪欲なる恐怖と騒乱への嗜好を持っているらしいのだ。

「住所を教えて欲しいのか？」

恰幅のよいブースの主人がそう言った。

「足を運んでみるといい。ボブの野郎はけっこう掘り出しもんも持ってるぜ」

　想像の中で煙草を一本取り出してくわえながら僕は返事した。

「ええ、どうやら直接会って自分の目と耳とで確かめないとならないようだ」

Five

第二の〈レコードスワップ〉の存在を知り、まずはググった。案の定同店は自身のサイトを持っていた。これが九〇年代の終わり頃作成されそのまま放置されているかのごとき代物だった。音楽で商売する店なら8トラックも扱っていて当然といった佇まいなのだ。

僕はボブにメールでインタビューを申し込んでみた。それほど食いつきがよくなるとも思わなかったがMTVの名前も出した。さらに自分が今取り組んでいるという仕事まででっち上げた。レコード店は今なお元気だとか、その担う文化的重要性とか、そんな感じだ。

はたして彼は華麗なる〈レコードスワップ〉の歴史を僕に語ろうという気になってくれるだろうか。彼の兄だかの店舗を含めた数多の同業者たちが、太古の古代文明よろしく次々に地中へと埋もれていく中、彼の店だけがなお維持されている秘訣とか。できれば兄の方の消息も詳しく教えてくれるといいのだが――。

いや、そこに触れるのはまだ先だ。いつどのように切り出すべきかも定かではないが、本当の目的は当座は伏せておいた方がいい。最初の段階から手の内を見透かされては門前払いを食らいかねない。

一方で僕はジョン・ローリーにも接触を試みた。こちらは〈レコードスワップ〉の前店長だった人物だ。シャンパン通りの方ではなく、いわば本命の、ホームウッドにかつて在った店の方である。彼とボブとの間に面識があるかはまだわからなかったが、それでも彼が〈レコードスワップ〉帝国の重鎮だったことはまず間違いはないだろう。であれば今でもそうである可能性だって皆無ではあるまい。

もっとも僕自身の記憶にあるこの相手の印象は頼りない。そもそもが口をきいたことすらない。それどころか当時は目を合わせることも危険に思えていた。レジに入っていたのが彼だったものだから、一旦手ぶらで店を出て、時間をおいて改めて戻ってきたようなことも複数回ある。怖かったのだ。

毛穴から絶えず冷気でも放っているような印象だった。ほかの従業員やあるいは従業員っぽく振る舞おうとしていた客連中とはまるで違った。こうした輩は身振り手振り全開で、とにかくまくし立ててきたものだが、記憶の中、彼だけは基本沈黙を守っている。腕を組み顔には得意げともつかない笑みが浮いている。何もかもお見通しだとでも言いたげだ。

そのうえこの人物はあのジミー・ペイジの威風堂々たる身のこなしを極自然に身につけてもいた。ペイジその人が髪をポニーテイルにし、最低クラスの賃金でレコード店で働いていたら絶対あんな感じになる。

だが僕はこうした十代由来の恐怖心の一切を

克服し、いずれは彼と話をしなければならないのだった。おそらく彼こそが鍵を握っている。最重要参考人だ。

〈スワップ〉が店を閉めてもう数年が過ぎていた。それでもこのローリーがおそらく一番最後まで、いや、最後の最後ではなかった可能性もなくはないが、とにかくはどこかの段階まで、同店の在庫目録的な内容に関し、何らかの責任を担っていたことはかなり確実なのである。

ひょっとすると昔の出納台帳の類をまだ手元に持っている可能性だってあろう。使い古され擦り切れた革の表紙の一冊で、中は歳月に黄ばんでいる。そしてそこには〈スワップ〉を出入りしたレコードにカセット、時には8トラックについて、逐一詳細が記載されている。

ローリーがそういう極めて几帳面なタイプであると想定することは難しくない。むしろ強迫神経症的にレコードを蒐集せずにはいられない人種であるはずだ。それどころか、手に触れたレコードならどれについても鮮明な映像記憶を保持することさえできるのである。たぶん。

想像の中レジ担当の証したるサンバイザーをかぶった彼は、ソニック・ユースとニルヴァーナが一緒に回った一九九一年のツアーのTシャツを着ている。こいつがまた買ったばかりかと見紛うほどぴんとしている。そして彼は僕の質問にも、いつもの鋭さで一瞬間をおいただけで正確にこう答えてくれる。

「ジャケットに口紅の跡のあるトム・ウェイツの『レイン・ドッグ』だな？　覚えているさ。カタログ番号は九〇二九九－一だ。そうだったよな？　あれなら一九九九年の五月に売った。クレジットカードの控えがあるはずだ。おう、どうやらこいつはシカゴに住んでやがるぞ。ロスコー通りだ。ハルステッドとブロードウェイの中間だな。詳しい住所を教えてやろう。確か好青年だったと思うよ」

　そんなことだって、絶対に起こり得ないとは言い切れまい。

〈スワップ〉のことを訊きたいんだって？

　まずはローリーの方から返信がきた。

　だが私は基本単なる従業員に過ぎないよ。それは御存知かと思われる。ほかの店員たちや、あるいはオーナーたちにも話を聞かれたりはしたのかな？　シャンパン通りの〈スワップ〉はまだあるはずだ。間違いないと思う。

　しかしまあ簡単な取材なら受けるに吝《やぶさ》かではないよ。こちらは土曜日の昼から六時まで今の店に出ている。その間に十分くらいの時間なら捻り出せる。それでよければ報せてくれ。

　これを受け取ってからの数日間、僕はローリーとのこの大いなる再会に向けまず気持ちの準備から整えていったのだが、なんだか現実感が稀薄だった。

　手始めに整髪料を買ってきて午後まるまるを費やし髪型がいい具合にぐちゃぐちゃに見えるようにできないかと試した。顎髭も一旦は伸ばしてみたが、鏡を見て結局剃った。レミー・キルミスターみたいにしようとかとも考えたが、同じくらい無意味な気がしてこちらもやはりなしにした。

　それから昔のコンサートＴシャツを専門に扱っているネットの業者を探しまくった。見ただけで彼にこんなふうに思ってもらえそうなものが欲しかったのだ。

「おお、我が兄弟よ」

　ラモーンズではあからさまだし普通過ぎる。ではもうちょい時代が下がった流行り物ならどうか。ＬＣＤサウンドシステムとかディアハンター辺りだ。いやちょい待ち。こういうのは手ひどいしっぺ返しを招きかねない。

　たとえば向こうに、君の一番好きなＬＣＤのアルバムはどれだとか訊かれたらどうする？あるいはディアハンターについてあれやこれや尋ねられるかも知れないではないか。ロバート・デ・ニーロ主演の同名の映画との一番の相違を説明せよとか。

ならば視点を変え、そもそも冗談みたいなやつならどうだろう。おお、ツイステッド・シスターなんてのがあるぞ。これなら僕がそこまで前のめりでないこともすぐわかってもらえる。

それとももっと俄然本気っぽい方がいいのだろうか。スミスの『ミート・イズ・マーダー』ツアーのやつとか。

ところが数日経ってローリーからこんなメールが届いてしまった。

本は頑張って欲しいよ、エリック。でも会うつもりはなくなった。

落ち込んだ。どうしてこうなった。ひょっとしてこちらが会いたがっている真の理由について何か嗅ぎ取ったりしたのだろうか。確かにそいつは、彼が話してくれるつもりでいたレコード店の歴史などとは無関係だ。

しかしもしそんな事態になっていたとして、よりによってあの彼がどうしてこれほど侮蔑的になれる。本人がずっとその身を捧げてきた仕事とは、誰かが古いレコードを見つけ出すその助けとなることだったはずだ。確かにスケールはもう少し大きいのかも知れないが、それにしたって今なおそういうことが彼の専門分野である点には間違いはあるまい。

現在の彼の店である〈ローリーズ・プラネット・オブ・サウンド〉まで車を走らせ、とにかく本人を捕まえて、驚かれようがどうしようがなんとか再考してもらえるよう頼み込んでいる自分の姿を想像してみた。きっとあの『セイ・エニシング』に出てきた通りのことをするに違いない。店の外に立ち、頭上に大型のラジカセを抱え、意味深で、かつ胸を締めつけてくるような曲を目一杯に鳴らすのだ。

もっともこの場面で適切なのはピーター・ゲイブリエルではない。また、トップ40ヒットの類では〝生涯一レコード店員〟を掲げた相手を音楽的な議論に引きずり込むことなど到底できない。かけるべきは彼自身も尊敬しているサウンドでなくてはならない。

たとえばボブ・モールドならばどうだ。「イフ・アイ・キャント・チェンジ・ユア・マインド」なら確実に向こうにもきっちり作用してくれるはずだ。

「これだけ夢中であることをわかって欲しい／どれだけ待ち続けたと思ってる」

彼だってさすがにこれには噛みつけまい。

しかし問題は、僕が最早大型ラジカセなんてものは持ってなどいないという点である。たぶん一九八八年以降ずっとだ。考えてみればこれは奇妙な事態でもある。なんとなれば、実は僕の衣装ダンスの奥には、かつて使っていたパソコンのすべてがまだ眠っているからだ。仮に電化製品の蒐集貯蔵家でも目指しているのだとして、ならばラジカセだって、せめて一個くらいは取って置くべきではなかったか。

でもまあこれはひとえに、ラジカセにはエロデータを保管する機能がついていないがゆえのことだ。だからこれらに関しては、万が一機械オタクがこいつを見つけ、ハードディスクの中身を調べ〝なんと嘆かわしい、この野郎は人の道を外れかけてやがる〟なんて考えるかも知れないといった心配は一切せず、集積所まで持って行くことができたのだ。

でもウォークマンならまだ一台持ってるぞ。ソニーのWM－DD9だ。つい最近も一度引っ張り出してみた。こいつは当時の最先端だったAAクラスの機種で、新品同様の状態である。

まあ、そう見ようと思えばぎりぎり見えなくもない程度、と訂正すべきなのかも知れないが。

確かにモーターはすでに甲高いヒスノイズを出すし、全体は絶縁テープで補強されてどうにか形を保っている状態だ。おまけにソウル・コフィングのステッカーまで貼ってある。しかし動作環境に問題はない。

機械にはハッとするほど重みがある。むしろそこが新鮮だ。iポッドタッチの重量は一一〇グラム程度だが、ウォークマンはたっぷり五百グラムに迫る。持ち運ぶにはクレジットカードと超特大サンドウィッチほどにも違いがある。

特殊な仕様はあるかって？　バカなことを訊くもんじゃない。音量の調節はできるしヘッドフォンのジャックは金だ。そのうえかの有名なオートリヴァース機能までついている。ざまを見ろってやつだ。自分の手でテープを引っ繰り返す必要なんてないんだぜ。機械技術ってやつがそいつを引き受けてくれている。ところで貴兄はメガベースなる機能を御存知か？　この野郎を〝ノーマル〟から〝マックス〟に切り替える際には、脳味噌が溶けちまう心づもりが必要であることは、慎んで申し添えておく。

さて、かくして僕はいよいよローリーの目の前で一世一代の赤っ恥を盛大に晒す準備万端となっていた。ラジカセはともかくとして、何でもいいから彼の気を引けそうなものをかき集めて持参し、改めて注意を引いて改心させようと企んでいたのだ。

けれどこの時まったく予想もしていなかった事態が発生し、すんでのところで僕を思いとどまらせてくれた。

ボブ・ダイナーが返信をくれたのだ。しかも〈スワップ〉の店舗でなら喜んで会おうとまで言ってくれていた。

私は大体一人で店番をしている。だから途中で邪魔が入ることもあり得るし、どのくらい忙しいかそうでもないのかは予測が立たない。もしそちらがよければ五時を過ぎた閉店後の時間帯でもかまわない。基本土曜が一番忙しい。午前中に到着したLPを整理しなければならないからだ。だがその日でも、遅い時間ならばたぶん大丈夫だろう。

　週末がどれほど待ち遠しく思えたことか。まるで永遠みたいだった。

「ここにやってくる客たちは大体はこんな具合だ。まず〝ひょっとしてこいつは僕が持っていたやつだったりするのかな〟みたいな顔をしやがる。で、こちとらはこう思うのよ。〝お前さんがそいつを売り払ったのは二十年も前のことだろう？　だったらそいつがあんたのもんだったはずなんかねえに決まってるだろうが、お生憎様〟ってな。わかるべ？」

　シャンパン通りまではイリノイ州の何もない田舎道を延々二時間もドライヴしなければならなかった。そうやって僕は、今ようやく第二の〈スワップ〉の店内にいた。一週間前までは存在すら知らなかった場所だ。

　しかもいよいよ我がレコードたちが実際どこへ消えてしまったのかを知っているかも知れない相手と話をしているのである。であれば、鼻先で何を言われようと異論を唱えるなどもってのほかである。

「おっしゃる通りです」

「たとえばジャーニーのアルバムだ。店には今まで何百枚と出入りしてる。その中で、かつて誰かさんが持っていた一枚を特定できるなんて確率がどのくらいあると思う？　悪いことは言わねえ、あんまりバカなことは考えなさんな。

そいつがあんたのジャーニーである訳がない。要はそれで我慢しとけってことだ」

そこで笑い出したボブ・ダイナーに調子を合わせた。だが内心では一語一語に今にも泣き出したくなっていた。さらに悪いことに、彼の理屈がどれほど間違っているものか、つい先日のボン・ジョヴィの件を持ち出し今にも熱弁を揮《ふる》いたい気持ちになっている自分がいた。

しかしそうするならまずは、一九九八年当時から現在へと至る中古レコード市場の統計上の圧倒的な規模の縮小ぶりについて触れることから始めざるを得ない。だから止めた。

何故なら我が身はレコード店なる存在の申し子だったからだ。そうである以上僕は、カウンターの向こうにいる人物の言動は常に正しく、それゆえ全身全霊の注意を捧げるべき相手なのだと信じるよう条件づけられて育ってきたのである。こうした人々は、レジ横で床に積まれた四百ドルもする輸入の海賊盤にも好きな時に触れていい権限を持ち、実際そうしていた。

もちろんボブとはこれが初対面である。でも最初から懐かしさに似た気配を感じていた。目元や顔の輪郭とかが兄の方を思い出させたからかも知れない。

しかしこれも実は奇妙な話で、僕には兄貴の方のダイナーだって見分けられる自信などないのである。それでもなお、店に足を踏み入れボブの姿を見た途端に、僕にはすぐそれが彼だとわかってしまった。

まあその時店にいたのは彼一人だったからそんなの自明どころの話ではないという理屈は僕にだって一応わかる。しかし彼の佇まいには確かに何かしらの気配があった。たとえばこういう場で出会ったのではなかったとしても、一目彼を見たならたぶん誰でもこう考える。

「間違いなくこいつはレコード店の経営者だ」

ボブは暗めのしわくちゃなブロンドを長髪にしていた。懐かしくも古き良きあの時代を思い出させる格子縞のフランネルシャツで、一番上まできっちりと留めたボタンの隙間から、その下に着たロック系のTシャツを時折覗かせている。ジーンズは洗われ過ぎて真っ白だ。

要はレコード店に出入りするタイプの人間が持っていそうな要素なら、ほぼすべて完璧に揃えていたということである。

「それほど自分のレコードだかに執着しちまうのは――」

ボブは続けていた。しかし指先は新着の箱の中身を確かめることに忙しく、心ここにあらずという風情だった。

「きっともう中毒みたいなもんなんだろうな。だから昔はこんな具合にも言ってたもんだ。俺は確かにある程度まではこの仕事を続けるつもりでいる、でも、その後には病院を開いて、その手の連中が中毒を克服するのを手伝ってやるつもりでいるんだ、とかな。だから、入り口も出口も両方面倒見てやろうってことだ」

僕は耳を傾けていた。でも本当は全然聞いてなどいなかった。もうずいぶんといろいろしゃべってもらっていたのだが、でもこちらが聞きたい内容は一つもなかった。

とにかく彼は話したがった。次から次に、である。そういうのが好き勝手にあちこちに跳んで行き当たりばったりに繋がっていくのだ。しかもそれらの話題のどの一つも、僕の知りたい疑問に答えてくれるものでなどなかった。

もちろんこちらも真っ向から尋ねたりはしていなかったから、当然だともいえなくはない。それにこれはきっと必要な手続きでもあるのだろう。しかし、だから、つまりは結局そういうことだ。

ああ畜生、いったい全体僕のレコードはどこにある？　早く教えろこのクソッタレ。

「俺にゃあ今の音楽はさっぱりわからねえ」

ボブはなお続けていた。

「いや、そりゃ多少は知ってるさ。その手の中古品もかなり入ってくるからな。時々はかけてみることもある。でも決まってこう思うんだ。マジか？　マジでか？　本当に皆こいつを気に入っているってのか？　名前なんか忘れちまったが、なんだかジャニス・ジョプリンの真似をしているようなやつだった」

「ピンクですかね？」

当てずっぽうで口にした。

「何だっていいさ。俺ゃあ知らんよ。まあだから聴いてはみたんだ。しかし、なんでこいつはジャニス・ジョプリンのカヴァーなんかをやってやがるんだとしか思わなかった。だってジャニス・ジョプリンを聴けばそれで済む話だ。そんなこと誰だってわかってるだろうに。やつらはどうしてこんなものを喜ぶんだろうな」

「より現代的なアーティストがいいと考えるのかも知れませんね」

そう言ってみた。

「そんできっと、できればまだ死んでいない方が望ましいんですよ」

「そう、まさにそこが問題だ。このアメリカって国はすっかり保守的になっちまいやがった。実にバカげてる。大企業ってやつがすべてを支配してる。なんかもう、俺たちゃ全員レディ・ガガを好きにならなきゃならんような何かを知らない間に埋め込まれてるみたいじゃねえかって気がしてくる」

「埋め込まれてる？」

「脳味噌の中に直接ってことさ。それこそがあのインターネットってやつがやらかしてることなんだろう。音楽という経験そのものを変えちまいやがった」

足が痛くなり出していた。もうどのくらい立ち話を続けているのかもわからない。少なくとも一時間。たぶんそれ以上だ。僕はずっと彼がバックヤードとかそういったところに招じ入れてくれることを待っていた。椅子があり、長話にも多少はより相応しい場所だ。

　しかし改めて考えればこの一切が実に奇妙な光景だった。カウンターを挟んでいい年をした野郎二人が向かい合っている。向こうはレジ付近だけをうろうろし、僕はといえば、今にも支払いでもしようかという格好でレコードを手に突っ立っている。始まった時からずっとこのままなのだ。この店にまつわる一切が、極慣れ親しんできたものであると同時にまるっきりの異世界ででもあるかのようだった。

　壁はポスターでびっしり覆われていた。誓ってもいいが、ホームウッドで目にしていたものとまったく変わらない。配置まで同じだ。ニルヴァーナは『スモール・チェンジ』期と思しきトム・ウェイツと一緒に貼ってある。2パックはスプリングスティーンと肩を並べている。ディランはラモーンズの隣ではしゃいだ顔を見せている。世界中のどの町のどのレコード屋でも見つかる種類のポスターたちだ。

　こうした見慣れたラインナップがこちらを落ち着かせてもくれたことも本当だ。子供時代に通っていた教会のステンドグラスみたいなものだろう。色も意匠も、それまでもう何千回となく目にしているというのに、この手の教会の窓というのはいつだって唯一にして独特に思えてくるものだ。

　ボブが言った。

「俺はハイプ連中ってのが嫌いでな――」

「それと同じくらいレコード会社ってやつが気に食わねえ。まあこっちはある程度まで、ということにはなるがな。でも憎悪してる。もう宣伝なんて手伝ってやるつもりはさらさらねえ。大金なんて、欲しくもねえんだ。俺には俺のレコードがあるし、そのうえそいつは今でも増え続けてる。でも自分の店も宣伝なんてするつもりはねえ。〝ほら、ここが世界一のレコード屋だぜ〟ってか？　どうでもいい。来たいやつは探し出してやってくる。見つけられない連中は、ま、お生憎様ってなもんだ」

「大学のある町ってのがよかったんじゃないんですか？」

そう言ってみると彼が鼻を鳴らした。

「昔はな。あの頃は進学してきたガキどもは最初の週のうちにもう町のすべてのレコード屋のチェックを済ませていたものだった。だがやがてCDが主流になった。その次はデジタルだかなんだかだ。すると店に来た連中がこうほざくようになった。〝なんでレコードなんてものをまだ扱ってるんですか？　もう終わってますよ〟みたいな感じさ。そんで我々を笑うのさ。俺らはもう、ある種の冗談みたいなもんなんだよ。一九九九年から二〇〇六年くらいが特にひどかった。ここに移転してきてようやく、場所も新しくなったせいか、多少は上向きになってくれたがな」

改めて周囲を見回したがなお店には誰もいなかった。二時間前に僕が着いてからも、窓から中を覗き込もうとした人間すらいない。店のプレイヤーが鳴らしている〝〈スタックス〉の歌姫〟カーラ・トーマスの声を除けば、店内はぞっとするほどしんとしていた。

「新しいもののアナログ盤が少しばかり人気を取り戻し始めたんだ。まあ、所詮は通《つう》ぶりたい連中のためだけのものだがな」

ボブが続けた。

「しかしあの手の輩には実際うんざりし始めてる。音楽の好みといったらひどいもんだぞ。ガキどもは店に来てこうほざくんだ。〝なんだ、今年出たものは一枚もないのか〟とかよ。聞かされるたび頭に血が上る。ここにゃあ今年のものなんて必要ねえんだ」

そこで彼が取り出したのはトーマス・マプフーモ＆ザ・ブラックス・アンリミテッドの作品だった。僕自身はそれまで彼らをちゃんと聴いたことはなく、音に関してはどんな予備知識も持ち合わせていなかった。

アルバムタイトルには〝ジンバブエ〟の語が見つかった。つまりバンドはアフリカの出身なのだろう。違うのだろうか。僕はだから、同大陸に関する地政学的知識についてはすべてポップの世界から得ているような、そういう多くのアメリカ人と同程度にしか、同地のことなど結局は知らないのである。

アフリカに雨が多いことは知っている。だってＴＯＴＯがそう歌ってた。夜にはどこからか太鼓の音が聴こえてくるらしい。あと、冬でも気温が異常に高く、その日がクリスマスだということを思い出すのも難しいらしい。こっちはバンドエイドの弁だ。

それからそうそう、サンシティがあまりよろしくない町だということも知っている。アパルトヘイトだかなんだかいうものがあるせいで、そこでは誰もステージなどやりたがらないのだそうだ。ジョーイ・ラモーンやホール＆オーツですらそうだという。

しかし正直こんなのはとてもまともには聞こえない。はっきりいって両者は音楽的に両極端だからだ。

「キス・オン・マイ・リスト」を聴けばたちまち幸福な気分になれるくらいホール＆オーツが大好きな人々は、たぶん、別にラモーンズが来ないからといって必ずしも失望したりはしないはずだ。

その一方でもしこの世に「ティーンネイジ・ロボトミー」や「アイ・ワナ・ビー・セデイテッド」がなかったら、とてもではないが人種差別主義者の自分たちの両親らと、これほど一緒にいることはできなかっただろうと考えているであろうラモーンズ側のファンからすれば、ホール＆オーツがワールドツアーにサンシティを組み込もうがしまいが、同じように洟も引っかけないに違いない。

しかしこの〝人種差別主義者の両親たち〟なるものについてならばもう少しわかることもある。僕自身の親がそうであったということではない。ほかの御家庭だ。

僕がボブ・マーリーの名前を初めて聞かされたのが、友達のこの手の〝差別主義者の母親〟の一人からだった。郊外で大人になるということは、ある意味で修正差別主義の手ほどきを受けるようなものだったりする。ご近所さんたちの多くが基本、こっちの方が多少は安全だろうからという理由で郊外に引っ越してきた人種だからだ。

この場合の〝安全〟とはすなわち、黒人の住人がさほど多くはないという意味になる。しかしひとたびこの安全というやつが普通のこととなると、彼らは今度はその事実自体に腹を立てるようになった。

集団と化した連中はいかにも挑発的だった。黒人の方があらゆる文化に精通し、質の良い薬物が手に入るルートまで持っていたせいだ。連中が繁華街を占拠し、しかも笑気ガス《ホイペット》にまで手を出しているというのだ。

初めて運転免許を取った際、人生初の遠出はシカゴにしようと決めていた。しかしその問題の親友の母親から、そんなのは自殺行為だとまで言われた。同市には肌の色の暗い犯罪者たちがうようよいるというのだ。しかも彼女は、そうした連中は脳天気な白人の子供を拐《かどわ》かし、裏路地に連れ込む機会を虎視眈々と狙っているのだとも口にした。

さらに彼女はそうした黒人ギャングらにまつわる話を仔細に語った。たぶんテレビのドキュメンタリーか何かで聞き覚えた内容を挙げているのだろうとは想像したのだが、とにかく彼女曰く、こうした連中は生け贄を切り身にするのだそうだった。ただ殺すのではない。切り身にする。魚みたいに。

「本当なんだから」

友人の母は重ねて念を押してきた。

「学校にはアフリカ呪術の授業もあるの。その時間にはボブ・マーリーのレゲエを大音量でかける。それがやつらの正気を失わせるのよ。あの「エレクトリック・アヴェニュー」だかいう曲を聴くだけで、連中は白人を殺したくてたまらなくなるの」

当時の僕の限られた音楽的知識でも、彼女が決してエディ・グラントのことを言いたい訳ではないとはわかった。でも「エレクトリック・アヴェニュー」は彼の曲だ。なるほど同曲のビデオクリップは、心臓発作を誘因する可能性はひょっとしてあるのかも知れないが、はっきりいって人種差別的暴力とは無縁である。

しかしボブ・マーリーの方に関しては、僕はすぐ無罪を請け負うことができなかった。彼のビデオがMTVで流れることはほぼ皆無で、それゆえ僕には今もってなお、彼は謎めいた存在のままだったのだ。

もしこのマーリーなる男の曲に本当に理性を持った人間を殺人狂ゾンビに変えてしまう力があるのだとしたら、確かにそいつはあまりにも恐ろしい。どうやら大急ぎでそのレゲエとやらを聴かなければならないようだ。

すぐさま僕は『レジェンド』を入手し、それを持って大学に進んだ。だが確か二年目のどこだったかで、実はこの『レジェンド』を持っていることで、自分がいかにも凡庸なやつに成り下がってしまっているのだという衝撃的事実を突きつけられる羽目ともなった。とりあえず「スター・イット・アップ」だけ知っていればいいや程度の自治会系のアンポンタン野郎としか見られていなかったのである。

そこで慌てて他のアルバムを買い揃えた。『エクソダス』に『キャッチ・ア・ファイア』に『カヤ』に『ナッティ・ドレッド』――まあだからそれこそ自治会系アンポンタン野郎が通《つう》を気取ろうとするような勢いで、だった訳だ。

しかも、マーリーを聴く際にはほぼ大麻でラリっていて、そのせいでスキップボタンを押すだけの気力も体力もなくしていたものだから、ほどなく僕は彼の全作品の洗礼を余さず浴びることにもなった。そしてどんどん彼の深遠なる世界のさらなる深みへとはまり、大麻友達と一緒に聴いて楽しむには一番相応しい音楽だと思うようにまでなった。

だから僕は、この若者の崇敬を集めたラスタファリアンの力によって、まさしく通を気取った自治会系アンポンタンへと育っていったのである。合掌。

ちなみにマーレー作品の中での一番のお気に入りは「タイム・ウィル・テル」だ。特に歌詞のこの辺りには、改めて自分自身がわかった気にさえさせられた。

「禿げ連中に力を与えてやることなんかない／来いよ、死者たちを磔《はりつけ》にしよう」

ボブの言わんとしていることがすっかり理解できた訳でなんぞまったくない。あのクソッタレな禿げ頭どもも何もかも引っ掻き回しやがる。やっつけちまえ。そんな程度の把握だ。言いたいこと、わかってもらえると思うのだが。

ところがブラック・クロウズなる連中が、このバンドは黒人ミュージシャンみたいに演奏しようとしている白人たちのグループだったのだけれど、こいつらが僕の「タイム・ウィル・テル」をカヴァーしてすべてを打ち砕いてしまった。彼らのヴァージョンはものすごい。むしろ僕自身オリジナルより好きなくらいだ。そしてこの事実こそが、僕をまるで、自分がただの間抜けであったかのような気分にさせてしまったのである。

当時の僕はだから、若者の崇敬を集めるラスタファリアンの力を借りて通を気取る自治会系アンポンタンだった訳だけれど、それも所詮はやっぱり自治会系アンポンタンの一人に過ぎないという真理に気づかされてしまったということだ。

かくして僕は入学した時とまさに同じ状態で大学を卒業することとなった。『レジェンド』のアルバムと、それから〝実は僕がまがい物に過ぎないことなど誰もがとっくに気づいているのではないのだろうか〟というあの根深い恐怖と一緒に、ということである。

「九九年という年にはレコード屋というレコード屋がすっかり傾いちまってな」

ボブは続けていた。

「実際ひどい年だった」

ずっとちゃんと聞いていた振りをしながら頷いた。

「離婚もしたしな」

ボブはさらに言い募る。

「テッドのやつも店を閉めてどこかへ姿を消しちまった。俺のジリ貧はだから、この九九年に始まって、いよいよ〇八年にピークを迎えた。本物の不景気に晒されたんだ。でもその頃にゃあもうこっちも〝別に大した問題じゃねえや〟みたいな感じになってたな」

　やっと糸口が見つかったらしい。

「テッドが消えちゃって、その後あの店にあったレコードはどうなったんです？」

「あいつにゃあ金があり過ぎた。そんで銀行が融資を回収にかかった。記録を見た訳じゃねえがな、兄貴の野郎はそれまでの四年ほど自分の給料を倍にしてやがったんだ。まったくあの野郎とはウマがあった試しがねえ」

「レコードは？」

「いつだって兄貴とは真逆だった。最初から兄貴は経営向きだった。こっちはその方面はまさに絶望的ってやつでな。俺の方はただのレコードジャンキーなのさ。こいつが俺たちが店を二軒にした理由だ。野郎はゴルフコースのマネージャーなんて仕事もしてたしな。兄貴が俺と同じような音楽に情熱を向けた試しなぞ一度もねえ。所詮は金儲けの手段だった。それだからまあ、厳しい時期が来ちまうと——」

「つまり在庫を全部ゴミにして出したってことですか？　あるいはミシガン湖に沈めてしまったとか？　ひょっとして店に火をつけて自分の方はガソリンスタンドのトイレで髪でも染めていたとか？　変装のつもりで？」

　これにはボブも笑ってくれた。アシカが吠えるみたいな声だった。

「野郎は電話を寄越してこう言いやがった。実はもうすぐ執行官がやってくる。ホームウッドを閉めることにしたんでね。だから急いで来て欲しいレコードは今すぐ全部持って行くといいぞってな。あいつには多少の金も貸していたんでな。だからまとめてもらってきた」

　思わず身を乗り出していた。タイトルを並べ始めてくれるのではないかと期待していた。

「CDの在庫ならまだここでも売れそうだったからな」

　しかし彼の話はそっちに向いた。

「そこでとにかく箱に詰めて一旦安全な場所にしまうことにした。必要な時に少しずつ持ち出してきてここに置いてる」

「レコードは？」

僕は重ねた。

「テッドの店には未開封品が山ほどあった。俺のとこよりよほど新譜を売っていたからな。そういうのをアマゾンに出すといい値がついた。見た目も相当すり切れてる古いやつは、一ドルの投げ売りコーナーに並べてる。なくなってくれさえすればいいってくらいのつもりだ。それでも大学の子供らが時々十ドルくらい落としていってくれることがある」

僕は頭の中で音を立てて数字を弾き出し始めていた。時間はかかるかも知れないが、極度に難しいという訳でもなさそうだ。

まずは彼にここ十五年分くらいの取引記録を見せてもらい、探しているアルバムのタイトルがあるかどうかを確かめる。次には大学の同窓会かなんかに紛れ込む。そして、一万人かそこらの卒業生たちの今の住所がわかりそうな資料を横流ししてくれそうな誰かを見つけて知り合いになる。

そこまで行けば彼らの家まで車を飛ばし、屋根裏を捜索させてはもらえまいかと頼むことも可能になろう。同窓会システムの外側にまで姿を消してしまっている卒業生というのもそこまではいないだろうし、むしろ多くが中西部に留まっているはずだ。よし、春までには全部終わらせられる。

「まあでも、引き上げたうちの大部分はまだ俺が持ってるんだがな」

ボブの声がした。

え、ちょっと待て。何だって？

「あの時野郎から押さえたうちにゃあ三千枚くらいのレコードがあった。一パーセントも売っちゃいねえと思うぞ」

　彼は続けた。

「テッドがあれらを俺に寄越した九九年っては、レコードの価値がこれ以上はないってくらいに下がっちまっていた時期なんだ。ボロボロで傷だらけのジャケットのレコードじゃあ、一銭の儲けにもならなかった」

「どうして棄ててしまわなかったんですか？」

　僕が尋ねると彼は肩をすくめた。

「どうしてだろうな。結局大差ないからかも知れん。我が家に何千何万というレコードが眠っていることだけは本当だ。ただ棄てちまうということがどうにもできねえ。だから、箱に突っ込んでそのまま忘れちまうことにしてる」

「倉庫みたいなところですか？」

「うんにゃ、ただの地下室だ。ここから二キロも行かない距離だ。湿気もさほどひどくなくて好都合なんだ。だがもう少なくとも十年は顔も拝んじゃいねえ。最後に箱を開けたのはたぶん世紀が変わる新年の直前だ」

「面白い話ですね——」

　極力さりげなく響くよう声にしたつもりだったが、体の方は興奮で震え出していた。

「僕が自分のコレクションの大部分をテッドの店で売ったのがその一九九九年でした。だとすると、僕のレコードの何枚かもまだあなたの地下室にあったりするかも知れないんですね」

　ボブが再び笑った。

「まあそういうこともあるかも知れねえな」

　僕が黙り、ボブも黙った。自分たちが実は一言も言葉も交わさぬままずっとこうしていたようにも錯覚された。

　もちろん実際にはほんの数秒だったと思う。長く感じたのは頭の中が忙しかったせいだ。僕はカウンターに見つけたオールマン・ブラザーズの二枚組『一九七一フィルモア・イースト・レコーディングス』を眺めながら、はたしてこいつに殴って相手の気を失わせられるだけの重量があるだろうかとか考えていたのである。

　もちろんボブを傷つけたいなどとはこれっぽっちも思っていない。ほんの一瞬、こっちに眠ってくれればいいのになと考えてしまっただけだ。だってそうすれば、彼のパンツに手を突っ込んで財布と鍵を探し出し、そのまま彼の家まで車を飛ばし、彼のレコードの全部に目を通すことだってできるではないか。

　まあもちろんこんな想像が微塵も役に立たないことはすぐにわかった。もうちょっとデリケートな計画が必要だ。そもそも僕は彼の自宅の住所も知らないのだ。

　では帰りに後をつけてみるのはどうか。そして半ブロックくらいの距離を置いて車を駐め、そのままそこで一夜を明かし、明日再び彼が仕事に出るのを待つのだ。そして屋内へと忍び込む。煉瓦でも拾って窓に投げつければどうにかなる。そしたら後はまる一日を、まったく非暴力的に彼のレコードの在庫点検に費やせる。

　しかしこれには、彼に今現在、妻やガールフレンドや、それに準ずる存在がいないことが条件となる。あと子供も。そうなると、万が一在宅していた人間は縛り上げる必要があるのか。しかしさすがにこの手の作業については僕も決して大得意とはいえない。

　一旦そこまで行ってから、改めてもう少しまともな、よりわかりやすい計画の検討へと移った。つまり、このままボブに真っ向からこう訊いてみるのだ。

「ねえ、是非お宅にお邪魔してその地下室のレコードってのを見せてもらいたいんだけど、かまわないよね?」

　しかしこいつはかなりどころでなくリスキーだ。嫌だと言われたらどうすればいい?　そもそも数時間前に初めて会った、見ず知らずの他人を自分の家に入れる理由がどこにある？　そこは彼の聖域で、しかも相手は、そこにある現在の彼の所有物を引っ掻き回したいといっているのだ。それもひとえに自分が昔持っていたレコードがそこにあるかも知れないと考えているがゆえだ。

　ほらだから、こんなふうに言葉にしてしまえばその途端、この一切は、ただ頭が沸いているとしか聞こえないのである。

　もし同じ申し出を受けたなら、僕なら速攻で断固拒否する。そして、非営利団体の〈グッドウィル〉辺りに売り払ってしまうつもりだみたいな話をでっち上げ、その後はメールに返信することも一切止める。

　だってこんな野郎のいったいどこが信用できる？　あ、これは自分のことだけれど、僕はだって、暴力に訴えようなんて平気で考えたりしてしまう、ある意味反社会的な人間なのだ。

　確かに喋っているだけなら友好的で無害に見えるかも知れない。しかしこの病んだ頭のどこかでは、オールマン・ブラザーズの再発作品で人を殴って気絶させられるかなんてことを一瞬とはいえ考えてしまうのだ。こういうやつを自宅に入れては絶対いけない。

　彼がそうした、常識すら覚束《おぼつか》ない人種である可能性に賭けてみる訳にも、まださすがにいかないだろう。もう一押し必要だ。僕が信用に足る人物であると信じ込ませることができるような一言が要る。自分の地下室に積まれたレコードの箱を僕に捜索させてくれることが、単なる善行どころか、おそらくは彼自身がこの生涯で為したうちでも、最も寛大な行為の一つだくらいに思わせられるような真言だ。

　彼がうんと言ってくれる確信が持てるまでは真っ向から頼んでみることは差し控えよう。嫌だと言われてしまう訳には絶対にいかない。

そんな妄想的一人語りに心を奪われていた僕は、ほかの客が店にやってきたことにもちっとも気づかぬままでいた。いつのまにか後方では大学生らしき三人組が騒いでいた。フレーミング・リップスのレコードを見つけたとかで、それこそ燃え盛る《フレーミング》ような歓声を上げている。

ボブはといえば、こちらも降って湧いてきた四十代半ばの女性が新たに持ち込んできた箱二つの中身を確かめるべく、忙しく指を動かしていた。彼女の縮れた黒髪にはあちこち灰色が混じり込んでいる。幸福だった昔からずっと履いているかのようなジーンズも、今やすっかりすり切れていた。

そのうえ本人もまた実に悲しげで、目眩でも起こしそうな顔つきだった。今しがた病に伏したペットを安楽死させることに同意してでもきたかのようだ。

「自分がこんなことをしているのが信じられないのよ」

深いため息とともに彼女がそう吐き出した。

僕はそのままたっぷり一分ほども、ボブがレコードを点検するその様子を見つめていた。彼の方はこのつかの間に、医師さながらのすっかり超然とした目つきになっていた。

「申し訳ないがこいつをやらなくちゃならなくなった」

顔を上げることもせず彼が言った。

「だがもう大体話したと思う。まだ何か訊きたいことはあるか？」

ただ笑みだけで返事した。言って彼を引かせてしまわない言葉など、ただの一つも持ち合わせてはいなかった。

Six

爽やかなシカゴの秋の午後、アパート前の道路は我が御近所さんたちでいっぱいだった。皆ビール片手で、グリルに火を入れ見知らぬ人々のためにソーセージを延々焼き続け、といった具合に夏の最後の日光浴を楽しんでいた。車両規制のおかげで空っぽになった車道では、近所中の子供たちが、喜んでいるのか怒っているのかもすぐには判然としないような金切り声を上げながら縦横に走り回っている。

僕らの暮らすここノースサイド地区の、今年最後の地域のパーティーの当日である。顔を出せる者は皆、たぶん次は春まで味わえないだろう穏やかな陽気の名残を惜しむべく、ぞろぞろと這い出してきていた。

しかしこの身には楽しみなんぞは二の次だった。はたさねばならぬ任務があった。

まずはマイクに接近した。そして、まだ生後三ヶ月にしかならない赤ん坊を抱く彼の鼻先に持ってきたレコードジャケットを押しつけた。

「これ、大麻の臭いがすると思うか？」

　僕は尋ねた。

　彼の名誉のためにも明記しておくが、マイクは決して怯えて尻込みしたり、あるいは、年端も行かない子供たちもいる場でいきなり非合法薬物の話を持ち出してくるなんていったいどういうつもりだと詰め寄ってくることもしなかった。深く息を吸った彼は、そのままワインでも確かめるように軽く鼻をひくつかせた。

「掃除機みたいだ」

　彼の答えに一瞬考えた
「それはつまり、イエスってことだな？」

「わからん。大麻煙草なんてのは最近はとんとやってないからね。あれって掃除機みたいな臭いがするんだったっけ？」

　すまんねとだけつけ足した彼はレコードを僕の手に戻し、今度はもう一人の息子の方を水撒きホースの魔手から救い出すべく、人混みの中へと消えていった。

　一瞬だけ我が息子はどこだっけと考え、通りにひしめく子供たちの群れへと目をやった。小さな体が適度に散らばり、足を踏み鳴らしながら互いに押し合いへし合いしている。思春期にもならない子供らが、ライヴハウスのステージ前のモッシュピットを自分たちなりに再現しようとでもしているかのようだ。

　はたしてケリーには、チャーリーは僕が見てるからと言ったのだったか。それとも彼女が自ら買って出てくれていたのか。それすら覚束なかった。彼女の方であってくれればと心底願った。さもないと、この週末は誘拐事件発生の緊急報道で大変なことになりかねない。

　なにやら予感めいたものがしたものだから、僕は『レット・イット・ビー』のアナログ盤のジャケットを持ち出してここに出てきた。正真正銘本物である。

　僕らの友人グループというのは、つまりはチャーリーのような年頃の子供を持つ近所の御夫婦さんたちということになるのだけれど、彼らは皆、僕たち二人と同じほど昼間からワインを飲むのが大好きだった。年齢も近く、それぞれにある意味根無し草的経歴の末ここにたどりついたところも共通していた。

　だから彼らとは、煙草を吸っていたこととか徹夜明けで朝九時まで起きていたこととか、あるいは宿題とか部屋の片付けといったものどもがどれくらい自分を鍛えてくれるかといった要素ではなく、むしろ素行不良の方ばかりを称えるような音楽の方を好んで聴いていた事実などにまつわる懐かしさを共有することもできた。僕らの友人たちというのは皆、まだレコードが普通にあった時代を覚えている年齢なのだ。

　しかもそのうちの半数は、リンゴとかソーダ缶を材料に大麻用の間に合わせのパイプをこしらえることもできた。だから彼らが特にリプレイスメンツが好きだったということがあろうとなかろうと、少なくとも意見を訊いてみる価値はあった。

　次はライアンにアルバムを持たせてみた。娘のため飲み物を運んでいるところを捕まえたのだ。ライアンは背が高くひょろっとして、髭を伸ばし、いつもオリーブグリーンのつばつき軍用帽をかぶっていた。それ以外の格好は見たことがない。

「ええと、なんの臭いだって？」

　訳がわからないという顔で彼が訊き返す。

「だから、シカゴの南の郊外に住んでいたガキが、八〇年代の中頃から大体一九九五年頃に至るまで、こいつを自分の大麻煙草の隠し場所にしていたような臭いはするか、と訊いている」

「ワオ」

そう言った彼はそっとレコードに手を伸ばしてきた。銃でも取り落としてしまったかのような手つきだ。

「そいつはまた、だからあれだ、ずいぶん特殊な話だな。これはあんたのなのか？」

「僕が知りたいのもまさにそこなんだ」

　疑ってもいたが望みを棄ててしまった訳でもなかった。ほとんど存在の可能性すらなかったようなこの一枚を手に入れるのに、僕はすでに数ヶ月を費やしていた。

　頭の中で数字を弾くようになり出した頃だ。はたして僕が自分の『レット・イット・ビー』を見つけ出せる確率とはいったいどの程度だろうかと懸命に計算した。結果は奇妙に勇気の湧いてくる数字となった。

　同作に関しては十五万枚のＣＤと五万一千本のカセットが生産されていた。しかしアナログ盤の生産枚数は二万六千枚きりだった。この数字は、時代を代表する作品群たちのそれと比較すれば大海の一滴みたいなものである。

　マイケル・ジャクソンの『スリラー』のアナログ盤がどのくらいプレスされたかのデータは取ってはいない。しかしクインシー・ジョーンズの伝記に一億二千万枚の売り上げに達したという記述があったことは覚えていた。

『レット・イット・ビー』の生産枚数は、ざっくりいえばニュージャージー州ホーボーケンの白人の男性住人の総数とほぼ同じになる。これが『スリラー』となると、実にメキシコ一国の総人口に匹敵する。こう考えると、僕のやろうとしていることもそこまで不可能なものでもないのではないかと思えてきた。

　そこで捜索範囲をネット上に広げてみた。あの中西部野郎《マッツ》どもの商品をまだ扱っている唯一の場所に思えたからだ。

　問題はこうした商品のほとんどに、二百ドルとか時にはさらに目の回る高値がつけられていたことだ。簡単に博打を打ってみる訳にもいかない。そこで〈eベイ〉とか〈eカーター〉といったサイトで同盤がオークションにかかったその都度、僕は出品者にメールを送ってさらなる詳細を問い合わせた。特にボブ・マーリーのポスターだらけの学生寮の一室の名残みたいなものがあるかといった点を尋ねた。要は大麻の臭いがするかということだ。

ほとんどの場合は黙殺《スルー》された。それでもたまに返信をもらえることがあった。一通はこんな感じだった。

「普通のレコードの匂いしかしないよ。しかし表彰ものの質問だね」

こういうのもあった。どこか失礼な文面だ。

「当方はレコードを嗅ぐ趣味は持ち合わせておりません。始める意向についても同様です」

さらに別の一通は〝いい着眼だ、捜査官殿〟といって寄越した後、出品していたアルバムをすべて引き上げてしまった。

〝新品同様《Mint》〟とか〝状態良好〟といった内容を謳った出品については先方を煩わせることもしなかった。代わりに僕は〝かなりボロボロだけれどたぶんかけられそう〟だとか、さもなければ〝ボブ・スティントンが自分用の灰皿に使っていたみたい〟といった形容だけを探した。

そしてついに、僕自身すらもう半分も覚えていなかったようなこの種のダメさ加減を仔細に綴った説明を見つけて舞い上がった。

「A面は「トミー・ゲッツ・ヒス・トンシル・アウト」の終わりから「アンドロギュヌス」の真ん中辺りにまでかけて傷が入っています。ほかの傷は表面に留まっているようです」

確かに僕の『レット・イット・ビー』にもそんな感じの傷があった。どこだったかも正確にわかる。中盤の〝いずれは父親になるかも知れないけれど、でも彼にはまだ――〟とかウェスターバーグが声を震わせる辺りで、曲が一瞬断ち切られてしまうのだ。

　これは実は僕がこの「アンドロギュヌス」を最初に耳にした時からすでにそうなっていた。だから僕にはそれが常態だったのだ。気に障るようなこともなく、そもそもそういうふうにできているくらいに感じていた。

　ただちに僕はこの出品者にメールを書いた。でも質問をぶつけながらどこかでは、答えなんて欲しくないなと考えていた。そこまでに幾度も心が砕け散りそうな思いを味あわされていたからだ。むしろ謎のままにしておく方が好ましいような気さえした。それでも尋ねずにはいられなかった。つまり、そいつには何かの臭いがしているか、という点だ。

「黴臭いけど大麻のような気はしない」

〈eベイ〉の直接取引《ZDM》サイトを通じて相手が返事をくれた。

「まあでも、確実という訳でもない。何かの臭いはたぶんしている」

　十分だった。早速僕は、一九八六年当時最初に手に入れた時の十五倍の値段を払い、ついにこの一枚を手に入れたのだった。

　手元に現物が着いたその日以降僕は、一時間に最低でも二度か三度、その黴臭い香りとやらを吸い込んでみていた。オレガノみたいだなと思うこともあったし、湿った屋根裏部屋を思い出してしまう日もあった。そこで誰かほかの人間の所見が必要だと思うようになった。いわゆるセカンドオピニオンだ。

　そうなるとこのパーティー以上の場面などそうそうはなかった。だってそこでは、四十人を超えようかという数の大人どもが、使い捨てのコップに入ったウォッカレモネードなんぞをちびちび舐めながら、就学前の我が子らを見守る以外のことはほぼ何もしていないという状態でいるのだ。臭いを嗅ぐくらい朝飯前だろう。

　カールは抱っこひもでかかえた四ヶ月の赤ん坊を揺さぶりながらアルバムへと鼻を近づけ、深々と息を吸い込んだ。

「ふむ。大麻の香りということも有り得そうだね。でもまったく別物の気もする」

「たとえば何だ？」

　すると彼は、もう一度深く息を吸い込んでから、今度はジャケットの内側を覗き込んだ。

「なあ、あのゴミみたいなのは何だ？　大麻の種でも入ってるんじゃないのか？」

　僕も中を覗いてみた。

「埃っぽいな。サッカーシューズの中に見つかるやつによく似てる」

「なあ、こいつを引き裂かせてもらってもかまわないか？　そうすればなんだかわかる」

「悪いがそれは勘弁してくれ」

極力穏やかに制した。

　気づけばほかの面々もふらふらと集まってきていた。中にはすでに意見をもらった相手もいたが、皆はそのまま順繰りに我がレコードを回し始めた。手から手へと渡っていく『レット・イット・ビー』は、それこそ懐かしき学生宿舎の大麻煙草のようだった。

「なんであれ俺の顔にたちまち発疹を出させるようなもんだ」

　そう断を下したのはジェフである。

「古紙みたいな匂いだな。図書館で見つけた途轍もなく古い本を読んでる気になる」

　こっちはライアンの意見だ。

「それにしちゃあ臭いがきつくないと思うよ」

　反論したのはブラッドだ。

「図書館ってそんなにきつく臭ったか？」

「違う違う、草《ウィード》にしちゃってことだ。大麻ならもっとキツい」

結局のところ、土曜の昼過ぎにウォッカレモネードを飲み過ぎている四十男どもというのは、こと古い大麻の臭いに関しても決して意見の一致などみることはないのだなという事実のほかは、何一つ判明などしなかった。

最終的にこの一枚は僕の持っていた現物ではないと断定せざるを得なかった。例の「アンドロギュヌス」の音跳びの場所が違っていたのである。記憶の方が間違っているか、あるいはその後の所有者らによって、僕の傷の上からさらにより深い傷がつけられしまったのだと我が身に言い聞かせようともしてみた。

しかし音跳びの状態は決してこれらの仮説を裏付けてくれるものではなかった。アナログ盤愛好家の遺伝子とは、かくも妥協を許さないのだ。残念ながらこれは僕のレコードではない。

僕を落胆させたのはこの『レット・イット・ビー』の一件だけではなかった。この数ヶ月はとにかくあちこちまで出向いていた。移動距離は数千キロにも届こうかという勢いだ。脈がありそうな手がかりなら余さず追いかけた。

アナーバーの母の家にも行った。ミシガン大のすぐそばだ。大学を擁するまっとうな町が普通そうであるように、同市にも百にも迫ろうかという数のレコード店があったのだが、その点も、ついこの前までは、と注釈をつけなければならない有様になっていた。

もっとも僕自身はそのどれにも足を踏み入れたことはない。それでもこれらの棚のどこかに僕のレコードが多少でも眠っている可能性なら十分あった。

僕が自分で売らなかったレコードたちは、母がそれを片付けてしまおうと決意するまでは、実家の地下室に放り込まれていたのである。結局それをどうしたのかも母は覚えてはいなかった。わかったのはこれだけだ。

「とにかくその手のガラクタを買ってくれるようなところよ」

だが僕は支援団体の〈グッドウィル〉やあるいは蚤《のみ》の市の類のしらみつぶしにすることに時間を浪費したりはしなかった。こうした連中が十五年も在庫を持ったままにしておくとは考えられなかったからだ。

むしろ蒐集の対象となり得るようなものならば、たとえ紆余曲折の末だとしても、最終的にはその手の古物商的な店へと自ずとたどり着いてくるものではないか。そう考えた。

アナーバーの中心街に位置する〈アンコールレコード〉は、木曜の午前中という時間にしてはずいぶんと混み合っていた。店内には三十に迫ろうかという人数がいた。食肉用農場の仔牛たちみたいな有様だ。ちょっと体重移動しただけで、皆ドミノよろしくばたばたと倒れていってしまいそうだ。

なるほど客層は大学に通っていそうな子供の年齢か、さもなければ、もう今の学校に骨を埋めることが決まっていておかしくはない教授連かといった年代のどちらかだった。年配の方は一様にベレー帽をかぶり、いかにもオーディオマニアを自称していそうな雰囲気だ。

しかし魔法みたいな光景だった。狭い一室にはすし詰めになった人体から立ち上った、むっとする空気が充満していた。そのうえ誰もの動きが一部の狂いもなく揃っていた。腕の筋肉みたいに、である。細いすべての腱の一切が、よりよきものを探し出すという一つの目的を共有していた。

棚の奥の奥底まで確かめることをせず、どうやって〝かければおわかりになります〟といった推し文句のステッカーが貼られた一枚を見つけ出すことができようか。こいつはつまり、ラジオのDJたち向けの宣材だったという証拠なのだ。当然市販はされていない。こういうのがだから、ある一枚の盤を特別なものに仕上げてしまうのだ。レコード界の〝禁断の果実〟だ。

　この時店内に流れていたのはヴァン・モリソンの「茶色の眼をした女の子《ブラウン・アイド・ガール》」だった。そして実をいうと僕は、この「茶色の眼をした女の子」が大っ嫌いだった。すべてがひどい。

　もっともヴァン・モリソンは大好きである。彼の作品はほぼすべて持っている。それどころか、結婚式でケリーと最初に踊った曲が「スウィート・シング」だったりまでする。

　それでも「茶色の眼をした女の子」ばかりはクソなのだ。この民主主義社会の、文字通りありとあらゆるバーのジュークボックスであまりにも多くの回数聴かされてしまって以来、少なくとも僕にとっては、この曲は大昔に死んでしまったも同然だった。

　しかもこいつはしょうもない映画のサントラ盤の類には必ず収録されてくるし、ベスト盤しか持っていない友達が作ってくる〝オススメ〟だかいうテープにも決まって顔を出していた。いわば音楽界のピザ的位置《ポジション》だ。何を頼むかの議論に倦んでくたびれ果てた時、全員がなんとか同意できる唯一の選択肢なのである。

　骨董品みたいな店のプレイヤーが吐き出すそれを、かくして再びこんな状況で聴かされる羽目となった訳だが、でもそこに混ざってくるヒスノイズやスクラッチ音のおかげで僕にもどうにか、この曲がジュリア・ロバーツの映画『愛がこわれるとき』や、あるいは某チェーン店のファミレスがエンドレスでかけ続けるようになるよりずっと以前から存在していた事実を改めて思い出すことができた。

しかし店にいたほかの面々はそんなことにもまるで気づいていない様子だった。一緒に口ずさむこともしない。例の〝シャラララ――〟の箇所でさえもだ。

どれほど自分がこのクソみたいな曲を大好きか、あるいは聴くたびに父親を思い出してしまうかといったことを力説し始める者もいない。当然〝ああ、ここが一番大好きな箇所なんだ〟などとほざきながらあのひどい歌詞を大声で歌い出すようなことも誰一人としてしない。

この場所で、歌は単なる背景の一部に過ぎなかった。建物の構造に含まれてでもいるかのようだ。合わせて歌い出すことなどきっと、誰かのパンツを指差して〝なんて真っ赤だ〟とか叫ぶようなものだろう。要はまともではないということだ。

ここでは音楽はただ在ればよかった。気づく必要などなかった。

だが「茶色の眼をした女の子」はずいぶんとかけられっぱなしだった。無視してしまうこともたぶん容易かったのだろう。周りが一緒になって懸命に、お前もこの歌が好きだろうとか説得しようとかかってきたりしなければ、この曲もこんなに静かに美しく響くのだなと、改めてそんなことまで考えた。

そしてこの「茶色の眼をした女の子」に〝もう聴き飽きたよ〟といった侮蔑以外のものを感じてしまったことで僕は、モリソンのカタログにまた耳を通したい衝動に駆られてしまった。何か新鮮に響くものが見つかる気がしたのだ。

店には彼のどの作品も最低一枚は在庫があった。中には海賊版も複数紛れ込んでいたし、我が個人的な神話に通じる作品も見つかってきた。『ビューティフル・ヴィジョン』である。

自分の交際範囲ではということにはなるが、たとえば友人のアパートとか衛星ラジオとか、あるいは〈パンドラＴＶ〉といったサイトでさえ、収録曲のうちの一つでもかけられていたことのないようなこのアルバムを持っていたのは生死を問わずたぶんこの僕だけだ。まだ棚がレコードでいっぱいだった頃、遊びにやってきた友人が中身をパタパタ確かめて、このジャケットで手を止めて、こんな具合に口にしたことも決して一度や二度ではない。

「ああ、これは知ってる」

　あるいはこうだ。

「このレコードの存在は聞いたことがあるよ。でも現物を目にするのは初めてかも」

くぅ。だからこういうのがいいのだよ。だって秘密めいている。いや、秘密だと思っていたのは僕だけかも知れないけれど。皆実はちゃんと『ビューティフル・ヴィジョン』のことだって知っていて、ただあまりにひどいものだから懸命に忘れ去ろうとしていただけだったのかも知れない。だとしても、それでもなお、こういうのが僕には喜ばしい事態なのである。

　この『ビューティフル・ヴィジョン』の収録曲でなにがしかの価値を有するものはただ一つきりだ。「デュエラー・オン・ザ・スレッシュ《彷徨》ホールド」だ。そしてこいつが実は僕の初体験の際その現場に流れていた曲だったりする。

　いや、厳密にはこの表現は正確ではない。まさにその瞬間の場面で鳴っていたのはピクシーズの「ギガンティック」だ。喜ばしき思い出であることには疑念の余地もない。

　この「彷徨」の方は、セックスというのはマジ楽しいものなんだなあとか、つくづく思っていた時にかけていた曲だ。だからまあ、ああ、もう一回やりてえなあ、みたいになっていた場面である。それも叶うならなるたけ早く。

　相手の名前はスーザン・Sといった。ブロンドで透き通るような肌をして、煙草のせいでほんの少しだけ声がしわがれていた。

もちろん『ビューティフル・ヴィジョン』をかけようとなったのは彼女の思いつきでなどない。僕が勝手にそうしたのだが、向こうも反対はしなかった。ただ聴いていてくれた。行為の最中で僕が動きを止め、布団と同様じかに床に置いてあったレコードプレイヤーへと手を伸ばし、針を三曲目へと戻して「彷徨」の二回目を頭からかけなおした時にも、別に狼狽《うろた》えるような素振りも全然見せはしなかった。

艶っぽいムードの曲といえば、マーヴィン・ゲイがそれこそ上に乗っかる《ゲッティングイッツオン》ことを甘ったるく囁いて寄越す例のあれや、あるいはディアンジェロが、あなたも感じてくれているかとか確かめてくる有名な歌などがきっと挙がるものだろう。アイルランド出身の老人が〝天使〟だとか〝全能なる水晶の炎〟なんてものを歌っている曲ではおそらくない。むしろ同曲には俗世にまみれたような要素は一つとして見つかってはこない。

たぶんこの点のゆえにこそ、僕はこの時これがいいと思ったのだと思う。ヴァン・モリソンの震える声とミュートの効いたトランペットには安心感があった。ダウン地の布団にくるまれているような手触りだ。

我が初めての性体験の最初の数回は、まさにその時の僕の心をそのまま映し出したかのごとき、貫くようなピクシーズの曲に伴奏されていた訳だけれど、一旦それが通り過ぎた後では僕は、もうちょっとだけ気持ちを宥《なだ》めてくれるものを欲したのだ。こんなふうにでも言ってくれている感じの音楽だ。

「あのなあ、この女がお前の肩甲骨に思い切り噛みついてきてシーツが血まみれになっちまうなんてことは、絶対ほとんどまったく完全に有り得ねえから心配すんな」

比喩的な意味かそうではないのかは御想像にお任せとする。

　でもそのうち、やっぱり行為の最中に、不意にスーザンが笑い出してしまった。確か僕が四回目に「彷徨」に針を戻した時だ。ここに至ってようやく彼女も音楽に気づいたのだ。

「ええと、大丈夫？」

　相手が笑うなどとは思ってもいなかった僕はそう尋ねていた。

「ごめんなさいね、ごめんなさい――」

　目元の涙を拭いながら彼女が応じた。

「だってあんた、ものすごいクソまじめな顔してるんだもの。それにこの曲――」

　そこでまた、それこそ荒々しいトランペットみたいに笑い出しながら彼女は続けた。

「あなた今これ聴いてるのね？」

「どこがおかしいっていうんだ？」

　さらに問いを重ねたが、この時にはもうこっちも笑い出していた。

「〝我に魅惑の王国を貫かしめよ〟？」

　歌詞のうちでも最も色気に欠ける部分を彼女が繰り返した。

「マジ？」

　そこで抱き合って爆笑した。そしてそのまま互いを激しく貪り合い、ほどなく出てきた〝全能なる水晶の炎が暗闇を食らい尽くすのだ〟の辺りで一緒に達した。

　今僕はこのアナーバーの店で、同じアルバムと再び向き合っていた。別にこいつを探していた訳では全然なくただ偶然出くわしたのだったが、確かにこういうやり方こそは実は、何か意味のあるものを見つけ出すには一番好ましい方法で、特に音楽に関わる場合は、この法則は見事に機能するものなのだ。

　手にした瞬間にはもうそれが自分のものだとわかっていた。だって間違えようがない。ジャケットに貼られたステッカーは半分剥がれかけてこそいたが、明らかに〈レックレスレコード〉のものだった。実際には左側が削げ落ちて〈レスコード《電線不足》〉としか読めなかったのだが、しかしこの身が犯罪現場に到着した捜査官でなどない以上、失われてしまった部分を是が非でも発見しなければならない訳でもなかった。

僕はこの『ビューティフル・ヴィジョン』を一九九〇年に〈レックレス〉で買った。どこで売ったかは覚えていない。でも、アナーバーは決して長くはない容疑者リストにきっちり名前を載せている。

これ以上の説明はもう必要もないだろう。少なくともシカゴの〈レックレスレコード〉で店に一枚しかなかったヴァン・モリソンの、それも、誰も覚えていたり欲しがったりもしないようなアルバムを買い求め、そこからさらに州境を跨いで四百キロあまりも離れた別のレコード店まで赴いてそいつを売り払うような奇特な人間が、この世にもう一人存在していない限りにおいては。しかもさらにたまたま、この店は僕の実家から車でわずかの距離にあるのだ。

僕はこいつを購入しシカゴへと持ち帰った。懐かしさのあまりつい手に取ってしまった何枚かも一緒だ。ＢＪの『ガラスのニューヨーク』にパール・ジャムの『Vs.』、あとはヴァイオレント・ファムズのデビュー盤だ。

そして玄関をくぐるなりすぐ盤を取り出し、やはり買ったばかりだったレコードプレイヤーへと載せた。折良くこいつもまたちょうど〈アマゾン〉から届いたばかりだったのだ。

手に入れたのは〈クロスリー〉の三速対応型ターンテーブルだ。ＣＤとカセットも内蔵されていた。外装はパプリカみたいな色に塗装された木材である。これは今まで僕が持っていたどのプレイヤーとも似ても似つかない見た目で、ここだけは実は気に食わなかった。

もっとも僕が生涯で所持したプレイヤーは二台きりである。しかもそのどちらとも過分に美化して記憶しているきらいもなくはない。

最初の一台はまだ六つくらいの頃に親が買ってくれたものだ。プラスチック製の粗悪品で、〈フィッシャープライス〉だか〈テレドーン〉だか、とにかく〝音質〟なんて言葉とはまるっきり無縁としか思えないような名前のメイカーの品だったと記憶している。

しかし貧しい家庭に育った子供らが自分の家が貧乏だったことをさほど強烈に覚えている訳ではないように、僕もまた、この、鳥が吐き戻したみたいな緑色のプラスチックの機械に心底満足していた。自分が最高音部しか聴いていないなどとは思ってもみなかったし、音質はそれでも市民《CB》ラジオに比べればそこそこマシだったのである。

八〇年代の半ばまではこのプレイヤーを弟と共用で使っていた。だがこの辺りでいよいよ僕も、もっとまともなコンポーネントを自分で買い揃えたいと考えるようになった。ターンテーブルが独立し、アンプとプリアンプを備え、スピーカーはトランクケースみたいな大きさを誇るような代物だ。

ターンテーブルはラックスマンのＰＤ２７２にした。フラッシュ・ゴードンの私室にあってもおかしくない代物だ。銀製で、日曜日の新聞ほどの厚さもなく、埃よけのガラスの蓋は宇宙飛行士のヘルメットを思わせた。しかも同機には〝統合式《インテグレイテッド》トーンアーム〟だかいうものまで採用されていた。

いったいそれがなんなのかは僕にはついによくわからなかったのだけれど、それでも電気店のコーナーの担当者が、まあだからこの男は撒き餌に群がる鮫みたいに僕に狙いを定めていた訳だが、その彼の口から、この〝統合式《インテグレイテッド》トーンアーム〟について詳細に説明されたことは鮮明に覚えている。技術の進歩はもう君の想像などとても及ばないようなところまできているのだとか言っていた。

彼の言葉に耳を傾けているとこの部品が心臓手術までやってのけるロボットアームと同等にも思えてきた。そして結局はこの機械のおかげで、以来僕の音楽の聴き方は一変してしまったのである。

彼は、ラックスマンのＰＤ２７２ならば揺らめくような高音域まで再現することができるのだとも言った。間違いなく〝揺らめくような〟という表現を使った。こいつがだから、僕の胸にしっかりと突き刺さってしまったのだ。

揺らめくような響きというのは、たぶんきっと天使が周囲を飛び交っているような場面で聞こえてくるような音だろう。悪しきを打ち砕く御《み》使いたちが、翼を揃えて救世主の到来を触れに現れたのだ。しかもだ。この機械は素晴らしき〝ワウ〟と〝フラッター〟まで備えているという。どちらの言葉もさっぱりだったが、重大な要素には聞こえた。

あれに比べればこの〈クロスリー〉など実にお粗末なものだった。でもこいつは資金力がなければ勝ち目もない入札競争とも一切無縁だったのだ。とにかくレコードが鳴らせる機械が欲しかったし、普通程度の音が出ればそれで十分で、しかも四十八時間以内に配達してくれるとまで謳っていた。交渉成立。

「こんなアルバム私知らない」

我が『ビューティフル・ヴィジョン』のジャケットをためつすがめつしていたケリーが顔をあげた。

「聴けば聴くほど好きになるよ。スルメみたいなもんだ」

そう応じた。

仕事場での試聴会には彼女とチャーリーも参加していた。微笑ましい事態だが、ひどく居心地の悪い時間ともなった。

しかもいよいよ「彷徨」となったところで何故だかチャーリーが踊り出した。自分のリズムで腰を振り、部屋中をうろついては延々腕を振り回している。笑って見ていたケリーもとうとう、あのトランペットの二音の繰り返しを一緒にハミングまでし始めてしまった。

僕も歯を食いしばり懸命に笑顔を作って見せていた。だが僕にとってこいつは、九〇年代の初頭の三ヶ月ばかりの一時期、くたびれきった布団の上の色っぽいブロンド女性目掛けて隙あらば野生の猿よろしく襲い掛かっていた、その場面のＢＧＭだったという以外の意味など、ほとんど持ってはいないのだった。

その音楽に合わせ自分の三歳の息子が、いかにも意味深な動作を面白おかしく繰り広げていても、別に落ち着かない気持ちになんてこっちはこれっぽっちもならないぞという振りをするのに必死だった。

「ヴァン・モリソンにはでも、もっといいアルバムがいっぱいあるでしょうに」

ついに妻が核心を突いてきた。

「いったいこれのどこがあなたにとって特別な訳？　ほぼ全部ニューエイジの劣化コピーにしか聴こえないんだけど」

この場合、最も賢明な対処法は、無害な物語をでっち上げてしまうことである。たとえば祖母がこのアルバムを持っていて、これを聴くと冬のフロリダに遊びに行ったことを思い出してしまうんだとかいった類だ。小道具にオレンジを剥いてもらった思い出とか持ち出せるとなおいい。

しかし僕は真実を喋ってしまった。ケリーは頷いただけだった。怒ったような様子もなかったが、混乱はしたようだ。

　確かに昔のガールフレンドの思い出なんだといった言い方をするのも一つの手ではあった。これでもまだ、以下のような説明をするのとはまったく次元が違っていよう。

「この曲は昔のガールフレンドと、だから、いたしていた時の伴奏曲なんだ。それでどうしても手元に欲しかったのさ。そうすればほら、聴くたびにその、君じゃない相手の中に自分の性器を押し込んでいったかぐわしき思い出たちをいつでも愛でることができるから」

　いや、実際この通りに言った訳ではまったくないよ。誓ってそんなことはしない。そりゃそうだろう。まあでも、ほぼ同じようなものではあったらしい。

「それってもしかしてボン・ジョヴィのレコードに電話番号を書いたっていう相手？」

彼女はさらに重ねた。

「え、いや、違う違う。全然違う。まったく別の相手だ」

『スリップリー・ホエン・ウェット』のことなどすっかり忘れていた。そういえばジャケットにあった番号に電話してみることもまだしていない。彼女がまず出ないだろうことには自信があったからだ。

　結局僕はよくわからない老人と話す羽目になる。相手はきっと、自分は六〇年代からずっとこの番号を使っているが、ヘザーなんて女の子がここに暮らしていたことは一度もないくらいは断言しよう。勝ち目はほぼない。むしろ甘ったるい思い出にもう少しだけ浸っていたい気持ちだった。

「だとすると、あなたのこの、昔のレコードを見つけるんだとかいうのって実は全部――」

　ケリーは言った。

「本当の目的は昔の恋人なんだみたいに聞こえるんだけど」

「バカげてる」

　僕は反論した。

「妬いてる訳じゃないわよ。むしろ面白がってる。でもねえ、じゃあ取り戻したいと思っているレコードの中に、そういう、愛し合ったことのある女の人たちとは全然関係ない逸話を持っているものってあるの？」

　実際そんなつもりはなかったし、彼女にもそう言っていた。まったく違う。

　だってだとしたらピーター・フランプトンの『フランプトン・カムズ・アライヴ』はどうなる？　こいつは女の子とはまるっきり関係などない。当時の僕が色気づくにはやや若過ぎたという理由もあるにはあるが、このアルバムにまつわる最も本質的な思い出は、猫が死んでしまった一件なのだ。

　両親からそいつが死んでしまったことを聞かされた時はとにかく泣いた。でも不思議にも二人の方がよほど泣いていた。しかし両親は決して彼をものすごく気に入っていた訳でもなかった。太り過ぎでそのうえ攻撃的で、父などよく〝あのアホ野郎〟とか呼んでいた。

　二人は僕を心配したのだ。荒んでしまうのではないかとでも考えたのだろう。このアホ猫を最初に家に連れてきたのは僕だったし、家族の中でいつも一緒にいてやろうとしていたのも僕だけだった。

　確かに彼がいなくなってしまったことを悲しんではいた。だが両親が想像していたようなレベルではまるでなかった。骨の髄まで染み込むような、というほどでなどなかったし、嗚咽が漏れるまで泣きたいという気持ちにもならなかった。どちらかといえば〝ああちくしょう、今日は『六百万ドルの男』の放送が休止になっちゃってるや〟的な悲しさである。

　できうる限りは慰められたと両親が自分たちに満足したところで、僕は二階の自室に戻り、レコードを聴いた。この時ターンテーブルに載せたのが『フランプトン・カムズ・アライヴ』だった。ちょうど友人のお姉さんから借りてきたばかりだったのだ。

　ベッドに横になり天井を見つめながら、俺、大丈夫だよな、と我が身に言い聞かせようとした。なるほど身近な誰かが、いや、この場合は何かがというのが正しいのかも知れないが、とにかくそういう存在が死んでしまったことは確かに初めての経験だった。

　それをどう消化すればいいのかもわからなかったのは本当である。死、そのものだけではない。あらゆることだ。

　頭の中に地球の姿を思い描いた。そいつはどんどん小さくなって、ついには数多の星々の中の一つとなり、銀河なる広大な画布《キャンヴァス》の微細な一点と化した。その様子をただ見守っていた。

　するとそのまま僕らの銀河系すらもが縮み始めた。さらなる広がりを見せる巨大な太陽系みたいな様子のものとそれから、永遠に広がり続けるかとも思われるブラックホールとに飲み込まれていったのだ。

　すぐに遠目にもわかるような存在は一切なくなった。あるのは真っ黒な空虚さだけだ。それだけがただ、どこまでもどこまでもはてしなく続いている——。

　けれどその部屋にはピーター・フランプトンがいてくれた。まるで『スター・ウォーズ』のアンドロイドがくっちゃべってでもいるような奇っ怪なギターを鳴らし続けていたのだ。

　最初はプレイヤーの調子がおかしくなったんじゃないかとさえ思った。さもなければ幻覚でも見ているか。

いったい僕は何を聴いているんだ？　そしてそのままこのわやくちゃなギターに集中し、ようやく僕は一息つけたのだった。胸の動悸が早まることも最早なかった。

その日以来二度とフランプトンなんて聴いてはいない。しかしこの恐ろしい夜、こいつが僕の人生を救ってくれたことは本当なのだ。

「あなた、ピーター・フランプトンは大っ嫌いだって言ってたわよね？」

ケリーが言った。

「その通りだよ。一秒だって耐えられない」

「じゃあそんなアルバムをまた聴きたいと思うのは、やっぱりその、猫がいなくなって淋しいから？」

「いや、猫の問題じゃないんだ。そもそも僕はあいつの名前さえ思い出してやれない」

「ええと、嫌味っぽく聞こえたら許して欲しいんだけど、つまりあなたは、自分でもほとんど覚えていないような猫とちょっとした関係があるからというそれだけの理由で、自分でもさほど好きでもない音楽を、是が非でもまた聴かなくちゃならないやと思っているということになるのよね？」

どう答えればいいかわからなかった。ひょっとしてこいつは刺青みたいなものなのではないのか。いや、僕はそういうのを入れてはいないからここから先はまったくの推論にしかならないのだが、たとえばそいつがいずれ消えかけ、ほとんど打ち身の名残程度にしか見えなくなっていたとしよう。しかもいったい何故そんなものを描いてもらおうと思ったのかさえ、今となってはおぼろげな記憶しかない。

それでもそいつを完全に消し去ることは叶わない。すでに肌の一部となっているからだ。本質的には傷だ。でも、傷というものには大抵なにがしかの意味があるものだ。

「この話になると私、悲しい気持ちにしかなれないのよね」

ケリーが言った。

「夕飯の支度でもするわ」

僕とヴァン・モリソンとを置き去りに、妻は息子を連れ仕事場から出ていった。二人の足音が十分に遠ざかってしまうのを確かめてから、僕はまた針を持ち上げ、改めて「彷徨」の頭へとそれを戻した。


母からフロリダのお祖母ちゃんのところに行くのについてきてくれないかと言われた時には一も二もなく同意した。メルボルンに住む彼女は今九十四歳で、崩壊寸前といってもいい家で一人暮らしをしていた。

その家をもう一度見ておきたいな、などと思った訳ではまったくない。フロリダを離れミシガンに引っ越さないかと彼女を説得しようという母たちの筋書きに一役買おうなんてつもりも同様である。

目的は発掘調査だった。お祖母ちゃん家のガラクタの山を掘り進み、何を取って置き何をゴミとするのかを判断するのだ。だからこそ進んで同行を申し出た。皆の役に立ちたいという気持ちでなど全然ない。家族の歴史の証拠である諸々をきちんと取って置くことに興味があった訳でもない。ただ、自分のレコードの幾つかもきっとそこにあるはずだと考えたがゆえだ。

この半世紀の間に祖母の家は、あえて呼べば〝ウォークイン貸金庫〟とでもいえそうなものへと進化していた。もう必要のなくなった、でも捨てるだけの気持ちの準備もまだできていないようなものたちを係累が寄ってたかって持ち込んだのだ。だって万一また必要になったらどうする？

　歴史的に見ても我ら一族は、最早クソの役にも立たなくなったあれやこれやを処分することが特に不得手な家系であるようだ。しかもここにはありとあらゆるものが含まれた。服に家電に家具、さらには食べ物に至るまでが集まっていた。

　とはいえお祖母ちゃん家に貯蔵癖がある訳ではない。単に僕らが揃いも揃って心底みみっちいからこそこの事態を招いた。些少でも僕と遺伝子情報の一部を共有している親戚連中は皆、ひょっとして自分は今の経済状態が許す以上の浪費をしているのではないかと懸念することなしには、我が身への投資すら容易にはできない性質《たち》なのである。

　どこかに現金が隠してあるなんてことはあるはずもない。角を曲がればそこにはいつも、こちらに一撃加えてやろうという何かが手ぐすねを引いている。その衝撃を和らげるのに役立つものもまた何もない。この手の事故は、かけがえなどあるはずもない我らが手足の一本くらいは容易に奪い去ってしまいかねない。

　あるいは無邪気に日用品の買い物でもしている最中に前触れもなく動脈瘤の発作が襲うかも知れない。生活というのはかくも容易に崩れ落ちるトランプの家みたいなものだ。いずれは際限なく届く医療費の分厚い請求書の支払いをなんとか工面しなくてはならなくなる。

　だから我が一族の家訓というのは、これは実はほとんど存在理由であるともいえるのだが、つまりは〝避けられない悲劇には常に備えておけ〟というものなのだ。

　まあそういった次第でお祖母ちゃん家の箱の中身に挑んでから二日もしないうち、僕はお宝を掘り当てた。

　まずドン・マクリーンが出てきた。親指を

大写しにしたジャケットの、あの「アメリカン・パイ」を収録したアルバムである。こいつは母の兄のボブが八二年のクリスマスに僕にプレゼントしてくれたもので、この時彼は、実はこの「アメリカン・パイ」はここフロリダに住む彼の飲み友達のことを歌ったものなのだと教えてくれた。野郎はシヴォレーに乗ってるし、そのうえマジでウィスキーが大好きだから、絶対に間違いはないというのだ。

時代を下って一九九二年、僕はやはりクリスマスのプレゼントに、同じ一枚を彼に贈り返してみた。ものすごく感動した伯父はこう訊いてきたものだ。

「本当はこの曲が何を歌っているかって話はお前にはしてやったんだっけかな」

こうしたレコードを再び前にすれば、音楽にまつわる初期の自分の知識のうち、どれほど多くを彼に負っていて、しかもそのほとんどがいかにまったくの出鱈目だったかという事実が改めて身に染みてきた。

たとえばだが、クイーンの『グレイテスト・ヒッツ』も一緒に出てきた。これもずいぶんと長いこと手元に置いていたのだが、僕は特に彼らのファンだったという訳でもない。これはひとえにこのボブ伯父から「地獄へ道づれ《アナザー・ワン・バイト・ザ・ダスト》」を逆回転で再生するとフレディが〝マリファナ煙草は楽しいぜ〟と言っているのが聞こえるぞ、と教えられたがゆえだった。試したよ。ああ、もちろん試したともさ。でも僕にはどうしてもターンテーブルをそっち向きに回すことができなかったんだ。

それから『レット・イット・ブリード』も発掘した。ストーンズのこのアルバムは少なくとも六回は入手しているのではないかと思う。ボブ伯父が最初にくれたのは高校時代だ。当時すでに手持ちの盤をマジすり切れるくらい聴いてしまっていたものだから、ありがたくそそくさと新天地へと移住した。

　しかし伯父は同時に、このアルバムを一層恐ろしくかつ一層蠱惑的に思わせてくれる逸話を披露することも忘れはしなかった。

「ギミ・シェルター」でコーラスを担当した女性は、つまりあの〝一発で始まっちまう《ジャスト・ア・ショット・アウェイ》〟の箇所を歌った彼女のことだが、この歌手はスタジオ入りした当時妊娠していた。だが同曲のあの歌詞を歌っている最中に流産してしまったというのである。伯父の言葉はこうだった。

「死んだ赤児が彼女からこぼれ落ちてスタジオの床に転がったんだ。見ればはっきりそうとわかった」

　伯父はいつだってまるでその場にいたかのように話した。何もかもをさも自分の目で見たかのように語るのだ。もちろん有り得ない。しかしこの手の内容を年長者の口から聞かされてしまうと疑問に思うこともできなくなる。

　少なくとも見えている範囲では自分たちより賢明で、そのうえいつもフィルターなしのウィンストンを吸っているような、こちらにはたぶんまだ想像もできないような人生を送ってきたであろう相手が、これは真実だぞというのだ。信じるほかないではないか。

　彼と祖母の家のキッチンでレコードを聴いていたこともよく覚えている。煙草をくゆらす伯父を見ながら、その技を盗んでやろうなどと考えていた。伯父は端を摘まむようにして煙草を持ち、逐一けっこうな勢いで口元まで運んでから吸った。這って逃げ出そうとするヤモリの尻尾を捕まえてでもいるように見えた。

　そんな彼は例のコーラスが一番の高音を出す箇所に差し掛かると決まって顔をしかめた。若過ぎる僕にはまだ理解できない何かを感じ取ってでもいるようだった。

「この辺りだ」

膨らんだ指先で宙を指しながら彼は言った。

「おそらくこの辺でそいつは起きた」

彼の所蔵品だったボブ・シーガーも見つかった。間違いなく彼のだ。僕自身は生涯を通じ、一度としてボブ・シーガーのレコードを買ったことなどないからだ。断言する。

しかし我が伯父の方のボブはものすごい勢いで蒐集していた。自分の領分だと思ってでもいるかのようだった。ある種の人々が純血の仔犬を育てるかのようにして彼は、自分と同じ名前のシーガー氏のアルバムを漁っていたのだ。伯父はこれらを大切に育んだ。自分の体に向ける以上の慎重な注意を注いでいた。

伯父が棒状のままのバターをキャンディみたいにしゃぶっているのを目の当たりにしたこともある。煙草の空き箱はピラミッドよろしくテーブルに積み上げられていた。決して誉められない種類の決意の証しみたいなものだったのだろうと思う。

しかしことボブ・シーガーのレコードに関してだけは、伯父は常に敬意と崇敬とをもって扱っていた。必ず端を持ち、炭素繊維《カーボンファイバー》のブラシで表面の埃を丁寧に掃除した。

自分が穿いているものといえばいつだって同じようにくたびれきったスウェットパンツで、しかもそのどれもが内腿にサルサソースのシミをつけていた。八〇年代の半ば以降はずっとそうだった。そんな伯父がシーガーのレコードだけは毎日欠かさず手入れしていた。

このボブ伯父の部屋で弟と一緒に座っていた記憶も今なお鮮烈だ。やはりシーガーを聴いていたのだが「ナイト・ムーヴス」の途中で伯父がいきなり泣き出してしまったのだ。

自分の父親、つまりは僕らの祖父の葬儀ですら泣かなかった彼が、僕が見ていただけで少なくとも十六回、この「ナイト・ムーヴス」の途中であられもなく涙した。

　大人の男が泣くのを見るのなどもちろん初めてだった。八歳の子供だった僕は狼狽えた。弟も僕も何を言えばいいのかわからなくなった。慰めてあげるべきなのか。ぎこちなくでも抱き締めてあげるのがいいのか。それともここから逃げ出す言い訳を探した方が賢明なのか。

　だが伯父の方も決してそのままでは済まさなかった。同曲の主人公が〝ドライヴインにあるタブロイドの一面を一度でも飾ってみたくて〟と言い出す辺りがくると、伯父は決まって僕らを見上げ、嘲笑みたいな顔つきを浮かべながらこう口にするのだった。

「こいつがどういう意味なのかもお前らにはどうせまだわからんのだろう?」

　はなから信じてもいないような口ぶりで伯父は僕らに訊いて寄越した。

「きっと〝ドライヴイン〟なんて言葉も知らんのだろうしな」

　弟と僕は肩をすくめた。もちろんドライヴインシアターがどういう場所かならちゃんと知っていた。見棄てられた駐車場みたいなものだ。大昔の人たちがそこで映画を観ていたらしい。もちろん彼らが、そんなバカげたことは屋内でも十分できるのだと気づく以前の時代になる。

　ボブ伯父は嘲笑うかのようだった。それはたぶん僕らの若さと、そして、明らかに姿を消しつつあったポップカルチャーたちのすべてに向けられていたのだと思う。

「全然さっぱりなんだろうな」

　それだけ短くつけ足していた。

　さらに深層部までたどり着くと思わず喘いでしまうようなレコードたちが現れた。亡くなった親戚の遺骨を掘り当てたみたいな気分だ。

　出てきたのは父のカントリーのアルバムたち

である。思わず目を覆いたくなった。ウェイロン・ジェニングスにハンク・ウィリアムスJr.にマール・ハガード。それから大のお気に入りだったウィリー・ネルソンといった古典的作品群の数々である。父はこれらを書斎の衣装タンスにしまっていた。いつでも自己憐憫に浸れるための入念な準備だ。

父にとって音楽は、決して人前で聴いていいものではなかった。扉を閉ざし一人きりで向き合うものだったのだ。唯一音楽だけが、彼自身と彼がすでに失ってしまった物事たちの記憶との橋渡しをしてくれることができたのだ。

父はカウボーイハットなんぞ持ってはいなかったし、煙草の類に手を出したこともない。政治信条においては臆面もない民主党支持者で、シカゴの南部に暮らすこともついに最後までしなかった。

父がジーンズを穿いていた場面も一度として覚えてはいない。持っていなかったということもないだろうが、少なくとも目を閉じて僕が思い浮かべられるのはスラックス姿だけだ。しかもほぼ完璧にアイロンがかかっている状態だ。

なのに父はカントリーが好きだった。たぶん皮肉の要素など欠片もないところが気に入っていたのではないかと思う。

カントリーの歌詞というのはなべてその言葉通りの意味を持つ。たとえばハンク・ウィリアムズの歌には風刺など一切見つからない。だから彼が〝淋しくて泣きそうだ〟とか、あるいは〝ビールに涙がこぼれてしまう〟と歌う時、彼は本当にこの表現の通りなのだ。ビールには事実、涙が紛れ込んでいるのである。かくのごとく同ジャンルにおいては、歌詞のどの一語も百パーセント、いうなれば真摯なのである。

マール・ハガードの「アイ・シンク・アイ《もう少し》ル・ジャスト・ステイ・ヒア・アンド・ドリン《ここで飲んで行こうと思》

《う》ク」だってこの通りの曲である。彼は今自分のいる場所に腰を落ち着けアルコール飲料の消費をさらに重ねるつもりでいる。行間なんてものはない。

おそらく父はこの衒《てら》いのなさが気に入っていた。カントリーミュージックというのは、エアクォーツのジェスチャーなど使わなくても十分に悲しい。でもその悲しみはモリッシーがくれるものとはまるで違っている。彼の場合にはその頭のよさの中に苦々しさが表現されている。一方でカントリーの場合は、ジャケットからしてがもうすでに悲しい。

ウィリー・ネルソンのコレクションは山ほどあった。『フェイジズ＆ステージズ』に『トラブルメイカー』に『スターダスト』に映画『出逢い』のサントラに『イエスタデイズ・ワイン』に『ショットガン・ウィリー』。

ところが肝心の一枚が欠けていた。『オールウェイズ・オン・マイ・マインド』が見つからなかったのだ。ウィリーがスキーウェアらしき銀色の衣装で、頭にはディスコのヘアバンドとしか思えないものをかぶっているというジャケットのあれである。同作には「明日に架ける橋」に「青い影」、そして記念碑的「オールウェイズ・オン・マイ・マインド」といった彼によるカヴァー曲たちが収録されている。

あの曲が父の書斎から漏れ聞こえているのをどれほど耳にしたかもわからない。今でもこいつを聴くと僕は本能的に、だからその、両親が離婚してしまいかねなかった一時期のことを思い出してしまう。

実際に何が起きていたかは今なおはっきりとは知らない。僕と弟の耳には届かないだろうと思い込んだ二人が言い争っていたことを覚えているだけだ。手榴弾さながらに脅し文句が応酬され、僕らはその破片にぶちのめされていた。

〝出て行け〟とか〝離婚だ〟といった短い叫びに恐れ慄いた。前後の文脈がわからない分恐怖はいや増した。それでも二人は僕らには一切何も言わなかった。父はただ距離を置いた。母が時折こんなふうにだけ口にした。

「二人にはお父さんを敬う気持ちを失くしたりしないで欲しいと思ってるの」

父は居間のソファで眠るようになった。それ以外の時間はほとんどを自分の書斎で過ごしていた。本人は遅くまで仕事をしていると言い張ったが、そこでやっていたのが本当はなんであったにせよ、部屋にはとにかく四六時中ウィリー・ネルソンが流れていた。家に帰れば、懇願するような「オールウェイズ・オン・マイ・マインド」が聞こえてこない場所を見つける方が難しかった。

そしてある日、始まった時と同様唐突に喧嘩は幕引きとなり、父は寝室へと戻っていった。何であれ二人の諍《いさか》いの原因は、無造作に放棄さることになったらしい。

二人をあわや離婚かという場所まで追い込んだものが何だったのかは今なお不明のままである。どちらにも尋ねることはしなかった。しかしこの一件以来弟は、僕がマゾヒストになったとでも思い込んでいる節がある。

「そんなのほっとけばいいだろう」

この話になるとあいつは決まってそんなふうに言う。

「昔のことだ。いったい何の意味がある。忘れちまえ」

僕はでも、今でもそういうチャンスがあればなんとかして確かめたいと思っているのだ。母が老いていっているせいもある。人生は実に儚い。自分自身の過去ですら、もし生き証人たちが全員この世を去ってしまえば、たどりなおすことも難しくなるだろう。

僕はだから、九十八歳になって認知症にも苛まれ、自分をルーズベルト夫人だと思い込んでいる老婦人を相手に体を揺さぶりながら〝答えが要るんだ、ああ、ちくしょう、答えだよ〟などと叫ぶような男にはなりたくないのだ。

　家を出てまもなく、僕はこのウィリー・ネルソンのアルバムをCDで買い求めてみた。当時の僕の嗜好というのはジーザス・リザードとかジョン・スペンサー・ブルース・エクスプロージョンといったバンドにほぼ向けられていた。あの頃は奇声を上げながら性器を露出するようなパンクバンドでいっぱいだったのだ。もちろんこれらの要素はウィリー・ネルソンとは些かなりとも重なりはしない。

　でも僕にはこのアルバムが必要だった。これもまた〝ライナスの毛布〟だったのだ。女性たちから拒まれたり、あるいは誤解されたなと思うような場面になると、僕は決まってこの一枚を引っ張り出していた。

　正直二十代の前半にはこの手の事態は少なからず起きた。その都度ウィリー・ネルソンに宥《なだ》めてもらった。さほど頭を捻らずとも、それが父親の姿と結びつけられていたがゆえだったことはすぐにわかる。

　拒絶に苛まれた父はウィリーから気力をもらっていた。僕もまた彼の歌を、独りよがりの自己憐憫と関連づけるようになっていったのだ。「オールウェイズ・オン・マイ・マインド」を聴くだけで沈んだ気持ちが癒やされていくように感じた。もちろんこんなのは所詮戯言だ。あの歌には、傷ついた男の気持ちを正当化するような要素など一切ない。むしろ嘲っている。基本的な内容はこうだ。

「俺はてめえを無視してやることにするよ。もう敬意も払わないし助けてやることもしねえ。現実的にもほかのどんな意味でも不在を決め込むのさ。だけどなあ、お前さん。俺ゃあお前のことを考えてはいるんだぜ。そいつはきっと意味のあることだ。違うか？」


シカゴの〈ライオットフェスト〉で行われるリプレイスメンツの再結成ライヴに行こうと思ったのは、そこでまた自分のレコードに出くわせるかも知れないと考えたからではまったくなかった。むしろ頭の中はこんな感じだ。

「なんてこったッ。クソっ。こんなことが現実に起きるなんて。クソクソクソクソっ」

　僕のバンドが――だから僕のバンドなんだけどさ――そいつがみっともなくも再結成なんてものを果たしやがる。しかもオリジナルメンバー四人のうち参加するのは二人だけという体たらくだ。

　いや、それはかまわない。曲は当然同じだろうし、それらをそもそも作った二人の見窄らしい老人が、たぶん僕が飲酒できるような年齢になってから初めてようやくステージに立ち、そいつを歌うのだ。十分だ。むしろすべてだ。

　レコードの件がここに関わってくるかどうかという部分については当初僕は間違った希望を植えつけられてもいた。僕がそれぞれの『レット・イット・ビー』にぶつけた〝ひょっとしてそいつは草《ウィード》の臭いがしたりしないか〟という質問を面白がってくれたネット上の出品者たちのうちの幾人かが、どこに行けばもうちょっと幸運に恵まれそうかという提案までしてくれていたからだ。

　彼らの意見を集約すれば、この〈ライオットフェスト〉に顔を出さないなんて愚の真骨頂だということにもなるようだった。

「あの中西部野郎《マッツ》共に心酔してる連中は絶対み

んな行くさ」

協力的なある出品者はそうも請け合った。

「会場はシカゴだよな？　そしてそこはあんたが問題の〝隠し場所〟の一枚を売り払っちまった場所なんだろう？　もしあんたのレコードがまだ中部標準時間帯にあるなら、絶対その公演に顔を出している誰かが持ってる」

「でも、ああいう場でレコードを売ってたりもするもんなんですか？」

そう返信した。もっともロックフェスの類に参加するのが初めてだったからではない。Tシャツのほか、ガソリンみたいな味しかしないビールや、高過ぎるファーストフードを売るテントが出ることもわかっていた。だがアナログ盤のテントというのは見たことがない。

驚くようなことではないが、母親の地下室で見つけたというレコードを売りに出していた、オハイオの田舎在住の、たぶん成人男性であろうこの相手は、都市部で行われるパンクロックの祭典がどんな様子かについては注目に値する証拠を提出してくれることはできなかった。それでも僕としてはやはりどんな機会も逃す訳にはいかなかった。万が一彼の言葉通りだったらどうする？

だからポケットに現金を装填し、ものすごく早い時間に〈ハンボルトパーク〉を目指して車を出した。当日のコンサート会場だ。

そのうえ何故だか自分の『レット・イット・ビー』まで持っていった。その時は意味のあることに思えたのだ。当然ネットで買ったあの一枚だ。深い傷があり、我が御近所さん陪審員団からはついに何の判決ももらえなかった、例の奇妙な臭いのするあれだ。

いったい何を考えていたのだろう。自分でもよくわからない。でもたぶん、大勢の〝中西部《マッ》野郎《ツ》ども〟信者たちと同じ空間にいられるという事実と関係があったのだと思われる。

僕がこの〝中西部野郎《マッツ》ども〟ことリプレイスメンツのステージを最後に観たのは一九九一年だった。〈グラントパーク〉で行われた解散ツアーの一公演である。

当日は四人の仲間と一緒だった。僕を含めた全員が金欠で、若僧で、しかも大麻で完璧にラリっていた。だから大の男五人でシヴォレーのシェベットに体を詰め込むようなこともした。

ちなみ今日のステージを観るのは僕一人だ。同年代の知り合いは全員、上手い具合にベビーシッターを頼める相手を見つけられなかったか、さもなければ、数時間立ちっぱなしでいなければならないイベントには最早興味も示さなくなっていたかしたのである。

車で来ることについてはずいぶん悩んだ。ハンボルトの駐車場事情というのは、よくいって見込みなし、悪くいえば絶望的だったからだ。

残る選択肢は公共交通機関となる訳だが、こちらも大してマシでもなかった。深夜にバスを待っていなければならないというのはさすがに不安だったから、結局車にした。駐車場の心配などしない姿勢こそはまさにパンクだろうとか思ってしまったせいもある。

〈ハンボルトパーク〉の南一キロ半くらい手前で駐車できそうなスペースを見つけた。廃業した二つの工場の間だ。降りるとすぐ川があったが、そこは潰れたビール缶と医療用手袋とでいっぱいだった。マジ医療用の手袋だ。岸のところに少なくとも六つは浮いていた。

振り向いて車をロックし、動作完了の耳慣れた信号音が届くのを待った。でもこの時ばかりはちっとも安心できなかった。そこで念のためもう一度やりなおした。

それでも二ブロックほど公園に向かい歩いたところで、さらにもう一回、鍵をかけなおすために引き返した。

ベビーカーとポータブルのＤＶＤプレイヤーをトランクに入れたまま出てきた自分に腹を立ててもいた。もし万が一にもこのまま車が盗まれてしまったとしたら、さらにあと二つほど、保険会社と言い争うことになりそうなものが積んだままだった。

会場に着いたのも早過ぎた。入り口の荷物検査の準備さえまだできてはいなかった。そこで周囲をうろつき、二十ドルのプレッツェルかＴシャツ以外の物を売っている屋台を探した。だがそんなものはなかった。一つもだ。

リプレイスメンツのＴシャツを売っていた男は、僕の探しものがレコードを扱うテントだと知るなり心底戸惑った顔になった。

「じゃあそれを売りたいってことなのか？」

僕がかかえたレコードを指差しながら怪訝そうに彼が訊いた。

「いや、こいつはただ持ってきただけだ」

「なんでだよ」

丁寧に切り揃えた髭の辺りを引っ掻きながら相手が重ねた。

「会場にはプレイヤーなんてものはないぞ」

「ああ、うん。それはわかってるんだ。僕はただ、だから、もしかして誰かが——うむ、やっぱり何でもない。気にしないでくれ」

それからもしばし歩き回った。ジグザグに動いていたから、きっとあやとりみたいな軌跡を描いていたのではないかとも思う。で、結局は諦めて、ステージの真ん前の位置に陣取り、まずボブ・モールドを観た。

しかし、二時間も経たないうちにすっかりけちょんけちょんになっていた。ガソリンスタンドで見かけるあの人型の風船の看板みたいに四方八方から思い切りもみくちゃにされてしまったせいだ。

脚には何かがたまり、そこが脈打ち、もうこれ以上は耐えられないという神経の激しい自己主張を代弁していた。降り出した雨はまるで僕に個人的に怨みでもあるかのようで、顔面目掛けて過たずに打ちつけてきやがった。

それでもこのまま立って待つほかできることはないのだ。後は祈るくらいか。ああ、もしこのまま〝死〟なるものが我が身に訪れたりしてしまうのであれば、神様どうか、せめてそいつが速《すみ》やかなものでありますように。あと、来るならついでに椅子も一緒に持ってきてくれるとものすごく嬉しいです――。

それにしたってレコードだ。忌々しい『レット・イット・ビー』め。こんなもの絶対持ってくるべきではなかった。怒りとも後悔ともつかない、いずれにせよひどく激しいその感情を僕はそいつに向けざるを得なくなっていた。勝手についてきたのはこいつの責任だ、みたいな気持ちになっていた。

もう本当に邪魔で、とっとと取り落としてしまいたいほどだった。足を踏み鳴らし続けるドクターマーティンどもの海に飲み込まれ消えて失くなってくれればいいのにとすら思った。もちろんそうはさせない。そんなことは考えられない。そうなったらむしろ空恐ろしい。いったい幾ら払ったと思ってる。

実際雨が降り出したタイミングでは、こいつだけでも守るべく一度はTシャツの中にしまい込むことも試みていた。だがこれも事態を悪化させただけだった。首から直接潜り込む道を雨に作ってやったようなものだったのだ。レコードどころか自分の肌さえずぶ濡れになった。

結局取り出して体の前にかかえなおした。そして、このまま手の中でボール紙がグダグダになってしまったりしませんようにと虚しく願った。そんなふうにレコードを捧げ持っていることは実に不自然で、奇っ怪だった。人混みの中でトースターでもかかえている気分だ。いったい俺は何をやってる？

　しかもそこへ、まるで僕が本当にこの場所にとどまり続けたいと思っているのかどうかをあえて試さんとする神の試練ででもあったかのように、二センチあまりも鋲《びょう》の飛び出した革製のリストバンドをつけた男が、僕を押し退け隣を過ぎていったのだった。

　腕にチクリとした痛みが走り、目をやると血が流れていた。手に負える分量を幾らか超しているようにも見えた。

「おいおいおいおい、ちょっと待てお前」

　鋲手首野郎に向けてそう叫んだ。

「貴様今、俺を切ったぞッ」

　振り向いた相手もどうやら血に気づいたらしく、申し訳ないとでも言いたげな中途半端な笑みを作って寄越した。

「悪かったな、あんちゃん」

　そいつは言った。

「でも、こいつでそんなことになったことは一度もねえもんでな」

　本当かよ。とてもそうは思えないぞ。だって幾ら小さいとはいえ、手首から十数本もの金属の爪を生やしているんだからな。それで押し合いへし合いする人混みを動けばむしろいつものことなんじゃないのか？

　しかし僕がそれ以上反応できるより前に照明が落ち、いよいよリプレイスメンツが舞台に登場した。クソッタレの、本物のリプレイスメンツだ。

　固まった。すぐには自分の目を信じることができなかった。鼓動がバカみたいに速くなる。でもその拍子は完璧に、彼らがこの日の一曲目に選んだ「テイキン・ア・ライド」のリズムに乗っていた。彼らのキャリアそのものもこの曲で幕を開けたのだ。今日の日にこれ以上相応しい選曲はない。

　感情は予想以上に昂ぶった。この数ヶ月というもの僕は友人らに、いよいよ自分がまたリプレイスメンツのステージを目の当たりにしてしまったら、きっと赤ん坊みたいに泣いちまうだろうとか冗談を飛ばしていた。

　それが誇張でもなんでもなかったことも今や明らかだった。僕は泣いていた。本当に止まらないほどだ。スピードの出し過ぎをテーマにした八〇年代パンクの曲を聴いている場合には普通こうはならない。

　ようやくなにがしかでも自分を取り戻せたのは、三曲目の「フェイヴァリット・シング」が始まってからだった。でも、ポールの声がこう歌ったところでまた我を忘れた。

「父さん《ダァド》、あんたのノリはつくづくひでえ《バァド》」

なんでだろう。自分でもさっぱりだ。なるほど僕は父親で、たぶんノリ方はひどい部類に入る。でもどうしてポールがそんなことまで知っている？　そんなのだって、バカげてる。

　ポールはきっと酔ってヘロヘロになっている時にこの曲を書いたに違いない。そしてきっと〝ダド〟と〝バッド〟とが簡単に韻を踏んでくれるからああしただけだ。復活祭の玉子《イースターエッグ》よろしく膨らんで、すっかり大人になって中年になり、のみならず父親なんてものにさえなって、そのうえこの再結成ライヴで同曲を耳にすることになった、かつてはファンだった子供たちの目の前で、半ばいきなり取り出して見せ、意表を突いて楽しませてやろうなんてつもりは、彼にだって書いた時にはまったく絶対なかったはずだ。

　だいたいが道を踏み外してうっかり死んでしまった連中が中にいたってまるっきりおかしくはないような状況である。僕らは安酒に溺れ過ぎていたし、足元は泥濘《ぬかるみ》だ。通を気取った時代遅れの靴が、さながらタールの池に嵌まってしまった恐竜たちのごとく、ずぶずぶと沈み込んでいく。膝は痛くて今にも崩れ落ちそうだ。そうしてようやく僕らは気づく。二十年もかかった。遅きに失するとはこのことじゃないか。

「なるほどな、ようやくわかったぜ。ポールの野郎、未来の僕のことをからかうためにこいつを書いてやがったんだ。うん、まったくもってしてやられたぜ」

　聴き慣れた「アンドロギュヌス」の最初のコードが鳴って、僕の体もまた動き出した。年に一度はコレステロールの状態をチェックするよう医者からきつく言われて以来というもの、絶えてしていなかった動き方だ。やがて曲は語りの箇所へと至る。

「やつは父親になるかも知れない。だけど本人はまだ——」

けれど戸惑った。レコードと同じようにそこで音楽が跳ぶのを体が待ちかまえてしまったからだ。もちろんそんなことにはならない。でも筋肉のどこかがそれを予期していた。脳味噌の中の神経伝達物質のどれかが、僕の中であの音跳びを保守していたのだ。健康診断の膝反射のテストみたいだ。

　次の曲はハンク・ウィリアムズの「ヘイ、グッド・ルッキン」だった。音楽オタクとしては思わず歓喜のため息をこぼしてしまった。たぶん多くの連中には、即興で取り上げたカヴァーにも見えていたことだろう。

　だが彼らは実は二十数年前の〈グラントパーク〉での、いわゆる〝解散〟コンサートでもこれを取り上げていたのである。こんな無名の曲を演るなんて、明らかに観衆の中に紛れ込んでいる、白髪交じりの昔からの熱烈なファンたちへのサーヴィスに違いなかった。

この手の輩のｉポッドにはおそらく海賊盤からの音源までがわんさかと詰まっている。ここまでやってくる間にもきっと、八六年のイギリス公演を収録した非公式盤『ボニック』を聴きながらのドライヴだったに違いない。あれには八三年のライヴからの「ヘイ、グッド・ルッキン」が収録されてもいるのだ。

　あの最後の公演をもっとちゃんと観ていればよかったのになと考えた。当時の僕は二十二歳で、大学を出たばかりで、自分もそういった、それなりといえるやり方でものを見なければと思い込んでいた。

　でも頭を満たしていたのは所詮他人様の意見だったのだ。しかもそういうのが、しばしば声高に叫ばれなければならないものにまでなってもいたのである。

　だから公演の真ん中辺りでまできたところで僕は、選曲が間違っているとか不平をこぼしだしていた。ニューアルバムからの曲が多過ぎ、古き良きパンクの記念碑たちが割を食っているといった内容である。

　まだ「アイ・ヘイト・ミュージック」も「レイズド・イン・ザ・シティ」も演っていない。「テイク・ミー・ダウン」も、それからあのコンチクショウな「アンサティスファイド」さえ結局は聴けなかった。

　我々はだから「ウィズィン・ユア・リーチ」辺りのどこかで会場を後にしてしまった。そして道すがらコンサートの残りの部分をラジオで聴いた。ＤＪが、これが本当にこの中部野郎《マッツ》たちの最後のステージなのだろうかと頭を悩ませ出したところで僕らもまた笑いに笑った。

　この手の社畜どもにわかるはずもない。そう考えたのだ。中部野郎《マッツ》たちはただ自分たちを繋いだ鎖を引きちぎろうとしているだけなのだ。

　解散だって？　リプレイスメンツがマジ解散

する訳なんてありえないだろう。彼らが本当に解散するのは、メンバーの誰かが肝臓破裂で早逝してしまうか、あるいは前盛期に親父がなってしまったようにうっかり心臓発作に襲われてしまった時だけだ。

だけどそんなこと想像できるか？　まったく老人どもと、そしてなおまかり通る陰謀論ときたら。だからやつらには一生わからないんだってばさ。

若い頃は人生を浪費してしまうものだと人は言う。そしてこいつはまったくもって真理である。あれから二十年の時を経て、こうして〈ライオットフェスト〉の泥濘の中に立ち尽くした僕にもやはり、早くこの場から退散してしまうこと以上にやりたいことなど何もなかった。

だが同時にそうしてしまえば自分が何を見逃すことになるかも十分理解できる年齢になっていた。こうした機会はできる時に無理矢理にでもつかみ取らねばならないものなのだ。

若くてまだ愚かでしかなかった時期は、どこかで何もかもが、永遠にそのままそこにあるかのように思い込んでしまっているものである。だが事実はそうではない。

だから僕はステージの最後の最後までそこにいた。経年劣化した骨は痛いほど軋んだし、足元が泥だらけなせいで靴下がマヨネーズか何かでいっぱいになってしまったかのごとき気持ちまで味わった。そのうえ死ぬほどオシッコがしたかった。でも耐えた。

まったく、なんであんなにメキシコビールばかりしこたま飲んじまったんだ。チクショウ、チクショウ、チクショウ。

だがかまうものか。僕はそのまま頑なに自分の居場所を守り、一秒ごとにまた飲んだ。

後ろの方から叫び声が聞こえてきた。

「クソ、これが現実だなんて信じられねえぜ」

群衆からは笑いも起きたが、でも僕はこの相手のところへ行って抱き合いたいなくらいに考えていた。こう叫び返したいほどだ。

「俺だってクソッタレに信じられねえぜ、なあ兄弟ッ」

僕があの一件を思い出したのはようやくこの辺りになる。

「あれ、そういえば俺、怪我させられたんじゃなかったか?」

腕を見下ろすと固まった血にすっかり覆われていた。二の腕を伝った血糊は蛇みたいに手首に絡みつき、その先のレコードまで達し、我が所持品を犯罪現場の遺留品さながらにしこたま血まみれにしていた。

自分の血がこれほどあちこちを汚しているのを目の当たりにすればパニックを起こしても不思議はない。普段ならば、ほんの小さなかすり傷にすらこの僕はのぼせたようにふらふらし、不安でたまらなくなって、大慌てで敗血症の症状をググるほどなのである。しかしこの場面で——いったい僕に何ができる?

ケリーとチャーリーを連れて出かける際には必ず緊急用のポーチを携《たずさ》えていた。これには絆創膏に化膿止め、軟膏に抗菌シートなど消毒関係の一切が入れてあった。

しかし今、汗まみれの群衆のど真ん中に取り込まれている僕にはどんな応急処置も望むべくもなかった。

たぶんこの場の誰一人、仮に僕が出血多量で死に至ったても洟も引っかけはしないだろう。出口に向かうことも考えたが、医学的な処置を受けられる可能性がほぼ皆無であることには変わりなさそうだ。

叩きつけるようなベースラインに身を任せるうちもうどうでもよくなった。流れるに任せておけばよい。

そう。血なら流れるに任せれば《レット・イット・ブリード》よいのだ。

父親として今の僕には、ほぼ常に、随所に油断なく目を光らせていなければならない責任がつきまとっていた。時には〝触っちゃダメだって〟とか〝パパがダメだって言ったらダメなんだ〟といったことも口にせねばならない。

その反動もあってか、ただ己の血を好きに流れるままにしていることには不思議な解放感すらあった。

腕を持ち上げ、周り中で拳を突き上げている人々と同じことをした。そして隣の相手にも我が血を浴びせかけてやった。それがどうした。見知らぬ相手の血漿が飛んでくるのが嫌ならパンクのライヴになんぞ来なければいい。

中部野郎《マッツ》らは聴きたかったものはほぼすべて演ってくれた。「レフト・オブ・ザ・ダイアル」に「アレックス・チルトン」に「バスタード・オブ・ヤング」。それでもすっ飛ばされたものもある。もっと埋もれている曲も演ればいいのにと思った。アルバム『レット・イット・ビー』を全曲あの通りにやってくれればいいのに。我ながら欲張り過ぎだ。

でも、こいつはたぶん、両親が離婚してしまった子供が思いがけぬ彼らの復縁に際し、最初についつい〝二人ともお金持ちになってくれたりしていたらもっとよかったのにな〟とか考えてしまうようなものであろう。

あまり強欲になり過ぎるものではないぞ、頭沸騰野郎め。お前がこれまでに、連中が「バスタード・オブ・ヤング」を目の前で生で歌ってくれる場面をどれほど夢に描いてきたと思う。それが今現実になったのだから。

そのうえ半ば上の空だったあの一九九一年の解散コンサートの時とは違い、彼らが〝新作〟からの曲ばかり演り過ぎることもなかった。

だから言葉を返すようだが、とにかくてめえのそのクソみたいな〝俺ゃあインディーシーンには詳しいんだぜ〟とでも言いたげな老いぼれのオナホール的繰り言は一切全部引っ込めて、ただただこの音楽的豊穣に身を浸せっていってんだよ、馬鹿野郎。長く生きてきたからこそこんな場面にも立ち会えるんだ。忘れんな。

もう一人の僕が僕に向けそう言っていた。

ライヴが終わり歩いて車まで戻り、そこからそのまま運転して家に帰り着くまで、僕は頑なに沈黙を貫いた。到着したアパートもすでに暗く静まり返っていた。誰もがぐっすり眠っている時間だ。

我が妻と愛息の二人も仔猫みたいに満ち足りた寝息を立てていた。自分たちのベッドの傍らをまだ震えの収まらない老いさらばえた膝が影を落として通り過ぎ、泥だらけの足跡を残していったことにもまるで気づきはしなかった。

体は冷え、疲れ切っていた。すぐにでも熱いシャワーを浴びたくてたまらなかった。だが頭には音楽が鳴り続けていた。まだ消え去って欲しくなかった。

爪先立ちで仕事部屋へと潜り込み、後ろ手にドアを閉める。レコードプレイヤーの前まで椅子を引っ張ってその場所に腰を落ち着けた。

今なお僕はあの『レット・イット・ビー』をかかえたままだった。ほぼ十二時間ぶっ通しで持ち続けていたといっていい。

灯りの下で改めて見ると、そいつは想像を上回るひどさだった。雨に濡れたジャケットは反り返り、滑らかだったはずの表面は今やでこぼこの丘みたいだった。あちこちに泥濘んだボール紙の渓谷ができている。

そのうえに、さらに僕の血である。今やすっかり染み込んでしまった粘度の高い液体が、その場所に奇妙にも美しいモザイクを描き出していた。まるでメンバー四人全員が肉切り包丁を振り回したイカレポンチに切り刻まれ、あのミネアポリスの屋根の上で失血死に至るまで放置されていたかのようにも見えた。

　黒いヴァイナル盤《ディスク》をジャケットから取り出した。驚くべきことにこちらは無傷だった。血や雨垂れと思しき多少の汚れこそ見つかったが、ほとんど新品みたいなままだ。注意深くそいつをターンテーブルへと載せ、ヘッドフォンをかぶった。爆弾から信管を抜くような慎重さで針を置くと、聴き慣れたぷつりという音が届いて思わず頬が綻んだ。

　音はものすごく新鮮に響いた。レコードに閉じ込められていた何かがいつのまにか変質していたかのようだ。この身と一緒に何かを潜り抜けてきたみたいだ。

　実際我々の間にはすでに確たる絆が生じていた。真っ黒い、回転し続ける円形の石油化学製品と、なお雨の冷たさに震えたままのこの年老いた生き物との間に、である。

　それはだから、思考とか感情とかの不完全な保存装置であるという共通項なのかも知れないなとも思った。さほど間違ってはいまい。

　目を閉じて僕は、大学に入ったチャーリーの姿を思い描いた。寮の自分の部屋でルームメイトたちと音楽を聴いている。

　今から二十年後、はたして人々がどれほど奇天烈な装置で音楽を聴くようになっているかは僕ごときの思い及ぶところではない。ひょっとすると全員が全員、何かチップのようなものを耳に埋め込んでいるのかも知れない。

　でもチャーリーの机の上には、半分潰されたコーラの空き缶の横の場所に、今以上にボロボロになった僕の『レット・イット・ビー』が一緒に載っている。友人たちが、そいつは何なんだと彼に尋ねる。本人がまず、レコードとは何か、どのように機能するものかを軽く説明してからようやくこうつけ加える。

「こいつは親父のだったんだ」

想像の中の息子に何故過去形で話させたのかは自分でもわからない。どこかで彼が大学に行く頃にはもうきっと自分は死んでいるだろうと考えていたからなのかも知れない。

僕は今四十五だ。そこまで生きていられる可能性はいったいどのくらいのものなのだろう。

どちらかといえば僕は自分を過大評価したくはないクチだ。喜びに驚かされるよりは最悪を想像していた方がましだ。だからまあ、無意識にそういうケースを想定してしまったのだ。

「でもよぉ」

友人の一人がさらに重ねる。

「これ血まみれだぞ？　いったいどんなひどいことが起きたんだ？」

息子はすべてを語り出す。パンクのライヴに僕がレコードを持っていくことになった理由。雨が降り出し、泥濘の中を歩き回らざるを得なくなったこと。どこかの段階で誰かに傷つけられもしたが、あちこちに血を撒き散らしながらも僕が気にもしなかったこと。

そしてレコードは血と泥と雨と、さらには酔っ払うことや不満をかかえていることをテーマにした曲に合わせ僕自身と一緒に歌い笑い踊り狂いし続けた、見知らぬ他人の不潔な汗との混ざり合わさった手厚い洗礼までをも受ける羽目になったこと。

「うひゃあ」

友人たちはそしてこう口にする。

「お前の親父ってとんでもねえろくでなしだったんだな」

「そうだよ」

返事するチャーリーはどこか誇らしげだ。

「ある意味ではそうだった」

もちろんこんなのは事実でもなんでもない。

振り返って多少誇張してみても、到底そんな域には達していない。確かにライヴから車で帰ってくる間、脇に置いた血まみれのレコードを見下ろしながらこんなことを考えたのは本当ではあるが。

「うむ。この原因を作ったのは誰あろうこの僕自身だ。まさしく舞台の上でガラスの破片で自らの胸を切り刻んで見せたイギー・ポップのようではないか」

　でもやっぱり全然そんなものではないのだ。そもそもこれほどの血が流れたのも、傷が深かったからではまるでなかった。単に僕が小児用のアスピリンを毎日飲んでいるせいだ。これは親父みたいに不測の心臓発作に襲われることにすっかり怯えていたためだ。おかげで小さな傷でも出血しがちになっているのだ。

　さらに肝心なのは、レコードを血まみれにしてしまったのはたまたまそこにあったからだ。ほかにどうにもできなかった。

　でもこの話を彼にする時、僕は決まって、ややどころではなく感傷的になり過ぎた。あ、いやだから、この想像の未来に至るまでの僕は、ということなのだが、とにかく息子に話すたびに何故だかそうなってしまうのだった。

　そもそも僕がパンクの戦士だったなどというのは、親父のことを沈着な知識階級だったと形容するみたいなものだろう。自分の部屋でパイプなんぞをくゆらせながら、ウィリー・ネルソンのレコードを聴きつつ、哲学的問題に頭を絞っていたという訳だ。

　実際の彼はたぶん「オールウェイズ・オン・マイ・マインド」って素晴らしい曲だな、くらいのことしか考えてはいなかったはずだ。単に一人になれる時間が欲しかっただけだ。

　だが誰がそんなこと気にしよう。思い出というのは事実でなどまったくない。この点は音楽も同様だ。

でも、たとえほとんどの場合すべては所詮戯言に過ぎないとしても、実際にそういうものたちはこちらが留めておきたいと願った何がしかのある種の照り返しのようなものであり、それはこの身を、心を慰めてもくれるのである。

我が血まみれのリプレイスメンツのレコードは、現実の僕自身というものを表象している訳でなどまったくない。ちょうどボブ・ディランの『血の轍《ブラッド・オン・ザ・トラックス》』が、時を同じくして起きていた、二人の人物の間の婚姻関係が次第に破綻していく様を綴っている訳では決してないのとほぼ同じだ。

けれどそうした見方は実人生よりよほど完璧で、しばしばロマンティックでさえあったりする。あえてそれを指摘してしまうような無粋な間抜けになど、なりたいなんて思うやつの方が気が知れない。


音楽を流れるままにしながら僕は、ジャケットを持ち上げ自分の顔へと近づけた。すぐ鼻先までだ。そして思い切り息を吸い込んだ。

その匂いをどう表現すればいいのかはよくわからない。大昔の大麻樹脂のものではない。同時に、茶色いクラフト紙に包まれて郵便で初めて我が家に届いた時に発していた匂いとも別物だった。

まるっきり嗅いだことのない種類のもので、かつひどく古めかしかった。全然知らないような、それでいてものすごく慣れ親しんできた何かでもあるかのようだ。

この地上の誰一人、いや、生死を問わぬどんな魂も、最早これが僕のレコードではないなどとは到底言えまい。

なるほど僕が探し求めていたその一枚ではないのかも知れない。

ああだけど、こんちくしょうめ。僕は今〝自分の〟レコードを手に入れたのだ。

相手は混乱しているようだった。信じられないとでも言いたげだ。たとえるなら、予告もなく玄関に現れた昔の恋人から、数十年前には話にも出ていなかった子供だかの父親が、実はあなたなのよと教えられた場面ででも浮かべるような表情だ。

　いや彼女は女性だが、もし僕がその立場に立たされたら間違いなくこんな感じになる。口こそ開いているが言葉は出ない。その場所からこぼれてくるのは、ただため息だけ。

　それでも彼女はどうにか笑みを作りあげた。だがそれもすぐにまた、再びのため息に取って代られる。頭がついていかないのだ。

「有り得ないでしょ？　からかってるの？」

　最後に僕がその姿をこの目で確かめて以降、きっちり二十五年分の年を取ってしまったヘザー・Gは、財布でも奪うような勢いで僕の手からボン・ジョヴィのレコードをもぎ取った。

そのまま顔の前まで運び、指でなぞって表面の数字を確かめることまでする。

「私の番号よ。間違いないわ」

「違うだろう」

嘲るように僕は言う。彼女が何か誤解していることは明らかだ。だいたいなんでこんなにすぐわかる。たとえばだ。適当な数字の並びを見せられ、これが四半世紀前にあなたが使っていた電話番号ですかと訊かれたとして、これほど即座に確信を持って答えられるはずはない。でも彼女にはそれができる様子だった。

「完全に私の番号よ」

「そんなはずないさ」

重ねた僕に彼女が首を横に振る。

「だからそうなんだってば。むしろあなたがこれを見つけたことの方が信じられないわよ」

そこで彼女はポケットを探って眼鏡を取り出した。お祖母ちゃん眼鏡だ。いや、ただ単に僕が、このタイプのフレームは特に年配の御婦人方が好んで使っているように記憶しているだけのことかも知れないが。

とにかくそいつは両上の端に短い角を生やした細いホーンリムだった。彼女は鼻の上にそれを滑らせ、再びレコードに顔を近づけると、消えかけのマジック跡を精査し始めた。

あの頃の僕は彼女の内腿に触れるためなら、たとえば煮えたぎるコールタールとガラスの破片とでできた海だって、喜んで泳いでいったはずだった。そんな相手が今目の前にいた。

セーターの上からでこそあったけれど、僕が初めて彼女の胸に触れた、その当時の互いの両親の年齢すら互いに優に越えている。それどころか彼女の方はお祖母ちゃん眼鏡までかけているときてる。そうしなければレコードに書かれた小さな文字が読めないからだ。

「どうしてかけて確かめなかったの？」

彼女が訊いた。

「かけてみれば兄貴が出たわ。この番号は今彼が使ってるのよ」

「嘘だろう？　マジでか？」

「六年前までは私が使ってた。両親の家に越すことになって権利を譲ったの」

そう言って彼女は笑った。でもその笑みの幾ばくかは、本人自身に向けられたもののようだった気もする。

「あなたがいなくなってからも、物事はさほど変わりはしなかったのよ」

つまりこの一枚は正真正銘僕のものだった訳だ。僕は持参したミシガン産の赤ワインを手元の自分のグラスに注いだ。たとえ何が起きたとしても、今日ばかりは一旦こうと決めたことを完遂するつもりでいた。たぶんお互いに。

すべてが非現実的だった。生涯初めての恋人と、ええとつまり、それはだから、それより以前には自分の手で粛々と執り行っていた自らの肉体への干渉を、生まれて初めて肩代わりしてくれた女性ということになる訳だが、そういう相手と再会しているという事態だけに留まらない。こうして一緒に彼女の家にいることがそもそも夢のようだった。

それまで一度として足を踏み入れたこともない空間だというのにすごく落ち着いた気分になった。それぞれにまだ十代だった頃に彼女が暮らしていた家とも瓜二つにも思われる。しかもそっちだって実をいえば、今僕らが座っているこの場所から十キロと離れていなかったりする。まったく奇妙奇天烈極まりない。

あの頃南シカゴの郊外に建ち並んでいた家々は、僕にはどれもがまるで同じに見えていた。建築方式が共通で間取りも似たようなものだったうえ、匂いまでもがそっくりだった。ポプリみたいな香りなのだ。たぶん外壁アルミの下張り板を、どの家も全部、一旦どこかで同じ種類のそういうものにたっぷりと浸してから使っていたのに違いない。

　しかし、これは誓っていうが、それでも僕はきっと、当時の彼女の家ならば、暗くなってから近辺をうろつき、仮に途中で適当なドアを複数覗くくらいのことはしたとしても、最終的にさほどの苦もなく見つけられるはずである。

　最後に僕がこの界隈、つまりは子供時代を過ごした郊外へと足を踏み入れた時は、弟と一緒だった。昔住んでいた家を二人で探したのだ。

　でも、見つけるのに一時間近くかかった。道路には見覚えがあったし大体の場所の見当だってちゃんとついていたのだが、そこに建ったライムグリーンの壁の家が、はたして二軒先の同じ色の壁のもう一軒とどう違っているのかが、最後まで判別できなかったのである。

　ようやく特定できたところで僕は前庭の芝から芝草をひとつかみ剥ぎ取った。ここが我が家だった記憶のよすがになってくれるかと思ったのだ。弟にもそのように説明したのだが、でもあいつは、こいつはいよいよ頭がどうかしちまったぞ的な目でこちらを見ただけだった。

　翌日持ち帰った芝をケリーに見せた。商店街の安っぽいシナモンロールみたいな匂いだねという点で、僕らの意見は一致した。薬臭かったのだ。すぐさま全部トイレに流した。以来この話は一切誰にもしていない。今が初めてだ。

「生まれて初めて行ったコンサートがボン・ジョヴィだったのよ」

　両手でレコードを恭《うやうや》しく捧げ持ったままのヘザーが言った。ものすごい重さで、落しでもしようものなら間違いなく爪先を骨折してしまうとでも言いたげだ。

「このこと、あなたには喋ったかしら?」

「ああ」

嘘をついた。

「会場はシカゴの〈ＵＩＣパヴィリオン〉よ。その時「ウォンテッド・デッド・オア・アライヴ」のビデオも撮影されたの。確かあの曲だと思ったわ。前座はシンデレラだった。友達みんなで行ったのよ。開演前の時間はほぼずっと女子トイレにいた。とにかくできるだけ髪を盛ろうとしたの。だってジョンは必ず私たちに気づいて、ステージから声をかけてくれるはずだと信じていたんですもの」

「じゃあ君もあのビデオに映ってるのか？」

僕は尋ねた。

「顔まではわからないでしょうけれどね。答えはイエス。群衆のどこかにはいるはず。ぼんやりとした影みたいなものだとは思うけれど」

上手く反応できなかった。何故僕はようやく今になってこの話を聞かされているのだろう。我々はつきあっていたのだ。何ヶ月くらいだったかも最早よくわからないが、その間には、よし百までではないにせよ、ボン・ジョヴィのビデオだって数十回の単位で一緒に観ていた。

レコードならそれこそ繰り返し聴いていた。覚えていられないほどの回数「ウォンテッド・デッド・オア・アライヴ」に合わせて楽しげに歌って見せることさえしていた。ビデオを観る時も夢中な振りをした。しかしそれでも、彼女は一度としてこんな美味しいネタを披露してくれようとはしなかったのだ。

「このビデオの中にはほんのちょっとだけ私がいるかも知れないの」

きっと僕は真性のファンに見えるべく熱演し過ぎていたのだろう。だから彼女は、自分がこのボン・ジョヴィ神話に、あるいはボン・ジョヴィ学とでもいった方が相応しいのかも知れないが、とにかくそういうものにそんな関わり方までしていることをうっかり漏らしてしまったら、いずれそういう時がきた時、関係を断ち切ることが一層難しくなってしまうのではないかと、どこかでそう恐れたのかも知れない。それゆえの沈黙だったのだ。

「これかけてもいいのかしら？」

　言いながら持ち上げた眼差しは期待に輝いていた。少女みたいだ。

「かけましょうよ」

　針が落とされ、上品に飾りつけられたここ中西部の彼女の家の広くはない客間が、十代の女の子たちなら下着くらいは平気で濡らしてしまうであろうボン・ジョヴィの力強い五度の和音《パワーコード》で満たされた。

　身を乗り出して僕は、自分で持ち込んだ小型録音機の調子を確かめた。そいつは詰め物をしたオリーヴたちの並んだお皿と、みるみるうちに中身を減らしていくワインのボトルとの中間に据えてあった。その場所に向けこう囁いた。

「記録に留めるが、ヘザーは今ボン・ジョヴィの歌に合わせて踊っている。でも僕がこいつを聴くのはマジ初めてだ」

　これは本当である。流れ出した曲については一度として聴いたことがある気がしなかった。あのアルバムのB面の一曲目のタイトルなど覚えてもいない。ジョンは〝ギリギリだろう《ユア・アンダー・ザ・ガン》〟と〝そこから逃げろ《アウト・オン・ザ・ラン》〟と、さして誉められたものでもない韻を懸命に踏んでいたが、それも曲名を特定できるまでには至らなかった。こいつはしばしばボン・ジョヴィ砲《キャノン》から発射されてくるモチーフなのだ。

　やはり知らない曲だ。ただ覚えていないだけかも知れないが、それにしたって、こうやってヘザーが今そいつに合わせて踊る姿を眺められていることはまったく別の話である。彼女の動きも掻き回しているようなゆったりしたリズムで腰を揺する。そんな映像が無意識の領域にまでしっかり焼きつけられていく。

「私この曲大好き」

そういった笑顔はまさしく輝かんばかりだった。僕は答えた。

「僕は死ぬほど大嫌いだ」

そこで二人して破顔した。そんなのどちらともわかりきっていたことだったからだ。だが僕が自分でそう認められるようになるには二十五年という歳月が必要だった。

傍《はた》目からはこの夜がいかにも疑わしく見えることは僕だって重々承知している。既婚者の男が車を駆り、遙々郊外まで年配の御婦人に会いに行く。ワイン一本とそれに、二人が一緒に聴いていた複数枚のレコードまで持参だ。その意図が決して純粋なものだけではないだろうと穿《うが》つことは、むしろ当然の反応であろう。

けれどケリーは僕がこういうことをしようとしている点もすべて了解し、かまわないわと言ってくれた。一つには、彼女もすでにこのヘザーが幸せな結婚をしていることを知っていたせいもある。ヘザーの現在の伴侶は名をアマンダという。可愛らしいアフリカ系アメリカ人の女性だ。

アルバムを代表するヒット曲など入っていないにもかかわらず、僕らはそのままB面全部を聴き通した。例外は「ネヴァー・セイ・グッバイ」だけだ。この曲に合わせて彼女とチークっぽいダンスを踊った記憶もなくはない。

「ほかには何を持ってきてくれたの？」

乱雑にテーブルに積み上げられたレコードたちを鼻で示しながらヘザーが訊いた。

持ち込んだものは多くはなかった。この訪問までの一週間に何度かレコードを漁りに出かけた。シカゴはリンカーンパークの〈デイヴズレコード〉とウィッカーパークの〈レックレス〉

だ。この両店で、覚えていた限りの我らが時代のアルバム群を見繕った。

　もっとも、同じ年代の友人らに自分が音楽的に洗練されているのだと見せたいがため、たとえばこんな台詞と一緒に引き合いに出す類の作品ではない。

「いや、俺は高校時代はジョイ・ディヴィジョンとザ・スミスしか聴かなかったよ」

　だからその手のやつではなく、八〇年代に十代だった僕が現実にお金を使っていた音楽たちだ。高校のダンスパーティーとか、さもなきゃ誰かさんの誕生会でボトル回しをやっていたりする場面でかかっていた手合いだ。ポリスが数枚にフィル・コリンズが同じほど、U2が少しと、それから大分ひん曲がったデュラン・デュランのシングルとかだ。

　ほかには、機会さえあれば同じ十代の女の子と一緒に聴きたいなと思って持っていたようなものがある。一例は『バーバレラ』のサウンドトラックだ。そっち方面に極めて多感だったあの時期、ある時点で僕は、ひょっとするとこのアルバムは、ある種の催淫剤みたいに働くのではないかと思い込んでしまったのである。

　きっかけは――さて、いったい何だったのだろう。ヒロインが無重力ストリップを強制される辺りか。何を期待していたのかは自分でも最早さっぱりだ。ただ、ヒューイ・ルイスの歌からは決して聴こえてこない何かを聴く者の無意識に刷り込んでくれたりするんじゃないかと考えていただけだ。

　レコードを確かめていく彼女の瞳を見つめるうち、かつての懐かしい不安が再び首をもたげてきたように錯覚した。目の前で自分の音楽的嗜好を異性に品定めされているあの感覚だ。

　相手の顔に笑みが浮かべば、まあ悪くない線をつけたと思っていい。少なくとも自分の価値は証明できている。

やがて彼女がため息を吐き出した。顎がいきなり機能を失いでもしたかのように、口は開いたまま閉まらない。それだけで胸を張りたくなる。だって、どうやら彼女の懐かしさが一気に吹き出してくるスイッチを押せた訳だから。

「ねえ、この人っていっつも髭を生やしていたんだったかしら？」

そう尋ねた彼女の手にあったのは、だがしかし、ライオネル・リッチーだった。思わず目を丸くした。誰だってそうなる。

「ええと、ライオネル・リッチーだよ？　あのライオネル・リッチーが髭を生やしていたかどうかって、君はそれを今僕に訊いてるのか？」

「え？　私すこぶる真剣よ？」

「こっちだってマジだ」

僕は応じた。

「いったい全体どうしたらあのライオネル・リッチーに髭があったかどうかがわからないなんてことが起こり得る？　そいつはだって、ほぼボン・ジョヴィが髪を目一杯膨らませていたかどうかって訊くようなもんだぞ」

彼女が笑った。

「あらそうなの？　ごめんなさいね。でも私、顔から生えているものは全部苦手だったのよ。だからその方面には極力気づかないようにしていたの」

よもや彼女がこれほど簡単に、しかも自ら進んでこの話題を切り出そうとは、さすがにこっちも想定していなかった。これこそは僕らが互いに見て見ぬ振りをしてきた問題なのだ。おかげで僕はまあ、おずおずとそれを持ち出すことはせずに済んだ訳ではあるが。

口髭問題。こいつはあの一九八六年当時にはすこぶる重みを持っていた。口に出せる最重要課題だったともいえる。たとえば〝我々は死後どうなるのか〟といった命題に比べても、せいぜい一段か二段くらいしか劣らない。

　それほどまでにこいつは重大で、しかもその重要さにおいて圧倒的で、僕はこの年までついにそこから離れられぬままでいた。脳味噌にこびりついている。だからこそ今でもなおちゃんとした答えを欲していた。

「ひょっとして髭だったのか？」

　意を決してそう尋ねた。だが彼女は聞いてもいない様子だった。スピーカーから高らかに鳴りわたるライオネル・リッチーの曲の、その歌詞を思い出すことに心を奪われているらしい。

　仕方なくしばらく待った。答えなど実は自分でとっくにわかっていたのではないか。そう訝りながらだった。

　近頃またレコード屋に繁く足を運ぶようになり、どこだかでたまたまハスカー・ドゥのシングル「エイト・マイルズ・ハイ／メイクス・ノー・センス・アット・オール」に出くわした。ＡＢ面の曲調がまったく異なるシングルで、僕が彼らを知ったのもこの一枚だったのだが、聴くなりその場で気に入った。ひたすら攻撃的でちっともトンプソン・ツインズっぽくないといった程度の理由だったが、十分だった。

　その週末はずっと両曲を繰り返しかけて過ごした。三分ごとにＡＢ面を引っ繰り返し、最後には泣き叫ぶ歌も小刻みなギターリフも、すべてを覚え込んでいた。

　そうしながら僕はエロ写真でも点検する勢いで、ジャケットのモノクロのメンバーたちの姿に見入っていた。ボブ・モールドは僕自身みたいだった。ずんぐりと青白く、自らの皮膚そのものさえ居心地悪く感じているようだ。それでもなおカッコいい。

　他の面々だってなかなかだ。まさにハンドルみたいとしか形容しようのない口髭を蓄えたグレッグ・ノートンは、一見間抜けっぽくも見えたが、それでも僕が、もし自分もこうなれたらと願っている一切を体現しているかのようだった。今にも世界に先制攻撃でも仕掛けてやろうかという勢いなのである。

　僕はその、輪を描いて時々外側に尖を生やした口髭を眺め続けた。耳には同じ曲だけが繰り返し流れ込んできている状態だ。やがて嵐が過ぎ去ると、脳裏にはこんな考えが宿っていた。

「髭だったら僕にだってなんとかなる。いや、むしろこれこそパンクロックだ。彼らへと近づく道だ」

　同じ頃僕は実は、六〇年代終盤から七〇年代にかけての時期の、白人男性によるロックにもハマっていた。この期間の全体がいわば、音楽そのものが、髭を生やすことこそは望ましく、自らをものすごい何かに変えてもくれるのだといった思想に全身全霊を捧げていたかのような時代だった。

　証拠ならばすぐに見つかる。数限りないジャケットからそうした面々が黙ってこちらを見つめている。フランク・ザッパにデュアン・オールマン、ジミ・ヘンドリックスにキャプテン・ビーフハート。シン・リジィのフィル・ライノット。それから『サージャント・ペパーズ〜』期のビートルズもそうだ。

　ニュージことテッド・ニュージェントにジム・クロウチにクソッタレなジョン・ボーナムにオジー以外のブラック・サバスのメンバー全員。特にヘヴィメタルリフの創設者たる、トニー・アイオミ。

　それからレミー・キルミスターがいる。誰あろうあの邪悪《アンホーリー》なるレミーだ。モーターヘッドの『エイス・オブ・スペード』のジャケットこそは、十代の少年たちがため息とともに不思議な気持ちで見つめるものであり、かつ、堅い忠誠の約束でもあった。闇の王はそなたが何か育むのならば、喜んで手を貸そう。たとえそれが上唇の上の場所に生えるほんのわずかの威嚇であったとしても。

一方でヘザーは当時の人気バンドらにずぶずぶとのめり込んでいた。デュラン・デュランにボン・ジョヴィにデフ・レパードにモトリー・クルーにヴァン・ヘイレンにジャーニーにザ・スミス、ホワイトスネイクにシンプル・マインズにヒューマン・リーグといった辺りだ。

さて、ではこの全部に共通している要素とはいったい何か。答えはメンバーの中に誰一人として髭を生やした人間がいないことだ。

一九八六年の当時、口髭というのはアフリカ系アメリカ人の専売特許みたいになっていた。唇をぐるりと囲んだ多少の髭は、プリンスにルーサー・ヴァンドロス、ライオネル・リッチーにクインシー・ジョーンズといった人々にこそよく似合った。彼女が多少でも許容範囲だと見做していたシンガーは、ジョン・オーツにフレディ・マーキュリー、そしてトトのあの最初のヴォーカリストだけである。

つまり八六年に僕が髭を伸ばし始めた時、彼女の頭に浮かんだのはこの辺りの面子だったはずなのだ。たぶん僕を見ながらこんなふうに考えていたに違いない。

「ひょっとしてジョン・オーツみたいになろうとしてるのかしら」

だが僕の方はこんな具合だった。

「ふふふ、僕はきっとグレッグ・ノートンとレミーの中間くらいにはなれるはずだ」

実際鏡を覗いてもそんなふうに思えた。とにかく僕はグレッグ・ノートンになりたかったのだ。でも彼女はハスカー・ドゥなんて名前も聞いたことがなかった。ＭＴＶに彼らの映像が流れることなどなかったからだ。少なくとも放課後の一番いい時間帯はそうだった。

　これはこちらの考えでしかないのだが、でもこの一年後に彼女が僕と別れた理由はたぶんこれだった。あの時僕の心はそれこそ幾百万もの欠片へと砕け散った。

　髭のせいだ。いや、僕らが全然違うレコードを聴いていたからだ。もっといえば、彼女のレコード選びが間違いだらけだったからだ。

　もし彼女がハスカー・ドゥの「エイト・マイルズ・ハイ」一色の週末をあえて過ごしてみるようなことをしてくれていたなら、きっと僕がいったいどんな人間かもちゃんと理解できてくれていたに違いない。

「マジな話なんだけどさ——」

　ようやく彼女がライオネル・リッチーにも飽きてきた辺りで、いよいよ改めて切り出した。

「つまり、だから、髭のせいだったんだろう？　違うのか？」

　彼女が笑顔になる。やっと質問の意図を理解してくれたらしい。そして言った。

「まあほんのちょっとはね。確かにそうよ」

「ほんのちょっと？　そうじゃないだろ？」

「わかったわよ。ものすごぉくたくさん。限界目一杯。私髭って大っ嫌いなの。心底。憎んでるといっていいくらい」

　僕はテーブルのレコードの山を引っ繰り返してハスカー・ドゥのシングルを探した。一緒に持ってきていたのだ。

　理由は——自分でもよくわからない。論点を明確にするためか？　我が家の隣の野球場の誰もいないスタンドで彼女が僕を振ったのは間違いだったと突きつけるためか？　だってグレッグ・ノートンはカッコいいのだ。彼女は過ちを犯した。

　けれど僕がそんなことを思ううちにも彼女の

方は次の一枚を選び出していた。針が落ち、間違えようもないあのジャーニーの「ドント・ストップ・ビリーヴィン」のピアノのイントロが聴こえてきた。偶然にもこれは僕とケリーが結婚式でかけた曲だったりする。

　彼女が言った。

「あの感じが絶対好きになれないのよねえ」

「だってなんか、妙ちくりんなんだもの」

「いったい何が妙なんだ？　何の話だ？」

「なら言っちゃうけど――」

　訊き返した僕に応じた彼女は、けれどそこで顔をすっかり赤らめた。

「私、だからその、痛くなっちゃうのよ。つまり、あそこの辺りがよ」

「デリケートゾーンってこと？」

　努めて事務的に響くよう僕がそう反応したのとまさにタイミングを同じくして、スティーヴ・ペリー閣下が〝その思いにしがみつけ《ホールド・オン・トゥ・ザット・フィーリング》〟とか歌い出しやがった。どうしろという。

「そういうのが決して素敵な気分じゃないってことは、説明するまでもないでしょう？」

　彼女は続けた。

「うーん。僕は多少自己弁護するつもりでいたんだがな。でも、どうやら謝らなくちゃならないのは僕の方だったってことになるのか」

「私たちは擦過傷《さっかしょう》の話をちょっと真剣にしているだけよ。でもそういうこと。相手がいい人かどうかすら関係なし。取引停止の理由には十分なの。つき合うなら髭はなし。それだけよ」

　そこで僕らは口を閉ざし、しばしジャーニーに聴き入った。ほかに話すべきことなどもうさほど残ってはいなかった。

　僕はハスカー・ドゥのシングルまで持ってきて、こいつが髭に関する彼女の明白な誤りを暴く決定的証拠となるはずの予定だった訳だけれど、最早明らかに不要の長物だった。脳内のグレッグ・ニュートンの顔から笑みが消える。かつては誇り高かった髭も今や項垂れ、肩をすくめた本人がこんなことまで言い始める。

「こっち見んなって。でもそれにしたってよ、レコードのジャケットから人生へのアドヴァイスを得ようなんて、どうしてそんなことを思いついちまったんだ？」

「あらまあ、口髭の話なんかしてるから」

　そこでヘザーが見つけ出したのは『アッティラ』だった。彼女がまた、アルバムを顔の前の場所で高々と掲げる。洗礼を施すべく聖書を捧げ持つ司祭さながらの所作だ。

　言うまでもないのかも知れないが、同アルバムはソロになる以前にビリー・ジョエルが組んでいた、同名のメタル・パワー・デュオによる一枚きりの、一九七〇年の作品である。

　本作でのジョエルはいかにも攻撃的で、喧《やかま》しいくらいにハモンドオルガンを鳴らしている。しかもジャケットときたら、彼とその相棒のドラマーとが共にフン族に扮し、食肉用の肉塊に囲まれているという奇天烈極まりない代物なのだ。畏敬の念すら湧いてくるし、音楽の過剰なうるささと合っていなくもない。

　そしてここでビリー・ジョエルは、このバカげた構図にいかにも似つかわしい口髭をたっぷり生やしているのである。

「ほら、ビリーだって賢明じゃないってわかっていたのよ」

「賢明じゃないって？」

「だってこれ以降彼は髭を生やしたりはしてないでしょう？　違った？　だから、すっぱり剃り落として過去は振り返らないことにした訳」

「ジャケットに生肉を写したアルバムだって二度とは作らなかった。髭が即賢明じゃないってことには、だからならない」

「だったらごらんなさいな」

そう言った彼女は『ストレンジャー』を取り出して『アッティラ』と並べた。

「どっちのビリーがカッコいい？　鎧にキルトに口髭の方か、それともスーツ姿で顔に毛なんか一切生えていない方か」

簡単に答えられるような質問ではなかった。なるほど一方では『ストレンジャー』のＢＪの方がまっとうにクールなことは明らかである。しかし僕は実はアッティラ時代の彼の方にずっと惹かれてきたりしてもいるのだ。きっとこいつ、コンビニの裏で煙草とか吸っているんだろうなとしか思えない方の彼だ。

もう一人の〝見知らぬ他人《ストレンジャー》〟のビリーはといえば、デートの相手はスーパーモデルで吸うのはコカインだけ、それも大量に、くらいに見える。だがアッティラ期のビリーなら、郊外の地元の歴史仮装大会《レンフェア》にだって顔を出してきそうだ。最近エッチしたのは地元の大学の駐車場で、そいでもって「シーズ・オールウェイズ・ア・ウーマン」なんて歌を歌っているところを誰かに見られるくらいなら死んだ方がましだくらいに考えている。

両親は『ストレンジャー』の方のビリー・ジョエルが大好きだった。司祭でもあった父など「若死にするのは善人だけ《オンリー・ザ・グッド・ダイ・ヤング》」に手を打って喜んでいた。

しかし二人は『アッティラ』のビリーにはほぼ尻込み同然だった。一度寝室で「ワンダー・ウーマン」を大音量でかけたことがあるのだけれど、父がいきなりドアを叩いてきたかと思うと、廊下からこう叫んで寄越した。

「そこで猫を犯しているみたいな音楽をやっているのが誰かは知らんッ。とにかく今すぐ止めさせろッ」

僕はこの台詞が大好きだ。

そして父のこの『アッティラ』への怒りは、

同時に僕の、子供の時期を過ぎてもなお『ストレンジャー』を好きでいる自分への異議を、些少ではあるが減じてくれもしたのであった。

　大人になってからの僕は、そのほとんどの時間をいわば、身中に巣食ったビリー・ジョエルが大好きな気持ちを徹底的に否定することに費やしてきたようなものだった。しかしそれでもそれはその場所にあり続けた。

　実際「怒れる若者」に合わせて鏡の前で一人エアピアノをやったことだってある。むしろしょっちゅうだ。コンサートにも複数回足を運んだ。『イノセント・マン』の時のツアーなんか二回も観ている。そしてどの時も、どうしてもっと心に刺さってくるタイプの方の曲を演ってくれないんだろうかと、少なからず落胆しながら家路に就いたものだった。

　加えて僕は、ビリー・ジョエル砲《キャノン》から繰り出されてきたほぼすべての歌の、随所にちりばめられたロマンティックな要素を精査するようなことまでやっていた。

　つまり、もしセックスできたらどんなに素敵だろうと思っているような女の子たちに自分が向けているひどくこんぐらがった感情を、どの曲のどの部分が正確に伝えてくれるものかといったことを延々考え続けていたのだ。

　そしてそれらのトラックを、ほかのやはり、なまめかしくもロマンティックなテーマを擁する曲たちと一緒にオリジナルのカセットに突っ込んでは、その時々のそうした相手に手渡していた。彼女たちがそれを聴いてくれること、そして、その音楽たちが拡散する何ものかに促され、一度くらい僕と寝てみようかと決意してくれることを心の底から願っていた。

　だからそのうちの一人がやがて大人になってほかの女性と結婚し、今の僕はその相手と、おしゃれなチーズを食べながらミシガン産のワインを飲んでいるのだった。

「これはわかっていて欲しいんだけど、私は彼が好きなあなたのことをカッコいいなと思っていたのよ」

　ヘザーがそんなことを切り出したのは「イタリアン・レストランで」の真ん中あたりだった。ちょっと得意な気持ちで笑みになり、また自分にワインを注ぎ足した。

「優しいんだな」

　彼女がまた別のビリー・ジョエルを取り上げる。今度は『ニューヨーク52番街』だ。

「ねえ、この彼を見てよ」

　ジャケットを指しながら彼女が続ける。

「いかにもニューヨークってポーズじゃない」

「路地裏でトランペットを持ってるだけだよ」

「それがいいんじゃない」

「きっと吹き方も知らないさ」

「なおいいわよ」

「真逆だと思うけどな」

「ちょっと皮肉っぽ過ぎるんじゃない？」

　そうまで言われたので応酬した。

「なら言うけどさ、もし僕がトランペットを手に一人でバーに入って〝お前さん弾けるのか〟とか訊かれたとしようや。僕はでも〝いや、ただ持ってるだけさ〟とか答える。そうなったらそこにいる全員に囲まれて靴でしこたまぶん殴られたって文句は言えないと思うよ」

　彼女は両端だけに触れるようにしながら注意深くレコードを引っくり返すと再び針を運んでいった。子供の指に刺さった金属片でも抜いてやっているような手つきだ。

「私は・アナタの・ことを・カッコ・いいなぁと・思っていたの」

　歌うように繰り返したその声は、どこか上の空みたいに響いた。

「気を遣ってそう言ってくれてるんだろう？」

「そうね。私に何がわかっていたのかしらね。だって私これを喜んで聴いていたのよ」

彼女が示したのはボン・ジョヴィだ。

「ビリー・ジョエルはもっとうんと大人の音楽に見えていた。あの年頃の子供がネクタイをしているような相手に夢中になるなんてことはほとんど考えられなかったの。彼をちゃんと聴いていたのは周りではあなただけだった。そこに一目置いていたのよ」

「いや、途中で悪いんだが、なんで僕は今そいつを聞かされてるんだ？」

ヘザーは微笑んだけれど、でも今の質問がきちんと耳に入ったようにも思えなかった。口の中で彼女が歌詞を呟くたびに、頭が小ぶりの8の字を描いて揺れた。何かの祈りでも捧げているかのようだ。

でも僕の方は、今しがた彼女が口にした言葉をちゃんとしまい込むことができないままでいた。自分がずっと我と我が身に言い聞かせ抱え込んできた内容とは、すべてが真逆の展開を描いているかのように思えていた。

僕は今日彼女の口から、ただハスカー・ドゥのジャケットみたいに見えたいがゆえに自分が顔の上に育んでしまったもののせいで、もしかしてあの頃の二人の将来に有り得たかも知れない未来のすべてを台無しにしてしまったのだと聞かされることになるのだと頭から思い込み、その心づもりをしてきていた。

あるいはそれは、そうすれば胸に触れるかも知れないという理由でボン・ジョヴィが好きな振りをし続けたせいだったのかも知れない。なるほどそんなのはただはてしなく気色悪い。

でもこっちも議題にもならなかった。なんだか自分が実は、まさに『フェリスはある朝突然に』のフェリス・ビューラーみたいだったのだと気づかされたような気分だった。

レコードを聴きながら僕らはさらに話し続けた。話題は時にそのアルバムのことにもなったけれど、そうでない場面では、音楽はただの背景へと沈み込んだ。

ポリスの『ゴースト・イン・ザ・マシーン』をかけていた時には、ここから数キロの家にある昔の彼女の部屋が俎上に上った。

「壁紙が虹色だったのよ」

彼女が言った。

「今から振り返ればたぶんあれが鍵だったんじゃないかとも思うわ」

「確か一角獣《ユニコーン》のイラストのポスターだかが貼ってあったよね？」

僕が尋ねると彼女も頷いた。

「ええそうよ。それも一枚じゃなかった。本当にすごくたくさん。それからデュラン・デュランも同じくらい。だから、魔法の馬の角とジョン・テイラーの髪型でできた海みたいな有様だった。一九八四年のオリンピックの体操選手のポスターもあった。私はそういう日々を生きていたの」

U2の『ヨシュア・トゥリー』のA面の間には僕の車の話をした。高校の頃に乗っていたやつだ。こいつは実はお祖母ちゃんから譲ってもらったものだった。七〇年代中期のプリマスのヴァリアントだ。

当時ヘザーはこれを〝ウンチ号〟と呼んでいた。かくして僕らはあの「ウィズ・オア・ウィズアウト・ユー」がかかっている間中ずっと、はたしてあれは〝えび茶っぽい〟とか形容していい色だったのか、それとも結局のところ下痢便みたいな色だったのかについて、飽くなき議論を闘わせ続けた。

『ヨシュア・トゥリー』をB面に引っ繰り返したところで今度は僕の髪型の話になった。十代の頃の僕にはそいつは常に最重要案件だった。

「何か言うとすぐ怒ったんだもの」

彼女は重ねた。

「どう切ってもらうのがいいのか全然わからなかったみたいよね。伸ばしたままにしておくとそこら中に張りついてくるから、そうさせないためにいつも短くしてるって言ってた」

モンキーズのベスト盤は摘まみ聴きで済ませた。「彼女《シー》」や「すてきなミュージック《リッスン・トゥ・ザ・バンド》」なんかはすっ飛ばし「プリーザント・ヴァリー・サンデイ」を三回繰り返した。この間に彼女は、僕らの共通の友人でもあるクリスティーンと一緒に、その彼女の母親のヴァイヴレーターを見つけてしまったことを教えてくれた。

ジェネシスの『インヴィジブル・タッチ』は一音たりとて頭に入ってこなかった。ヘザーの最初の結婚の話を夢中になって聞いていたせいだ。この相手はフィル・コリンズが大好きで、好き過ぎてこんなことまで口にしたらしい。

「フィル・コリンズは自分が寝てもいいと思える唯一の男性なんだって」

この男は最初の子供にはコリンズと名付けたいのだとも主張していた。〝ススーディオ〟なんて言葉を生み出した、頭の禿げた英国人の小男にあやかりたいという訳だ。

「だから取引したの。女の子だったら私がつける。男の子だったら好きにしていいって」

「じゃあもしそうなってたら本当にそんなことさせるつもりだったのか？」

「だって怖いくらいマジだったんですもの。ほかにどうできたっていうのよ」

「つまり娘さんは、自分がオチンチンなしで生まれてきたことがどれほどの幸運だったかなんぞは思いも及ばないって訳か」

「あら、娘は知ってるわ」

それから彼女はなんとかして「ハングリー・ライク・ザ・ウルフ」のシングル盤をか

けようと足掻いた。しかしこいつはすっかり徹底的にひん曲がっていて、まるで調理中のパンケーキに懸命に針を落とそうとでもしているかのような有様にしかならなかった。

その間にも彼女は同性相手との初デートの話を教えてくれた。デュラン・デュランのコンサートだったそうだ。ちなみに彼女自身の女性の好みというのは、本人の言葉を借りればこんな具合であるらしい。

「そうねえ、ショーン・コネリーよりはピアース・ブロスナンの００７って感じかしらね。ガチムチってタイプじゃないけど女っぽ過ぎることもない。ちょっとタチ《ダイク》っぽいけど、物腰は柔らかい」

「ピアース・ブロスナンがタチっぽいのか？」

「ええ。歴代ボンドの中では彼が一番」

プリンスの『サイン・オブ・ザ・タイムス』を聴きながらの話題は、尊敬すべき互いの伴侶たちのこととなった。二人が二人ともなんと素晴らしい人物で、そして、僕らがそれぞれ彼女たちをいかに愛しているかといった中身だ。

たぶん現在の自身の配偶者らが、レコードを聴いてワインを飲みながら昔の恋人と一晩過ごすなんてこと許してくれるほど相手を信頼している女性は、世界で彼女たちただ二人だろう。

「アマンダはこう言ったわ。今日はどうするつもりなの？　そこで私がこう。ええとねえ、エリックが来るのよ。そしたら彼女がこう。あらそうだったわね。高校時代を解放してあげるんだっけ？　で、どうなの？　あたしはあんたたちがそこのソファでやっちゃう心配をした方がいいのかしら？」

肩をすくめ僕はレコードの山を探って一枚取り出した。

「なるほどね。でもそいつはたぶん、僕がこの『バーバレラ』を今日あえて一緒に持ってきた理由の一つでもある」

ヘザーはそこで派手に吹き出した。誓っていうが、鼻からワインが飛び出したその瞬間もしっかり目撃させられた。

「ちょと待った。僕らまさかマジでこの『バーバレラ』に合わせて、その、やっちゃったりはしないんだろう？」

僕は尋ねた。

「でなきゃなんでこんな辺鄙な場所まで遥々車でやってくると思ってる」

「まったくその通りだわ」

それぞれにまた新たなワインを一杯分ずつ注ぎ足しながら彼女が言った。

「でも私、今勝負下着だし、あと一応いろいろな準備もしてあるわよ？」

「君はまだ勝負下着なんて持ってるのか」

でもこんなやりとりの間ですら、僕らの間に性的な緊張は皆無だった。あったのは親密さだけだ。それも、覚えている限りのどんな昔の友人にも感じたことのない種類のものだ。

フェイスブックの上でならばヘザーともずっと長いこと〈友達〉だった。写真に〝いいね〟も置いたしタイムラインにも逐一目を通していた。だから、彼女のことならもうよく知っていると思っていた。

でも実際は何も知らないに等しかった。会った瞬間にはむしろ他人としか思えなかった。それから三時間をかけ、ワイン二瓶を空にし、そして、持ってきたレコードを順番にかけていって初めて、僕は再び彼女を見つけ出せたのだ。

だがしかし、ではレコードは本当に必要だったのか？　ただどこか地元のバーで会うだけでも同じ経験はできたのではないのか。そうかも知れない。僕にはわからない。ただ話すだけで十分だったのかも知れない。

しかしレコードこそがむしろ、この出来事の核を為している部分だったようにも感じられるのである。

今住んでいるアパートの近くに昔からの食堂があった。僕とケリーもかつては毎週のようにここに顔を出していた。あるのが当り前の場所だったのだ。誕生日に出向くのはここだし、遊びに来た友達を連れていくのも同様だった。

耳を覆いたくなるニュースに気落ちしたのもこの店だ。喜ぶべき報せが訪れたその都度祝杯を上げたのもここだ。冬の嵐の間、家にいられなくなればやってきた。春の間もやっぱり家にいられなくなるとここに出向いた。

店にはチャーリーのお気に入りのテーブルもあった。馴染みのウェイトレスさんたちまでいて、その全員が彼の名前を覚えてくれてもいたものだった。

席が二階の時は、まあ大抵はチャーリーにせがまれてその二階の席を頼んでいたのだが、階段の一番上の段には特に気をつけなければならなかった。そこだけ形が違い、段差が大きかったからだ。

客を通す際には店側もまずこの階段のことを注意した。でも僕らはあまりにしばしば通い過ぎていたものだから、やがて向こうも僕らにだけは同じことを言うのを止めた。すると今度はチャーリーがこう口にするようになった。

「階段にはお気をつけくださぁい」

店のスタッフも皆大笑いしていた。

ところがある日ここが焼け落ちてしまった。何が起きたのかは確実なことまでは僕らにはわからない。獣脂の類が燃えたか、あるいは近所のゴロツキの煙草かのどちらかだったようではある。両者が重なったのかも知れない。いずれにせよ建物は消え失せてしまった。

チャーリーにどう説明すればいいのかと頭を抱えた。死について説明せねばならなくなったのと同じだ。いや、それより難しい。

だって壁や建物それ自体の重要性もきちんと説かないとならないし、それが失くなってしまったことを惜しむのは全然かまわないのだという点もわかってもらわなくちゃならない。

オーナーは再建を約束してはくれた。しかしあまり意味はない。一度失われてしまったものは甦りなどしないのだ。焼け落ちてしまったものを本当に作りなおすことなど、決してできない。まったく正確に同じということには絶対にならない。それはやはり別物なのだ。

なるほどなんとなく同じには見える。でも、知っている人間にはすぐわかる。だって常連なら躓いたりよろけたりしないよう注意しなければと十分わかっている、そんな設計ミスみたいな段差など、最早存在しないからだ。

だがこの一段こそがキモだった。この一段こそがこの店を僕らのものだと思わせてくれていた。これなしではチェーン店と大差ない。

大人になってほどなく気づかされてしまうのはこうした辛い現実だ。その体験を貴重なものとしてくれていたものども、けっこう簡単に消えてしまう。なぜならば、そういうのは得てして、本筋にかかわる要素ではないからだ。三センチばかり他より段差のある一段だ。それでも注意していなければ、こちらの足元を狙い済まして襲ってくる。

だから、ビリー・ジョエルのレコードに刻まれた傷みたいなものなのだ。

ヘザーがそのBJの『コールド・スプリング・ハーバー〜ピアノの詩人』を取り上げた。たぶん「シーズ・ガット・ア・ウェイ《彼女は道を見つけた》」が聴きたかったのだろう。

思えばこいつは僕がもう少し注意を払っていて然るべき代物だった。歌のことだ。ビリーが髭を生やしているジャケットの方ではない。

しかし、このいかにもロックロックした髭ですら、どうやら彼女のレーダーを首尾良くすり抜けてしまうらしい。いったいどういうふうにできている？

そして彼女は、僕らが別れた直後の夏の話をし始めた。僕はミシガンの北の家族のコテージにいて、彼女はシカゴ郊外へと戻っていた。そこから僕は、クリスティーン宛てにオリジナルの編集テープを送った。さっきのバイヴレーターをきちんと隠せていなかった母親のいる、共通の友人だった彼女である。

できればヘザーと聴いて欲しいとも頼んでおいた。彼女にだけ通じるはずの特別な一曲を紛れ込ませてあったのだ。

ボニー・タイラーの「愛のかげり《トータル・エクリプス・オブ・ザ・ハート》」。まあだから、僕はかくも大バカ者だったのである。正真正銘の、生粋の、純正の、天然の、これ以上はないバカ丸出しのバカだ。バカ・オブ・ザ・バカ、バカの王だ。

「泣き出しちゃったわよ」

彼女はそう教えてくれた。

「こんな感じよ。ああ神様、私ってばなんてひどいことをしてしまったんでしょう。ひどい人間だわ」

それでも、どうやらその償いの方もどうにかできていたらしい。神よ、こればかりは篤く感謝いたします。

夏が終わる前に僕はもう一本別のテープを作って彼女に送った。この時には「シーズ・ガット・ア・ウェイ」を収録し、その点を説明する手紙も沿えた。

「あなた確かこう書いて寄越したのよ。〝あっちの曲を入れちまった時、本当はそこにはこれを編集するつもりだったんだ〟って。でも私にはこう読めた。〝あの時は心底腹が立って、それであんな意地の悪い曲を入れてしまった。でも本当に届けたかったのはこっちなんだ〟」

「その通りでまったく間違ってない」

　僕は言った。

「そう。でもちょっとだけ遅過ぎたみたいね」

　彼女はそう返事した。

「もうこれは率直に言っちゃうけど、もし最初から「シーズ・ガット・ア・ウェイ」を送って寄越していたら、きっと私、気が狂っていたかも知れないなとか考えた」

　その時だった。おそらくはほぼ考えることもせずにヘザーは、プレイヤーへと身を屈め、指先で、ちょん、と針をつついた。傷を飛び越させてやるんだとでもいった様子だ。

　何故彼女がそんなことをしたのかも僕にはわかっていた。当時僕が持っていた『コールド・スプリング・ハーバー』には、つまり、ともにまだ十代だった頃彼女に聴かせてあげていた一枚には、まさにこの「シーズ・ガット・ア・ウェイ」の今の部分に傷があったのである。ちょうどビリーがその彼女だかを囲んだ〝幾百万の愛の夢《ミリオン・ドリームズ・オブ・ラヴ》〟とか歌う辺りだ。

　ヘザーが無意識に、ほとんど本能的に手を伸ばすまで、僕自身もそんな傷のことなどきれいさっぱり忘れていた。彼女の仕草は、もう何百万年も前ではあるが、少なくとも数千回は繰り返してきているかのような自然さだった。

　だが今ここにあるのは僕のレコードではなかった。ついこの前シカゴのレコード屋で手に入れたばかりの一枚である。

　だから彼女が記憶しているような傷などついてはいない。それでも彼女は針を小突いた。自分がそんな行動をしたことも、その意味も、本人はどうやら気づいてもいない様子だった。でも僕にはわかっていた。

　これこそがそうなのだ。僕が必要としていたのはこれだったのだ。探し求めていたのはまさしくこの瞬間だった。

たとえ自分自身でさえどんな自覚もしていなかったとしても、欲しかったのは間違いなくこれだった。

行きつけの店は焼け落ちた。見慣れた石の壁は消え去った。僕はもう違う人間だ。彼女もそうだ。同じ物など何一つとしてない。

だけど、あの小さくていびつな一段はまだそこにあったのだ。気をつけなくちゃならないかすかなひずみだ。本当に奇跡じみた方法で、そういうのは命をとどめていくのである。実質なくなってしまってもなお存在し続ける。

僕は酔ってさえいなかった。二人で飲んだワインの量を鑑みればむしろこれはバカげた事態でもあった。時計はすでに十時になんなんとしている。つまり、こうやって彼女のキッチンに腰を落ち着けてから、もう延々、実に六時間以上もレコードを聴き続けていたことになる。

僕は、実は明日も早いんだみたいなことをなんとかでっちあげた。彼女がレコードとプレイヤーを車に運び込むのを手伝ってくれた。

「もう一回これ見せて」

そう言った彼女は束の中から『スリップリー・ホエン・ウエツ、ト』を引っ張り出した。それしてどこからかペンを取り出すと、ジャケットの表に何やら綴った。昔の電話番号を二重線で消し、そこに今の番号を記したのだ。

「また会いましょうね」

彼女が言った。

「今度は奥さん連中も同伴で」

「是非お会いしてみたいよ」

「それから子供たちもね。あなたのチャーリーはきっと愛らしいんでしょうね」

家へと帰るドライヴの間中、ビリー・ジョエルの「怒れる若者」を大音量で鳴らし続けた。蜂の羽音みたいなド頭のC音の連打がこれほど凄まじかったこともすっかり忘れていた。

同曲の歌詞は〝僕は若くて怒っている《ヤング・アンド・アングリー》〟といった以上の複雑さに手を届かせることはしていない。〝僕は若くて盛っている《ヤング・アンド・ホーニー》〟という一節と同程度に、ポップミュージックの歴史の中で最もオリジナリティに欠けていると言ってもいいくらいだ。

だが、ああまったくコンチクショウめ。それでもなお、この親指の鬼気迫る打鍵のなんとカッコいいことか。

信号待ちで止まるその都度、曲に合わせて思い切りエアピアノを決めた。十代の頃と同じくらいのイカれっぷりで、だ。そして同じほど純粋な歓喜に満たされていた。

もうずいぶんと長いこと生きてきたが、この気持ちとちゃんと上手く向き合えたのは、この時が本当に初めてだった。

かかるはずがなかった。こんな事態、合理的に説明できるはずもない。靴跡だってこの目で見た。そこそこに分厚い泥が歳月を経てすっかり凝り固まっていた。レコードは無用の長物となっていて当然だった。音楽の再生など望むべくもない、ただのゴミだ。

だが事実、この一枚は連綿たる時の経過を逞しく生き延びていた。未来の世代を混乱に陥れるためだけにしかとしまい込まれていたのだ。

誰の仕業か知らないが、実にいい判断だ。笑い出したいほどの僥倖《ぎょうこう》だといえる。

未来に待つのが誰にせよ、その誰かさんがこの盤《ディスク》が台無しになっていることを見て取るのにも、刻まれている溝がどうやって音を生み出すかといった仕組みを理解していることも最早必要ないだろう。電気信号が振動に変換されて云々といったあれだが、どうだっていい。誰だって一目見ただけでゴミだとわかる。そういう代物なのである。

ところがこいつが今やターンテーブルの上で気持ちよさげにくるくる回っていやがった。針の方も、ひん曲がった表面を苦もなくすいすいたどっている。そのうえ何故か、これこそまさに奇跡的なことに、こいつらが今まで僕が耳にしたどのストーンズのレコードと比べても、より歯切れ良くよりスリリングな、それこそ睾丸をざわつかせる音を出しているのだった。

ロバートは突っ立ったまま、こういうのがロックバンドのフロントマンっぽいんだと自分で思っているらしいポーズを決めていた。自然とそうなってしまうとでも言いたげだ。だから彼は片方の手で、自分の性器のある場所を、全身を支配する磁力の中心を押さえていたのだ。そして口からは苦悶の呻きみたいな「ギミ・シェルター」の歌詞を迸らせていた。

「せぇええぇぇぇんそうの、子供ぉら」

だがこいつの声は若き日のミック・ジャガーというよりはむしろ、七〇年代終盤のエルヴィスといった具合にしかなってはいなかった。

「銃声一発だ。たった銃声一発でぇええ——」

僕らがまず手っ取り早い友情を築き上げた二十代の、それも始まりのうちに入る時期と比べれば、ロバートも今や、少なからずふっくらしていた。腹が目立ち、髪には白いものが勝っている。

だが人のことは言えない。僕だって彼より優雅に年を取ってなどまったくいない。

聖書にもちゃんと書いてある。

太鼓腹を持たぬ者が、まず石を持て、と。

音楽を鳴らしているのは僕の例の〈クロスリー〉である。その音は、ああまったく、どこをどう引っ繰り返したってやっぱりクソだった。それでも僕たち二人が再びこの目で確かめたいと思っていたような種類の仄かな影たちをあちこちに落としてくれるほどには十分に、この一室を音楽で満たしてくれていた。

　ロバートと僕がいるのは学生寮の地下室だ。合法的に酒が飲めるようになるかならないかといった年齢を超えて以降は、一度として我が家であったことなどない場所である。それでもなお、どこもかしこもが予想通りの変わらなさ加減を誇ったままでいてくれた。

　チェス盤みたいな床が記憶のままだった。階段のばたつき具合も同様だ。ミラービールの空き瓶が『ヘンゼルとグレーテル』のパン屑よろしく廊下に並んでいる様子もまた然り。しかしこちらは同時にどこかよそよそしくもあった。亡くなった友人の足跡をたどっているような気分にさせられるのだ。少なくとも音楽を鳴らすまではそうだった。

　そしてそこに至ってようやく僕も、かつてこの建物のこの部屋が、自分になにがしかの意味を持っていた事実を改めて思い出し、噛み締めたのだった。

　ロバートに電話したのは数ヶ月前になる。たぶん九〇年代の終わり頃以来ついぞ連絡もとってはいなかった。シカゴにいるのは知っていたが、もう住む世界が違うものと思っていた。

　僕には子供がいて、友達というのも全部が全部親なる立場の連中で、ほかの大人たちと関わるのは子供同士が遊ぶ約束をしていたからで、そしてそういう場面では、基本僕らはキッチンに身を隠し、大量のワインを流し込みながら折を見てこう叫ぶのを役目としていた。

「こら、彼のオモチャなんだから、仲良く使わせてもらわないと」

　ロバートはだから、基本は前時代の遺物だった。僕らの友情がまだ過去形の文章に埋ずもれていなかった最後の時期というのは、二人ともがまだ若く、独身で、しかも揃ってこっぱずかしくなるほど間抜けだった頃にまで遡る。

　記憶の中の彼は今でも大学生のままだ。ワイオミングから出てきた筋骨隆々野郎で、いつも着ていた革ジャンにはスプレーインクの落書きがあった。一度など、彼が他人の車のヘッドライトを空手チョップで壊してしまったこともある。この車の持ち主というのがパブで僕の灰皿にビールを注ぎ込んだものだから、やつはこれを個人的な攻撃だと受け取ったのだ。

　ロバートはエルヴィスとトム・ジョーンズ、そしてエンゲルベルト・フンパーディングが大好きだった。これは皮肉屋だからとか、あるいは自分がいかに聡明でほかのやつらとは違っていて、主流からなんて外れているのだと周囲に証明したかったからといった理由ではまったくない。こいつはただ単に、心底エルヴィスとトム・ジョーンズとそしてエンゲルベルト・フンパーディングが大好きだったのだ。

　僕はこの彼に、実は一日かけてベロイト大に行く予定があるのだが一緒についてくるつもりはあるかと打診した。ここはもちろん〝我らが《アルマ》母校《マータ》〟だ。ウィスコンシン州の南に位置する小さな文化系の学校で、宣伝素材などでは〝西のイェール〟とか自称したがっていたものだ。

　僕自身としては、自分の大学時代の亡霊みたいなものに会いにいってみたかったのだ。たとえば昔と同じやり方で音楽を聴いてみるとか、それからほかに——だからまあそういうことだ。レコードの見つかりそうな場所にならば十分心当たりがあったからだ。

　ロバートはその場で行くと返事した。それどころか運転まで買って出た。こちらから誘っておきながらも僕は、どうしてこいつはここまで簡単に、しかもこうも熱烈にうんと言えるのだろうかと訝っていた。

　そもそもの申し出は、最早自分たちの本拠地でなどまるでないキャンパスをあてどなくうろつこうというものである。知っている相手など一人もいない。でもその程度では彼は些かも狼狽えなどしなかった。

今僕らと一緒にいる寮生たちは、たぶん二十歳か、ひょっとしてまだその手前とでもいった辺りだった。アレックスは胸にギリシア文字の綴られたぶかぶかのトレーナー姿である。もう一人のユリシーズは、一九五〇年代の学生みたいなボタンダウンにネクタイという格好だ。

二人も僕らと一緒になって、音楽に合わせて笑いながら首を揺すっていたのだが、でもそれは、家族でのドライヴの最中にふとラジオから「アメリカン・パイ」が流れてきて、両親が音量を目一杯に上げてしまった八歳の子供みたいな動かし方だった。

本当に気に入ってくれている訳ではたぶんない。しかしこの場を繋ぎ止め、まとめているのはその曲だ。とにかくは音楽だ。

「なんか圧倒されちゃうなあ」

アレックスが言った。顔には笑みを浮かべていたが、それが本物なのかどうかは僕にはよくわからなかった。

「こんなのイカれてる。そうだろう?」

彼に向きなおり僕は言った。

「こんなことがあるはずがない。だって、物理法則とか一般常識の全否定みたいなもんじゃないか。ものは大事にしろとかそういうのだ。本来こいつはオートミールにドリルを突っ込んでるみたいな音がして然るべきなんだ」

「え、でもあなたのレコードなんでしょう?」

彼が訊くので僕は首を横に振った。

「いいや」

そして罪状認否に応じた。

「盗んできた」

「マジっすか。イカすなあ。いつですか?」

「つい二十分くらい前だ」

ところがこの暴露には、一緒に盛り上がっていたアレックス君も些か動揺したようだった。

「ええと、それって今からってことですか？」

「そう。今から二十分前だ。お前さんだってキャンパス内のラジオ局は知ってるだろう？」

「一応は」

探りを入れているかのようだ。うっそだよーんとか、そんなふうに言ってはくれまいかとでも考えているのだろう。だがそうは問屋が卸すものか。

「マジあそこから盗んできたんだ。もう気づかれてるかどうかはわからない。ここに逃げ込ませてもらったのはそれが理由さ。万が一追っ手が出ている可能性もなくはないから、しばらく大人しくしているべきだと思ったんだ」

今度アレックスが浮かべた笑みは実に居心地悪そうだった。その向こうで「むなしき愛《ラヴ・イン・ヴェイン》」が、輝かしくもソウルフルなクライマックスへと盛り上がり始めていた。

しかしこのアレックス君はいったいどうして〝盗んだ〟という部分にこれほど引っかかるのだろう。今真に驚くべきはそこではない。それもわからないのか。

それは、このアナログ盤《ディスク》が、マジでボロボロでめったための、前世紀の泥で覆われてまでいるローリング・ストーンズの『レット・イット・ブリード』が、ただ再生できただけではなく、まるで年を経て何らかの進化を遂げてでもいるように響いている事実の方だ。これこそは驚愕だ。

さて、この話にはさらに裏があったりする。あえてフラニーとモーリーンの前では口にしないでおいた内容である。

ええと、この二人の方は、やはり二十代かそこらの、問題の同学内ラジオ局のスタッフだ。

僕は数週間前ここに連絡を取り、実は自分はそちらのOBで、今大学のラジオの現況について原稿を書いているところなのだと告げた。対応してくれたのが、親切なこのお二人のお嬢さんだったのである。

彼女たちに正確にどう説明したのかは覚えていない。ま、返事はイエスだったのだからどうでもいい。二人からは局内を案内してもらえることにもなった。昔の調整室にも入ってかまわないという。

実はその一室こそは大学時代、極々短期間でこそあったが、僕がDJとして仕事をした場所でもあった。さらにさらに、何故だかまだ廃棄もされず倉庫にしまわれたままだというレコードたちの並んだ棚まで覗かせてもらえることになった。よっしゃ。

そこで何が見つかるかは最初からわかっていた。唯一の問題はどうやったらそいつを持ち出せるのかという点だった。つまりその、だから〝盗む〟以外の方法でということだ。一応は僕もいろいろ考えたのである。

靴跡を刻み込まれたこの『レット・イット・ブリード』がいよいよ発見された時、僕は彼女たちにも、数十年前に自分がやらかした、当時の局の責任者との小競り合いの話をひとくさり披露した。それこそがこの靴跡の理由だったからである。

この『レット・イット・ブリード』は、そもそもは局の備品だったのだけれど、この人物が僕に対する怒りに任せ、こいつを自分の泥だらけの靴で激しく踏みつけたのだった。

だがおそらくこの一件についてはほぼ全面的に僕の方に非があった、もちろんそれが察せられるような細かい経緯については、彼女たちの前では割愛させてもらった。

まだ新入生のうちだった時期のことだ。番組をやってみないかとこの建物に招かれた。でもこっちの主張は、やるなら全編ストーンズ特集だというものだった。

それも、一般に広く知られていないものばかりを並べるのがよかった。胸に刺さるバラードに、アルバムのアウトトラック。海賊盤音源や全然ヒットではない曲たち。そういうので組み立てるのだ。

責任者氏はだが、これには首を横に振った。自分たちの聴取者は、つまりは僕の同胞らということだが、そうした彼らは地味なストーンズになど興味はないというのだ。

だから古典的ロックの番組をやってくれればいいんだ、君ならできるだろうから、とも続けていた。そこにストーンズを多少紛れ込ませればいいだけだろう、でも、済まないが〝古典〟の呼称に相応しいほかのアーティストもかけてくれ、とも口にした。

だが指示などきかなかった。やりたいと思うようにやった。やり過ぎだと言われても仕方ないほど海賊盤『ブラッセルズ・アフェア』からの曲をかけ、さらに『ジャミング・ウィズ・エドワーズ』の三十分を越える全編を流した。さて向こうはどう出てくるか。ギャラを削られるのだろうか。

ほどなく責任者氏からの返礼が届いた。当然僕が『レット・イット・ブリード』を偏愛していることも知っていた彼は、局のライブラリーからそいつを捨ててしまったのである。

幸いにもこの時は僕に味方した仲間たちが教えてくれたおかげで、現物は学内の〈ピアソン会館〉裏のゴミ箱で見つかった。そこで僕はこいつを、鼠のオシッコとカフェテリアの揚げイモの入り交じったような臭いのする墓所から助け出し、しれっと棚に戻しておいた。

こんなふうに語ることになるならせめて名前

くらい覚えていればよかったなと思わないでもないのだが、とにかくこの責任者氏は、我が挑戦を受けて立った。

今度は彼は、今や悪臭にまで塗れてしまった『レット・イット・ブリード』を局裏の駐車場へと自分で持ち出し、何人かの立会人まで立たせたうえで、裸の盤《ディスク》を地面に放り、泥だらけのドクターマーティンで繰り返し踏みつけたのだった。まるでクラブかどこかの用心棒が喧嘩っ早い酔客を懲らしめているような勢いだったそうだ。

そして彼は再び盤を局に持ち帰ると、ジャケットに赤インクででっかく〝二度とかけるな〟と書き殴るまでしてから、僕がまた見つけるであろう同じ場所へと戻したのだった。

こちらも警告を受け取らざるを得なかった。かくして僕は正式に我が『ローリング・ストーンズ・レイディオ・アワー』を下りた。自分はラジオの仕事に向いていないのだなと思い知ったのはこの時だ。たぶん頑なに過ぎるのだ。

副業を持とうと思うなら、素人オリジナルテープ専門家辺りに的を絞った方が良さそうだ。寝たいと思う相手に送るオリジナルテープに関しては、一家言を持てる男になろう。

この『レット・イット・ブリード』については何か埋葬的な手続きを踏むべきなのではないかとも考えた。しかしそんなの負けを認めるようなものだ。それで結局はストーンズの他のカタログの並んだ元の場所へと戻しておくに留めた。そうやって僕は、権威を持つ者の手に身を委ねるという汚れ仕事からきっぱり足を洗ったのである。

それから二十五年後の今日、こいつはまだ同じ場所にあった。

共に背が高く痩せ型の、シーツみたいに真っ白な肌をしたフラニーとモーリーンの二人もやはり、僕と同じほど驚かされたようだった。

　とりわけこいつを局のプレイヤーで試してみた時がそうだった。こちらの機械はいかにも当時の最先端といった趣で、トーンアームはまるでロボットの腕みたいだった。針のついたヘッドはすると、今にも振り下ろされんとしている怒りの鉄拳ということにもなろう。レコードに然るべき進化を受け容れさせるべく、喝を入れようとしていたのかも知れない。

　そんな機械の天辺では、あちこち引きずられて猥雑なくらいの姿となっていた『レット・イット・ブリード』は実に居心地悪そうだった。汽車と間違えうっかりスペースシャトルに迷い込んでしまった季節労働者《ホーボー》みたいだ。

　しかしこの不似合いな邂逅が奇跡を生んだ。レコードはかかった。しかも、不承不承という感じですらない。むしろ僕が若かりし頃には一度としてなかったほど躍動的だった。

　ヴァイナル盤は今や若さに起因する〝斜《はす》なかまえ〟みたいなものなどすっかり引っ込めていた。薄暗がりの中に置き去りにされていた年月は、むしろこいつにある種の凶暴さを付していた。それが十九の頃とはまるで違う形で僕を畏怖させた。

　立ち尽くし僕は、この『レット・イット・ブリード』が信じられないくらい美しい響きを宙に紡いでいく様を見守った。そして決意した。

　こいつは是が非でも我が物にしなくちゃ。こんな墓場みたいな場所にこれ以上しまわれっ放しにする訳にはいかない。持ち帰る。我が家こそはこいつの居場所だ。

　ターンテーブルからレコードを外した僕は、戻しておくね、とか適当に言葉を濁して一人別室へと移動した。そしてもう永年、かけられるどころか触れられすらしていないだろう盤《ディスク》たちの並んだ棚の作った迷路へと身を滑らせた。

レコードたちの上げる歓声が今にも聞こえそうな気さえした。さながら保護施設の老犬たちだ。子供が檻のそばを通り過ぎるたび懸命にこう吠えている。

「僕を選んで、僕を選んで、僕を選んで」

　フラニーとモーリーンに話しかけるロバートの声に耳を澄ませた。彼女たちの将来の夢とか音楽の好みなんかを訊いているようだった。そうしながら決行のタイミングを測った。

　自分の鼓動が今にも聞こえてきそうだった。パニック発作全開の瀬戸際だ。理屈の上ではこの程度のことなら、犠牲者もいない犯罪だといえなくもなかった。だって僕が盗もうとしているのは失われた文明の形見みたいなものなのだから。町でならせいぜい二十五セントくらいしかつかない。それでも良心的だといえよう。

　だが後ろめたさは拭いがたかった。生涯を通じここまで僕は、盗みなんてことには手を染めてこなかったのだ。いやまあ、時々ネット上でＭＰ３データは失敬したが、でも形あるものには一度として手を出していない。

　だから、何かをシャツの中に突っ込んで、不審に見えないようにするにはどうすればいいかなど、考えることすら初めてだったのだ。確かに十代の頃一度、本屋でエロ本をパクろうとしたことはあるよ。でもいよいよ間際になって怖気づいて止めちまった。

　泥まみれの『レット・イット・ブリード』をかかえた指を見下ろすと、はっきりとわかるほど震えていた。しかしそこで一気にアドレナリンを噴出し、獲物を隠した。だからどこかにしまい込んだのだ。

　どこだったのかは自分でも覚えていない。とにかくそうしてからフラニーとモーリーンの元へと戻った。そして、明らかに必要以上の早口になりながら、目もいつもより見開いてロバートの袖を引っ張りながらこう吐き出した。

「本当にどうもありがとう。なんか、全部すごかった。だけどもう行かなくちゃ」

　ロバートに一切を報告したのは建物を出て数区画過ぎてからだ。その頃には子供じみた笑いが止まらなくなっていた。逃げ切った。完全犯罪達成だ。

　そして、ここならばまず安全だろうと真っ先に浮かんだ場所へとやってきた。それがこの学生寮だ。一九九一年以来はずっと、僕らの家でなどまるでなくなっているこの建物だ。

「少しだけ匿《かくま》って欲しいんだ」

　突如現れたおっさん二人に困惑を隠そうともしない寮生らにそう説明した。

「ほとぼりが冷めるまででいい」

　連中は肩をすくめて笑った。ちょうど局の女性たちのような仕草で、笑顔の方もよく似ていた。でも僕には笑みもそのジェスチャーも、意味がさっぱりわからなかった。恩でも売りたいのだろうか。ただこう言われでもしたかのような気持ちにさせられただけだった。

「ええと、あとどれくらいお祖父ちゃんの愚痴につき合わされるのかな。僕は全然興味ないんだけど。抜け出してインスタの更新に戻ってもかまわないもんだろうか」

『レット・イット・ブリード』はA面の終わりに差し掛かっていた。ここまで音跳びは一箇所もなく、泥に乗り上げることもしていない。これこそ奇跡以外の何ものでもなかろう。少し前に騒がれた〈チーズサンドにマリア様出現〉なんて比じゃない。正真正銘の本物だ。神意の介在ってやつだ。

　思わずそんな大いなる力に畏敬の念を抱いていた。きっと天上の御力《みちから》は、キース・リチャードのスライディングギターが大好きであるに違いなかった。

「ところで誰かボズウェル・シスターズを聴きたいやつはいるか？」

ロバートが脈絡なく切り出した。その場にいた寮生三人が笑う。でもロバートの方には笑わせようというつもりなど一切ない。

彼は、マジであの一九三〇年代の彼女たちのレコードをかけたかったのである。それでこのパーティーがよりはちゃめちゃになるものかどうか、確かめてでもみたかったのだろう。

無論こちらのレコードは彼が局から失敬してきたりしたものではない。自分で持ってきた。実をいうと僕は、ここまでやってくるまでの車内で、それまでの人生のすべてで耳にしてきたよりもよほど長い時間、このボズウェル・シスターズを聴かされていた。

シカゴから遥々ベロイトまでの足を自ら買って出てくれたロバートは、朝〈ダッジ〉のピックアップトラックで現れた。このタイプでは最速が出るのだそうだった。そしてこの車両のテープデッキというのが、ほぼボズウェル・シスターズ専用となっていたのである。

その事実だけですでに最初の一時間は十分奇妙なものとなっていた訳だが、やがてロバートが、一旦高速を下りて商店街により、エアライフルと専用の弾丸を千個ほど買うのだと強硬に主張して、イカれ具合を増強した。

「それ、どうしても今必要だったのか？」

戻ってきたところに訊ねても、相手は不遜に笑うだけだった。そればかりでなくデッキにまた別のボズウェル・シスターズのテープを突っ込むまでした。かくして僕は、むしろへヴィメタルにこそ相応しいような音量で「ハービー・ジャービーズ」を聴かされたのだ。

リズムに合わせ激しく首を前後させたロバートが、アクセルを踏み込んだかと思うと一気に制限速度を越えた。僕は音楽を楽しもうと努力したし、運転席と助手席の間にも、装填された銃なんてものは存在していないかのように振る舞おうと努め続けた。これはなかなかにエネルギーの要る作業である。マジで。

「ボズウェル・シスターズのどこがいいかってぇとな、こいつらはギリギリ品がねえんだ」

　ロバートが寮生たちに言う。相手の方はやはりまた、今のが冗談なのかどうか今一確信が持てないやとでも言いたげな表情になっている。

「まあ聴いてみろや」

　彼が言葉を切り、僕を含んだ全員が、プレイヤーからこぼれ出したぱちぱちいうハーモニーへと耳を傾けた。ロバートは満面の笑みだ。こいつにはたぶん、僕らには聴こえない何かが聴こえているのに違いない。

「な、わかるだろう？　だって〝もし私が新しい恋人といちゃついていたとしても／それはあなたのための練習なのよ〟だぜ？　こんなのイカれてる。そうじゃねえか？　当時ならきっとあばずれの極みってもんだったろうに」

　頼んでもいない講義が始まった。周り中の誰一人期待してなどいないのに、こいつはついつい奮闘してしまうのだ。ここがでも、僕が彼という男に惚れ込んだ理由でもあった。

　どんな悪気も持ってはいないのに、ただ周りを居心地悪くさせてしまう。でもそれはこいつが単に、他人が興味など欠片も持たないような物事にばかり夢中になるがゆえなのだ。

　僕とロバートとが出会ったのは登校初日だ。当時バディ・ホリーがプリンスの「ダーリン・ニッキー」を取り上げ上っ面だけのカヴァーを発表していたものだから、感想を言い合って爆笑した。その日が終わるまでには〈TKE〉という同じ寮に入ろうと決めていた。カフェテリアがほかに比べて格段に良かったからだ。

音楽的嗜好は控え目にいって真逆だったにもかかわらず、大学の四年間を通じ、この彼こそがつねに我が親友の位置にいた。僕がポール・ウェスターバーグに向けていた情熱を、彼の方はフンパーディングに注いでいたのだ。でも、それぞれがあまりに情熱的に惚れ込んでいたものだから、普段なら無視するような音楽を聴かされる時間も十二分に楽しめていた。

今僕らは当時と同じ寮の地下室に降り、同じように一緒にレコードを聴いていた。しかも自分たちにしか意味を持たないだろう曲たちに興奮し過ぎてさえいた。

実に爽快な気分だった。だがこれは、思い出が一気に甦ってきたからといった理由ではまるでなかった。むしろその場に、たまたまだが聴衆がいてくれたからだった。

彼らのおかげで僕ら二人は、二人きり過去に浸っている捻くれた老いぼれになどなってしまわずに済んでいた。むしろこっちの言葉を額面通りに受け取るしかないような若者たちを相手に、過去を伝えに現れた伝道師を演じることができていたのだ。

もちろんそもそも我々は、決して過去だかを甦らせたくてこんな場所までやってきたのではない。そんなのは所詮不可能だ。

僕だって、この年でなお、やりなおしが可能だと考えているほどバカではない。しかし自分のことを話すのは大好きだ。それとこれとは話が別だ。でなけりゃこんな本など書かない。

「ところで君らはボブ・マーリーの「ノー・ウーマン、ノー・クライ」は知ってるか？　あれが実は何を歌っているかも？」

連中にそう尋ねてみると、まずはユリシーズ君が解答を寄越した。

「恋人を泣かせるなってことですか？」

「違うッ」

僕は叱咤した。

「しかしその点こそはまさしく核心だ。実は真逆なんだ。言葉通りだともいえる。確かにこのタイトルは一見、どんな女も泣くべきじゃないとかいっているように見えなくもない」

そして僕は相手に一歩詰め寄った。

「だが、ここで示されているのは、端的にいえば因果律の問題なんだ」

そして半分声を殺すようにしながら彼の耳に口を近づけ、先を続けた。

「物事は次へと繫がる。これが因果律だ。原因と結果ってやつだ。そういう観点でみるとな、マーリーはここで、女がいない《ノー・ウーマン》という原因が、泣くことはない《ノー・クライ》という結果に至るという理屈を説いているんだ。おわかりかな？」

「ええ、たぶん」

彼は言った。

マーリーの話題こそ出したが、僕とロバートとは大麻をキメたりしていた訳ではまったくない。でもどこかでは、一九八九年の中西部の学生寮でラリっているという事態が実際にはどんなだったかを、どうにかして彼らにも教えてやりたいなという気持ちにはなっていた。それも叶うかぎり正確に。

でもひょっとして、当時よりも今の方が格段にマシだったのかも知れない。僕らには本物のドラッグすら必要なかった。より若い肉体も同様である。だってもう、好きなようにそういう自分を思い描きさえすれば、それで事足りていたのだから。

僕らはそれぞれ、自分たちがそう記憶していたいと望むまさにその通りの姿に自分自身を当てはめて、その役を演じることに興じていた。だからこの時間はとどのつまり、僕たちだけのイースターの小芝居みたいなものだったのだ。

しかしそんな舞台も長続きはしなかった。熱の入った演技というのは、熱心な観客あればこそである。どんなしょうもない話でも最後まで演じさせてくれる良質の観客たちだ。

　しかしその場にいたのはさすがにそこまでのタイプではなかった。彼らもまた自身の物語を持っていた。自分だけの大学の思い出に、それから音楽だ。

　そしてまあ、そういったものの多くが今や、iポッドとかスマートホンとかに収納されているのであった。

　僕らは彼らのうちの二人が黙々と画面を見下ろし、それぞれの膨大な数のＭＰ３データをスクロールしていく様を観察させられた。彼らの方もまた、この時間に相応しいＢＧＭとなりそうな曲を探していたのである。

　けれどまさにこの点こそが、四万もの楽曲に簡単に手が届いてしまうという事態の問題点なのである。一曲選ぼうにも、ひょっとしてちょい先にはより好ましいものがあるのではないかと考えずにはいられなくなってしまう。

　かくして当人はさらに延々スクロールを重ねるほかなくなる訳だが、そうするうち貴重なその一瞬はすでに終わりを告げている。けれどその瞬間に最も相応しい音楽というのは、その時たまたま流れていたものなのだ。

　それからも一時間くらいは一緒に話していたのではないかと思う。彼らの口からは本人の専攻のことや、ここ〈ＴＫＥ〉の食堂にもついに料理人がいなくなり、今や単なる冷蔵庫置き場と化していることなんかを教えてもらった。

　僕らの方は〝オリジナルテープ〟とはなんぞやといった話をした。振られた恋人にザ・キュアーやコクトー・ツインズやらの曲でいっぱいのテープを送っても絶対によりなんて戻せないぞ、といった種類の忠告である。

　それから女たちのことも話題にした。今の大学生の性生活が、八〇年代後半のそれと同じくらいとち狂っているかどうかといった考察だ。彼らも自身の体験を明かしてくれたし、僕らの方もいろいろ語った。

　違っていたのはこちらのネタにはちゃんとエピローグまでついていたことである。大学の頃互いに猿みたいになってヤリまくっていた相手の何人かが、今やフェイスブック上の友達となり、こちらの赤ん坊の写真にまで〝いいね〟をくれているだとか、あるいは乳癌を発症し、画面の向こう側とはいえ、目の前で亡くなってしまったんだといった挿話たちになる。

「大人になるってのはたぶんこういうことなんだがな、でもそんなの、全然誰も教えてはくれなかったんだよなあ」

　ロバートが言った。

「二十歳の頃、飲み屋のトイレでパイずりしてくれた相手がよ、二十年後には乳癌なんてものになっちまう。そしてひどくややこしい気持ちで葬儀に出席しなきゃならなくなる」

　これには若者たちも一気に沈み込んでいた。

　最後にはいよいよ彼らも姿を消した。講義があったり試験の準備があったり、さもなければ更新しなければならないインスタグラムのアカウントがあったりしたのだ。

　かくして地下に残されたのは僕とロバートの二人きりとなった。やがて僕らも地上へと這い出し、居場所を裏口のポーチに移した。もっともここは、どうにか椅子と灰皿が置けるだけの広さがある、多少見栄えを良くした階段の一段といった赴きでしかなかった。

　若かった頃に複数のラジカセでそうしていたように、裏口を入った一番手前のコンセントから〈クロスリー〉の電源を拝借した。ロバートがまた別のレコードを取り出して見せる。プレスリーの『エルヴィス・オン・ステージVOL

1』だった。

「いいね」

僕が同意を示すと彼は、今我々が最も聴かなければならない一曲へと針を落とした。

B面二曲目のこの「去りし君へのバラード《アイヴ・ロスト・ユー》」を初めて聴かされた時、僕は十九で、しかも甚だしくラリっていた。

それまでの僕はエルヴィスファンでなど全然なかった。もちろん歌は幾つも知っていた。五曲か六曲くらいならメロディーを諳んじることもできた。けれど興味の方は、まったくといっていいくらい持ち合わせてはいなかった。

学生寮の一室で、しかも〈マクドナルド〉のハッピーセットについてくるオモチャよりもさらに安っぽいプラスチックでできたプレイヤーでこの「去りし君へのバラード」を耳にした。粉々に砕けていく結婚への弔歌《オード》が紡がれていた。自分と同じほどすっかりラリって熱狂しまくりの友人が時折一緒になって口ずさんでいた。

そしてこの日初めて僕は、エルヴィスの歌声が、あのクソッタレな曲どもが、時に二の腕に鳥肌まで立たせることを知ったのだ。

「どう聴いたってプリシラのことを歌っているのは明白なんだ」

ドラムとトランペットの響きに負けじと目一杯声を張り上げながらロバートがそう教えてくれた。大麻の重たい煙の満ちたほの暗い室内でなお、彼の目は本当に輝いていた。

「この頃エルヴィスの結婚は壊れかけていた。でも本人はそんなこと認めたくなかったんだ。だから失うまいと闘った。赤ん坊だって隣の部屋で泣いている。だから——」

曲が波のようにせりあがっていくなりロバートも椅子から跳ね起き、エルヴィスっぽいと自分で思っているポーズを取った。

ああ、君を失くした、失くしてしまった

もうこの手は二度と届かない――

大笑いしながら僕は、彼の大袈裟なパントマイムに合わせて心地好く首を動かしていた。まだ十九だった僕にも、結婚というもの壊れていく安っぽい筋書きの、そのいかがわしさみたいなものがわかってしまったからだった。感傷的に紡がれる距離感には、明らかに刺すような痛みが伴われてもいた。

しかもエルヴィスの歌い上げっぷりといったらもう。そこにはあるのは実にありふれたすさみ方だった。そういうのは、当時の僕には一切関係などないものであるはずだった。

けれどそうじゃなかった。僕はまさしく相応しい時と場所でこの歌を聴かされたのだ。若かりし日の二度目の大失恋の痛手と取っ組み合っていた時期だった。

だからエルヴィスの他人の目を前提とした悲しがりっぷりには、どこかで笑いたい気持ちにもなってこそいたけれど、同時に言いたいことは十分こちらに響いてもいたのである。

時にはまっすぐ共感することの方が、皮肉っぽく距離を置いてやり過ごすよりもよほど力を発揮するのだなと感じた経験は、たぶんこの時が初めてだ。

確か一九八八年の出来事だ。そして今、ほぼ四半世紀の時を経て、僕はまたこうやって「去りし君へのバラード」を聴いていた。一緒にいる相手まで同じだ。ワイオミング出身の、最初にこの曲を僕に教えてくれた男だ。しかも場所まで、当時僕らがいた部屋からほんの数十歩しか離れていない。

あそこで僕らは互いに大麻でわやになった脳味噌で、一九七〇年にエルヴィスが、自身の惨めな結婚を歌い上げたこいつのように、時にこちらの痛みを理解してくれたり、あるいは、振付を真似ることでその痛みが和らいだりするような歌は、この世界にほかには一切ないのだと結論づけたのだった。

　僕らはだからその偽ポーチで、たぶんブラック・サバスの曲に合わせてやる方がよほど似つかわしいやり方で、レコードと一緒に高らかに声を上げていた。要は、拳を振りかざし腰を前に突き出しながら、ということである。こういうのはなるほど、終焉間際を迎えた悲しい結婚を扱った曲により、悪魔《サタン》とかあるいは暇つぶしのセックスとかについて歌った曲の方にこそ遙かにハマるはずだった。

　しかも十九の頃より俄然一生懸命だった。中身が一層わかるようになっていたせいだ。高々二回の、それも結局ははしかのようなものでしかない失恋しか経験していなかった身には決して起こらなかった形で、歌が今、心の中で自身の形を取っていた。

　友達が離れていくとはどういうことか。キャリアが思い通りに進まない場面で自分はいったいどう感じるか。さもなければ、前触れもなく親が死んでしまった気持ちとか。

　その都度僕は混乱し、怒り、そして怯えたままで置き去りにされた。そうした諸々も今ではすっかり理解できるようになっていた。

　そしてまた、ずっと一緒に歩いてきたはずの相手が少しずつ距離を置き始めた時にはどういう気持ちになるかといったことも。それも、映画のようなあからさまな、思わず拳に力が入るような、無視できない感じなどではない。ただほんの少しだけずれが始まる。

　それでもひょっとして自分の方がイカれてしまったのかなという気持ちにはさせられる。そういう域にまで達すれば、このサビがどれほど胸に響くものかということもよくわかる。

「君を失くした、失くしてしまった。もうこの手は二度と届かない」

そいつは肺いっぱいに満ち、やがてすべてを洗い流していく。後にはただかすかな満足だけが残される。

曲はやがて終わったけれど、僕とロバートはなお話し続けた。でも話題の中心はいつしかほろ苦い若き日への郷愁から、連絡すら取らなくなってしまって以降の互いの人生に起きた、些か重苦しい細部の方へと移っていった。

不様な話も恥ずかしくなる出来事も打ち明け合った。後悔していることや胸を張れること、そしてしばしば、できれば自分でも忘れられればいいなと願っている内容にも触れた。依存症治療のミーティングに通ったことや、誉められない愛人たち。あるいは仕事上の判断ミスや失態といった諸々だ。

「なんかそれこそ音楽みたいだったんだ」

結婚そのものすら揺るがしかねない寸前だったという自身の情事を振り返りながら、ロバートはそんなふうに呟いた。

「なんかよ、これが最後の恋なのかなぁみたいに思っちまった。本物の愛なんかじゃねえ。こう、しょうもねえ妄想に囚われちまったみたいなやつの方だ。その女と会って家に帰ってきた俺は「眠れぬ夜《ナイツ・アー・フォーエヴァー・ウィズアウト・ユー》」を聴くんだ。知ってるよな?」

「イングランド・ダンとかだったか?」

「そう。イングランド・ダン&ジョン・フォード・コーリーだ。連中最大のヒットだ」

ロバートがいきなり聴き覚えのあるサビを勢いよく歌い出す。

「それが強さなのかはわからない。でも君を待ち、思い続けるぅううぅぅっんだあっ」

学生が数人通り過ぎた。こちらに向けた顔がそれぞれに訝しげだった。笑顔で応じて手を振ると、彼らは足早に去っていった。

「家に帰る。そしてこいつを大音量でかけて床をのたうち回る。そんなことをやってた」

ロバートは言った。

「それこそ十代のガキんちょみたいだ」

奥さんを裏切った理由を質すことはしなかった。どうやって元の鞘に収まったのかについても同様だ。彼の弁明はこの曲のことだけだったが、十分だった。言わんとすることは伝わっていた。そして、僕が必要としていたのもたぶんこういうことだった。

冬の終わりの陽射しに身を浸しながら、僕たちは持ってきたレコードをかけ、そして、たぶん二十五歳かそれ以上も年下の連中が、何をするでもなく芝の上で座っている様を眺めた。本当に特に何をしているようにも見えなかったのだけれど、楽しげだった。

あんなふうに何もしないで過ごすなんてこともすっかり忘れていた。ここは何もしないことに意味がある場所だった。しかし今、あんな時間の過ごし方は無責任だと笑われてしまう。

見ているうち嫉妬に似た思いが湧いた。若さを羨んだのではない。何もしないことを楽しめている様子が妬ましかったのだ。お腹を掻く猫みたいに気持ちよさそうな声を上げて伸びをする。傍らに置いた本のこともすっかり忘れ、凱歌にも似た欠伸まで漏らす。

あんなふうにすべてを放り出し、何もせずにいられた最後の機会はいつだったろう。去年もその前に続いた数年間も、毎日はただ時間だけかかり、なかなか終わりの見えてこない細かな仕事たちに支配されていた。

自分はまだ十分頑張れていないんじゃないかという不安ばかりがつきまとった。もっとまっとうな社会人に、ちゃんとした夫に、よりよい父親になれるんじゃないかと考えていた。

何もしないというのがどういうことかもきれいさっぱり忘れていたものだから、自分が今まさにそれをやっているのだという事実にもなかなか気づかないでいた。

いや、そんなことすらもやっていなかったということか。だから、こういうのがまさしく何もしないということなのである。

ロバートがまたレコードの山を掻き回し、今度はザ・キュアーの『ディスインテグレーション』を見つけ出した。同意の笑みを浮かべて僕は、聴き慣れた和音が飛び出してくるのをじっと待ち受けた。

「実は俺、ここの郵便受けの自分の場所の暗証番号まだ忘れてないんだよね」

そう切り出してみた。

「郵便室の地下にあったやつか？」

「そう、それ」

「そりゃあびっくりだ」

彼が頷いた。

「いや、本当をいうとそれほどのことでもないんだ。デビッドカードにも使ってる番号だし、Eメールのパスワードも同じだ。大学一年の時にあそこで決めて以来、そういう暗証番号の類には同じ四桁を使ってるというだけだ。ちょっと問題あるとは自分でも思ってるんだがね」

僕は言った。

「確かにハッキングとか心配するならそいつは大問題だろうな」

「なんだかさ、こいつが実は、自分が過去を過去として整理する、その力にまるで欠けているという事実の象徴みたいに思える場面がある。同じ四桁の数字にこだわるように、僕は今なお一切に拘泥している。そうやってしがみついて絶対に手からこぼしてしまったりしないようにしていれば大丈夫だ。どこかでそんなふうに考えているのかも知れないとも思う」

「要らないものを貯め込んでるんじゃないかって心配してるってことか？」

「選択的にではあるけれどね。古い郵便受けへのアクセス権は大事に抱え込んでるし、今もまた特別なレコードにこだわろうとしている」

「確かに安手のドラマみたいだけどな。でも、元気そうだぞ？」

「だけど今の僕は二十五年も前に卒業した大学のキャンパスでザ・キュアーのレコードを聴いている四十五男だぜ？」

「その通りだ。それがどうした？」

「水曜の午後だ。週末でもなんでもない」

「どこに問題がある？」

「だって僕には家族もいる。息子はきっと、パパの野郎め、いったいどこに行きやがったんだとか思ってる。なあ、僕はいったいここで何をやっているんだ？」

　ロバートはすぐには返事をせず、代わりに思慮深げに首を縦に動かしていた。まるで、答えなんてとっくにわかっているけど、僕に理解させるためには注意深く言葉を選ぶ必要があるのだとでも言いたげだ。

「そういう時には何が役に立つと思う？」

　切り出した彼はでも、そこでまたしばらく間をおいてザ・キュアーがすっかり自説表明を終えてしまうのを待った。レコードが終わった。ようやくロバートが先を続けた。

「目一杯の大音量でボズウェル・シスターズをかけるんだ」

　そしてその通りにした。


　数週間後、僕はアパートの自分の仕事場にいた。チャーリーは隣室で昼寝中だった。僕はケリーと、こちらとしてはそれなりに生産的なつもりでいる会話を交わしていた。少なくとも彼女が『コックサッカー・ブルース』のＶＨＳを投げつけてくるまではそのはずだった。

ビデオカセットがこっちに飛んでくる間にはすでに、彼女が浮かべた表情から僕にも十分、この事態が事故だったことはわかっていた。喘ぐように口が開き手がその場所へと動く。何が起きたのか信じられないといった顔つきだ。

僕が身を躱《かわ》すとテープは後ろの壁に衝突し、これ以上は考えられないほど見事なまでに砕け散った。ケリーも僕も散らばった破片を見下ろしながら言葉を探した。

「ごめんなさい」

先に口を開いたのは彼女だった。

「こんなつもりじゃ、これはだから――」

「わかってる」

僕も応じた。

「ちょっと苛ついただけなのよ」

「知ってるよ。僕にもわかった」

「この一連には力になりたいと思ってるのよ。だから、レコードを集めなおすってこと。私はいつだってあなたの味方でいたい。でも少しだけ無責任の域に入ってきている気がして」

「この『コックサッカー・ブルース』が？」

妻の顔が歪む。偏頭痛に苛まれてでもいるみたいだ。

「そうじゃなくて――でもそうね。そういうことかも。だって私ビデオカセットのことなんてこれっぽっちも考えていなかったから。これはレコードに限られているって、どこかでそう思っていたみたい」

「その通りだよ。別に何も変わっちゃいない」

僕が応じ、彼女が続けた。

「理解しようとはしているのよ。たとえばトム・ハンクスの『ボソム・バディーズ』のVHSボックスセットとかを、この先あなたが持ち帰ってくることはないだろうとも思ってる」

「もちろんそんなことにはならない」

言いながら僕は彼女に腕を伸ばし、静かにその手を握り締めた。浮気がバレた男というのは大抵こうするはずだ。だが当然といおうか、彼女はやはり手を引っ込めた。

「だけどあまり好ましいタイミングではないことも本当なのよ」

　それも言われなくてもわかっていた。我が家には経済的余裕がないのだ。フリーの物書きなんぞやっていると基本はいつもそうなのだが、この数ヶ月、状況は苛酷さを増していた。

　税金の督促状は何故だか来るたびごとに金額を増やしていた。それでも健康保険に入ることができていたのは、ひとえに〈MTVハイヴ〉のコラムのおかげだ。同サイトが存続できていることにはスタッフ自身も驚いていたものだけれど、一方で保険の方は時に予告もなく失効しやがった。しかもそういう事態は決まって、チャーリーを小児科に連れていこうとする直前を狙い済まして起こるのだった。

　ある週には僕らにも、高級志向の〈ホールフーズ〉で買い物できる余裕があった。別の週にはだが、週に一度に〝肉の大安売り〟をやるような店に行かねばならなくなった。貯金などはない。定期は論外。資産と呼べるものは文字通り皆無だ。おまけに銀行は、我が愛車にまで抵当権だかを設定している。

　前の週末、僕はナッシュヴィルにいた。行楽ではない。仕事だ。ドイツの新聞の依頼でドリー・パートンにインタビューするべく、いそいそと飛行機に乗り込んだのだ。

　一連は目覚ましいほど奇妙な経験となった。自分があのドリー・パートンと会っているということ自体そもそも不思議な気がする訳だが、やりとりの全部がいずれドイツ語になおされるのだとわかっていればなおさらだった。

　気がつけば話し方までついつい自意識過剰気

味になっていた。こればかりはまあしかし、ドリー・パートンと同じ部屋にいれば誰でもそうなるのかも知れないが、ドイツ語問題がそこに輪をかけていたことは間違いなく本当だ。

そしてこちらもまた自明のことだが、旅費交通費の一切はこのドイツの会社持ちだった。飛行機もホテルもレンタカーも、一切が経費の対象となった。もちろん取材へのギャラも出る。ただしタイミングはわからない。

それでもこの件の全体が僥倖《ぎょうこう》とはいえた。我が家を苛んで止まないこの財政不安社会においては勝利の名にも価しようというものだ。

いや、そうであるべきだったと言いなおすべきか。たぶん僕がナッシュヴィルでレコード店をハシゴして、どうみても不必要な買い物などしていなければそうなっていた。

最初から英断だなどとは到底いえなかった。万が一にもこれらの店で僕のレコードが見つかることなどほぼ有り得ない。

だがありとあらゆる場所に音楽があるあの町で、実際同所では十字路ごとにスピーカーがカントリーを流してもいたのだが、そんな場所で単身ホテルにこもって過ごすうち、いつしか脳味噌のやつが僕をかつぎにかかり出していた。

二十年はけっこう長い。しかもここだって、かつての我がコレクション君たちがひょいと縦走でも思い立ったとするなら、たどり着ける範囲には十分入る。確かに一度では無理かも知れない。だが連中が歳月をかけ十数回も移動を重ね、すなわち買われてまた売られといったことを繰り返し、延々八百キロを引っ越しトラックの荷台に揺られ、複数の州境を勇躍跨ぎ、結果いよいよこのナッシュヴィルまでやってきていたりということも、ひょっとしてありえるのではないか。そう思い込んでしまったのだ。

午前中いっぱいを現地の〈グリミーズ〉とい

う店で過ごした。ここでは店員も客もフォークロックの雄ボン・イヴェールのメンバーみたいに見えていた。女子大生と思しき女の子たちもやはり黒のデニムジャケットに短いスカートという格好で、これ見よがしに覗かせたおヘソにピアスを閃《ひらめ》かせていた。

ストーンズのコーナーにはミックのソロ『プリミティヴ・クール』が一枚あるきりだった。でも代わりに、新品同様にも見える『メイン・ストリートのならず者』が壁に高々と掲げられていた。梯子なしでは絶対手の届かない位置だ。横に貼られた値札は、どう引っ繰り返しても一六九、九九ドルとしか読めなかった。

そしてお察しの通りこの店で僕は、なくてもいいような買い物をしてしまったのだ。たとえばテンプル・オブ・ザ・ドッグのアルバムだ。僕のだったものではない。それも明らかだ。だけど自分がまた「ハンガー・ストライキ」を聴ける日が来ようとは想像もしていなかった。思いつけば是非ともそうしたくなった。

それから『チープ・トリックａｔ武道館』も手に取った。こちらも僕のコレクションでなどまったくない。裏ジャケットの落書きが動かぬ証拠だ。こう読めた。

「リチャードのもの。盗んだらムショ行き」

しかし僕の知り合いにもリチャードなら複数人いるのである。その全員がチープ・トリックのファンであることもまた間違いはない。

ならば彼らの一人に自分のレコードを取り戻してやれる可能性も皆無ではないことになる。五ドルならば乗ってもいい賭けに思えた。

そしてこの日最大の買い物が問題の『コックサッカー・ブルース』のＶＨＳカセットだったのだ。一九七二年制作の、ストーンズのドキュメンタリー作品だ。当時上映禁止を食らったという曰くつきの一本である。

見つけて優に三十分はただ唖然として眺め続けていたのではないかとも思う。自分の目が信じられなかった。同時に頭の中では理性がこんなふうに言っていた。

「おいおいおい、そいつは必要ないだろう。五十ドルもするんならなおさらだ」

　確かにビデオデッキなんてものを持っていたことすら最早思い出せないほど昔だった。しかも現物は骨董品クラスの状態である。

　けれど全身の細胞がこぞって僕を急き立てていた。ほかの誰かが買っちまう前にこのＶＨＳを持っていけ。そう囁きかけていたのである。チャンスなんて二度と来ねえぞ。

　初めてこの『コックサッカー・ブルース』を観られた時にはすべてがまるで奇跡みたいに思われた。目の前で繰り広げられた必然と偶然の連鎖は、さながらそれ自体がある種の錬金術であるかのようだった。

　すなわち、友達の友達の知り合いが当時一緒に住んでいた男だかが、ロシアマフィアの幹部から借りたという同作の孫コピーを所持していたのである。

　なんとも形容しがたい静寂の中、僕はこの、冗長で編集もろくにされていない、つまり忌憚なく言葉にすればまことにお粗末な出来の、しかも画素のひどく粗い一秒一秒にしかと目を見開いていた。息子の誕生に立ち会った時と同じくらいの敬虔さで映像に食い入った。

「こいつは決して二度とは起きない種類の出来事の一つだ。いいか、俺。絶対まばたき一つするんじゃねえぞ」

　しかし、幾ら僕の中にいる頭の堅い昔の僕が〝急げ急いでコイツを手に入れろ〟とどれほど叫び続けていたとしても、一方ですっかりウィキ懐疑主義に染まってしまった新たな僕の方は、過剰なグーグルへの依存のおかげで、最早この『コックサッカー・ブルース』に特別な要素など一つもないことも十分知っていた。

家に帰ればユーチューブで観ることさえできる。金を払う必要などない。だから、ハードカバーの小説ほどの大きさを誇る箱の中に入った映像など、今や無用の長物の呼び名にこそまさに相応しい代物なのである。

この映像に希少価値などすでにない。だからこれを観るためだけに地下鉄なんぞに乗って町のヤバい一画に行き、よく知らない男の庭付きアパートまで行ったりする必要性など、微塵もないのだ。そこは腐ったブロッコリーみたいな臭いがしているが、気にもならない。こんな機会は二度とないとわかっているからだ。

明日には友達全員にこの体験を報告できる。皆こんな具合に口を揃えるに決まっている。

「ああチクショウめ。上手いことやりやがったなこの野郎、で、どんな具合だった?」

そして君は、フィルムに収められていた悲しくも退屈な放蕩の日々について語り出す。あたかも人生を固めてしまう叙事詩のようでもあったとかどうたらこうたら。口調は次第に、映画『ジャンク／死と惨劇』を観てほとんど吐く寸前までいき、しかもそれから数ヶ月にわたって悪夢に悩まされたことを告白した時にも似た熱を帯びていく——。

それでもあの体験には価値があった。なんとなれば君自身もまた、妖しくも薄暗い地下世界にしか存在しない物事を垣間見た人間だけが入会を許される、高尚な秘密クラブの一員になれたからだ。肌の上の傷にも準えられようというものだ。君だけのものだ。ほかの誰のものとも違っているという事実を肉体に刻みつけ、いずれ消えてしまうといったこともしない。

だが最早『コックサッカー・ブルース』はそんな存在ではまるでなかった。ネットで観られる何かである。それも、二分もしないうちに退屈さにウンザリし、何かほかにないものかとこちらに探し始めさせてしまうような代物だ。

　でも買っちまった。

　以上報告の通り、僕は決してものすごい散財をした訳ではなかった。レコードとVHSとで総額七十ドルくらいである。しかしながら、砂でできたお城のごとき我が家の今の経済状況では、銀行口座から予告もなく七十ドルが姿を消してしまうという事態は、これすなわち〝災厄のレシピ〟のようなものだったのである。

　僕が出かけている間にケリーは託児所の支払いのため小切手を切っていた。次の入金の前に落ちても残高は十分あるはずだと見積もっての判断だ。ところが二十ドルの不足となり、小切手は不払いで戻ってきた。仕方なく彼女は託児所側に、緻密に練り上げた虚偽の説明をさせられる羽目にまでなっていた。

「ものすごく恥ずかしかったんだから」

　彼女の言葉に僕も首を縦に振った。

「そうだろうね」

「どうせわかってないでしょう？　私は一人前の女性なのよ。夫がレコードにお金を使って口座を空にしてしまったせいで、つい破産してしまいましたなんてお詫びを言わなくちゃならないような立場に立たされて、これっぽっちだってありがたく思う訳がないの」

「わかってるってば」

　とにかく宥《なだ》めにかかったけれど、なお彼女は言い募った。

「残念ながら私たちもういい大人なのよ。それっぽく行動する必要があるの」

「だから今だけのことだって」

　僕は言った。

「こんなことは二度としないと約束する」

　しかしこの一言に妻の目が光を失った。

「約束？　約束なんてできないでしょ？　そういう人だもの。でもそれはそれでいいのよ。私はわかってる。だからこういうのは――」

　そこで彼女は目元を拭いかけた。

「なんだかものすごく疲れちゃったのよ」

　気持ちはわかった。僕だって同じほど疲弊していた。二十代だった頃には、お金に見通しが立たない点も互いになんとかなっていた。今のように常に悩み、いずれ潰されてしまうのではないかなどとは考えも感じもしなかった。

　正式につき合い始めて数ヶ月後にはもう、僕は彼女のワンルームマンションへと転がり込んでいた。正式に越した訳ではない。ただ毎晩そこで眠っていた。一緒になってからの一年は大体そんな感じだった。

　あそこは五〇平米ほどの広さもなかった。でも狭いと感じたこともない。むしろ完璧なサイズだった。週末の全部を彼女のベッドの上で過ごし、音楽を聴いて愛し合い、自分たちにしか通じない冗談で笑い合った。刑務所の独房みたいだなんて思ったことなど一度もなかった。

　だが今こうして家族として、しかも大人としての責任だかを背負ってこの部屋にいると、同じ五〇平米くらいの食堂一室だけでもう、今にもこちらを押し潰してやろうかと手ぐすねを引いて待ちかまえてでもいるようだった。

　ケリーは正しい。僕らはもういい大人だ。

　そして、いい大人であるということは残念ながらクソ面白くもなんともなかった。

「仕事を探すよ」

　僕は言った。

「そんな話、今してないでしょ」

　ケリーはだが、こっちの言葉を遮るようにそう言った。

「いや、たぶんそいつが正解だ。大人の判断ってやつだ。そうするべきだ。僕がフリーでやってることが僕たち二人を蝕んでる」

実は以前から〈メンズヘルス〉という雑誌の誘いを受けていた。ウェブの方の編集副責任者という立場だ。だがそれには、ペンシルヴァニア東部に引っ越す必要があった。もちろん事務所がそこにあるのだ。

そして週に五日、毎日きっちりそこに顔を出すことが要求されていた。就業時間も決まっている。あと、下もパンツ一丁という訳にはいかないらしい。フリーランスであれば気にする必要のない物事の一つだ。

そのうえ雑誌は〈メンズヘルス〉だ。つまり僕は、フィットネスとか滋養強壮とか健康的生活とか魅力的な筋肉とかほかたくさんの、自分ではどんな知識も興味も持っていないようなトピックに関する文章を、書くなり編集するなりしなければならなくなるのだ。

だが給料はそれなりだった。それどころか僕が見慣れている金額とは桁が違った。そいつが数週間ごとに僕らの口座に、魔法みたいに、予測可能なパターンにのっとって現れてくれることになるのだ。

そうなれば我々も表向き一応予算だかいうものを持てる身になり、経済的な安定も得られ、ついには定期の口座だって開設できるようになるかも知れないではないか。

こういうのが〝いい大人〟のやることだ。

「あなたがしたいと思ってないならそんなことして欲しいとは思わない」

妻は言った。

「そうしたいんだ」

「信じないわ」

「でもこの家にだってもういられないだろう」

僕は重ねた。

「だって今にも窒息しそうだ」

「部屋の問題じゃないわ。今はだから、シカゴを離れてペンシルヴァニアに引っ越して、あなたは毎日ネクタイを締めてっていう話。それがこの一連のレコードだかが導き出した答えだっていう訳？　本当にそう思ってるの？」

もう興を削がれた振りをした。そして、今こそはナッシュヴィルから持ち帰ってきた荷物を紐解くべきタイミングだと決意した。

「これ以上その話は持ち出さないでくれると嬉しいよ。これはこれ、それはそれだ。すべてが繋がってる訳じゃない」

「繋がってると思うけど」

「君にいいものを買ってきた」

そう言って僕はスーツケースを探った。

「あなたはきっと、その仕事を受けると返事することに尻込みしてるのよ。だからこのレコードだかを始めちゃったんだわ。過去にしがみつきたいの。だって未来は怖いから」

ようやく見つかった。洋服と洗面具入れのさらに下、一番底に突っ込んであった。最も相応しい頃合いを見計らって持ち出してやろうと隠しておいたのだ。

「実はこれも一緒に買ってきたんだ」

そう言って僕はその一枚を彼女に手渡した。

言葉を引っ込めた妻は信じられないという顔つきでそいつを見下ろしていた。そしていきなり吹き出した。望んだ通りの展開である。

「マジなの？　これ？」

彼女が顔を上げる。

「ジャーニーって、本気？」

もちろんジャーニーならなんでもよかった訳ではない。『エスケイプ《ESCAPE》』だから買ってきた。より正確を期せばこれは『E3C4P3』と綴るのが正しい。「ドント・ストップ・ビリーヴィン」が収録されているアルバムである。僕らが結婚式で流した曲だ。退場のBGMだった。

実はこれはひそかなジョークだった。式に出席していた皆はちゃんと笑ってくれた。それでも、やはりあの時も、この選曲の本当の意味をわかっていたのは僕ら二人だけだった。

遡ること数年前になる。まだつき合うところまで全然行っていなかった頃だ。僕は彼女をあるパーティーに招待した。当時の僕の執筆関係の代理人を務めてくれていた女性の主催で、会場はウィスコンシン州レイクジェノヴァの彼女の夏の別荘だった。

でも、知り合ってほんの一週間という相手をこんなふうに誘うなんて、いささか非常識だとの誹りは免れ得ないよなとは、今となれば自分でも多少思わないでもない。

「ねえ、ウィスコンシンまで二時間ドライヴして、御年七十歳の僕の代理人と、それから職業的三文文士たちの群れに混ざってチーズとロゼワインを楽しみたいとは思わない？」

でも彼女の返事はイエスだった。そこで共通の友人から車を借りて、同地でその週末を過ごすべく繰り出した。

『華麗なるギャツビー』に出てきそうなバカバカしくも派手なパーティーが終わった後、僕らは町を車で流した。深夜を過ぎてもやっているバーを見つけようと思ったのだ。だがそんなものはレイクジェノヴァには存在しなかった。

諦めてガソリンスタンドでビールを買い、ホテルの近くまで戻って車内で二人してそいつを開けた。

ラジオでは地元局のDJが電話リクエストを募っていた。ビールの飲み過ぎで半ば渾沌としていたケリーが悪戯を思いついた。

局に電話をかけた彼女は、目一杯南部訛りを作った声で「ドント・ストップ・ビリーヴィン」をリクエストした。陸軍だか海軍だかで海外任務に就いている婚約者に送って欲しいとか言ったのだそうだ。どちらだったかは本人もその場でもう忘れていた。

「実は「ドント・ストップ・ビリーヴィン」ってあたいらの曲でさぁ、最後につながった時もこれ聴きながらだったんよ。きゃあ。だからぁ、かけてもらえればきっと、彼にもあたいが自分のことを考えてるなってわかるだろうし、もうすぐ自分が父親になるってこともわかるべと思うんだわ。あの人がここにいなくてすンげえ寂しいの。だからお願い」

　やがて本当にラジオからこいつが流れてきたものだから、僕らは大喜びで声を上げて笑い、一緒に歌った。ついには車のドアも開け放ち、無人の駐車場に転がり出してダンスした。夜空に向け盛大に〝その思いにしがみつけ〟《ホールド・オン・トゥ・ザ・フィーリング》と繰り返し叫んだのだ。

　あの夜ですら最早前世か何かの出来事のようだった。それも一つや二つではきかない。もっとずっとうんと前だ。


　あれから数十年が過ぎた今、僕らは維持もままならないアパートにいた。隣室では四歳になる僕らの子供が昼寝をしている。それでも僕らはまた、同じこの曲に目眩がするような思いを味わわせてもらっていた。

「いったいどこで見つけたのよ」

　ジャケットから黒いアナログ盤《ディスク》を取り出しながらケリーが訊く。

「ナッシュヴィルさ」

　返事して僕は先を続けた。

「そのステッカーを見て欲しいんだ」

　表にはオレンジ色の丸いシールが貼られ、そこには〝ファーストコーストＤＪ〟と書かれていた。見て取った彼女が目を丸くした。

「結婚式の時の彼？」

　訊き返した彼女に頷いた。

「間違いないと思う」

　そうは言ったが、僕らが式でＤＪを起用し、この曲をかけてもらうためレコードを預けたこと以外には、根拠となりそうな証拠などなかった。当時はまだＤＪと呼ばれる人々はアナログ盤《ディスク》しか使わなかった。麗しくも古式ゆかしい時代だったのだ。

　式の後にはしかし、僕らが同じレコードを二度と目にすることはなかった。ＤＪがパクったのだろうとは思ったが、気にもしなかった。こっちはＣＤしか聴かなくなってから、すでにずいぶんと経っていたのだ。

　一応は古い電子メールも確かめてみた。式の前後に〝ファーストコーストＤＪ〟なる相手とやりとりしていたりはしまいかと考えたのだ。当時のＡＯＬやヤフーの、こちらもすでに休眠状態となってかなり久しいアドレスも探したが、何も出てはこなかった。

　ただし、フロリダ在住で結婚式の仕事も請け負っている〝ファーストコーストＤＪ〟なる人物は見つけた。事務所の所在地も、僕とケリーが挙式した場所から遠くはなかった。

　けれどこの相手からは、こんな短い返事が返ってきただけだった。

「ほかのどなたかと勘違いされていらっしゃるようです」

　でも妻にはこうした一切は伏せたままにしておくことにした。

「見つけたなんて信じられない」

　すり切れたジャケットを見下ろすケリーの目は、まるで高校の卒業アルバムでも慈しんでいるかのようだった。

「聴きたい？」

　笑顔を取り戻したケリーは、そしてそのままほんのりと頬を染めた。まるで今僕の方から、キッチンでセックスしようよと誘いでもしたかのような反応だった。

「これ聴くの、式以来みたいな気がするわ」

もちろんそんなことはまったくない。その後も僕らは、たぶんこの「ドント・ストップ・ビリーヴィン」ならば、少なく見積もっても千回は耳にしているはずだ。

実際こいつはひっきりなしにかかっていた。衛星ラジオにTVコマーシャルに映画。十代の子供たちを扱ったドキュメンタリーで耳にしたこともある。でも、僕にだってケリーの言いたい意味は十分わかっていた。

彼女はこの曲一般というつもりで言ったのではないのだ。このトラックなのだ。ここにある特別なプラスチックに刻まれた、この歌だ。

少なくとも今日だけは、僕らはともに、これがもうすでに何年どころではきかないほど昔になってしまったあの式で使われた、まさにその同じものなのだと信じることに決めていた。

式を挙げたのは基本母親たちのためだった。だからこれをかけることは、僕らの関係がちゃんと本物であることの、いわば象徴のようなものでもあった。

だがこいつは〝病める時も健やかなる時も〟といった内容でなどまったくないし、父親が花嫁を花婿に引き渡すことを仄めかしたりもしていない。酔っ払って真実の愛を言《こと》ほぐ乾杯の曲でもなければ〝これでお前は彼女のもんだぞ〟などといっている訳でもない。

そういった、本当には意味などないのに極めてよく練り上げられた伝統的な祝辞の数々とはまるっきり無関係だ。

この曲の真の意味は、午前二時のレイクジェノヴァの駐車場で、僕らと一緒にあの車にいなければ決して本当にはわからない。そうして、ラジオから飛び出した「ドント・ストップ・ビリーヴィン」に目眩がするほど笑い出した経験がなければ絶対無理だ。

僕らはあそこでそうなった。あれこそは僕らが〝僕ら〟になった瞬間だった。あの時にもう僕は、自分がこの相手とずっと長い時を一緒に過ごすことになるのだろうなとわかっていた。体が軽くなったように感じたことも忘れはしない。こうも思った。

「今なら〝僕ら〟はどこにだって行ける。このままずっとドライヴし、その先にいったい何があるのか見極めてやる」

チャーリーはまだ昼寝中だった。僕らは〈クロスリー〉にレコードを置いた。まずは速引きのギターのアルペジオで破顔した。目覚ましくも見事で、かつすっかり自分に酔っている。

その先はスティーヴ・ペリーに合わせて手拍子を打った。あの〝ドント・ストップ〟と〝ビリーヴィン〟の間の箇所だ。

式の話を持ち出すことはしなかった。レイクジェノヴァの夜もまた然り。必要なかった。曲さえあればそれでよかった。

気づけば踊り出していた。結婚式の時みたいに互いにがちがちになっていたりもしない。ただそれぞれに腕に体を預け合った。

妻と最後にこんなふうに踊ったのはいったいいつだろう。そうも訝ったけれど、思い出すことはできなかった。

今の僕らはほぼ毎日、自分たちで造り出したちっぽけな人間に注意を払うことで目一杯だった。どうすれば彼がものや自分の体や、時にはその両方を壊してしまったりしないようにできるのかといったことばかりを考えていた。

たとえ二人きりでも、今度は物事を進めるその計画に忙しかった。さもなきゃテレビだ。

でも今は、今だけは、僕らは本当に〝僕ら〟だけだった。自分たちがあの〝僕ら〟をこの手の中からどれほどこぼしてしまっていたのかを思い知らされた。

永遠にそうしていることも、ひょっとしてできたのかも知れないとも思う。聴き慣れた旋律に合わせて身を揺すり、二十歳の頃のジョークに笑い合うのだ。

だが僕らは〝ブルースを歌うために生まれてきたやつもいる〟のところでついつい一緒に大声を出してしまい、結果チャーリーを起こしてしまった。

しかしこの箇所ではそうするのがお約束なのだ。それも、人間という種に許されている限りの精一杯の大声でというのが望ましい。そのくらいできなければ、従軍中の交際相手に子供を認知させることなど到底不可能なのだから。

Nine

再びシャンペン通りの〈レコードスワップ〉へとやってきた。初めてこの店に足を踏み入れたのは六ヶ月前だったが、まるで一生分も昔に思われた。

前の時はまだ暖かだった。そしてこのボブからは、それこそイカれ野郎みたいな扱いを受けたものだった。

でも今回はいろいろ違った。

まず冬になっていた。だからここへ着くのにも、吹雪の只中を懸命に車を走らせなければならなかった。

そしてボブの空気が変わっていた。まるで旧友でも迎えるように扱ってくれたのだ。信頼できる相手だと思ってくれてでもいるらしい。

「お前さんにこいつを見てもらおうと思ったもんでな」

彼の手が青い防水シートを剥がしていく。検屍官が親族に遺体を確認してもらおうとしているとでもいった手つきだ。シートが強張った音を立て、埃を宙へと舞い上げる。

その下から現れたのは、複数の箱だ。数十はあろうかという、ひしゃげて輪郭すら失った悲しげな箱たちだ。

僕はずっと自分のレコードを探していた。ああでも神様、もうこんなことに手をつけてからどのくらい経つのかすら、最早自分でもよくわからなくなってしまいました。丸々一年くらいだろうか。

始めたのは前の春だった。今はもう二月だ。あれから僕は、千にも及ぼうかという数の、箱に棚に本棚に、さらには牛乳用の木箱なんかの中身を検めてきた。もちろん概数だが、それほどかけ離れてもいないはずだ。

出向いた場所も様々だ。シカゴでなら、まだ営業している店舗には少なくともそれぞれ四回ずつは足を運んだ。捜索はイリノイ州の外側にも届き、各方向計八州にまで及んでいた。

ペンシルヴァニアにも行った。ニュージャージーもだ。最後にはニューヨーク州北部にまで出向いた。そうやって変わり映えのしない見た目を誇る各店々を訪れた。

脱色の始まったピンク・フロイドとカート・コベインのポスターがどこでも同じセメント色をした壁に貼られていた。棚の仕切りもやはり同形のプラスチックの製品で、バンドなりアーティストなりの名前がマジックで書き込まれていた。そしてやはりどこでも同じ、まばらな髭に痩せ型の体型という男たちが、誰かさんを相手にレコードの売り買いを続けていた。

そこで僕もまた、レコードをパタパタパタパタやり続けた訳だ。

西方にも遠征した。セントルイスのことなのだが、あそこは西でいいんだっけか。とにかくは、ここから西にある東セントルイスの店にも行ったということだ。

その店は僕が大学卒業後最初に住んだ部屋と同じくらいの広さしかなく、そのうえここでは腕いっぱいにボズ・スキャッグスのアルバムを抱えた男から、どうすればパレスチナ問題を解決できるかといった自説を声高に披露するのを延々聞かさる羽目にもなった。

しかもひとくさりそれが終わると今度はこの男は、やはり僕と同じく中年の、白い髭を生やしていたほかのお客を捕まえて、いったいジェスロ・タルは『アクアラング』以前と以降とどちらがいいのかといった持論を、同じほどの熱量で語り出したのだった。

「俺が信じているのは二つの事実だけでね」

ボズ・スキャッグス大好き氏はそう宣言してもいた。

「ユダヤ人には自国というものがあって然るべきだし、それから「リド・シャッフル」が七〇年代で最も重要な曲であることには疑いを挟む余地もないんだ」

僕はといえば、また飽きもせず、パタパタパタパタパタパタパタパタ――。

実際数多くの店舗に出向いた。これだけ行くとわかってくることもある。それはレコード店というものは、少なくともよいレコード店は、大概は環境の方はあまりよろしくはない場所にあるという厳然たる事実である。

そうなると、はたして近くに車を駐めておいていいものかどうかという問題に常に頭を悩まされ続けることになる。目的地はおおよそは質屋か、さもなければマクドナルドと同じ通りに並んでいて、駐車場では悪ガキどもが笑気ガス《ホイペット》でハイになっている。

そうでない場合には、どう見ても行き場などなさそうな中年男がバス停にじっと座っていたりする。それればかりか、安物の煙草や金の売買をやっているような店が歩ける範囲に必ず見つかる。例外はない。

そして僕はパタパタパタ。

いったいどれほど手を動かしてきたことか。しまいには親指と人差し指にたこができた。親指のなんか水ぶくれがひどくて皮膚科に行かざるを得なかったほどだ。レコード店の神が我が身に刻んだ聖痕《スティグマータ》だ。

時には気分が落ちてしまうこともあった。明確な理由などはない。実際には僕はむしろ笑えるくらい幸運だった。普通に考えて望むべく以上の数をすでに取り戻すことができていた。

しかしこの一連の〝パタパタパタ〟が奇妙な作用をこの身に及ぼしていた。勝利はそう頻繁にはやってこないうえ忘れ去ることも簡単だった。それゆえつねに前を向かざるを得なくなったのだ。次の箱にはちゃんとお宝が眠ってくれているものだろうか、と。

パタパタパタ。パタパタパタ。

パタパタパタパタパタパタパタパタ。

しかし大概は手ぶらで撤退せざるを得なかった。するとしばし心ここにあらずにもなった。

パタパタパタ。もっともっと勝利が欲しい。泥だらけのレコード数枚や、さもなければロブスターのハサミみたいな指の腫れ以外の、よりまっとうな努力の証しが必要だ。

箱の中身を確かめ続けるこの行為は、たぶんネヴァダ州のドライヴにも準えられよう。奇跡のような光景に不意に出くわすような場面が時たま起こる。どこでもないとしか思えない場所の只中に、ふと街の明りが見つかったりする。でも再び高速に戻ればあとはまた砂漠ばかりだ。何もない景色がこれでもかと続く。自ずと目は地平線を睨み続けるしかなくなる。もう一度灯りが現れてはくれないものか。そう待ち続けるけれど、でもそんなこと、やっぱり稀にしか起こらない。

　僕がまたぞろそんな疑念を抱き始めた時、つまり、こんな終わりの見えないパタパタパタに意味などなく、むしろバカげていて、結局は人生の無駄遣いに過ぎないのではないかと感じ出してしまったところを狙い済まして、天啓は舞い降りてきた。ボブからの連絡が来たのだ。

　そしてそれから六時間も経たぬうち、僕はここ〈レコードスワップ〉のバックヤードにまで招じ入れられていた訳である。

「見たいだけ見ていいぞ」

　箱の山を見下ろした僕にボブが言う。

「邪魔をするつもりもねえ」

　そこで彼が店舗の方へと視線を走らせた。誰もいない。たぶん〝彷徨える魂たち〟なんてものまで含めて完膚なきまでの無人である。

　しばらくは新たな客が現れることもないだろう。表は眩しいくらいに真っ白なのだ。ただ荒ぶる嵐が激しい雪つぶてをガラスに打ちつけているのみである。

　顔を戻すとボブが僕の言葉を待っていた。彼にもほかに行き場などなかったし、どうやらこちらと同じほど、いったい何が出てくるのか興味津々である様子だった。

　脹《ふく》ら脛《はぎ》の震えに今にも倒れてしまいそうになり、その場にかがんだ。寒かったのだ。一室には暖房もない。小さな電熱器が一つ見つかったが、それもスイッチは入っていない。

　バックヤードには実際レコード以外のものはほぼ皆無だった。しかもどれもが、もう十年は太陽すら拝んではいないのだろうと思われた。

　ほかに見つかるものはといえば、たぶん真夏の盛りに触ってもきっと冷たい灰色の壁と、炭鉱から持ってきたかのごとき、ランタンに似た照明だけだ。

　最初の箱を恐々開けた。それだけで崩れかけのボール紙が埃を一面に舞い上げた。

中身は複数枚の古典的アルバムたちだった。ペリー・コモが数点と、それからフィル・コリンズの『心の扉』が十四枚も見つかった。

重たげな音が天井を横切り、また埃の雨を僕らに浴びせた。僕は忌々しげに顔を上げたが、ボブには怯んだような様子もなかった。

「上はアパートになってんだ」

彼が言った。

「だが住人ってやつにゃあ会ったこともねえ。足音がしなけりゃ人がいるのかどうかもわからねえくらいだ」

しばらくは動き回るその物音に二人して耳を傾けた。やがて落ち着き場所を見つけたのか、それも止んだ。

「時々あいつは幽霊なんだと思い込もうとしてみることもある」

半分だけ笑顔になりながらボブが言った。入り口にはなお吹雪が打ちつけている。絶妙なタイミングだ。おかげでボブの、いわば幽霊願望が一層奇怪に思われた。

本当に二人きりなんだなと痛切に感じた。居心地悪いったりゃありゃしない。

四箱目が終わった。あとこのバックヤードでの前哨戦で検めなくちゃならないのは、たぶん百枚くらいではないかと思われた。


ここまでほぼ一年近く僕はこの瞬間を実現すべく足掻《あが》いてきた。極めて慎重な作戦行動だった。時節を測らなければならなかったし、強硬に過ぎる方法は回避すべきだった。

もし迂闊に真の目的を告げてしまえば、つまり〝あんたの地下室に行って所蔵品を見せてもらいたいんだ〟といったことをうっかり口にしようものなら、彼はきっと怯えてしまうに違いなかった。とにかく僕はまず、人好きのする人間でなければならなかった。

　ただ挨拶だけのメールを送ってみよう。返事がくればさらに多少のやりとりをする。友人だと思わせるのだ。かつ、著しく無害だと。

　そして、自分たちがレコードへの愛を共有しているのだという点を折に触れて強調する。もちろん押しつけがましくなったり物欲しげになったりしないよう十分注意する。我が内なる切望はまだ些かでも気取られてはいけない。

　でも、彼がいったい僕のどのレコードを持っているのだろうと思いを馳せればいつだって体が震えだした。黴臭い地下室で連中は、僕が現れそこから解放してくれる、その瞬間だけを待ち侘びているに違いないのだから。

　当初の筋書きはこうである。まず、週末だけでいいから一度店で働かせてもらえないかと申し出てみる。この新世紀にレコード店なるものの舞台裏で実際に起こっている出来事が書きたいのだくらいには言うつもりでいた。

　同僚の地位さえ得れば、仕事終わりに一緒に一杯やりに行くこともなんら不自然ではなくなる。そうすれば次には、あんたンとこで寝酒でも引っかけようぜ、とかも言える。缶ビール六本パックは僕が出すよともつけ加えよう。

　かくていよいよ彼の居間まで入り込んだら、今度はこう切り出すのだ。そういやあんた、階段の下に大量のレコードがしまってあるとかなんとか言ってなかったか？　ちょっと見せてもらってもいいかな？

　しかしながらこれらのどれも、彼の前で口にすることは叶わなかった。辛うじて最初のアルバイトの箇所だけだ。しかもこれにもどんな反応も返ってくることはなかった。

　数ヶ月が過ぎた段階でもう少し図々しくなっ

てみることにした。メールで、もう一度シャンパン通りの店を訪ねてみるつもりだと伝えたのだ。この時はさらに話を盛った。レコード産業にまつわる雑誌掲載予定の原稿が新たな進展を見せた、みたいなことを書いたのである。彼自身についても触れたいのだと申し出た。

「凶作の歳月を逞しくも潜り抜けてきたこの人物は、絶滅の危機に瀕した一九九〇年代の終盤から近年の再興に至るまで、あらゆるレコード産業の変化と進化とを見届けてきた」

とかああたらかたら、その手の企画的な内容をでっち上げた。かまうものか。実際いつかそんな原稿を書くかも知れないではないか。

二十四時間しないうちに返事が届いた。

「時間をかけて地下室を整理した。それなりにきつかったぜ。まあ、見られるような状態にはなった。来るんなら歓迎するぞ」

そう書かれたメールに大急ぎで返事した。

「明日伺います」

しかし現実にそこまで至る道程はけっこうな綱渡りだった。理由は多々ある。まず一つ目はこの明日というのがヴァレンタインの当日だったことである。妻を置き去りにして遥々イリノイ州の南部までドライヴし、レコード店のオーナーである相手と一緒に彼の地下室で時を過ごすには、マジ最悪なタイミングだ。

でも僕がどうしてもそうしなくちゃならないことは妻も理解してくれたし、それに二人が二人とも、この日の行事などすっかり商業的で、聖人を言祝《ことほ》ぐ本来の意味などこれっぽっちも感じていなかった。それでもどうしたって間抜けには見えてしまうことは免《まぬが》れ得なかった。

二番目の理由はこの吹雪である。これがまたずいぶんとひどいものだったのだ。普通の理性の持ち主ならば、本物の緊急事態でない限りこんな天気に二時間ドライヴしようなどとは決して思わない。それくらいの大荒れだった。雪の吹きつけ具合といったら、コマ撮りアニメの特番に出てくる人形のサンタが、どうも今年はクリスマスをなしにしないとならんぞとか、今にもぼやき出しそうなほどだった。

それでも来た。そして店のバックヤードで箱の中身を次から次へと検《あら》ためていた。その間オーナー氏の方は、こちらの作業を見守りつつ、何だかよくわからない話を次から次へと続けていた。聞いているように見えるべく首だけは縦に動かしながらパタパタパタパタやり続けた。

そうしながら、これがまだほんの入り口に過ぎないことを切に願っていた。きっとこの後彼は自宅まで僕を案内し、地下室にしまわれた本当に問題のブツたちを見せてもくれるはずである。そっちにはたぶん一晩かかる。

でも、いったい何のためだ？　僕はどうしてこんなことをやっている？　不意に自分がただの大馬鹿者である気がした。

いったい全体どんな愚者なら、昔の自分のレコードを探すなんて行為に一年という貴重な時間を浪費してしまうといおう。そもそもレコードなんて基本は互換可能なものだ。十五分もあればアマゾンで全部揃えることもできる。やっぱりイカれてる――。

「お前さんのしてることはそんなにとち狂ってる訳でもねえぜ」

ボブの声がした。ええと、何だって？

「何人かとこの話をしてみたんだ」

ボブは続けた。

「先週も誰だかとこの話題になってな。俺ゃあお前さんがしようとしていることをそいつに話して聞かせた。こっちはイカレポンチのすることだと思ってるってことまでな。ところが野郎はこう言いやがった。いやいやいや、彼は至極まっとうだよ。自分で持っていたレコードというのはそれぞれひどく特別だ。そこかしこに傷やノイズがある。でもそこがキモだ。ほかでは代わりが効かない。完璧に同じってことは有り得ないとかなんとかな。そこで俺様もその点を考えてみたのさ。で、ああ、こいつは正しいなと思った。納得したんだ」

　彼を見上げた。オチは何だろうと待ちかまえていた。でもそんなものはどうやらなかった。

「そんで俺も、自分が十代の頃に買ったレコードってやつを掘り出してみたのよ。そいつらはつまり、俺の一生ってやつのほとんどすべての時間を一緒にいたことになる。だけどそこに何か意味があろうとは考えたこともなかった。だからな、いや、全部大好きなんだが、要は好きなのは音楽の方であり、現物のレコードそのものでなんぞ決してない。そいつは結局容れ物でしかない。新品の『明日なき暴走《ボーン・トゥ・ラン》』とお前さんの傷だらけのそれと、いったいどこに違いがある？　そのくらいに考えていたんだ。だがようやくわかったよ」

　ボブの手が伸び、僕の肩へと置かれた。

「お前さんが気づかせてくれた」

　そのままボブは、箱を下ろし床に並べていく作業にも手を貸してくれた。ほとんどは何も書かれていなかったが、中には〈オルタナティヴロック〉とか〈ＣＤ〉とか、ただ〈私物〉とだけラベルが貼ってあるものも見つかった。

　さらに確認作業を続けるうち、一枚のアルバムに不必要に長く手を止めてしまった僕に気づいた彼が尋ねた。

「あんたのか？」

「かも知れない」

　僕が応じると彼は首を縦に動かした。

「いいぞ、好きに持っていけ。そして家に帰って聴いてみろ。それ以外に確かめる方法なんてねえだろう?」

　でも、それが僕のものでないことは九分九厘間違いはなかった。作業を中断するほど見入ってしまったのには実はほかの理由があった。

　アルバムはニュートラル・ミルク・ホテルの『イン・ジ・エアロプレーン・オーヴァー・ザ・シー』である。こんな、嫌われ見棄てられたレコードたちのひしめく箱の中にこの作品が紛れ込んでいたこと自体がひどく奇怪に思われていた。二十五セントのステッカーを貼られたタミー・フェイの『ウィアー・ブレスト』と、ナイト・レンジャー作品との間だった。

　これはこんなところにあっていいものじゃない。それは明白だった。たとえるなら、ブルックリン在住の尖りまくりの少年が、たまたま教会の地下室に入り込み、あろうことかそこが気に入って、年配の皆様方と一緒にお茶でもいただいている現場を思いがけず目の当たりにさせられてしまったような違和感だった。

　それは僕のレコードでなど全然なかった。しかし再びこいつを目の当たりにし、改めてその奇天烈極まりないデザインにはっとさせられてしまうと、いや、同作のジャケットというのは頭がキュウリの輪切りみたいになっている女性が〈ジーク・ハイル〉式の敬礼をしているとでも表現するのが相応しいのか、とにかく何が起きているのかさっぱり訳がわからないという代物なのだが、とにかくそうなってしまうと、最初にこれと出会った頃の、ケツがむず痒くてたまらなくなったような居心地の悪さまでもがついつい甦ってきてしまったのである。

　九八年くらいの時期だ。この当時はほぼ友達に勧められたものだけを聴くようにしていたのだが、それでも同バンドのフロントマンであるジェフ・マンガンの書いた、マグナム級といった呼び方こそが似つかわしいような彼らの作品群に対する僕自身の第一印象は、決して芳しいものではなかった。

「こいつキリストかぶれだな」

はっきりそう思ったことは今も忘れない。

「おいおいおい、今この野郎〝精液が山頂を汚す〟とか言ったのか？　ひええ」

しかしこの最初の不信感にもかかわらず、僕はもう一度この全体に耳を通した。それどころか機会があれば繰り返しかけた。二十代の頃はそれが当り前だったのだ。

新しい音楽にはまず闘う機会を与えてやらねばならなかった。四回とか十五回とか聴かないと心に刺さってこないような事例があることもわかっていた。いや、確かに五十秒でそうなるものもあるにはあったが、時にひどく時間がかかることもしばしばだったのだ。

だから、音楽には少なくともしばらくは一緒に生活させてやらなければならなかったのである。本当には聴いていないような場面でもかけておかないとならない。むしろ、ほかのことをやっているような場面でこそ、こいつらはこっちの体内にまで潜り込んでくる。あるいはようやく信頼してくれるようになる。何故なら音楽は生き物で、こちらが用心深く接しているのと同じほど向こうも警戒しているからだ。

年を取り近頃の僕は怠惰になった。新しい音楽に触れる際も、そうした努力を払うよりはむしろ、一瞬でこちらを夢中にさせてくれることを安易に望むようになっていた。

昔のレコードを取り戻すというこの一連を始める以前からもうすでに、自分にこの手の辛抱がなくなっていることは自覚していた。だがこうした姿勢こそが実は、手触りの異質なリズムにメロディーに和声といったものや、それらの組み合わせにこちらの気持ちが同調するために必要不可欠な手続きだったのである。

初めて接するアーティストたちのことだけではない。そういった化学反応をすでに経験させてくれていたバンドやミュージシャンたちに対しても、本当はそうだ。

レディオヘッドの『OKコンピューター』のことはほとんど家族同然にも思っていた。だが『イン・レインボウズ』が出た時には〝ま、いっか〟といった程度になった。以来バンドは僕の中で一切の重みを失った。関係性に地殻変動にも似た変化が起きてしまった。

ライアン・アダムスの『ハートブレイカー』にだって特別なものを感じていた。しかし次の『ゴールド』からは、すでに押しつけがましさみたいなものを受け取っていた。いわば愛のない結婚の末のデートの夜だ。その後も彼はアルバムを発表しているのだろうか。たぶんしている。だが知りもしない。最早興味さえない。

そういうアーティストはほかにも数え切れないほどいる。クラップ・ユア・ハンズ・セイ・ヤーにストロークス、ガスライト・アンセムにナショナル。皆いわゆる〝そこそこ〟のアルバムを作ってしまうまでは僕が無条件な愛を捧げていたバンドたちだ。

でも、一度でもそういうのを聴かされてしまうと空っぽになった。だから彼らからの電話にも一切コールバックしなくなった。

昔はとにかく新しい音を探しまくった。サイトの〈ピッチフォーク〉を信奉し、ジャケットだけを頼りにアルバムに手を出した。似非モヒカンの髪型を金色に染め〈ピクシーズと死す〉と書いた丈の短いTシャツ姿の女の子が〝これあたしの新しい神様なの〟と言っていたという理由だけで、心積もりしていた予算以上の金額でも惜しげもなくつぎ込んだ。

しかし今レコード店のバックヤードにいる僕が探しているのはすでに名前も音楽も熟知して

いるアーティストたちだった。〈eベイ〉をうろつくのは、古い友達みたいにずたぼろになったアルバムを見つけるためである。とどのつまりはこの記録的吹雪の只中に、寒い倉庫用の一室で、箱一杯のひん曲がりかけたレコードを覗き込んでいるという訳だ。

彼らが歪んでいるのは何年も黴臭い箱にしまい込まれていたからというだけではない。人の手に触れることすら一切なかったせいだ。ローマの孤児院の新生児たちみたいだ。

だからこの『イン・ジ・エアロプレーン・オーヴァー・ザ・シー』が思い出させたのは、自分が何を探しているかではなく、自分がどう変わってしまったかということだったのだ。

ひょっとしてこれらの箱の中からもかつて僕のものだった一枚が見つかってくれるのかも知れない。でも、だからなんだ。映画『市民ケーン』の終わり間際の橇《そり》を燃やすシーンと、どれほどの違いがあるという。

それは単に僕自身がもう進化することすら止めてしまったことの証拠でしかないのではないか。かつて抱いていた自分自身のイメージから抜け出せず、むしろそれに執着しているということにほかならないのではないか。

結婚して以降は、独身時代で唯一恋しく思うものって最初のキスの興奮だよねというのが、僕とケリーの間のお定まりのジョークとなっていた。

未知への期待。胃の中で蝶がざわめくようなあの感じ。体を屈め、いよいよ唇が見知らぬ相手のそれと初めて触れ合うのだという閃光にも似た興奮。一切が新鮮で完璧で、同時に怖くて恐ろしかった。

でも結婚して二十年も経てば最初のキスを美化することすらしなくなる。そんな感覚はバックミラーの遙か後方に消え去っている。

こいつがだから、僕自身の音楽との関わり方においても同様に起きていた事態だったのではないのか。そう考えた。

では、ファーストキスを諦めてしまってもはたして自分は大丈夫なのだろうか。しかしこればかりは幾ら頭を捻ってみても結局よくわからなかった。

なおパタパタパタパタパタやり続けた。ほかにできることなぞ何一つない。

でもそれも、そこにあるものをあらかた見尽くしてしまうまでだった。

いよいよ最後の一箱となったところでパニックめいた感覚に襲われた。十代の頃、ホームウッドに在った方の〈スワップ〉で土曜の丸々を費やし、果てのないレコードの棚を前に延々パタパタやり尽くした挙げ句に感じたものとまったく同じだ。

その日も芳しき香りを放つ棚を列から列へと移動しながら、出逢いの可能性への期待に酔いしれていた。でもそこでもう最後の棚にいることに気がついた。あと見ていないのはたぶんVHSのセクションだけだ。ここに至って僕は、レコード店探索者の存在論的恐慌にしっかり囚われてしまったのである。

ひょっとして先を気にするあまりパタパタやるのを急ぎ過ぎ、目と鼻の先にあった貴重なものを見逃してしまったのではないか——。

今の自分が抱いていたのがまさしくそういう思いだった。ボブが最後の数箱を運んでくれたところで、だからパタパタやっていた僕の指先は、当初の〝どれくらい時間がかかるかわからないよな〟的な焦燥から一転し〝もし手ぶらで帰る羽目になったらどうしよう〟的な、重鈍な藻掻きへとペースダウンしていたのである。

はたして全部のレコードを確かめられるものだろうかという恐怖が、急ぎ過ぎたのではなかったかという不安にすり替わっていた。

「ところでお前さん、家にも来たいつもりでいるのか？」

その言葉がボブの口から出た時にはだから、僕のパタパタは最早、注意深いと形容してかまわない速度にまで落ちていた。もう最後の箱の残り数十枚といったところだったのだ。

背筋に電気が走ったような感覚が襲ったが、あまりに物欲しげに見えたくはなかった。でも躊躇する素振りも見せたくはなかった。それで少し早口になった。

「ええ確かに」

「掘り出しもんがたくさんあるぞ」

彼が応じた。

「お前さんのレコードが眠っているのもたぶんあそこだ。二人で全部確かめるのも悪くねえ。多少大麻《ガンジャ》でも吸いながらな」

「そうしちゃいけない理由もなさそうですね」

言いながら僕は最後に見ていた箱を傍らへと押しやった。

ようやく時が来た。我が世の春だ。こんな気持ちになったことは独身時代以来だ。たとえば誰かさんとデートに出かけている気分だ。向こうがキスを待ち望んでいることも明白だ。今夜はきっとキスまで行ける。唇が重なり合うのは、最早時間の問題に過ぎない。そうわかった時にだけ走る電気が全身を駆け抜けた。

だがしかし、その瞬間を待ち侘びるこの時間こそが実は一番美味しい部分なのである。甘美な予測。何か素敵なことが待ち受けているという期待。まあ、てめえが何かとんでもないバカをしでかさない限りは、ということではいつもいつもあるのだが。

「そいじゃあよ――」

ボブが沈黙を破った。

「お前さんの車に乗せていってくれるよな？」

葉っぱがいよいよ回ってきたのは『ラバー・ソウル』のB面の中程だった。最初はそのせいだとも思わなかった。ふらふらするのは食事が足りていないからだくらいに考えていた。

実際、朝食の後は何も口にしていなかった。さっき腕時計を確かめた際には、針は午前二時を指していた。するってえと以後今日一日で僕が摂取したのは、ぼろぼろになりかけのボール紙の香りと埃だけということにもなろう。

だがそいつは抗いがたく襲ってきた。奇妙な感覚がたちまち四肢から背中からを洗い流し、ぬるま湯に全身を浸している気分になった。どうしたってそれまで吸った五本の大麻煙草《ジョイント》と関係あるに違いなかった。

ボブが大麻《ガンジャ》を勧めてくれた時、ちなみに彼はこの呼び方しか使わなかったのだが、この呼称は僕にはいつも、潜入捜査官が不法取引の現場を押さえるべく売人からそいつを買おうとしているようにしか聞こえなくて、そのせいもあり最初は多少躊躇した。

大麻でもやろうというのは悪くない考えだと思っていた。若い頃楽しかった物事というのがいつもいつもこいつを消費しながらであったことは、まあ、あまりこういう場であからさまに認めていいものでもないだろうから、だから、真偽は神のみぞ知るところではある。

けれど今こいつは最早僕の日常でなどまったくなかった。習慣はすでに断ち切っていた。正直巻き方すらもうおぼろげだ。煙を肺にとどめておく、そのやり方となったらなおさらだ。

もっとも意識して止めようと決めた訳でもなかった。徐々にそうなっていったのだ。何日か吸わない日が続き、いつしかそれが数ヶ月になり、そのまま気づけば非常用のニッケルのバッグを引き出しの下着の中に隠しておくような必要もなくなっていた。あ、だから、吸うのにはそういうものが要りようだったのである。これもまた神のみぞ知る事実の一つである。

しかし四十代を迎え、しかもすでに十年以上葉っぱを煙にして吸うという類の行為の一切からすっかり遠ざかっていたりすると、ある朝目を覚まして出し抜けに〝大麻が欲しい〟とか思うことすらできなくなる。ワインとは違う。

たとえばワインを十年断ってから、カベルネが一杯欲しいなと思ったとしたら、その時は車を出して酒屋に行き、一本買い求めればいい。

けれど大麻はどうする？　四十五歳の中年男ともなれば、あの臭い草を手に入れるよりはむしろ、含有量豊富なウラニウム鉱石の採掘に成功する方がまだ望みがあるくらいだ。買える伝手など最早ない。

そんな訳でやや神経質になっていた僕は、ボブが煙草《ジョイント》を巻き始めたのを目にしてまずはしどろもどろになった。

一本目を巻き終えた彼がそいつを僕に手渡してくれた。見下ろして、さてどうしたものだろうと考えた。

今自分がいるのはイリノイ州南部のこぢんまりした家の地下室だ。天井は圧迫感を感じるほど低く、剥き出しのパイプは頭をぶつけるには格好の位置にある。

わかる限り出口は一つきりだった。地上階へと続くぼろぼろの梯子段で、けっこうな段数があり、造りも危うげだ。きちんと動ける状態でも簡単には脱出できそうにない。

そのうえ表は雪なのだ。首尾良く車を出せたとして、ラリった頭ではいとも容易く雪山辺りに突っ込んで、どこかで必ず立ち往生してしまうだろう。結論として僕は、しばらくの間どこにも行けない訳だった。

　悩んだ挙げ句ここの住所をメールでケリーに送信した。そして状況を説明し、なるべく電話の近くにいてくれるように頼んだ。万が一の場合、つまり大麻のせいで僕が何かしらのっぴきならない状況に陥ってしまったらということだが、その時には彼女にこの場所へと救急車を手配してもらうつもりだった。

　当然この文面を目にした妻は即座に電話を鳴らして寄越した。僕はボブにトイレを使わせて欲しいと頼んだ。

「そういうことはやめてちょうだい」

　出るなりいきなり叱られた。

「平気だよ」

　剥がれかけの壁紙の端を引っ張りながらせいぜい小声で返事した。

「でも符牒だけは決めておく必要があるとは思うんだ」

「符牒ってなによ」

「だから、ひょっとして僕がまずいことになったとしよう。でも君に電話で〝温水暖房に手を縛りつけられちまったんだ〟なんて言う訳にはいかないじゃないか。上手くやらないと」

　だけどまあ、思えば立場なるものの逆転することのなんとあっという間であることか。自分が彼に信頼されているなどとても信じられないままでいたのはそう遠い昔のことではない。

　ところが今の僕は、むしろ向こうが何か邪なことを企んでなどしてはいまいかと懸念しているのである。

「ものすごく嫌な気分なんだけど」

　妻は言った。かまわず続けた。

「こういうのはどうだ？　ヤバい時にはこう言うことに決めておくんだ。君が欲しがってたバナナラマは見つけられそうにないよって。悪くないだろう？」

「バナナラマなの？」

「まずいか？」

「私バナナラマなんて好きじゃない」

「問題あるかよ。そもそも彼は君を知らない」

「お願いだからバナナラマ以外の誰かにしてくれないかしら。あの娘たちにはいい曲なんて一曲きりしかないじゃない」

「バナナラマが楽なんだ。彼女たちのレコードなら今日だってもう五枚かそこらは見ている。こっちの頭はもうバナナラマだ」

「それじゃあ私がバカみたいじゃない。アーケイド・ファイアじゃだめ？」

「九〇年代の終わりには閉めちまってたレコード屋の在庫なんだよ？」

　そう応じた自分の声は数オクターブも跳ね上がっていた。

「アーケイド・ファイアなんてある訳がない」

「そんなこと初耳だもの」

　彼女も負けてはいなかった。

「私はきっと、だから、新規開店のレコード屋さんだとでも思っていたのね。過去にだけ住んでいる人たちだけのためじゃないお店」

「バナナラマでいくぞ」

　声を殺して僕は叫んだ。

「それが一番怪しまれない」

　電話を切って戻った僕はようやく大麻に手をつけた。もし僕がこの、ホラー映画の中からそのまま飛び出してきたような地下室で、氷の牢獄みたいな記録的吹雪の中、それが夫の命を救うことになるのかも知れないからと、気の進まない妻にバナナラマのファンである振りまでさせたうえで、いよいよ本当に命を落としてしまうのだとしたら、せめて運ばれる時には笑顔を浮かべていたいな、とか考えた。

　とりあえず一口すぼめたままの唇で煙を吸い込んでみた。そんなに一気に吸ったつもりもなかったが、気がつけば両頬がディジー・ガレスピーばりに膨らんでいた。ヤク中ヴァージョンの彼だ。

　そのまま待った。だが何も起きなかった。

　ボブは次の一本を巻いていた。今度は本格的に吸ってみた。ちゃんと肺まで煙を入れた。味はひどかった。湿度の高い夏の午後の市バスの排気ガスみたいだ。それでもどうにか肺にとどめようとはしてみたが、咳き込んで結局ほとんどを吐き出してしまった。

　また待った。やはりどうともならなかった。

　そんなことは全部お見通しだとでも言わんばかりのボブは、こっちがまだ摘まんだ指先を口元に運んだままだというのにもう三本目を巻き始めていた。

　さらに四本目。今度はその二本を交互に吸った。目を血走らせつつ、おそるおそるだ。

「俺にはこいつはもうあんまり効かなくなっちまってんだよなあ」

　ようやく彼が口を開いた。

「確かにちょっとざらついてる」

　同意を示した自分の声は、まるでカエルのため息みたいにしか響かなかった。

「ある程度量を吸わねえと回ってこねえ」

　続けた彼に訊き返した。

「どのくらいですかね？」

　返事は戻ってこなかった。相手はまた煙草《ジョイント》を巻く作業に戻っていっただけだった。

　僕も箱の続きへと戻った。もうどのくらい見たのか、あとどれくらい残っているのかもさっぱりだった。ボブは正確な数までは教えてくれなかったのだ。わかっていたのはたくさんあるということだけだ。

　すでに地下室に降りてからも優に四時間は経っていた。その間ずっとパタパタパタパタやっている。そろそろ終わりが近いなんて仄めかしもない。ひょっとすると、まだ半分にも到達していないのかも知れない。

　僕の居場所はソファだった。一応色つきの布で覆われているが、詰め物はきっと巨大なクソだと思われた。そしてその位置からボブが運んできた箱へと身を乗り出すのだ。

　箱は次から次へとやってきた。どこかにある続きの小部屋や、あるいは角に積み上げられた山や、とにかく彼の弟がこれらを放り出した時にボブが押し込んだその場所からだ。彼が箱を持ってくるペースの方が、僕が中を検め終えるよりも明らかに速かった。

　ジェンガのパーツみたいな剥き出しの木材の柱が二本、僕を挟むようにして立っていた。僕の前に十分な箱がたまったことを見て取ると、ボブは店の倉庫のそれとよく似た、炭鉱みたいな作業灯の真下辺りに陣取った。この空間を照らす唯一の光源であるそいつは、天井を這うように伸びた延長コードからぶら下がっていた。

　ボブはその位置から満足げに自分の持ち物であるレコードたちを見下ろした。そこにあるものたちを改めて説明するためだ。なんとなればそれこそは、人類の雄なる種類の生き物が、たとえどんな形式であれ、つまりはレコードだろうがＣＤだろうが、さもなければｉポッドの中に精選されたデータであろうがということだけれど、とにかくそうやって音楽を蒐集する、唯一にして無二の理由だからである。

　そいつはつまり、いつの日か誰かが自分の家にやってきて、その分類方法の背後に横たわる哲学について知りたがる時が来ることを夢見ているがゆえなのだ。

　〈テッドカンファレンス〉か何かの講演みたいな一人語りで、自分が自分のレコードを、何故アルファベット順ではなくジャンルごとに分けてしまうようになったかを説明したがらない男がもしいるのならば、とっととこの場に連れてこい。そいつこそは魂を持たない抜け殻だ。

「これはいろんなアーティストが突っ込んである箱だな」

ボブの声は地下室の棚が作った迷路に反響しながら届いた。

「こっちはロックで、こっちはクリスマスだ。これはカントリーか。こっちのはレゲエだな。レゲエの十二インチはここだ。こいつは分けとかんとならんからな」

「それはそうですね」

僕は応じた。

「この箱はジンバブエのアルバムだ」

彼はなお止まらない。

「ここはアフリカの作品だ。それ以外のインストゥルメンタルは確かこっちにまとめてある。こっちのはアラブの箱だ。ここのはフォークとロックとブルースとジャズだ」

「それが全部一緒くたなんですか？」

訊き返す時、思わず顔が上がってしまった。

「そうだ。そっちの方が意味がある」

アフリカのある一国とアフリカそれ自体とが区別されていたり、あるいはピート・シーガーにマリリン・マンソンと、さらにはジョン・コルトレーンまでもがまとめて一緒になっている音楽的釜煮《グヤーシュ》ができあがっていたりといった彼の分類方法に深入りすることに、さほどの意味はなさそうだった。それでもこうした脈絡のなさが、どこかで我が身を落ち着かせてくれていたことも本当だ。

「俺の考えはこうだ。レコードが秩序だっていないやつは人生の方もろくなもんじゃねえ。そんなこたぁ有り得ねえ」

言葉は独り言のように静かで、僕に話しかけているのかどうかすらもう怪しかった。それでも僕は返事した。

「その通りだと思います」

「だからよ、マジできついことが起きた時にはレコードを整理しなおすのが一番いいのさ」

言いながら彼は手近な箱から一枚を取り出した。手つきはとても穏やかだった。

「絶対役に立つ。物事が意味を取り戻す」

確かにこの時こそは、僕にすれば、まさにそういう具合に物事が意味を取り戻した瞬間でもあった。誰かが自分を理解してくれている。それがしみじみ伝わっていた。宇宙でたった一人きりであるような感覚が一気に薄まった。

そうなると最早それ以上は何も言葉になどしたくなくなる。何を言ってもこの一瞬の清明さが汚されてしまうからだ。

自分と同じように考えている相手と同じ部屋にいるのなら、ただ静かにしているだけで事足りるものだ。

だから僕らはしばらくの間そのままでいた。

やがてボブの口が再び開いた。

「もう少しガンジャはどうだ？」

「死ぬほど欲しいです」

彼が新たに煙草《ジョイント》を巻き、それを二人で一緒に吸った。それから彼がまた別のレコードをかけた。何なのかはわからなかった。たぶんジンバブエの音楽だ。

パタパタパタ。僕は続けた。箱の中からは目を見張るようなものがたくさん出てきた。そしてそれと同じほど、目を覆いたくなる代物たちも見つかった。忘れ去られ、見棄てられて然るべき作品たちだ。そういうのが平気で空間を共有していた。

たとえるなら、アルバート・アインシュタインが終生〈コストコ〉の一従業員でしかなかった男と同じ老人ホームで余生を送っているようなものだ。

しかし彼らはいったいどうして同じ施設へと

押し込まれることになったのだろう。ついそんなことを訝った。

何故『クリスマス・ウィズ・ナット&ディーン』がデイヴィッド・リー・ロスの『クレイジー・フロム・ザ・ヒート』と寄り添って過ごすことになったのか。『ジェーン・フォンダの若返りエクササイズ』が『デ・ラ・ソウル・イズ・デッド』と終の棲家を共有しているのはどんな理由か。ダン・フォーゲルバーグの作品群がジーザス・アンド・メリー・チェインと箱《ボックス》メイトになるに至ったのはどういう経緯だったのか——。

なるべくしてそうなったのか、たまたまか。あるいは何かの意志の下にこれらのアルバムたちが共にしまわれることになったのか。ボブによれば、その辺のはただまとめて放り込まれただけで、順番もわかりやすさもへったくれもないはずだとのことだった。

だとするとこの辺りの箱たちは〈スワップ〉に持ち込まれた時点からすでにこの状態だったのだろう。これらの以前の持ち主の、ある時点での日々の暮らしの、ボール紙でできたスナップショットだという言い方ならできそうだ。

なんだか北大西洋に沈んだ〈タイタニック〉の水中写真を見ているような気持ちになった。まだその同じ海の底にある、とっくに止まって錆ついてしまった時計の針にこの身を貫かれてしまったかのようだ。

そいつが示している時間は、持ち主がこれらを置き去りにして自分はそのまま溺れ死んでしまう、その直前の一瞬なのだ。こういうのを見ていると、現実には知りも知ないその相手を、昔からよく知っているような気持ちにもなる。

ボブがまた棚の向こう側から現われて、目の前に新たな箱を積んでいく。いったいどこからこうも次々引きずり出してくるのかもわからなかった。こちらが見終わった箱をどこにしまっているのかも同様だ。

「あいつはガキみたいなバンドしか聴かねえ」

僕の足元にまた別の箱を落しながら彼がそんなことを切り出した。

「それもトップ40に入ってくるような連中ばかりだ。興味を示すのはそれだけだ」

当惑する僕をよそにボブは続けた。

「ええと、娘さんですか?」

当てずっぽうで尋ねると彼が厳かに頷いた。

「今高校生だ」

「難しい年頃ですね」

わかったような振りでそう答えた。

「あいつにレコードプレイヤーを買ってやったんだが、すぐに壊しちまいやがった。あの手のものは欲しがりもしねえ。レコードを欲しいと思うこと自体がもうわからねえみたいだ」

「娘さんだけじゃないですよ」

僕は応じた。

「近頃の連中はみんなそんな感じです」

「この先いったいどうなると思う?」

ボブは吸いさしの一本をつまみ上げ、そいつにもう一度火をつけながらそう訊いた。

「たぶん最終的に僕らは全員、クリップみたいな金属片を頭の中に埋め込まれます。本も歌もそこにダウンロードするんです。しかもそいつは眠っている間に更新される。気がついた時にはすでに頭の中にある。実際に聴く必要すらない。ただ記憶にある。だからつまり、現実に耳で聞いた経験すらなしに知っているという事態が起こるようになる」

けれどそこでボロボロの、プリンスの『アラウンド・ザ・ワールド・イン・ザ・デイ』を見つけてしまったものだから、思わず唇が閉じてしまった。このレコードは、目にするたびに父を思い出させるのだ。

一九八五年だった。あるいは八六年かも知れない。卒業のダンスパーティーには当初ヘザーと行くつもりでいた。だが直前になって彼女にほかの相手ができて、振られてしまった。誰か代わりを探すよりはパーティーそのものをすっ飛ばす方がよほどましに思われた。

　だからそうした。代わりにその夜はずっと部屋に一人きりで過ごすのだ。灯りはつけず、そうやって愛されていない自分に鞭打ちつつ、自らの手で世に生み出した自己憐憫という名の怪物に、バケツいっぱいの餌を与えてやる。そんなふうに考えていた。

　けれど十代の憂鬱とも呼ぶべきそうした兆候に気づいた父が、我が計画を実行させてはくれなかった。僕を部屋から引きずり出し、男の夜遊びだとかいって連れ出したのだ。

　その中身はといえばだが、ファーストフードで買ったハンバーガーを駐車場で食べ、その後はリンカーン商店街の〈レコードバー〉なる店で買い物をすることだった。

　僕らの音楽の嗜好には共通点など皆無だったから、父と二人でレコード屋をぶらつくなんて事態はひどく居心地が悪そうだった。きっと一緒に大麻煙草《ジョイント》をやるようなものだろう。

　念のために明記しておくが、僕はそんなことは、つまり、親と大麻を吸ったなんて経験は本当に一度としてない。まあだがそういう訳で、いつもなら純粋な楽しみであるレコードあさりも一気に輝きを失った。どうしたって自意識過剰になるし、気も削がれる。

　しかし父はことレコードに関しては見事な編隊飛行を演出してくれた。自分の分野であるカントリー&ウエスタンから離れることをほとんどしなかったのだ。おかげで僕も自分の領域に存分に身を落ち着けていることができた。

　父は自分自身とは違う人間の振りをしようと

などしなかったし、僕が答えたくないと思っているだろう問いを発することもしなかった。やがて『アラウンド・ザ・ワールド・イン・ア・デイ』を選び出して持っていくと、頷いてただこれだけ言った。

「カッコいいじゃないか」

実はこの頃の僕はまだ、あの輝かしき「レッツ・ゴー・クレイジー」を除いてしまえば、決してそれほどプリンスが好きだった訳でも全然なかった。けれど父はそれを説明させてくれることもやはりしなかった。

当時プリンスが好きだというのはそれだけでそれなりにカッコよく見えたものだ。少なくとも、ハンサムで運動神経もよく、自信に満ちて彼女もいる学校内の連中の間ではそうだった。

そして僕は、ハンサムで運動神経もよく、自信にも満ちて彼女までいるような一人になりたかったのである。

あの頃の僕にはプリンスは少なからず異形の存在に思えていた。身長の割りに性欲過剰で、もうちょっといろいろ落ち着いて、だからピストンだってもう少しゆっくり気楽にやった方がいいんじゃないのかな、くらいに思わせるようなところまであった。

しかし卒業パーティーの当夜に父親とショッピングセンターなんぞにいたりする場面では、あるポップアーティストを、こいつ絶対やりまくりだからな、なんて基準で判断することはひどく難しくなるものだ。

レコードは父が買ってくれた。帰りの車でも特に会話を交わすこともしなかった。でも、これこそはたぶん、僕がこの夜一番必要としていたことだった。

アルバムにどんな曲が入っていたかはまったくといっていいほど覚えていない。確か一曲はベレー帽がどうしたこうしたといった内容だったんじゃないかとかすかに思い出すだけだ。

　けれど四月にしては奇妙に蒸し暑かったあの夜、父の車の助手席に座っていたことばかりは忘れない。クソみたいなシカゴの郊外をすっ飛ばしながら、こんな場所大嫌いだ、早く出て行きたい、と考えていた。

　ラジオも聴いていなかったし、父と会話することもなかった。ただプリンスのレコードを抱えていた。それだけで、表面だけだがどこかが宥《なだ》められていくようだった。

　だって僕はこいつを買う程度にはカッコいいのだ。確かにまだ卒業パーティーの後リムジンの後部座席でよろしくやれるほどではない。でもそれが何だ。近づいていってることはきっと確かだ。

「そいつはお前さんのなのか？」

　ボブが尋ねた。盤《ディスク》を引っ張り出して、何か目印になりそうなものが見つからないかとためつすがめつしてみた。

「わからないや」

　そう返事した。本当にわからなかったのだ。いろんな箇所がぱちぱちと鳴っていた記憶はある。けっこうたくさんだ。

　でも、それが僕がつけたものかどうかなんてどうやって確認すればいい。

「なあおい、そいつにそんな、ミシン目のついたベロ《フラップ》なんてついてたか？」

　ああ、ベロだ。そういえばこのジャケットには必要も意味も何もない、同じボール紙製の折り返しが何故だかついていた。ただ全体を無駄に分厚く、マニラ紙製の書類入れみたいに不格好に見せるほかはなんの役にも立っていない代物だ。でも確かにそういう仕様だった。

　ベロならば覚えている。それを絶対切り取らないように注意していたことも。新品同様の状態で維持しておけば将来希少価値が出るだろうと思ったからでなどない。単純に何故そんなものがあるのかがわからなくて、切り取ることが何を意味するのかも見当がつかなかったがゆえだった。

　切り取ってしまうことは、敷き布団とかについている〝取らないでください〟と書かれたタグを千切ってしまうのと同じくらい危険に思えた。たぶんやったからといってどんな結果も産みはしない。それでも、万が一後悔などしてしまうよりは安全なままでいた方がいい。

「確かに僕はベロをそのままにしておいた」

　彼にそう返事した。

「間違いないか？」

　念を押してから彼は続けた。

「このアルバムの、ベロなんかついてないやつならそれこそ山程見たぞ」

「いえ確かにベロがありました。あえて外すことはしなかったんです」

「だったら聴いてみないとならねえだろう」

　ボブがそう申し出た。

「今ここでですか？」

「いや、持ってけ。持っていくんだ」

「そんな、できませんよ」

「いいから持って帰れ」

　彼は言い張ってきかなかった。

「家で聴いてみるまではわかんねえだろう。それも、しばらく一人っきりで、だ」

「そんなのイカれてます」

「そんなこたぁねえ」

　ボブは断固たる口調になる。

「信じるんだ。信じるしかねえ」

　いったいどうしてこの一連が、いつのまにか彼自身にも、ここまで重要なものとなったのだろう。見当もつかない。

　ただ彼が僕への印象を改め、こいつは何か意味のあることをやっていると思ってくれていることばかりは今や間違いなさそうだった。

僕がある種の不正をどうにか糺《ただ》そうとしている。あるいは、自身ではかさぶたすら張れなくなってしまっているなにがしかの傷口を必死で癒やそうと試みている。そんなふうに思っているのかも知れない。そしてそれが今や彼自身の問題ともなっているのだ。

僕はだから、嵐の中歩道橋の下で震えているところを見つけてしまった、健康状態のあまりよくない仔犬みたいなものだったのだろう。とにかく我が家に連れ帰ることにし、毛布でくるんで車に乗せた。少なくとも元気になるまでは面倒をみようと決めていた。

だからもし、僕が自分のレコードを取り戻してここを出ていくことができなければ、きっとその記憶は亡霊のように彼自身にもつきまとうことになってしまうのだ。

もっとも全部が全部この時自分が見ていた幻だったという可能性も否定はできない。もうだいぶぶっ飛んでいたのだ。なるほどこの大麻は煙草にして六本目辺りになって、いよいよ効き目が現れてくるものらしい。

さらに僕がパタパタ続ける間にもボブは様々な話を聞かせてくれた。社交辞令的冗談とか、さもなきゃ〝こんな吹雪信じられるかよ〟的な表層的会話の段階はとうに越えていた。

どんな相手とであれ、レコードを聴き、質のよくない大麻を回しながら十分な時間を野郎同士で一緒に過ごせば、そうした一切が、いわば社交的便秘薬みたいな効果を及ぼし始めるものなのだ。基本互いに他人なのだということも忘れ、打ち明けるつもりもなかったことすら気づけば口からこぼれている。

たとえば彼の方は、九〇年代にほんの一時期コンサートの興業主のような仕事に首を突っ込んでいたことを教えてくれた。もちろん〈レコードスワップ〉を経営しながらだ。

呼んだのはジンバブエの歌手トーマス・マプフーモだったそうだ。自国では、とりわけ娼婦やゴロツキといった部類の連中に絶大な人気を誇っていたらしい。

「カリフォルニアのどこだったかでのギグのことは忘れやしねえ。あの野郎、小娘らの前でいいカッコしようとしやがってなあ」

ボブは言った。

「あいつは〝このイタリア製の靴は五百ドルもしたんだぜ〟みたいなことをほざきやがった。そんで俺ゃあ、その金は多少でも音響システムに投資しておくべきだったなと御注進してやったのよ。すると野郎、マジぶっ殺してやるとか言い出してな」

それからジンバブエに持っているという家の話も聞かせてくれた。娘の大学進学を目前に控え、その学資に充てるべく、今まさに売ることを画策しているのだそうだった。

ところがこれがジンバブエでもとりわけ危険な地区にあるものだから、買い手がなかなかつかないらしい。本人もこう認めていた。

「警察も近寄らない場所なんだ」

ペイシェンスという名の相手と結婚していたことも話してくれた。ブラック・アンリミテッドなる、マプフーモのバンドでバックコーラスを勤めていた女性だった。向こうの家族と会うために遥々ジンバブエにも赴いたらしい。

けれどその夜、客間で二人して眠っている時だった。亡くなった彼女のお祖母ちゃんというのがこの時の彼の未来の妻に取り憑いてしまったのだそうである。本気で怖かったそうだ。

それでもお祖父ちゃんだかが霊媒ペイシェンス嬢と話をし、おかげでボブにもどうにかこうにか何故自分の連れ合いが祖母の霊に取り憑かれてしまったのかがわかった。

「話を終えた祖父さんは、前庭に出るとそこに穴を掘り出したんだ」

　ボブは続けた。

「実際掘って掘って掘りまくってた。そうしてついに、薬草の入った小さな包みを掘り出したのさ。誰かさんがそこに埋めたんだな。呪いなんだよ。それを知ってた祖母さんがだから、草場の陰から祖父さんらに警告するために、ペイシェンスを依《よ》り代《しろ》に使ったという訳よ。少なくとも祖父さんの説明はそうだった」

　こんな逸話の数々に立ち向かえる話が僕にできるはずもない。それでも一応は頑張った。

　まずは自分の結婚について話した。シカゴでケリーと出会ったこと。九六年にはソウル・コフィングのコンサートに彼女を招待したこと。これが最初のデートだった。

　だから僕は今でもなお「ウー・ズーム・ジップ」を聴くたびに、はたして今夜首尾良く妻のオッパイを拝めるものかどうかといった期待でむしろこちらの胸の方をパンパンに膨らませていた、あのぞくぞくする興奮を呼び覚ますことができたりもする。

　公演に先立ってはオリジナルテープを贈ることもした。このブルックリンの本物の通たちのたどった音楽的変遷に自分がいかに通じているかをきっちり印象づけておこうという魂胆だ。

　こいつは効果覿面だった。結果彼女は僕と結婚してくれているのだから、自明であろう。やはり僕の適性はここにある。

　ちなみに以降はオリジナルテープを作ったことはない。寝ているか、あるいは寝たいと思っているかもしていないような相手にオリジナルテープを作るなんてことは決して推奨できるようなものではないからだ。

　なんとなれば、オリジナルテープというのは基本こう言っているようなものだからだ。

「ああ、僕は心底君とヤリたいんだ。だからどうかこの曲たちに、その理由を説明する機会を与えてやってはくれまいか」

　同時に今やこの世界にオリジナルテープみたいなものが存在などしていないことも理由の一つである。もし誰かに〝君にオリジナルテープを作ってあげようか〟といったことを申し出たとして、その時の反応は、まあ相手が三十代以上としてだが、たぶんこうなる。

「あなた既婚者でしょ？　変な目で見るのは止してちょうだい」

　これが三十代未満となると、まっすぐにこちらの目を覗き込みながらたぶんこんなふうに訊き返してくることになる。

「オリジナルテープって、何それ？」

　こうなってしまえば最早できることはカセットの説明を一から始めるか、それとも手近な出口からこそこそ退散するかのどちらかだ。そして後者の方がたぶん格段にマシだ。なんとなれば彼女たちはまったく正しいからだ。

　それほど熱烈に相手にアタックするにはこちらは最早既婚に過ぎる。そうでない場合は相手の方が「スーパー・ボン・ボン」なんて曲に興味を示すには少なからず若過ぎるのである。

　ボブのレコードプレイヤーは今コルトレーンの『至高の愛《ア・ラヴ・スープリーム》』を高らかに奏であげていた。そして僕はかつてないほどこのアルバムが大好きになっていた。

　大人になるまでの課程で僕は、数え切れない場面で、自分がこれを大好きである振りをしてきた。『ビッチェズ・ブリュー』とか『キッドA』だとか、さもなければキャプテン・ビーフハートの曲たちとかがちゃんと理解できている振りをしたのと同じことだ。

　しかし今この地下室で、こうした一連の会話のバックグラウンド・ミュージックとして鳴り響く、搔き毟るようなコルトレーンのサックスは、それらの話題に実に相応しい重みを付与してくれていた。まるで部屋の全景がざらついたモノクロームに染め変えられてしまったかのようだった。

「お前さん、ＥＪＳか？」

ボブの声がそう尋ねた。指の先がガンズ＆ローゼズの『アペタイト・フォー・ディストラクション』を差している。それとすら気づかぬまま僕が持ち上げていた一枚だ。

なるほど確かにジャケットの一番上にイニシアルと思しき文字が綴られていた。しかもそいつはたまたま僕のそれと同じだった。

「有り得ない」

なんとかそれだけ吐き出した。

「いや、お前のイニシアルなんだろう？　だったらそいつもお前んだ」

ボブの声が二オクターブも持ち上がる。

「確かに僕のなのかも知れません」

「お前のだ。どうして違うことがある」

仕方なくマジックの手蹟に沿って指先を動かしてみた。

「自分の字の気がしない」

そうこぼしていた。

「だったらどういうことになるってんだ？」

ボブの語気が荒くなる。

「ほかの誰かってことも有り得ますよ。世界で唯一僕だけがこの同じイニシアルの持ち主って訳じゃない。それに、たとえちゃんとフルネーム綴っていたとしても、それだって――」

けれど皆まで言い終えぬうち、一旦棚の陰に身を引っ込めていたボブがノートと鉛筆とを手に戻ってきてこう命じた。

「イニシアルを書け。比べてみる」

言われた通りにした。

「わざとみたいなことはしてねえな」

ボブは言ったが、すぐにうんとは言い難かった。なんであれ僕はなんとかしようとしていたのだ。まず自分の筆跡の特徴とは何かを見極めようとしていた。しかしこれは、いわば自転車に乗りながら自転車に乗ることを考えようとするようなものだった。

昔の僕のイニシアルは、いや、もちろんそれが実際に僕が書いたものだったとしてという話ではあるが、そっちはだから、ずいぶんと気侭《きまま》で角も丸く、マンガみたいな輪を随所で大きく描くことまでやっていた。

今僕が記すイニシアルはもう少し厳格だ。鋭角的で線も曲がったりしない。でもあるいは自分の名前を書く機会など失って久しいせいで、書き方すら忘れているのかも知れない。

どうしてこうなった？　今や一切がコンピューターで処理されるからだ。手でなんらかの書類にサインしたことなど、まだ若かりし日、バーで身分証明書の提示を求められるかも知れないとか考えていた頃以来ではなかろうか。

たぶん自分の名前をどうやって手で書くかなど、仕事場のどこに小切手帳がしまってあるか程度にしか覚えていない。

「筆跡の方が変わっているかも知れない」

そう言ってみた。

「ほら、指紋が変わっちゃうみたいにさ」

「指紋は変わんねえ」

ボブは即答だ。

「事故かなんかで指先を切り落としたりすれば別だがな」

「でも表皮は剥けちゃうと思うけど」

「表皮は剥けるさ。そいつは間違いじゃねえ。だが真皮の方はそういかねえ。指紋を変えるならそこをどうにかしないと無理だ」

「ジョン・デリンジャーは自分の指紋をすっかり取っちゃったんじゃなかったっけ」

「その話はどこかで読んだ気もするな」

結局僕はその『アペタイト・フォー・ディストラクション』を持ち帰ることで譲歩した。先へ進むためだ。

探索はさらに続いたが、僕が当惑めいた素振りを見せるそのたびにボブは決まって、そいつはきっとお前のものだろうと主張した。僕も持ち帰るべく脇に避けた。

やがて山ができあがった。ビッグ・スターにＲＥＭ、カーティス・メイフィールドにポール・サイモン、トーキング・ヘッズ、ジェーンズ・アディクション、バズコックス、エコー＆ザ・バニーメン——。

だからそれは、肉眼ではほとんど見つけらない小さな傷や、裂け目にシミ、時には目玉焼きの破片やら、あるいはのロールシャッハテストの縮小版にしか見えないジグザグの傷跡を我が家へ持ち帰るということでもあった。

僕の反論も否定も、ボブは意にも介さなかった。そういうのを箱へと戻そうとするたびまた引っ張り出してきてしまうのである。

「お前さんが家でこいつらを聴いて、パチパチいうのを覚えているかどうかを確かめる時間ってのはけっこう面白そうだよなあ」

彼が言った。

「パチパチはどこだ、パチパチはどこだってな具合になるんだろう？」

「でも、そこまで確信が持てなかったらどうなるんですかね」

僕は訊き返した。

「それが自分のやつだってちゃんとわかるもんなんでしょうか」

「わかるさ」

彼は端的に応じた。

「だがちゃんとしたプレイヤーを使わねえとだめだと思うぜ」

「すごくいいやつってことですか？　ワウとかフラッターとかがいっぱいついた」

「なんだって？　違う違う。そっか――」

　ボブはわずかに鼻を膨らませた。

「実は連中が絶対に教えねえことってのがあってな。安物のプレイヤーってやつが、たとえば小っちぇえプラスチックの製品とかだが、実はこういう機械の方が、こと傷だらけでボロボロのレコードに関しては上手く音を拾うんだ。確かに臨場感は落ちる。だがな、超良品の針と超良品のオーディオシステムと一緒に使えば、そういった機械の方がむしろ、アナログ盤の持つ不完全さみたいなものを余すところなく拾い上げてくれるんだ。もっとも粗悪な組み合わせで使えば、ただ上滑りするだけだがな」

　自ずと昔のウグイス色の機械が思い起こされた。〈フィシャープライス〉だか〈テレトーン〉だかそんな名前のメイカー品だったあれだ。

　確かにあのクソみたいなスピーカーからこぼれ出してきた時ほど、音楽が甘美に響いてきたことなどかつてなかったような気もした。

　単に郷愁のゆえなのだろうとずっと思っていた。だが間違いだったらしい。あれはたぶん、僕にとって意味のある曲たちがこの世に顕現するのに最も望ましい形だったのだ。

「昔は一台のアンプに二つのターンテーブルを繋いでいたもんだ」

　ボブは続けていた。

「一つはそこそこマシなやつで、もう一つはそれほどではないやつだ。そんで俺はいつもそれほどではない方でばかり聴いていた。そっちの方が音が良かったんだ。まあ、俺の耳にはってことだがな。でも本物っぽく響いた」

「それはあなたがその曲をまずそっちの機械で聴いたからじゃないんですか？」

「うんにゃ。俺はこいつは、技術の進歩ってやつがつねによりよいなんてことには全然ならねえぞってことなんだろうと思ってる。人間ってのは壊れてもいないものを修繕したがる。最初のうちはそれで上手くいく方が断然多い。種族としての我々はだから、長い時間をかけ様々なものを形にしてきた。ところがある段階から、ただよりよくしたいがためにむしろ引っ掻き回すだけになっちまったんだ。別にお前さんがたが持ち運ぶちっぽけな画面に映ってこねえからといって、本ってやつにゃあ何も不都合なところはねえぞ。インターネットってのはだから、物事をいい方向に向ける以上に悪い方へも向かわせているんじゃねえかと思うのよ」

「あのプレイヤーが恋しいんです」

　出し抜けにそんな言葉が口から飛び出していた。耳に返った自分の声の震え方は、かつて父がいなくなってしまったことを寂しく感じた場面とまるっきり同じだった。その二つがいつのまにか分かちがたく絡み合っていた。

　彼が僕に微笑んだ。優しくて、同情にも似た笑い方だ。全部掻き集めてもせいぜい二十四時間程度しか一緒に過ごしていない男二人の間で交わされるようなものではまったくない。

「もう少しガンジャをやろう」

　彼がまた新たな煙草《ジョイント》を巻いてくれる。貪るように吸い込んだ。葉っぱが自分に寄り添ってくれているような気がした。

　効き目があるからではなかった。こいつのくれる多幸感は、どんな場合でもラモーンズの平均的トラックの分数ほどにも続かなかった。

　だから僕がそう感じるのは、これが八〇年代や九〇年代に自分が吸っていた安物の粗悪品を思い出させずにはいないからだった。

　見た目もいかにも体に悪そうだったし、そのうえ種ばかりで、多少なりともぶっ飛んだ状態に近づくためには、途方もない分量を煙にして吸い込まなければならなかった。実際もしこのボブの大麻が、今地下室にあるレコードたちと同じほどの年代物だと聞かされたとしても、欠片も驚かなかっただろう。

　いや、絶対そうであるに違いない。そう思ってその考えそのものが気に入った。それがまた幸福感へと繋がった。

　いつしか僕は声を上げて笑い出していた。涙がこぼれ頬を伝い出すまでそうしていた。それは心地好く同時にバカバカしかった。この二つがこんなにも完璧に同期していることが、だ。

　ひょっとすると、自分は今、八〇年代に〈レコードスワップ〉で買い求めたのとまさに同じイギー・ポップのレコードを聴いているのかも知れなかった。そして同時に、あの頃吸っていたのとまさに同じ劣悪な大麻の、いわば続きを吸っているのかも知れなかった。衣装ダンスの中で電熱器を使って適当に巻いていたやつだ。

　僕はその草を〈レコードスワップ〉の裏手の路地で、モヒカン刈りの頭を紫に染め、膝のところがほとんどすり切れていたジーンズを穿いた男から買ったのだった。そいつがきっと同じブツをボブにも売ったのに違いない。

「回ってきたか？」

　ボブがまた煙草《ジョイント》を回してくれながら訊いた。

　確かに何かを感じていた。こんな気分になることは二度とないだろうと思っていたものだ。

　今我が身は無敵だった。

「母さん、気をつけてって言ったでしょう。お願いだから」

　母の手から滑り落ちたテーブルが、ドア枠に脚をひっかけて〝きゃあ壊れちゃう〟とでも言わんばかりの悲鳴を上げた。

「ちゃんと持ってるわよ」

　嘘だ。その証拠に彼女は、さも今気づいたかのような素振りでテーブルの下に向け手を伸ばしている。そこがこいつの重心であることは間違いないとでも言いたげだ。

　スライドドアを足で押さえながら僕は、苛立たしく前の道路へと目をやった。人通りが気になっていた。

「素早くやらないとならないんだからさ」

　すると途端に母は、それこそブルドーザーみたいな唸り声をあげながらいきなりそいつを押し込んできた。思わず後ろに尻餅をつく。このように前後で均等に支えなければいけない場面では決して誉められた行為ではない。

「それじゃあ急ぎ過ぎだって」

　ぜえぜえやりながらそう言った。

「やっぱりアランに電話しましょうよ」

　どこ吹く風で母は言う。

「彼なら喜んで手伝ってくれるわ」

「ダメだってば」

　僕は怒鳴り返す。

「二人で大丈夫だから」

　アランにはなるべく何も知らないでいて欲しいのだ。アランというのは御近所さんで、遠い昔からの我々の知り合いである。僕らがまだ実際にこの家に住んでいた頃つき合いがあった。

　その彼が今やこのかつての我が家の持ち主の一人となっていて、僕が今日一日と、たぶんそれに続く夜のほとんどとをここで過ごすことを快諾してくれたのである。

　しかし彼が頷いてくれたのはそこまでだ。母の車で運んできたテーブルや椅子を持ち込むことまで許可してもらっている訳ではない。しかも僕がついつい彼らに言い忘れてしまっていることは、まだほかにも複数ある。

　とにかくまずテーブルをドアから押し込むことには成功した。しかし途端にそいつがボブスレーよろしく床を滑り出したものだから、僕たちもそのまま引きずられた。止まったのは冷蔵庫の手前の位置だ。そこから見回すと、屋内は記憶よりよほど小さく思われた。

「新しい食器棚が入ってるのね」

　これは母だ。

「こんなところに壁なんかあったっけ？」

　僕も思わずそんなことを確認している。

「洗濯機は間違いなくここに置いていたの。だけどこっちは洗面所じゃなかったかしら？」

「この床、見覚えがある気が全然しない」

　そう呟いた僕に母が訊き返す。

「新しいタイルなんじゃない？」
「そんな気はする。でも確信は持てない」
「磨いただけかも知れないし」
「いや、やっぱり新品っぽいよ」
「わかりっこないわよ。写真でも持ってきていれば別だけど」

　僕らはその場で立ち尽くし、キッチンとそれから自分たちで押し込んだテーブルとを見渡した。こいつはかつて我々がこの場所で使っていたまさにそのものだった。これさえあれば、実際はまるでそんなことはなくとも、回りの何もかもが昔からずっとここに収まっていたように錯覚することは可能だった。

　中まで足を踏み入れたのはずいぶんどころでは効かないほど久し振りになる。一九八三年に弟とキッチンの床に座り込み、業者の人たちが荷物でいっぱいの箱を抱えて通り過ぎていくのを見守った日以来だ。その時こう思ったことも覚えている。

「こういうことなんだな。この家を目にするのもこれが最後だ。おしまいなんだ」

　とはいえ感傷的になっていた訳でもない。それはだから、現実だったのだ。この家に戻ってくることが有り得るとしたらいったいどんな理由が考えられるだろう。それはもう、僕の家であることなど止めてしまったというのに。

　しかもこの日の僕はまだ十代のガキに過ぎなかったのだ。思いつけるはずもない。

「この窓、小さくなっちゃってる」

　流しの向こうを指差しながら母が言う。

「ハリケーン用のシャッターもあったはずなのよ。ねえ、この冷蔵庫はひょっとして同じものだったりするのかしら」

　だがその時にはもう僕は再びドアをくぐって車寄せに戻っていた。そして今度は後部座席から椅子を運び出していた。テーブルと同様とうにがらくたの域に足を突っ込みかけている代物だ。そのうえどう贔屓目にみてもテーブルと釣り合っているとは到底言えない。

　そもそも椅子同士でさえ互いにバラバラなのである。それぞれの理由で孤児院に集まってきた子供たちみたいだ。

　母も出てきてまた手を貸してくれた。椅子のと一緒にほかにも持ってきた細々としたいろいろを抱え上げている。たとえばまだ子供だった弟と僕にお祖母ちゃんが縫ってくれたおくるみ用の毛布とかだ。こっちは頼んでもいないのだけれど、母は持ってくると譲らなかった。より〝我が家〟っぽくなると言うのだ。

「そんなの変だよ」

　その時も僕はそう言った。ほらみろ、やっぱり持て余すじゃないか。

「それをいったいどこに置けばいいって言うのさ。キッチンかい？」

「居間よ」

　返事は簡潔だった。

「床に敷くの？」

「うーん、そう来るとは思ってたけど」

　母はそこで考え込むように間を置いた。

「ねえ、どうしてソファは持ってこないことになったんだっけ」

　これは彼女に分があろう。あれがあれば完璧だった。反論はできない。母の言うソファとはやはりテーブルと椅子と同様、かつてはこの家に収まっていた現物のことだ。揃っていれば舞台装置としては確かに申し分なかった。

　でも、そこまでしようと思えば作業は不必要にややこしくなる。そもそも母はいったいなんで、七〇年代当時からすでにボロボロだったはずの骨董品クラスのソファを、今なお後生大事に持っているんだ？

「やり過ぎになるからだよ」

やはりそう押し切ることにした。

「持ってきたかったのに」

なお母は未練がましい。

「お手伝いさんでも頼めば簡単じゃないの」

ちなみに子供の頃母がこの〝お手伝いさん〟なる語を口に出す時、それは基本僕とマークとを指していたものだった。

家族が僕らの子供時代のほとんどを過ごしたここノースポートは実に小さな町だった。そして小都市の多くが概ねそうである通り、住人達は揃って詮索好きだった。

だから誰にせよ、今日この家から電話をかけるなんてことは絶対にして欲しくなかった。そんな迂闊な行動からもし万が一今のこの家の本物の持ち主に、僕らが実は何をしているのかなんてことが伝わる事態は是が非でも回避されねばならなかった。計画の全部を認めてもらっている訳でなどなかったからだ。

彼らが許してくれたのは基本、僕らがもう一度中を見られるようかっきり二十四時間この家を解放してくれることだけである。慣れ親しんだ壁に囲まれ、多少の音楽くらいは聴くかも知れないとまでは一応言った。

だがテーブルと椅子とソファまでは誰も頷いてくれてはいない。あとシリアルも。それからやがて男どもが数人合流することも。しかもそのうちの最低一人はパンクロックのレコードを山ほど抱えてくるだろうことも。さらには僕らはそういうのを、控えめに言ってかなり喧しくかけるつもりでいることも。

来たいと言い出したのはあいつらだけではなかった。音楽が目当てではない。僕らが昔の家を多少なりとも飾りつける様子が見たいというのだ。実際叔父叔母の何人かが電話を寄越し、一目覗きに立ち寄るくらいはかまわないだろうとも訊いてきた。

でも全部断った。だってここはリンカーンの丸太小屋ではないのだ。ヴェルヴェットのロープで厳重に間仕切《まじき》りを渡し、観覧者たちが我が子供時代の壁の落書きを、触れられない距離から呆けて眺められるような手配までするつもりは毛頭ない。それでなくとも懸念事項は山積みなのだ。そのうえツアーガイドの役目まで負わされるのは勘弁だった。

　数枚のポスターを手に二階に上がり、子供部屋だった場所を探した。母が後から追いかけてついてきた。でも二人とも昇ってすぐ、何かがおかしいことに気がついた。

「母さんたちの寝室が――」

　振り向きながら思わず喘いだ。そいつがだから、なくなっていたのだ。

　かつてあったドアが姿を消していた。二人のベッドの置かれた部屋へと続く扉だ。今その場所は壁だった。

　僕らはその場所に立ち尽くした。庭園迷路に迷い込んだ子供のように困惑していた。真新しい塗料に手を伸ばす。いや、もうすでに古いといった方がいいのかも知れない。それすらもわからない。もしかすると九〇年代辺りからもうすでにこの状態なのかも知れない。

　いや、そんなことはどうでもいい。こんな場所に壁がある。壁だなんて思ったこともなかった場所が壁になってしまっている――。

　廊下をさらに進んだ。足元には絨毯なんてものが敷かれていた。そこから聞こえてくる音にはどんな意味も見つからなかった。

　この廊下にまつわるどの思い出をとっても、その場面には必ず軋る音が響いていたものだった。いつもなにかしらの足がフローリングの上を小走りに動いていた。時には釘が緩みかけているとしか思えないような音が鳴ることもあって、そのたびに今にも足元が一気に崩れ落ちてしまうんじゃないかと不安になった。そうした一切が消失していた。

　連中はこの家から息吹を奪い去ったのだ。幽霊どもは駆逐された。おそらく彼らはこのすべてを改善だとでも考えていたに違いない。

　それでも自分の部屋は見つかった。奇跡的にも壁になったりしてはいなかった。大体記憶と同じ様子をしているようでもあったが、やや狭くなっている気もした。しかし廊下を挟んだ真向いの、マークの部屋だった一室の方は、それこそ有り得ないくらい変貌していた。

「クソッタレだわね」

　母が言った。滅多に口にしない呪詛の言葉が彼女の感情を物語っていた。そうでもしないと収まらなかったのだろう。

「ひど過ぎるわ」

　七〇年代当時、弟には一番広い寝室が与えられていた。この点はその後住んだどの家でも変わらなかったものだが、それでもここまで広くはなかった。

　今この一室は、僕が大学を出て最初に借りたアパートと同じくらいの広さを誇っていた。天井さえほかより高い気がする。上品な黄色の壁は値段の張りそうな塗料で上塗りされていた。

　そしてクローゼットは――。

「ねえ、ここウォークインクローゼットよッ」

　母が語気を荒らげた。

「ここがだから、昔の母さんたちの寝室だったんだろうね」

　僕はそう返事した。たぶんこれが両親夫婦の寝室だった空間に最早誰も直接は入れないようになっている理由だった。誰であれ、この部屋で暮らしていた人物専用のウォークインクローゼットとなったという訳だ。

　いや、気にするようなことではないのだ。そうする理由がどこにあろう。家というのはいつだって改築されるものだ。特別なことでなどまるでない。

だが僕らにすれば、いや、僕には、というのがこの場合は相応しいのかも知れないが、とにかくこんな事態は言語道断だった。人道にも悖《もと》る残虐行為だ。

あの部屋は、今やクローゼットと化しているあの空間は、悪夢に苛まれた夜に僕が逃げ込む場所だった。二人の布団に潜り込み、両親の体という強固な壁に両側を守ってもらっていた。

あの部屋こそは弟と僕が必死にドアを叩いていた現場であり、週末には無心に突撃していった砦だった。少なくとも、たまたま二人が愛し合っている最中に駆け込んでしまうようなことが起きるまではそうしていた。それ以降はちゃんとノックするようになった。

父がマークと僕に幽霊話を聞かせてくれたのもこの部屋だ。話には必ずといっていいほど、もう死んでしまった海辺の鳥が出てきた。弟が大っ嫌いだったからだ。しかもこいつが効果覿面で、出てくるたびぞっとした。鳥の遺骸の登場は実に適当で、本筋にはほとんど関係なかったにもかかわらず、である。

それでも少なくともマークの部屋だけは、たとえ部分的かつ一時的にでも、どうにか元の見た目に極力近づけておく必要があった。

僕は肩に掛けていた鞄を開け、丸めて突っ込んできたポスターたちの中から鉛筆で端に〝キッス〟と記した一本を取り出した。そしてそれを奥の壁の、たぶんこの辺にベッドがあったと記憶している位置の真上に広げてみた。

ポスターはメンバー四人が全員写っているショットだ。例のカブキロック的ポーズを決めた姿が収められている。この特別な一枚を探し出すのには、数週間費やした。手がかりは当時のポラロイド写真だけだ。これがまた実に妙ちくりんな一枚だったりする。

写真の中の弟は、ただ砂糖と五度の和音《パワーコード》だけ

で生き延びてきたかのような顔をしている。どういうことかというと、顔は膨らんでいるのに弱り切り、自分がどこにいるのかもさっぱりだという表情なのである。

　こんな様子を写真に固定して永遠に残しておこうと考えた誰かがいたとこと自体がまず信じられない。そして彼の背後には、このキッスのポスターが、まるで何か紋章のように写り込んでいるのでいる。

　同じポスターを見つけるまでには、キッスの関連商品を扱っているサイトを幾つも回った。〈破壊者キッスの閃光ポスター〉という御大層な名前がついていることまで覚えてしまった。

　ポスターを眺めていた母はやがて、場所が違うと判断したようだった。

「貼ってあったのはあっちだと思うけど」

　指差した先はドアのすぐ隣の位置だ。

「間違いないかい？」

母がポスターを持ってその場所に行く。でも僕は首を傾げた。

「なんか違う気がする」

「いいえ、ここです」

母は譲らない。

「だってほら――」

言いながら例のポラロイドを取り出して壁に合わせてこちらに向けた。

「まさにちょうどこんな感じにベッドが置ける幅じゃないの」

そこでテープでポスターをその位置に留め、よく見ようと一歩下がった。

「わかんないや」

本当にわからなかった。

「ポスターは本当にこれ？」

そう言う母の目はポスターとポラロイドとを行ったり来たりしている。

「ちょっと小さいように思えるんだけど」

「そこは間違ってないよ」

言い張ったが段々自信がなくなってきた。

ほかの壁でも高さを変えて試してみた。違う違う、もっと窓の近くだったわ、とかなんとか言いながらだ。でもどうにもしっくり来なかった。なかなか記憶と合致しないのだ。

「ベッドを持ち込んでみましょうよ」

とうとう母が言い出した。

「そうすればもっと感じがわかると思――」

「絶対にダメだ」

遮るように僕は叫んだ。

「家具はあれで精一杯だ」

結局僕は母の言葉に耳を貸すことを止めた。そして、一番最初にここだと思った位置に立ち戻り、改めてそこにポスターを貼りつけた。

「ねえ、今日のことはここでやるの？」

「今日のことって？」

「今日のことよ。なんだか知らないけど、レコードをどうのこうのってやつ」

　そう言って母は笑った。

「マークはね、兄貴は降霊会をやるつもりなんだって言ってたわよ」

「言いそうだな。電話を戻してさえくれればもっとちゃんと説明したのに」

　いや、たぶんあれでも説明し過ぎだったのだろう。そしてそれこそが問題だったのだ。

　最初は弟も、昔の家を見にいこうというこのアイディアには少なからず興奮しているように思えた。それが僕の方の、当日はどうしても、そこで何枚かのレコードを聴くということまで含んでいなければならないのだという部分については、決して完全には理解できないままだったとしても、である。

　もしそれがここへの入室を許されるその代価みたいなものであったなら弟もきっと支払ったはずだ。しかしメールでの連絡が重なるにつれあいつの熱意は薄れていった。家具のことを持ち出し、それから当日参加する来客たちに触れたところで、やつはどうやら、こいつはできれば自分は巻き込まれたくないなと思う種類の出来事なのではないかと懸念を抱き始めた。そして返信が来なくなった。

「私が電話してあげましょうか？　いいからとにかく来なさいって」

　言いながら母はすでに自分の携帯電話を取り出している。

「今じゃない。まだ準備もできてない」

　そうは言ったが母も引かない。

「いいじゃないの」

「よくない。完璧でなくちゃダメだ」

　だが自分でも、今のセリフでいったい何が言いたかったのかもよくわからなくなっていた。肩をすくめて母が携帯をしまう。そのまま二人して、今や巨大で空っぽの元マークの寝室の床に座り込み、しばらく黙ったままでいた。

　恐慌みたいな気分が沸々と甦りかけていた。俺はいったい何をやろうとしてるんだ？　こんなこと、最初はどの一つも考えてすらいなかったじゃないか。ただ単純にこの場所に入れるようになりさえすればそれで全然よかった。たぶんマークがそう望んでいたように。

　でも、知らぬ間にすべてがそうなっていたといった事態では決してなかった。それに、ある朝目覚めたらもうこんな考えが頭に宿って離れようとしてくれなかったという訳でもない。

「よし、あそこをとびきりイカれた、居心地の悪い場所にしてやろう」

　現実には物事は少しずつ微妙にねじ曲がっていった。だから、あれ、おかしいなと僕が自分でもようやく気がついた時にはすべては手遅れとなってしまっていたのだ。

　以下、事態がかくのごとくに至った経緯を時系列に則って御紹介する。

一月ともうほんの少しだけ前

　母と電話で話している時だ。僕はつい、近々昔の家を一度訪ねてみようかと考え始めているんだといった内容を漏らしてしまった。今の所有者と連絡を取り、レコードプレイヤーを持ち込ませてもらって、そこで何枚かをかけ、昔を懐かしませてもらうことはできないかと訊いてみるつもりだとかいったことを口にしたのだ。

　本当にただの思いつきで、言いながら自分でも笑い出してしまうほどだった。しかし母はこのアイディアを気に入った。のみならず勇んで発破までかけ始めた。

「とにかく訊いてみなさいよ」

　僕らの父親は牧師だったものだから、持ち家というものを手に入れることはとうとうなかった。その家も当時から教会の所有で、今もそのままだ。キリスト連合教会の一教区で、信者数は大体百人ほどである。しかも母は人の噂で、どうやら今の牧師がほどなく変わる予定であることまで知っていた。後任が着任するまで多少の空白期間があるはずだと言うのだ。

「まずは連絡を取ってみるのよ」

だがそこで母がこうつけ加えた。

「でも、そのレコード云々はまだ言わないで。なるべく普通に聞こえるようになさい」

一ヶ月前

昔の隣人の一人にメールを書いた。教会の評議員を長く務めている人物で、多少の政治的な影響力も持っている相手だ。彼女からの返事はずいぶんとお気楽で、今度の教区の会議で必ず議題として取り上げましょうとのことだった。さらには〝フェイスブックであなたの息子さんの写真を見たものだから、こっちもどうしても伝えたかったのよ〟とも書かれていた。とても愛らしいわね、だそうだ。

三週間前

探していて見つけたのか、それともただたまたま出くわしたのだったか、もう自分でもさっぱりわからなくなっているのだが、とにかく僕は〈eベイ〉で未開封品のシリアルが売りに出されているのを見つけた。表にお化けの〈ブーベリー〉が描かれたやつで、一九七八年の日付が記されているそうだ。

まずそんなものが現存しているという事実に唖然とした。だってこれが意味するのは、つまりその誰かさんが、この三十六年間幾度となく繰り返し訪れたであろう開けてみたいという誘惑や、脳味噌が身を捩らんばかりに求めた美味なる化学物質への欲求を満たそうという気持ちにさえ、とうとう抗い切ったということにはとどまらないからである。

そもそもこんなものには実効的価値など最早一切ない。ゴミと呼ぶのが相応しい。そういう何かを取って置く不毛さは、彼の中にも常に渦を巻いていたはずだ。逼迫感は年ごとに増し、より強力で、より切実なものへと姿を変えていたことだろう。たぶん五〇年代の日本の怪獣映画辺りに登場してくるような、いわば人工の狂気の産物とでもいった代物にまで姿を変えていたに違いない。今にも箱を突き破って人類存亡の危機を招かんとでもいわんばかりの膨らみ具合だったことだろう。

一度だけのつもりで手を上げてみた。最低入札価格の六ドル九十九セントなら買うと打診してみたのだ。出品者はオレゴンの人間だったので、送料を含め、計十七ドル二十四セントの買い物となった。まあ確かにバカ高い。でも物価の上昇率を勘案すればたぶん得をしている。

ネットをいろいろ渉猟してみたところによれば一九七八年当時には〈ケロッグ〉のコーンフレークが、三百五十グラム入りの箱で単価五十九セントだったらしい。ええと、マジで子供の頃はシリアルが一ドルを切っていたのか？　嘘みたいだな。

どうしてこんなものを買う気になったのかは正直自分でもわからない。ただ持っているべきだよなと感じたのだ。由緒ある我が子供時代からの遺物で、しかも無傷なのである。未開封品の『スター・ウォーズ』フィギュアみたいなものだ。しかもこっちは食べられる。

――食べられるのか？　まあいいや。

もちろん僕はこいつを開けて中の幽霊どもを解き放してやるつもりだった。そうすれば連中はきっと、怒りの形相を浮かべて室内を彷徨い漂うことだろう。たぶん『レイダーズ／失われたアーク〈聖櫃〉』の最後の場面の死霊たちみたいであるに違いない。

もし手元にブドウ糖と加工済みコーンスターチにリン酸三ナトリウム、それに着色料の赤色四〇号の入った〈契約の匣《アーク》〉があるならば、開けないなんてのはイカれてるとしか言いようがない。こいつに蒐集価値などない。そもそもこれは砂糖でハイになった恐慌とともに消費されることを目的に作られたもので、大いなる偏見を伴侶とし、そなたの怒れるボウルから流し出される運命にあるものなのだ。

二週間前

教会の秘書のジャネットから電話がきた。会議で僕の申請に許可が出たとのことだった。ただし、中を覗けるのはきっかり四十八時間こっきりだ。前任の牧師が家を出てから後任が越してくるまでの時間がそれだけだったのだ。

しかもその枠のどこかに清掃業者が入り、床全体をクリーニングするともいう。だとすると元我が家を訪ねるのは、その掃除の前と後のどちらがいいのか。それとも僕がいる間にも彼らは平気で同時に作業したりするのだろうか。その方が楽だというならそれでもいいか。しかし〝思い出横町の旅路〟というのはなんと素敵なものであることか。

それから彼女は、会議のメンバーたち全員が〝フェイスブックであなたの息子さんの写真を見たから、そちらの方も必ず伝えて欲しい〟と言われているとつけ足した。とても愛らしいわね、とのことだ。

レコードプレイヤーの件については言わないままにした。

十二日前

マイク・Cに連絡を取った。これは昔僕の家の前の通りの一番端っこに住んでいた男だ。こいつは七〇年代と八〇年代の初頭の期間、ある時には僕の、そうでない時は弟の方の、まあ両方同時にということも時にはあったが、とにかくは僕らの大親友でいてくれた存在だ。それでも口をきくのはほぼ三〇年ぶりだった。

　だから彼がどんな大人になっているかなど見当もつかなかった。そういう訳でいきなり電話し、単刀直入に、ひょっとして僕の昔の家に一緒に入ってみたいかと訊いた。

　家具はないし、感傷的な感じなのかそうでないのかもよくわからない。ただ絨毯がクリーニングされたばかりであることだけは確かで、だから、床に座ってそこで子供の頃聴いていたレコードを幾つか聴こうと思っている。そうそう俺、あのキッスの『アライヴⅡ』を持って行くつもりなんだ。たぶん当時のまさに現物だと思う。ほら、あの頃、俺とお前も含めた狭い近所の音楽好き全員で、ちょうど刑務所の煙草みたいに貸し借りしていたそのものだと思うんだ。あと七十八年のものの未開封の〈ブーベリー〉のシリアルなんてのもある。食中毒間違いなしの優れもんだ。楽しみにしててくれ。

　彼の返事は〝うん〟だった。まるっきりの大賛成だ。そればかりでなく、母親が床下にまだレコードを何枚かしまっているはずだから当日はそいつも持って行こうとまで言っていた。その中にはガキの頃の俺らが聴いていたものも交じっているはずだ、とのことだ。

十日前

　幾つかの品を〈eベイ〉で買い揃えた。中にはファラ・フォーセットにキッス、それからカンザスシティ・ロイヤルズの三塁手ジョージ・ブレットのポスターなどが含まれる。だがこれをマイク・Cに報せると、そいつは間違ってるぜと言ってきかなかった。お前ン家にあったのは『爆発！　デューク』のデイジー・デュークに扮したキャサリン・バックで、手に入れるならそれだったと言うのである。

　仕方なく僕は、そんなこと全然なくて、たぶんお前、俺の寝室と自分の寝室を勘違いしているぞとなんとか説き伏せようと試みた。

　僕の部屋にファラ・フォーセットがいたことは百パーセント間違いがない。彼女は赤の、いや、オレンジの濃いのだったかも知れないが、まあ記憶があやふやなのはこの点だけで、とにかくその色のワンピースの水着姿で、弾道ミサイルこと彼女の勃起した乳首はぎりぎり見えなくなっていて、その一枚が十三歳くらいの時期まではずっと僕の部屋の壁の、ベッドから一番よく見える場所に貼られていたのだ。

　この小学五年から中二くらいまでの時期にこんな具合にずっと側にあってくれたようなものは、ほかには何一つ挙げられない気がする。もしかして数学に関係する何かがあるかどうかくらいだろう。定規とかコンパスとかの類だ。

　しかし、この赤だかオレンジだかの水着姿のファラ・フォーセットのポスターがベッドから見て左上方の壁に貼られていたことならば、一点の曇りもなく断言できる。おおよそは十時の方向で、床からの高さは大体一五〇センチだ。

　カーテンを開け放しておけば、毎朝差し込んできた朝日がちょうど胴体部分に反射し、この謎の光的なものがだから、いい感じに水着の箇所に被さって、非常に好もしい効果を発揮していたのである。ちなみに鑑賞に最適なのは四時十五分から六時半までだった。

九日前

　マイクがダレン・Ｉに連絡を取ってみるのがいいんじゃないかと言ってきた。彼は僕らよりも二つか三つ年上で、そもそもキッスの『アライヴⅡ』を最初に買ってきたのが彼ではなかったかと言うのだ。

これはマイクが思い出させてくれたのだが、確かに最終的に僕らの共有物みたいになった音楽を最初の最初に買って持ち込んできていたのは、多くの場合この男だった。

そしてそんな事態に僕がやや怯んでいたことも同時に本当だ。いや、より厳密に言うなら僕らはダレンのようなタイプが怖かったのだ。一時期ダレンの髪が青かったことも鮮明だ。だって青い髪だぜ、ったく。それだけでもう、彼を怒らせでもしたらきっとメッタメタにされるのだろうなと想像することは容易かった。手首からシルクのハンカチを取り出す手品師さながらの軽快さで、きっと僕の内蔵など、一気にこの体から引きずり出してしまうに違いなかった。

「一度訪ねてみるといいよ」

マイクはそうも提案してきた。

「今は修理工をやっている。勤め先は俺らの昔の学校から二キロも行かない場所だ」

七日前

今度は母が電話でこんな提案をしてきた。

「キッチンにあったテーブル、あんたたちも覚えてるでしょ?」

「うん、たぶん」

僕も返事した。

「あのキッチンテーブルのことだよね」

「それ。私あれまだ持ってるのよ。で、こう考えたの。あなたも今回みたいなことをやる以上は全部きちんとやるべきだって」

最初はちんぷんかんぷんだった。でも二十分ほど母からそのアイディアだかを聞かされた後には僕もすっかり興奮していた。ようやく言わんとすることがわかったのだ。

こうした試みから何がしかの意味を得るには

どうすればいいのか。床に座り足を痺れさせ、さらにはこむら返りなんてものまで起こしてしまえば居心地悪いことこのうえない。まずそういう可能性から排除しておくべきだろう。

「だから椅子も持って行きましょうね」

母は言った。

「足を攣《つ》らせながら郷愁に浸らなくちゃならない理由なんてないんだから」

この理屈に反論などできるはずがない。

六日前

いろいろと記憶を引っ繰り返してみたマイクは、問題のキッスの『アライヴⅡ』はそもそもダレンの物ではなく、ジョン・Ｊの所有物だったことを思い出した。ジョンはやはりかつて同じ学校に通っていた同輩で、今はトラヴァースシティに住んでいるらしい。覚えているかぎりダレンと同程度には危険な存在だった。

僕自身はジョンのことはほぼ知らないに等しかった。ただ、八〇年代のどこだかで幾つかの法を犯し、一時期を塀の中で過ごしたらしいとは聞いていた。少なくともそういう噂が確かにあった。詳しいことは知りようもないが、この事実は今なお彼の高名について回っているようでもあった。

実際には彼の方が僕より二つ下なのだが、ほとんどの物事において彼の方がカーブ一つ分は前を進んでいたように記憶している。学校で一番最初に煙草を吸ったのもこいつだ。まだほかの僕らが〝バイクに乗ったエルヴィス〟ことイーヴル・ニーヴルの人形で遊んでいた時期である。僕がメン・アット・ワークをカッコいいなあと思って眺めていた頃には、彼の方はバットホール・サーファーズやバッド・ブレインズを聴いていた。僕は彼を尊敬し、同時に心底恐れてもいた。

「あいつにはもう話したよ」

マイクはそう言った。

「参加するってさ。お前が絶対面白がりそうなレコードがいっぱいあるからそれも持ってくるとも言っていた。アルコールも差し入れてくれるってよ」

　胃がむかつき、動悸が速まった。しかし一方で、このジョンが僕が生まれて初めて出会ったパンクロックをきちんと評価できた人間であることも本当なのだ。

　だから、今なお僕にとって大きな意味を持つあれらの音楽との、そもそもの最初の出逢いを作ってくれたのが彼だった可能性も十分に有り得るのだ。

　しかし彼には前科があるのだ。そして僕は、自分の物ではないどころか借りてすらいない家にこの相手を招待してしまったことになるらしい。しかも酒まで持ってくるという。さてほかに何が起きるかは、最早神のみぞ知るところであろう。

五日前

　母がまた電話を寄越した。毛布を見つけたのだと言う。僕と弟とがそれぞれ生まれてすぐのタイミングで祖母が作ってくれたものだ。

「これも持っていきますからね」

　母は言った。

「ちょっとカビが生えかけてるけど、誰も気づかないわ」

「さすがにそいつは必要ないと思うけど」

　そう主張したがもちろん母は聞く耳など持たなかった。

「心配しないで」

　そして続けた。

「これ面白いわ。私も楽しんでるもの」

三日前

ジョンからメールが着いた。

「ようエリック――何だ――里帰りするんだってな――俺も覚えてることがあってよ――確かにキッスのアルバムは俺のもんだし、マークとマイク・Cと一緒に教会に籠ってたことも覚えてる――ただ貸してやった記憶がねえ――でも有り得そうな話なことは確かだ。俺よう、マイクにリチャード・プライヤーの『バイセンティニアル・ニガー』を貸してやったんだけどよ、お袋さんがすっかりトサカに来ちまってほとんど警察を呼びそうになっちまったんだよ」

メールには地下室にあるというレコードの完璧なリストもついていた。デッド・ケネディーズにエルヴィス・コステロ、ガン・クラブにクラッシュ、イギー・ポップにディーヴォにブロンディにラモーンズといったラインナップだ。

また彼は、飲み物はビールだけでいいのか、それともひょっとしてワインもあった方がいいのかとも訊いていた。

「やっぱワインも持ってくよ」

そう申し出てもくれていた。

「こういうのはちゃんとやろうぜ」

そしてメールは以下のように結ばれていた。

「もちろんレコードも持ってく。油ぶらぶらブラなやつだ――お前狭心症予防薬《リピトール》持ってこいよな――しかし、ムムム、だな――〈ブーベリー〉なんてよ――じゃあまたな、寝落ちる」

ええと、僕はいったい何をしでかしてしまったのだろう。

二日前

ようやく弟が電話を寄越した。それまでに僕はこいつのところに雪崩のようにメールを打っていた。何が起きているかを逐一説明し、お前はどうしても参加しなくちゃならないんだと説いていた。しかしやつは全然納得などしてはいなかった。

「そのレコード云々のことだけどさ、言わせてもらうけど、もう僕らの手に余る事態になってると思うよ」

　こちらにもしもしとも言わせずマークはいきなりまくし立てた。

「どう考えてもやり過ぎだ。誰も喜ばない。ただ妙ちくりんなだけだ。言ってることわかるよね？　まるっきり変だ」

　どこをとってもその通りだ。反論などできはしない。

「どういうことか教えてくれ」

　マークは続けた。

「僕だって昔の家はもう一回見てみたい。だけど、そのほかにそこで起きると言われていることは、なんというか、受け容れ難い。今そこに家具は入ってるのか？」

「キッチンのテーブルと椅子だけだ。それも当日持ち込む予定だ」

　僕は注意深く咳払いを挟んだ。こいつの昔の寝室の壁にキッスのポスターを貼る予定でいることはまだ口にしない方がよさそうだ。

「ジョン・Jを呼んだってのはマジなのか？」

　弟が訊いた。

「ジョンに何の問題がある？　もう何年も会ってないんだろう？　それともお前、やつにまだ偏見を持ってるのか？」

「逮捕歴があるんじゃなかったっけ？」

「一度だけだ。全然大したことじゃない。しかも大昔だ」

　最近はもういつものことになってしまってもいたのだが、こんな具合に弟がちっとも協力的でなくなってしまうと僕はついつい、ひょっとしてこうした不一致が、こいつの方だけが超絶金持ちになっていることと関係あったりするのだろうかとか考えてしまう。

弟には多少金がある。事実を言えばたくさんある。彼の会社は複数の口座に概算で八〇億ドルの資産を保有している。いったいそのうちどれくらいが弟本人の利益となっているのかは僕には見当もつかない。その話は一切していないのだ。身内に対してこんな質問をぶつけるのに相応しい場面なんてのは、絶対決して金輪際、万が一にも訪れはしない。

「いやマジな話、お前いったいどのくらい荒稼ぎしてるんだ?」

公平を期すため記しておくが、あいつがあちら側に行ってしまうよりずっと以前から、僕と弟とは同じコインの裏と表なんてものではまったくなかった。

やつは十五の時からすでに共和党員で〝ニクソンを大統領に〟なんていうポスターを寝室の壁に貼っているほどだった。僕の方は民主党支持者で、合法的に酒を飲めるようになる以前から反戦デモに参加している。ただ両親を怒らせたくて青年海外協力隊に入ってやるぞと脅してみたこともある。

マークの興味というのはもっぱら、太極拳にシカゴ商品取引所、そしてグスタフ・マーラーへと向けられていた。対して八〇年代以降の僕はというと、パンクバンドに大麻煙草、それから健康保険に入らないことばかりに躍起になっていた。

ある日突然弟があのバット・マンことブルース・ウェインよりも金持ちになってしまった時から、僕らはあまり話もしなくなった。もちろん弟であることに変わりはないし、彼のことは大好きだ。でも僕らの生活というのは根底から違ってしまった。

僕にとっては飛行機でファーストクラスを使うかどうかはなお大問題だ。しかしその一方で弟の方は、このまま個人で飛行機をチャーターすることを続けるか、それともいっそ自家用機を買ってしまおうかといった内容で頭を悩ませているのである。

　この前の選挙の時だって、僕の方はオバマのステッカーを車のバンパーに貼ってなにがしかの政治的意思表明をしたつもりになっていたものだが、マークのやつはロン・ポールのために会費二五〇〇ドルの資金集めパーティーを自宅で主催していた。

「なあ兄貴、僕なんていない方がいいだろ？」

　マークが言った。

「そういう冗談は我慢ならないんだってようなことを言いたいつもりじゃないよ。むしろ兄貴の方が僕を見失ってるんだよ。なあ、そこで兄貴がやりたいことってなんなんだよ？　目的はなんだ？」

「どうして意味がなくちゃならない」

　僕は反論した。

「ただレコードを聴こうって、どうしてなってくれないんだ？」

「どうなればいいと思ってるのさ」

「だから俺はただあそこでレコードを聴きたいだけなんだって」

「それから？」

「それだけだ。まったくそれだけなんだ。ほとんど空っぽの家で一緒に育った悪ガキ数人がレコードを聴く。それのどこが妙ちくりんだ。変にしているのはお前の方だ」

一日前

　教会から音声《ヴォイス》メールが届いた。

「今回の件、皆大変ワクワクしています。教会に寄って私から鍵を受け取って下さってもかまいませんし、ドアを開けたままにしておくことも可能です。中を覗かれればきっとびっくりなされると思います」

　僕はまだプレイヤーを持ち込むつもりでいることを先方に伝えられないままでいた。それからかなりシビアに喧《やかま》しいアルバム複数枚のことも。キッスの『アライヴⅡ』が間違いなくそうだし、ジョン・Jが地下室に持ってきたものがなんであれたぶんその手だ。マイク・Cのお母さんの床から出てくるものも同じだろう。

　ああそうか。そもそもマイク・Cとジョン・Jが一緒だってことも報告してはいないんだった。あと弟が来ないことも。

　たぶんやつは来ない。この一切がイカれていると思っているからだ。確かにそれはそうかも知れない。それからもし僕がすべてを包み隠さずに報告してしまえば、教会のお偉いさんたちも同じように考えてしまう可能性だってある。だから言わずにいる訳なんだが。

　ひょっとして自分はひどい間違いを犯しつつあるんじゃないのかと、ここまではっきりと自分でもそんなふうに思ってしまったこともかつてそうそうは思い当たらない。そして同時に、そんな間違いをどうにか回避しようという気持ちには全然まったくならなかったことも、これが初めての経験だった。


　年を取って気づいたことの一つが、変化というやつの中にはなんとか取り乱さず受け止められるものもあるし、せいぜいため息をつく程度で諦められるものもあるけれど、その一方で、どうしてもそのままにしておけない種類のものもあるという厳然たる事実である。

　たとえば自分の生まれ育った土地から引っ越したとしよう。そして歳月を経て今度は来訪者の立場で戻ってきたとする。間違いなく少なからず胸が痛むはずだ。

記憶にある通りの物事など一つとしてない。家々の多くは解体され建てなおされている。店は商売なんて止めている。ほかの店に変わっている場合もなくはないが、ただの駐車場になっていたりも平気でする。

弟と一緒にマンガ本や発煙筒を買っていた角のお店はどうなった？　今やスターバックスになっている。夏にキャンプに出かけた空き地はどうだ？　そんなものは跡形もない。その場所には新築のマンション群が屹立している。ピーナッツの殻を床に落としても平気だったレストランは？　あれは近所で一緒に育っていたガキどもにとっては楽園だったのに。

「え、ゴミ捨ててもいいの？」

噂は瞬く間に伝播した。

「あそこはピーナッツの殻をそのまま落としても平気なんだぜ」

しかし同店は今堅く扉を閉ざしている。一度は子供向けの本屋になり、次にはキャンドルの専門店が入り、その後は地酒を謳ったビールの工房が入ったのだが、こいつなど、皆が開店したことにも気づかないうちに廃業していた。

仲間たちとの輝かしき橇《そり》レースの会場となっていた丘はどうか。隣接していた病院が新棟を建てるため切り崩してしまった。だが今は病院そのものが閉まっている。そんなこと信じられるか？　もうこの土地には病院というものがないのである。

でも病院だぞ？　ピーナッツの殻を床に捨ててもかまわないようなレストランの話をしているのではない。どうしても血が止まってくれないとか、あるいは連れ合いが普段に比べて格段に顔色が青いといった場合に駆け込む場所だ。

今町から最寄りの病院は、車で南に一時間の距離にある。なるほど緊急の場合にはヘリが飛ぶのだと教えてはもらった。

しかしこれを言い換えるなら、たとえ胸が痛んでも、それが決して食あたりのせいではないことについては死ぬほど念を押しておかなければならないということだ。だって救急に電話しようものなら後からクソッタレヘリコプターの代金を請求されることになるのだから。

しかしこの手の変化ならばまだなんとかつき合える。もちろん文句は言う。当時を知っていたり、あるいはどうせ変わるんならこうなって欲しかったとか思っているような友人や家族を相手に、しばし苦々しく愚痴をこぼし合ったりもすることだろう。それでも最後には受け容れることを覚える。要は慣れる時間が必要なだけだ。世界の構造が変わったのだと認めるのだ。

ところが幾つかの思い出たちはより深い場所に潜んでいる。それらは決して消え去ることがない。

シカゴからノースポートまでの六時間あまりのドライヴでは考える時間が山ほどあった。最悪の事態としてどんな場面を想定すればいいのかにもずいぶん頭を使ったし、ひょっとしてこの全部はバカバカしいほどの時間とエネルギーの浪費なのではないかという点についてもまた改めて十分悩んだ。

この日のために借りてきたこの車の後部こそは、まさにその時の僕の頭の中のようだった。レコードプレイヤーは万一に備え枕を両側に配置してクッション代わりにしてある。ズックのスポーツバッグの中身は衣類の類だが、洗濯してあるものはほとんどない。

それから数十枚のレコードジャケットが散らばっている。あちこちの隅にまで吹っ飛んでいる。まるで竜巻の間に窓を開けっ放しにしてしまったような有様だ。

ノースポートまであと二十分となったところ

で、ここまでの生涯で幾度渡ったかも知れない道路を再び横切った。そしていつものように段差に備えて身構えた。

だが段差はなくなっていた。若き日にはここを走れば必ずがくんときたはずなのに。

帰郷に先立つこと一月ほど前だ。僕はシカゴで開催された〈レコードストアデイ〉なるイヴェントに足を運んだ。まだアナログ盤《ディスク》を扱っているチェーン店ではない店が一堂に会する、年に一度のお祭りである。

覗いてみるのも初めてで、何があるだろうと胸は高鳴っていた。長蛇の列があちこちにできることも聞き及んでいた。しかもそいつは、レコードが音楽メディアとして主流の地位をすっかり降りてしまった後から生まれたような若い人たちでできあがっているのだという。

彼らは各種の限定盤を入手できる可能性に賭けて並んでいる訳だが、しかしこういうのは、実際には〈レコードストアデイ〉に列を作って並ぶような人々たちの間以外ではほぼ何の価値を持たないものだったりする。

僕も最初に目についた列に並んでみた。レコードのために人々が列を為すという事態を再びじかに確かめたかったのだ。こんな光景を目の当たりにするのは八〇年代終盤以来だ。シカゴ郊外の店でＵ２の『ヨシュア・トゥリー』を買うために並んだのが、たぶん最後だ。

今でもこんな具合に人々が列を成す場面がほかにもあることは、僕だって知っている。新しい技術の限定商品だかなんだかが登場した際には、時に街区を跨ぐほどの列ができあがる。新型のｉポッドにスマートホン、そのほかの新機器が発売される場面である。

こういうものは、十八の僕が世にそれだけの数の楽曲が存在するなんて想像もできなかったほどの音楽を持ち運ぶことを可能にしている。

そこで行列ができるのだ。

　でもやっぱりなんか違う。僕にはむしろ、こちらの方がただバカげて見える。少なくとも僕たちは音楽の再生装置を買うために行列を作ったりはしなかった。

　もしそういう場にいる連中が、その店でしか手に入らない、素晴らしい新作のＭＰ３データを目的にそこにいるのであれば、まだ理解できなくもない。でも彼らが欲しているのはｉポッドなのだ。いったいどんな間抜け野郎がｉポッドのために並ぶんだ？

　ｉポッドのせいで泣いたり、あるいはｉポッドの存在で孤独感がやわらげられたりするやつは絶対いない。そういう現象は、その中にあるもののおかげで起こる。

　いや、だからまずは〈レコードストアデイ〉の行列の話だ。

「欲しいクソは全部リストにしてきたんだ」

　前に並んでいた男がそう言った。季節外れの陽気だというのにニット帽をかぶっている。もう一時間以上もこうしているせいか、どうやら彼は、話しかける相手には逐一噛みつかんばかりになろうと決めているようだった。

「俺のあぶく銭だ。俺の欲しいものに使って何が悪い」

　見回せば周囲は、髪を染めて、インディーバンドのＴシャツにスカーフといった格好ばかりだった。丸い口髭を蝋で固めているなんて輩も、自分の周りだけで二人も見つかった。

　百にも迫ろうかという列を成す人の群は、明らかに不安の気配を漂わせていた。皆自分の携帯なりなんなりに俯きながら、精一杯そうではない振りをしようとしていた。でもそろそろ我慢の限界だという空気が重くのしかかってきてもいた。

　いや、正確には我慢の限界というのとは少し違っている。正体は、何かを手に入れ損ねてしまうのではないかといった懸念である。別の場所ではよりましなことが起きているのではないかといった猜疑心だ。

　今やこういう内容を示した、フォモ《FOMO》という新語さえ存在している。機会喪失恐怖《フィア・オブ・ミッシング・アウト》なるものの略だ。今の子供らはそんなふうに言うらしい。

　人類全体の歴史を通じ、おそらくあらゆる世代のあらゆる人が経験してきたであろうこの不安に、彼らが新しい名前を与えてくれた訳だ。八〇年代や九〇年代には僕だって間違いなくこいつを感じてばかりいた。父も祖父も同じはずだ。だから今の若い人々が〝フォモ〟だかを感じるからといって、それだけで特別だとはたぶんならない。ただそれを自認した最初の世代だとは言えるのかも知れない。

　〈レコードストアデイ〉というのは基本、この〝フォモ〟だかに延々苛まれるためにある。誰も彼もの表情にそれが浮いている。

　ひょっとして自分は間違った店に並んでいるのではないか。この列は町を横切り十キロ以上も続いているのではなかろうか——。

　ウェイン・コインは〈レックレス〉の店頭でマジ貴重なフレーミング・リップスの日本からの輸入盤を、観衆に向かって放り投げたのだそうである。もし彼らが誤った選択をしてしまっていたらどうするつもりだったのだろう。つまり、そんな稀覯品がこの世から消えてしまうような事態になっていたら、ということだ。

　僕自身が音楽をただひたすら機械にため込んでいる人たちを鼻で笑えるような立場でなどまるでないことは、自分でもよくわかっている。古いポットが新しい薬罐を、黒いなといって非難するようなものだ。だがそれでもこう思わざるを得ないのだ。

　限定盤や特殊仕様ボックスセットや、あるいはブルガリア国内のみ生産のスプリットシングルといったものたちを、是が非でも今日買わねばと、詳細なリストにして持ってきているこうした若者たちのうち、これらのレコードを十年前と同じような感覚で慈しんでいる者は、はたして一人でもいるのだろうか、と。

　この〈レコードストアデイ〉を越えてしまえばこれらの特殊仕様商品たちも、その特別な目新しさをすっかり失ってしまう。そして彼らの棚で埃をかぶることだけを始める。いずれはより新しくより希少価値の高い、コレクションとしてさらに珍重な何ものかへと居場所を譲ることにもなるのだろう。

　彼らは忘れてしまうのか？　それとも生きていくためにはそれがそこにあることが必要だとでもいうのだろうか？　空気みたいに？

　もしそうではないのだとしたら、ポイントはいったいどこにある？　まだ週末も始まったばかりの時間じゃないか。こいつらはレコードを手に入れ終わったらそのまま家に帰り、ベッドにでも潜り込むつもりでいるのか？

　何故だか十二個入りのペーパータオルの包みを抱えたホームレスと思しき男性が一人、列のそばを通りかかった。行列など予測もしていなかったらしき彼は足を止め、じっと僕たちを凝視した。我々が何をしているのか見極めようとしたのだと思う。こともあろうにレコード屋なんてものに向け隊列を為している僕らだ。

　店を見て、僕らに目を戻し、それからまた店を見て。みるみる彼の顔が歪んだ。いったいここで何が起きているのかと言わんばかりだ。

「あんたらなにもんだ？　ひょっとしてＤＪだかいうやつらか？」

　彼の問いかけにもだが、そちらを向く者は一人としていなかった。皆自分の電話かあるいは足元を見つめたままだ。僕自身は一応笑みを浮かべてみたのだが、気づいてもらえたとも思えなかった。

「お前ら全員どうしようない馬鹿野郎だな」

明らかに男は怒り出していた。無理もない。

「そんなものは人生じゃねえぞ。絶対だ」

そう——だから、段差の話だ。

M二十二号線は僕らが育ったノースポートから市外へ出ていく唯一の道だ。そこ以外のすべての場所に連れていってくれる一つきりの通路だ。ミシガンの小指の先っぽに暮らし、是が非でもその場所から出たいと願うなら、まずはこのM二十二号線に車を走らせる必要がある。

そしてこの途上、ネイティヴアメリカンの居住地であるペシャウベスタウンと、ノースポートからは南に向かって現れる次の大きな町であるサットンベイとの間では、道路は微妙に凹凸をはらんで続いている。アスファルトに気泡が入っている感じだ。

もしここを普通に通るなら、これはつまり、制限時速より三十キロかそれくらいは余計にスピードを出して、ということだが、そうするとこの凹凸のせいで、車は時々宙を飛ぶ。

大人になって、サスペンションは大丈夫かとか、タイヤの空気圧は十分かとか、さもなければ下取りに出す時の価格に影響はあるかといったことが心配になるようになってしまうと、こういうのは面白くもなんともない。

だが『爆発！　デューク』を単にすごく面白いテレビ番組などではなくて、むしろ人生の選択肢の一つだろうくらいに思い込んでいる七歳から十歳頃までの子供にとってみれば、路面の悪状況というのはまさにその事実の証明になるとも思われた。ベンジャミン・フランクリン言うところの〝神が我らを愛し我らの幸福を望んでいるその証し〟というやつである。

この道で後部座席の僕らがこう叫ぶたび、両親は聞こえない振りをしたものだった。

「段差、段差、スピード上げて突進だッ」

　のみならず二人は必ずこの言葉の真逆をやった。要は減速してしまうものだから、タイヤが声高に跳ね上がるようなこともなく、当然車体が浮いて生命の危険を感じさせることなど一切なくて、結果、緊急着陸みたいにぎりぎりで着地するようなことも起きなかった。

　それでも時に、たとえば友達の年上の兄貴の車とかでここを通過するような場面があった。旧型のシヴォレーの後部座席で体を左右に押しつけられるような事態も時々起きた。

　しかし、なんてこった。今でもあの光景なら脳裏に鮮明に描き出せるぞ。コーラと汗でべとついた革のシートが、半ズボンから伸びて剥き出しになった脚のあちこちに、さながら一度蝿取り紙に捕まった蝿みたいペタペタひっついてきていた。しかもこの兄貴君というのはほんの欠片みたいな言葉だけですぐ調子に乗り、この段差にも実に相応しい速度で挑んでいってくれる輩なのだった。

「もっとッ、もっとッ、もっとッ」

　後部座席の僕らは声を合わせてそう叫んだ。

「もっとッ、速くッ」

　本人は何も答えなかったがエンジンが回転数を上げる響きは届いた。尻の下で座席が震え出す。僕らは互いにしっかりと捕まり合ったり、あるいはアームレストの銀の灰皿にしがみついたりして〝打ち上げ〟に備えた。

　そして段差にぶつかる訳だが、これが実に爽快だった。シートベルトなどしていなかったから時に座席からも跳ね上がり、一瞬宙を漂ったその直後に柔らかい車の屋根に頭をぶつけたりもしたものだ。

「もう一回ッ」

　涙が出るほど笑いながら僕らは叫んだ。

「引き返してもう一回ッ」

いつ修理などされてしまったのかはわからない。僕らが引っ越してしまってからずっと後だろう。以前足を運んでみた時には気づきもしなかった。ただ、慣れ親しんだ道を走っているのに居心地悪く感じたことは本当である。何かが間違っているようにだけは感じた。

だが、では何が失われていたのかに僕が気づいたのは、それからさらに長い歳月が過ぎてしまってからだった訳だ。

結局僕は行列を諦めた。ペーパータオルを抱えたホームレスの言葉が実に的を射ていたからだ。靴も履いてない相手から自分の人生への疑義を呈されるといった事態はだが、ほかの〈レコードストアデイ〉の常連たちには特に何の影響も与えなかったようでもあった。

だが僕にはそれが皮膚の下まで突き刺さったように思われていた。そこで僕は、もう少し潜り込みやすそうなお祭り会場、すなわち別の店を探すことにしたのである。

〈レックレス〉も混み過ぎていた。〈ローガン電気〉も〈ローリーズ・プラネット・オブ・サウンド〉も〈グルーヴィンハイ〉も同様だ。たぶん僕は、自分と同じ趣味を持つ人々がこれほど見つかることを楽しむべきなんだろうなとも思った。おそらくは『スター・ウォーズ』の続編群の公開日に押し寄せる観客たちのようなものだろう。でもラッシュアワーの地下鉄に乗っているような気持ちにしかなれなかった。

ラッシュの時間帯でこそなかったが実際に電車を使って繁華街まで出ることにした。それほど混んでいるはずはないと思える場所が一つだけ思い当たったのだ。

目指したのは〈シェイクラトル&リード〉である。アル・カポネがよく顔を出していたというジャズクラブ〈グリーンミル〉から数軒先にある店だ。ちなみにここのボックス席には、まだ銃弾の跡が見つかる。

　こちらは行列などなかったのみならず、店内の客も三人きりだった。今日が特別な日だという告知も、わずかに入り口脇に結わえつけられた色とりどりの風船に〝LP全品25%オフ〟と手書きで記されているのみだった。

　リック・アディもそこにいた。アナログ盤愛好家の友人たちには有名な、同店の伝説的オーナーだ。背が低く丸々として、灰色の顎髭を山羊みたいに生やし、永年雨風に晒されてきたと一目でわかる、革の上着を羽織っていた。

　彼は忙しく店中を動き回っていた。雑用をこなしつつ客からの質問にも受け答えする。二十歳以上には到底見えない子供が一人、何か今日のこの〈レコードストアデイ〉限定の特別な商品はないのかといったことを彼に尋ねた。するとリックは、まるで児童ポルノは扱ってないのかとでも訊かれたかのような顔つきになった。

「ウチはそういうクソみてえな特殊仕様盤とかは置かないんだ」

　彼は唾を吐き捨てた。

「ああいうのはせいぜい十枚に一枚くらいしか売れねえ。なのに連中は返品は受けつけねえとかほざきやがる。詐欺みたいなもんだぞ。俺にはもうそういうのに巻き込まれるつもりなんぞねえからな」

　叶うならばずっとここにいて、この店で日々生活し、毎日このリックにまとわりついて、優雅にして素晴らしき彼のこの奇矯な頑迷さを愛でていたいものだとか考えた。

　例によって僕はまたパタパタパタパタやり出した。数ヶ月ばかりご無沙汰していたあの興奮がたちまちにして甦る。正面のドアが開け放されたままだったせいもあったろう。暖かな春の風が、冬の眠りから目を覚まさんとしている街の、甘ったるくも芳しい息吹を載せて吹き込んできていたからだ。

　あるいは片手で足りてしまう数の客たちが、ほかの場所で見かけた連中のように、慌てふためいたり押し合いへし合いしたりなどしていなかったせいもあったかも知れない。たぶんこの人たちは〈レコードストアデイ〉なんてものが存在しなくてもここにやってくる。こんな声まで届いていた。

「なあ、二ドルだったらアウトフィールドを買わない訳にはいかないだろう」

　ああ、ここここそは宇宙でただ一つきり僕がいたいと思える場所だ。

　〝S〟と〝U-V-W〟の間辺りで隣合った棚に手を伸ばす形となり、男性客の一人と袖触れ合った。短い詫びを口ごもったが、向こうは話しかける糸口にしたかったのだとでも受け取ったらしかった。まったく藪から棒にこの彼が、実は自分は今、失くなってしまったレコードコレクションを集めなおそうとしているところなんだと切り出した。

「ええと、もう一度言ってもらえます？」

　思わず訊き返していた。

「まあこんな話だ」

　彼が続けた。

「俺の弟ってのが黙って俺のレコードを持ち出してクスリ代にするため売っ払っちまった。そうなると、残りの人生のすべてを賭けてでも取り戻さざるを得なくなるっつう訳よ」

「正確には義弟でしょ」

　少し先にいた御婦人がその位置から彼を訂正した。彼の奥さんであろうその女性も近づいてきてこちらに合流した。彼女の手にはすでにレコードが束になっていた。三センチに迫ろうかという厚さだ。彼女はそれをそのまま御主人の傍らに、存外乱暴に放り出した。

僕らはまたそれぞれにパタパタと続けていった。その先はけれど、二人が二人とも僕に向けて喋りっ放しだった。互いの台詞を補い合うかのように行ったり来たりしつつ、こっちが訊ねた訳でもない事の仔細を教えてくれた。

「私の弟ってのが手癖の悪いやつなのよ」

まずそう説明し出したは妻の方だ。

「とんでもなく安っぽい男なの」

「なんでも盗んでいいと思ってやがる」

男の方が首を揺すりながらこれを引き取る。

「しかしクスリ代にレコードを盗むなんてな。どうしてテレビじゃない？　ラップトップでももうちょっとましな金になる」

「知っているやり方しかできないのよ」

語り手は再び妻に戻る。

「あの子が八〇年代頃に覚えたのがあれな訳。そしていまだにそれしか知らないの」

男の方は頭もすっかりはげ上がり、真っ白な髭を生やし、左の二の腕にビキニの女の子の刺青を入れていた。妻は真っ赤なスウェットの上下という出で立ちで、どことなく『六百万ドルの男』に出ていた女装男を思わせた。

それぞれに棚を見下ろしながら、なおパタパタと続けていった。僕らのリズムは完璧に調和し、コオロギの合唱みたいになっていた。

白髭《しろひげ》氏は、自分は毎年夏の野外フェスの〈ロラパルーザ〉に救急要員として参加しているのだと教えてくれた。そこでは大体ウィリー・ネルソンの息子さんと一緒になるらしい。妻の方は、ツアーの最中のミュージシャンたちがよく滞在するホテルで夜のシフトに入っているそうだった。彼女もまたロックの重鎮たちとの逸話を幾つか披露してくれた。

「まだリチャード・ストリートが在籍していた時期のテンプテーションズが泊まっていったことがあるの」

彼女は言った。

「私が仕事でステージを観ることができなかったものだからあの人たち、ロビーで「マイ・ガール」をアカペラで歌ってくれたのよ」

「ナイト・レンジャーのことも教えてやれ」

白髭氏が促した。

「あれはイカレポンチども」

彼女が頷いた。

「まったく純正の、心底からのヘチャムクレ。ヴァーカルのやつなんか、悪いけど仮名で泊まらせてくれないかとか言うの。だからこう答えたわ。マジでそんなこと言ってるの？　だったら野郎ちゃんとでも呼んだげよっか？　でもねえ、あんたを探してここまで来るような奇特な人はいないわよって。ああでもあのデビー・ハリーはまったく別。本当に心根の優しい人。あんな人はほかにはいない」

何分かに一度はどちらかが何かのレコードで手を止め、さっきの山へと重ねていった。山はいよいよ危うい高さにまで積み上がり、今にも床に散らばる気満々という感じになっていた。

「全部弟さんが盗んだレコードなんですか？」

僕は訊いてみた。

「そうだ」

彼が応じた。

「だいたい見つけ終わった感じだ。記憶があやふやだったものもほぼなくてね。さほど難しい仕事じゃなかった」

「いえ、その、そういう意味じゃなくて、現物なのかと訊きたかったつもりなんですが」

僕は重ねた。

「彼が持っていった現物を探し出そうとはされなかったんですか？」

二人は一緒になって笑い出した。

「何故そんなことをする必要がある？」

白髭氏が言った。髭の向こうから僕を見下しているかのようだった。

「義弟のヤクの売人を問い詰めるのか？　そうやって義弟がどこのノミの市でそれを売ったか聞き出すってのか？　そんなの時間の無駄だ」

　僕は肩をすくめた。

「もっとひどいことも考えつきますけどね」

　目を細めて白髭氏が僕を見た。空気が不意に冷たくなった。

「お前さん、初回プレス盤マニアみたいな輩でもないんだよな？」

「ええ、はい。全然そんなことはないです」

　彼の顔に笑みが戻った。

「ならいい」

「僕はただ、プチプチいうあの音や、聞こえないくらいの超高音が欲しいだけです」

「その通りだ。プチプチとか高音とかな。そこがキモだ。おい、こいつわかってるぜ」

　僕は彼らが積み上げた山へと手を伸ばした。二人はわずかながら身を固くした。すでに自分たちが買うつもりでいる商品に、他人の僕が手を出しているのが居心地悪かったらしい。

　ラインナップは全然驚くような中身でもなかった。スプリングスティーンが数枚にツェッペリンがやはり数枚。イエスが多少。ラッシュにディープ・パープルにスティーリー・ダン。レーナード・スキナードがかなりある。まさしく七〇年代に育ち、白い髭を生やし、腕にビキニ娘の刺青を入れていそうな男が持っていそうな代物たちだ。

　そして僕はそれを見つけたのだった。すぐにわかった。思い起こせば不思議でもある。それまでにも僕は、少なく見積もって二十五枚くらいは同じレコードを手にし、ひょっとしてこいつが自分のものだった一枚ではなかろうかと仔細に眺めてきていたのだ。

　けれどこの時はただわかった。頭の中にしか存在しない景色ではあるが、あのマルディグラのパレードの群衆の中に、丸い口髭とサファリ帽という格好の父の姿を見つけた時のような感覚だ。あれは父だった。想像の上でのことではあれど、疑問を挟む余地はない。

　そこにあったのは、キッスの『アライヴⅡ』だった。子供の頃弟が持っていた、まさにその現物だ。僕があまりにも頻繁に借り出してしまうものだから、ついには弟に、ジャケットの表に〝触るな!!!〟という警告を殴り書きさせてしまったあの一枚だ。

　文字はしかし今消え失せていた。でも一番上に汚れがあった。キッスのKの辺りだ。どうみたってインクのシミを落とそうとした跡だ。読めないようにすることには成功こそしたが、消し去ってしまうには至らなかったらしい。

「これ譲っていただけませんか？」

　僕が訊くと白髭氏がこちらを見た。まるで自宅の居間に見知らぬ人物が、しかもあろうことか、まるっきりの素っ裸でいるのを見つけてしまったとでも言いたげな目つきである。

「どういうことかな？」

　応じた声からは今まで育んだ親しさなどきれいさっぱり失せていた。

「ずっとこれを探していたんです。すごく好きだったものですから」

　レコードを見下ろした彼が再びその視線を僕へと戻す。手の方は今やレコードの棚などとっくに離れ体の真横でぶら下がっている。決闘の場面で銃に手をかけるタイミングを待ってでもいるかのようだ。

「希少価値のあるものなのか？」

　落ち着いて見えるよう気をつけた。

「特にそういうことはありません」

　そこで僕は無理矢理笑った。

「ただ懐かしさのゆえですよ。実際これを買うつもりでいたんです。ですから――」

けれどそこで彼は僕の手からレコードを引ったくり、自分たちの山に戻した。

「悪いがそいつはできねえ相談だ」

「百ドル出しますッ」

僕らはポーカーの手札を晒す《ショウダウン》直前のように真っ向から見つめ合った。こちらの申し出を検討するかのように彼の髭が震えた。

「気乗りしねえ」

「二百なら？」

彼は妻に向いた。彼女もまた今やすっかり目を見開いて僕のことを凝視していた。まるで僕が彼らに向かってナイフでもつきつけているかのようではないか。また髭が震え、彼がその場所に自分の指先を走らせた。

「あのなあ――」

ようやく彼の口がもう一度開いた。

「俺がどうするか教えてやろうか？」

「三百ドルっ」

この〈レコードストアデイ〉の当日に、稀覯品を逃すことを恐れるあまりパニック寸前になる連中の一人になんぞには、僕は絶対ならないぞというのは、まあだから、つまりはこういうことである。

野球のバットを手にしたリック店長が僕らを押し退けて傍らを過ぎた。彼はそのまま、小便と酒の臭いをぷんぷんさせたホームレスの男を追いかけ回し始めた。いつのまにか店に入り込んでいたようだ。

「とっとと出ていけ、クソ野郎ッ」

叫ぶ店主殿の声には怒りが顕わだった。

僕は動かなかった。必死で白髭氏から視線を逸らさずにいた。このまま終わらせてしまうつもりなど絶対になかった。

「二度と顔を見せてみろよッ」

リックが入り口へと声を上げる。手はバットを振り回している。まるで頭上から襲ってくる空飛び猿《フライングモンキー》どもをはたき落とそうとでもしているようだ。

「そん時ゃあただじゃ済まさねえからなッ」

「乗ってやる」

　とうとう白髭氏がそう言った。

　ミシガン州までの六時間に及ぶドライブの間にも、僕は隙を見つけては助手席へと手を伸ばし、そこに置いたキッスの『アライヴⅡ』の表面を繰り返し指先で確かめた。

　当然だが音楽にこんな金額を払ったことなどいまだかつてない。まあ、ここ数年ネットを通じて失敬してきた一切を、大いなる宇宙の意思が埋め合わせさせでもしたのだろう。

　それでも明細をつき合わせてみれば、それほど悪い条件でもなかったことも明らかになる。『アライヴⅡ』には全部で二十曲が収録されている。だから僕は一曲につき十五ドル支払った勘定になる。確かに安くはない。だが法外というほどでもなさそうだ。

　そして、一層の正確さを期していえば、僕が買ったのは音楽ではなくジャケットなのだ。僕はガキだった頃に自分の弟が残した警告文かも知れない、そのうえ今や単なる読めない汚れでしかないものに三百ドル支払ったのだ。

　かまうものか。確かに賢明な投資とは到底いえない。実用的な価値などない。現実的にはそんなものゼロだ。だが後悔なんてしていない。

　このレコードは護符みたいなものなのだ。悪いものや災難からこちらを守ってくれると信じて肌身離さず持ち歩く種類の何かだ。

　理性的な部分ではバカげているとわかっている。そもそもそれは単なるもので、魔力などない。守ってくれるはずもない。

　しかしそれがそこにあり、不安になった際にはいつだって触れられるのだと知っているだけで安心な気分になれる。少なくとも気休めにはなってくれる。

　車があの段差の箇所を行き過ぎた。そんなことはもう起きないと重々わかっていながらも、僕はそっと身構えていた。そして、車が前のめりにもならなかったこと、あの衝撃がこの身を揺さぶってくれなかったことに悲しくなった。車体が宙に持ち上げられる感じもしない。

　でも大丈夫だ。今回はそれほど落ち込まないでいられそうだ。だって今僕があそこに持ち帰ろうとしているこいつこそは、まさにあの段差みたいなものなのだから。

「ねえ、この人、口から血を流しているの？」

　母が訊いた。

　僕らはまだマークの寝室だった部屋の床の上に座ったまま、キッスのポスターを見上げていた。たぶん母がこいつをまじまじと見るのはこれが初めてなのだろう。でもじゃあいったい何年母はこいつの前を通り過ぎてきたんだ？　夜中に弟をベッドへと押し込みながら目をやったことならたぶん相当あったはずだ。本当に気づきもしなかったのだろうか。

　おそらくそうなのだろう。大体の構図こそ把握しながら、細部にまで注意を向けることはついになかったのに違いない。

「この人はいつもどっかから流血してる。そういう設定なんだ」

「そうなの？」

　母は肩をすくめる。

「あんたたちがこれを説明してくれたことなんて一度もなかったものね」

「だからって今そういうこと訊く訳？」

「だってわからないんですもの」

　母はなんだか向きになっている。

「この人たちはいい人たちだって、あんたたちが言ったのよ」

「キッスのこと？」

「そう。きっと口から出任せだったのね。どうみたってＬＳＤとかやってそう。しかも全員。それに騒々しかったし。あんたたちがこの人たちのやらほかのレコードをかけている時には、私とお父さんとは仕方なく散歩に出かけたものだったわ。家全部が揺さぶられるみたいだったんですもの」

「僕らからレコードを取り上げちゃえばよかったじゃないか」

　そう言ってみた。

「そういう親にはなりたくないわねって、二人でそんなふうに決めていたのよ」

　返事した母はさらに続けた。

「だって音楽よ。誰かを殺す訳でもないし」

　そこでまた二人してポスターを見上げた。僕はそして、今母を階下に連れていき、無理矢理にでもキッスの『アライヴⅡ』を聴かせてみるというのは、はたしていい考えなのかどうかと訝った。本当にちゃんと聴かせるのだ。

　玄関で呼び鈴が鳴った。音色は騎兵隊のラッパよろしく、空っぽの屋内で一際高らかに反響した。我知らず体が硬くなる。どこかに隠れてしまいたかった。マークの部屋の新たなウォークインクローゼットとか、実に手頃だ。叶うなら明かりも消してしまおう。

「マークだと思う？」

　母が訊いた。まっすぐこちらに向いている。

　僕はそうは思っていなかった。むしろ玄関先にいるのが誰かについてなら、揺るがしがたい確信があった。この〝我が家〟に厄介ごとを持ち込んでくる存在たちだ。

レコードの正しい持ち方ならば知っている。一番外側の端か、あるいは中央のラベルの箇所だけに触れるよう、手をお椀のように広げて扱うのだ。盤面に触れることは最小限に留める。手に付着した油脂は、アナログ盤《ディスク》にとっては酸みたいなものなのだ。

　しかし僕が今手にしている一枚に関しては、こいつは通販テレビ〈Kテル〉の企画による『ナイト・フライト』というコンピレーションだったのだが、最早そんなことは気にする必要もなかった。すでにボロボロのベタベタのめったくただったからだ。

　盤面には三十年にわたってつけられてきた指紋たちが浮いていた。おそらくは幾世代にも及ぶ数多の指先らの遺物である。僕自身のものもたぶん一つや二つではきかない。丸々一人分の手形なんてのも見つかった。

　なんだか泥の上の足跡でも見ている気分だ。

好き勝手にぶらつき、あちこちで垂直に交わって、時には蹴飛ばし合いまでし始めている。

ところが驚くべきことに、盤面には一つの傷も見当たらなかった。少なくとも目に見えるものは皆無だ。裏庭の芝生に持ち出して、刑務所で囚人にするみたいにホースで水でもぶっかければ、きっと新品同様にもなろう。

もちろんそんなことをするつもりは毛ほどもない。この指の跡こそ貴重なのだ。この一片の合成プラスチックの上には多くの歴史が刻まれているのである。

これが我が所持品だった一枚であることはすぐにわかった。疑念を挟む余地などない。鑑識に回し指紋の解析を依頼する必要もない。

発見場所はマイク・Cの母親の家の床下である。ここから一ブロックも離れてはいない。懐かしきあの子供時代、近所中を巡っていたほかの多くのレコードたちとともにこいつは、その場所で静かに醸造されていたのである

彼の同胞たちもすべて今この場にいた。子供の頃の僕らが目の前にしていた、こちらもまさに同じテーブルの上に広げられている。しかも場所も、僕らが過ごしたのとまさしく同じキッチンだ。ようやくあそこの毛が生えてきたことにひそかに胸をなで下ろしていたような時期以来、一歩たりとて足を踏み入れてすらいなかった一室である。

はたしてこれが慈しむべき事態なのか、それともただ混乱を招くだけのものなのか。その点は正直僕自身もまだ測りかねていた。

この〈Kテル〉の『ナイト・フライト』が、一九八二年に僕自身が、このキッチンからは優に五十キロは離れたトラヴァースシティの〈マイヤー〉なる店で買い求めたその現物だという明白な証拠ならまだあった。それはジャケットがないことだ。盤《ディスク》が裸のまま、ほかのレコード

たちに紛れ込んでいたのである。僕がこいつを置き去りにした、こちらもまさにその通りの状態だった。

この一枚を幼き日の僕が買ったのはひとえに「アメリカン☆ヒーローのテーマ《ビリーヴ・イット・オア・ノット》」が収録されていたという事由に依る。B面のド頭だ。ジョーイ・スキャベリーの曲である。

しかしもしこいつがテレビドラマ『UFO時代のトキメキ飛行アメリカン☆ヒーロー』に使われていなかったとしたら、好きになっていたかどうかはすこぶる怪しい。この番組は当時の僕の一番のお気に入りだったのだ。リー・メジャーズ演じるスティーヴ・オースチン大佐がサイボーグ手術を受けて六百万ドルだかに値付けされて以降では、テレビ界に起きた最高の出来事だったといってよい。

最初のうちはだからスキャベリーの曲しか聴いてはいなかった。それこそ死ぬほど繰り返しかけた。我が頌歌《アンセム》だったのだ。

しかし時には曲が最後のフェイドアウトに差し掛かったところで大急ぎで針を戻すことに失敗する場面もあった。そうなるとそのままかけた。かくして僕はアル・ジャロウにフォー・トップス、クインシー・ジョーンズなんかを生まれて初めて耳にすることになったのだ。

こういうのは実際には、僕が生来好むよう定められていた音楽たちとはいわば真逆の位置にある。しかしかくのごとき状況だったものだから、これらのトラックを繰り返し耳にしているうちに、いわばストックホルム症候群《シンドローム》のような事態が起きた。人質が犯人に共感してしまうというあれである。

僕はそもそもパンクロックの魂を与えられて生を享けた。けれどこうした次第でジュース・ニュートンの「夜明けの天使」の歌詞も過たず諳んじられるようにもなったのだ。ほんの少しでもメロディーが耳に入ったら、大声で、かつ相当情熱的に一緒に歌ってしまう。

　当時御近所さんの家々にあったほかのレコードたちと同様、この一枚もまた仲間うちの共用資料となっていた。全員の所有物だったのだ。

　弟にせよマイクにせよ、あるいはほかの誰にせよ、鍵などかけられることもなかった僕らの家に入ってくることが可能な者であれば、誰でも勝手に持っていってかまわなかった。ちゃんと返してくれればそれでよかった訳だけれど、まあお察しの通り、そういう事態が起きないことも時にはあった。

　するとレコードはそのままほかの子らの手に渡り、そこからさらに他所まで遠征し、ついには追跡不可能となった。巡り巡って自分の手元に戻ってくるようなこともあるにはあったが、それもつかの間だ。いつ誰がこんなふうに考えるかなど測りようもなかったのだ。


「なんだか「アメリカン☆ヒーローのテーマ」が聴きてえな。よし、んじゃちょっくら借りてくるか。かまわねえよな」

　思いあぐねた末に僕はジャケットを外してしまうことにした。そいつは表にでっかく『ナイト・フライト』のタイトルが、しかも銀色の立体フォントでデカデカと印字されていたものだから、あまりにも目立ち過ぎだったのだ。レイザービームみたいに目を射した。

　で、僕はそいつを引きちぎってゴミ箱に捨てた。そして盤《ディスク》だけをほかの、たぶん誰も絶対聴きたがらないようなジャケットにしまっておくことにした。この用途のためだけに、どこだったかのガレージセールでローレンス・ウェルクの『ポルカ大好き』を買うことまでやった。もちろんこのポルカのレコードはやはりゴミ箱行きとし、中にこの『ナイト・フライト』を隠したのである。

だがやつらは見つけやがった。何故だか絶対そうなった。たとえどこへ隠そうとも連中は必ず探し出した。

かくして再び御近所中の追跡捜査を余儀なくされた。いよいよ我が「アメリカン☆ヒーローのテーマ」を諦めるかさもなければ興味を失ってしまうか、どちらにせよそんな状態になるまでは、そうするより選択肢がなかった。たぶん興味の方が先になくなったのだと思う。

とはいえ我らがこの〝仲間うちの共用資料〟システムがまるっきりのカオスだった訳でもない。ちゃんとした規則があり、メンバーの誰もがこれに従い、尊重していた。明文化されてなどいなかったし、それどころか皆で口頭で確認し合った訳でもないけれど、全員が理解していた。記憶に間違いがなければそれはこういう内容になる。

規則＃1『持てるだけのレコードを持ち出してかまわないが、スマートにやること』

ここがだから地元の図書館なんぞとはまるで異なっている点だ。ああいう場所では貸し出し冊数を確認され、普通に期間内に読める分だけにしなさいとか言われる。

しかし我らがシステムでは、誰かの手助けなしにその家から持ち出すことができたレコードはすべて自分のものにしていいのだ。いや、一時的に、というのが建前ではあるけれど。

しかしことレコードとなれば、問題になるのはつねに量よりも断然質である。たとえば学校で、クソ面白くもないような一週間を過ごてしまったり、親がとんでもないド阿呆だったり、もしくはこの相手こそは自分の生涯の愛であるに違いないと、ほんの一瞬とはいえ心から信じた女の子が、必要もないのに公衆の面前でこちらを大嫌い呼ばわりしたりといった場合には、多少なりとも立ちなおる最善の方法は、寝室の灯りを思い切り暗くし、ルー・リードのアルバム全部を延々かけ続けることだったりする。

　いや、ちと違うか。とにかくただ『トランスフォーマー』を繰り返しいていたい気持ちになる可能性の方が高そうだ。そして化物じみたあのジャケットを見ながらこう思うのだ。この吸血鬼《ノスフェラトウ》みたいな真っ白な顔はいったいどういうつもりなんだ？

　そうしてそのまま甘く感傷的な収録曲たちに合わせて首を縦に振りながら、精一杯の自己憐憫に浸るのである。でもあの曲たちが歌っているのはもっぱら都会の灯りについてで、人口せいぜい六百人で、主な産品はサクランボといった田舎の町で大人になることとは、ほぼ関係などなかったりもしたのだが。

　要はレコードを手にするのは、そいつが今自分に必要かも知れないと感じるからである。特に明らかにしておきたいのは、決して必要だとわかっているからではないという点だ。だからどうしても枚数が要る。

　それでも、たとえば誰かさんの家に鞄なりスーツケースなりを持ってお邪魔したとしてみよう。この場合はどうみたって強欲なろくでなしにしか見えない。これから盗みを働こうとしていると思われても仕方がない。だから自分の手で運べる分しか持ち出してはいけないのだ。

　それ以上はダメ。

　それゆえ、万引きよろしく相手の家からレコードだけを抱えて出ていくというのが望ましいのだ。獲物は腋に抱えて保持し、手は普段通りにポケットに引っかける。そうすればパッと見だけでは何か持って出てきたようには見えないはずだ。たぶん。

　ここで肝心なのは、実際は決して盗みを働いた訳ではないのにさもそうしてきたように振る舞うという部分である。手にしているのは好きに持ち出してかまわないと合意ができているので、いわば合法の行為である。だがそこがあからさまであってはならない。それこそがクールというものだ。

規則＃２『返却期限というものはない』

再び明言するがこのシステムは図書館ではない。だから持ち出す際に日付の入ったスタンプを押されることもない。貸し出し期間も返却手続きもない。一枚だろうが複数だろうが、必要なレコードは必要である間はずっと手元に置いていい。あるいはほかの誰かがそれが君のところにあると気づき、返せと迫ってくるまでだ。

これはつまり、今現在自分がそのレコードを所持している事実を隠すようなどんな試みも為してはいけないということでもある。だからレコードは人の目の届かないところに置いてはいけないのだ。衣装ダンスの中とかベッドの下とか、まあだから、エロ系のヤバいものを両親に見つけられないよう隠しておくような場所にしまったりしてはいけないのだ。

しかし問題のレコードが、それだけで厄介なことになりそうなジャケットデザインをしていたりする場合もある。ブラック・サバスの悪魔の赤ん坊を全面に描いた『悪魔の落とし子《ボーン・アゲイン》』とか、ブラック・フラッグの、父親が自殺しようとしている場面のイラストの『ファミリー・マン』とかがその例になる。

それからストーンズの『スティッキー・フィンガーズ』もこの範疇だ。ジーンズの下のあの巨大なペニス。だからこういう事例に限ってはレコードを隠しておくことも認められた。ただしシステムのメンバー皆がその事実を知っている場合において、ということではある。だからまあ、こういうふうに仄めかすのだ。

「まだあのデッド・ケネディーズのアルバムは母ちゃんに見つからずに済んでるぜ。まったく神様に感謝だよ」

規則＃3『レコードを手に入れた場合、その事実に関するプライヴァシーは瞬時にすべて否定されている』

レコードを買って帰ってきた場合、その事実と所有品それ自体については、たとえそれが両親の買い物であったとしても、ただちにシステムの全メンバーに情報が共有され、誰でもいつでも手に取っていいことになる。だから、これはまったくたとえばの話なのだが、仲間の一人が今日どうしてもアバの『スーパー・トゥルーパー』を聴きたいと思ったとして、それがこちらの部屋にあることまで知っていたら、彼は口頭や文書による予告など一切なしに、たとえ何時であろうと、こちらの部屋にずかずか入ってきてそれを要求することができるのである。

ある意味これは素敵なアイディアだ。もっともたまたまその時、自分が誰か女の子と二人きりで――いやまあだから、そこまではなくとも、単身で極めて個人的な作業に従事したりしていなければ、ということにはなろう。そういう場合でもノックなどされた試しはない。

ドアはただ勢いよく開く。顕わになった自分自身とか、まさにその真っ最中だった、自らの手で自らに施す極めて慰撫的な行為とかをこちらが必死になって取り繕うとしている間にも、友人はただ大股でつかつか入り込んできて、問題のアバのレコードを手に取ったかと思うとこう抜かすのだ。

「悪かったな兄弟。今日は一日中ずっと頭ん中で「ザ・ウィナー」が鳴りっ放しでよ、聴かずにはいられなくなっちまったんだ。じゃああれだ、とにかくお疲れさん。また後でなっ」

この事件は実際に起きた。そうなるとこちらにできるのはせいぜいが、動揺など一切していない振りをする程度である。もしも自分のものを、あ、だからこれはそっちのモノではなくて資産ということだが、とにかくそういうのを徹頭徹尾きっちり自分で管理したいと思うなら、生活共同体なんてものとは一切関わらないことだ。ヒッピーのコミュニティーがそうだし、レコード共有システムもまた然りなのである。

規則＃4『レコードの占有を主張することはできないし、アルバムに関し保護施策を採用することも認められない』

　レコードはだから、共同体全体の所有物なのである。持ち主は決して個人ではない。だからたとえば突然〝こいつは絶対しばらく手元に置いておく〟と決意するようなことや、さらによろしくない事例では、これは自分だけのものだと主張するようなことは当然受け容れられるはずがなく、むしろ言語道断だと見做される。そして即座に処罰の対象となる。レコード共有共同体から除外されるのだ。

　たとえ自分の小遣いで買ったとしても、たとえば『ハーダー・ゼイ・カム』のサントラや、スプリングスティーンの『明日なき暴走』がそうだったのだが、でも、それはもう自分の持ち物でなどない。システムの所蔵品なのだ。全員の共有物だ。それが大好きであればこそ進んで皆に解放してやらなければならない。

　再びそれを耳にすることはあるだろう。しかし常に手元にあって一緒に生きてくれるということはない。汽車で移動する季節労働者《ホーボー》のようなものだ。町から町へと移動して、必要がある限りだけそこに留まる。そしてやがては次の汽車に飛び乗ったかと思うといずこも知れぬ場所へと去ってしまう。

彼らホーボーたちを飼い慣らすことは叶わない。荷物はそこら辺に引っかけてずっとここに居続けてはくれまいかと頼むことは不可能なのだ。思ったところでどうなるという。ただ為すが《レット・イット・ゴー》ままにするしかない。行かせてやる《レット・イット・ゴー》ほかは。

規則＃5『レコードと一緒にしまってあった一切も同時に新たな所有者のものとなる』

もちろんこれこそ本当に仮定の話なのだが、たとえばヌードトランプの一枚を、たまたま手に入れたとしよう。まあ、盗んでしまったという言い方も、ひょっとしてあるいはできるのかも、しれなくもないのかも知れないが。

ちなみにヌードトランプというのは、カードの一枚一枚に上半身裸のモデルの写真が印刷されている反エログッズだ。たぶん仲間うちの兄貴か誰かが持っていたのだ。そしてその一枚に載っていた女性が息を飲むほど美しかったりすると、つい思わず手にしてしまうようなことだって起こり得る。しかもその胸ときたら。

いや——まあだから、わかったよ、こいつもやっぱり僕の話だ。一目見た時から僕は彼女の姿が頭から離れてくれなくなってしまったのである。マジすべてだ。大きさに乳暈に乳首。まったくあの乳首。いったい何が起きればああなる？　どう見ても左右ともに僕の足の小指くらいの大きさがあって、しかもそれぞれが独自の個性を有していた。有り得ない。

彼女のことなら今でも何もかも鮮明に思い出せる。髪はブルネットで、歯を見せずに笑っていた。あの娘はクラブの8だった。だから僕は大人になってからも誰かとトランプで遊ぶその都度、手札にクラブの8がやってくると、あの優雅に美しかった彼女の乳首を思い浮かべずにはいられないでいる。

僕は彼女をレコードの一枚に隠した。どれに入れていたかも忘れていない。なんとなればそれは、両親を相手に挑んだ一つの勝負でもあったからだ。

　当時の二人がそっち方面に過剰な注意を払っていることもわかっていた。僕が家にいない場面では、二人が二人して裸系の諸々がありはしまいかと僕の部屋をセンチ刻みで捜索していたはずなのである。

　しかしこっちだって考え抜く。さて我が両親ならば、ポルノ手前のそういうものはいったいどこで見つかると想像するだろう、彼らの立場に立って徹底的に思案した。仮定の映像の中で父は、僕のレコードを壁に投げつけ忌々しげにこう叫んでいた。

「コンチクショウめ、隠すなら絶対ブロンディの『パラレル・ラインズ《恋の平行線》』の中しかないと思ったんだがな」

もしこの想像の父にもう少し分析的な思考ができていたなら、解答にもたどり着けていたはずだ。ブロンディに隠すなんてそんなのまるでただのアホウだ。

　言うまでもないが僕がそいつを隠したのはボブ・ディランの『血の轍《ブラッド・オン・ザ・トラックス》』の中である。なんとなればこの裸のカードは、決してセックスを象徴するものでなどなかったからだ。

　こいつが表象していたのは〝憧れ《ヤーニング》〟だった。父が見逃していたのはこの点である。いやだから、僕の頭の中の彼がというのがこの場合は正確なのだが。

　だから、乳首だけの問題ではないのである。乳首とそれ以外の彼女のすべてが、つまりは我が憧れの顕現だったのだ。僕にとって彼女は決して手の届かない、でも痛いほどそうしたい、そういういわば女性なる存在のすべてだった。

　だからカードの中の彼女の姿を見つめる時、

頭の中に鳴っていたのはデビー・ハリーの歌う〝あなたはいずれ私のもの、私のもの《アイム・ゴナ・ゲチャ・ゲチャ・ゲチャ・ゲチャ》〟の一節ではなかった。そこにあったのはこう綴るディランの歌声だったのだ。

「もうイカれちまいそうだ／痛みが繰り返し押し寄せてくる／心臓にネジをねじ込まれているみたいだ」

しかし首尾よく両親の目を誤魔化すことに成功したとして、決してほかの誰に対しても同じだったということにはならない。この時『血の轍』を次に持っていった人間に関してはそういうことにはならなかった。しかもシステム運用の性質上、こちらとしては失くなってしまうまでそんなことにも気づけなかった訳だ。なんとかレコードの行く先を探り出した頃には裸のトランプなどとっくにどこかへ消えていた。しかも誰も何も教えてなんぞくれなかった。

「カードなんて見なかったけど」

誰もが大袈裟に肩をすくめながらそう口にするだけだった。こっちには頼るべき法的根拠もない。レコードの中に入れておいた以上は見つけたやつが持っていていいのだ。

この同じ法規は、たとえば直前の持ち主がジャケットの隙間に陰毛やら昔の絆創膏やらが入り込んでしまうといった失態を犯していたりする場合には、今度は彼に味方する。知らないと言えばそれでいいからだ。

だから共有システムのメンバーのうち当該レコードの新たな持ち主となった者が、自分の所有期間のうちに問題のジャケットから何かを見つけたとして、たとえそれがどんなお宝であっても、そこでそいつが消えたからといって、紛失の咎で訴追されることはないのである。

法は法だ。

「おう、気をつけた方がいいと思うぜ」

マイク・Cが僕の手の中の『ナイト・フライ

ト』を指しながら言った。あまりに指先に力がこもってしまっていたせいだろうと思われる。

「ハンタウィルスだかがくっついていなくもねえかも知れねえ。鼠の巣にあった訳だし」

レコードから顔を上げマイクを見た。僕はまだ彼に再会した驚きからも十分には覚めやらぬままでいた。場所がこのキッチンだからというだけではない。すべてに驚愕していた。

　思春期をくぐり抜けて以降というもの、彼の顔を目にするのは初めてだった。今や四十代になったこいつは、山羊髭を蓄え指先はニコチンのシミだらけで、煙草のせいでしわがれたバリトンの声で喋っていた。到底現実に思えない。

「マジか？」

　訊き返した僕への彼の返事はこうだった。

「いや、冗談だ。だが可能性はなくもない。床下から引きずり出した時には実際埃まみれだったぞ。鼠の糞っぽいのも皆無じゃなかった」

　思わず片方の手を放して大慌てで振った。ああクソ。所詮鼠のウンチじゃないか。もっと最悪な死に方もきっと世の中にはたくさんある。

「しかしどうやら俺らはまるっきりついてねえみたいだな」

　そう言ったマイクはまたプレイヤーのプラグを違うコンセントから引き抜いた。

「この機械がもうお釈迦になっちまってるか、あるいはここの電気が止められてるかのどっちかだぜ」

　心配などしていない振りをしようとしたが、内心は縮み上がっていた。万一の備えなどしてきてはいない。〈クロスリー〉は置いてきた。

　ボブのあの〝ちゃんとしたプレイヤー〟の話にすっかり慄いてしまった僕は、今回こういう形で昔のレコードたちをまた聴くのであれば、是が非でも安物のプラスチック製の機械でなければならないなと思い込んでしまった。子供の頃使っていたようなやつだ。

　そこで、我が人生の最初の二十年間に家族で使っていた機械と多少でも似ていそうなものを必死になって探しまくった。我が家にはそれくらいの余裕しかなく、こいつを全員で共用していたのだ。〈ｅベイ〉に上がった写真をつぶさに点検し、たとえあやふやでも親近感めいた何かを感じさせてくれるものを探し求めた。

　ようやく一つだけ見つけられた。でもそれは〈フィッシャープライス〉でも〈テレトーン〉でもなかった。〈ジェネラルエレクトリック〉の一九七四年の製品で、Ｖ六三八ｈという型番の、三速対応型の機種だった。

　一応メールで写真を送り、弟にも確認した。するとあいつは、今まで使っているのなど見たこともないほどの数のエクスキュラメーションマークつきの返信を寄越した。二人ともの鼓動が早まっていた、と思う。たぶん。

　通常のＬＰを載っけるにはサイズがやや小さいところや、あるいはたとえばピクニックとか歌声集会《フーテナニー》なんかで音楽が必要な場合にも持ち運んでもいけるよう、ベージュの専用ケースにしまえるようになっているところとかが、記憶の通りだったのだ。

　前面には様々なつまみが突き出していた。そのうちの一つには〈ＲＥＪ〉と書いてあったのだが、機能はついに謎だった。僕も弟も十八年間とうとう一度としてこれをいじることをしなかったのだ。万が一とんでもないことになったらどうしようとびびっていた。

　僕はこいつを二十五ドルで〈ｅベイ〉から手に入れた。で、来る前に試しに使ってみることはサボってしまったのだ。だがもし動かなかったら、これ以上最悪なことなど有り得ようか。

「やっぱ俺にゃあわかんねえなぁ」

　手にしていたキッスの『アライヴII』からよ

うやく顔を上げたジョンが言った。彼はもう十分余りも押し黙ったままそうしていたのだ。

「これ本当に俺たちのやつか？」

　実質的なことをいえば、ほかの誰よりもこのジョンこそが、こいつを自分のものと呼べるのだとはわかってはいた。だが僕にはその〝俺たちの〟という言い方が少なからず癇に障った。

　確かに最初に持ち込んだのは彼で、最終的にはほかのすべてのレコードと同様こいつもまた共有システムの資産となっていた訳だが、しかし僕の記憶の中ではこの一枚はいつだって、マイクの部屋か、さもなければ僕の部屋にあったのである。

　だからマークが〝触るな!!!〟と殴り書きした時、それは僕に向けてのものだった。共有システムの全員にということではなかった。とにかく相手は僕だった。

　しかしこの点ばかりはいわば僕ら兄弟の固有の領域だったものだから、当時はこの話が共同体で取り上げられることはなかったのも紛う事なき事実である。

　しかしだ。まあまったく、あのジョン・Jが今僕らの家にいる。

　いや、かつて僕らの家だった建物というのが確かにこの場合には正確だ。とにもかくにも彼はここにいた。真正面に座っている。

　この前この男が今と同じこの壁たちに囲まれていた時、僕らは全員中学にすら上がる前だった。なのにジョンのやつはハードコアパンクのミスフィッツのTシャツを着て、靴はコンバットブーツで、もうすでに補導歴があるという噂まであって、そんで、僕の部屋で煙草を吸ってもかまわないかと訊いてきたのだ。

　しかも今や四十代となった彼は、きっとこいつは大人になったらこうなるだろうなと想像していたその通りの姿になっていた。上はアイアンメイデンのTシャツで、靴はやはりコンバットブーツ。子供もいるのに離婚して、ビールの六缶パックを手にして現れた。髪は最早すっかり白く、ここまでの短い会話からでは、現在はスロットマシーンを造る会社に勤めているらしいことがわかっていた。

テーブルの上に身を乗り出し僕は、キッスのジャケットの例のシミを指さしながら言った。

「この箇所だ。弟がそれを書いたんだ」

ジョンはなお納得できない様子だった。

「確かか？　これだって、マジで読めねえぞ」

「場所は合ってる」

僕は食い下がった。

「そうかも知れんが、だがこいつは何にだって見えるし何にも見えない。どうしてこれがマークの字だってわかる？　ほかの誰かが書いた可能性だったあらあな」

「まったく同じ場所にか？」

「そんなに全然有り得ねえことでもねえんじゃねえか？」

ついに僕は腹を立て、大声になった。

「あのなあ、僕がどのくらいこいつを探したと思ってる？　キッスの『アライヴII』なんて何枚目にしたかもわからないくらいだ。それでも〝K〟の箇所のこの位置に何か書いてあるものなんてただの一枚も出会わなかった。そんなに言うんならここに何か書いてある別の『アライヴII』を持ってきてみろ。そしたら僕が間違っている可能性もあると認めてやる」

チクショウめ。つまり僕は三百ドルを投げ捨てたのか？　そういうことになるのか？

「お、やった」

そこへマイクの声がした。見ると〈GE〉のプレイヤーがゆっくりと息を吹き返し始めたところだった。ポンコツのメリーゴーラウンドみたいに軋んだ音を立てている。

「お見事」

ビールを持ち上げてマイクに敬意を示しながらジョンが言う。

「で、どうやった？」

「スイッチが入ってなかった」

マイクはこともなげだ。

「さて、いよいよか。どれから行く？」

我々の前に積み上げられたレコードの山を見下ろしながらジョンが言った。

僕には決められなかった。いずれ全部を聴くつもりだったからではない。もちろん結局はそうすることにもなったのだが、難しいのはそこではなかった。基本目の前にあるものが、互いに相容れない二つの世界を含蓄するものだったがゆえだ。僕らがなりたかったものを表象していた音楽と、それから、実際の僕らがある意味そういう存在であったものを体現していた音楽との両者である。

一方にはイギー・ポップがいてクラッシュがいてニューヨーク・ドールズがいた。リプレイスメンツもこちらになる。ラモーンズにデッド・ケネディーズにディーヴォにブロンディ。ソシアル・ディストーションにあと、エルヴィス・コステロ。

もう一方にはバングルズにMRミスターにリック・スプリングフィールドにゴールデン・ライトフットといった面子が並ぶ。アバもこっちだ。それからキャプテン・テニールにケニー・ロジャーズにバリー・マニロウ。あと、不様なスーパーヒーローを扱ったテレビ番組のテーマソングを含む〈Kテル〉の編集盤《コンピレーション》もこちら側になる。

全部が全部大好きだった。でも、その事実をこの場でも認めるに吝かでないものは、正直数えるほどしかなかった。

手の中の一枚を見下ろした。さっきからずっと掴んでいた〈Kテル〉には僕の親指の形のへこみが残ってしまいそうにも思われた。

　自分が今聴きたいものなどわかっていた。僕はこの「アメリカン☆ヒーローのテーマ」が死ぬほど聴きたかった。思い切り大音量で流し、〝ほぉおかの誰かだったらよかったのぉに《シュッド・ハヴ・ビーン・サムバディ・エエールズ》〟の箇所では本気で大声を出して一緒に歌うのだ。ちょっとだけジャック・デ・ラ・ロッチャ風の怨み節を気取るのが望ましい。このシチュエーションには間違いなくハマる。

　しかしながら僕の中のもう一人の僕は、つまりはカッコつけたがる方の僕ということだが、どうせならこんなふうに口にする方がこの場に相応しいはずだよな、などと考えていた。

「よし、あのクソッタレなミスフィッツから行こうぜ」

　だってコンバットブーツを履いて煙草を吸いたがるような気障な相手が家に来ている時には絶対こう言うものだろう。そうすればやつは歯を向き出しにして笑って見せ、こう口にするはずだからだ。

「おう、最高だ」

　おかげで自分までカッコよくなれたような気分になれる。

「よし、あのクソッタレなミスフィッツから行こうぜ」

　そう言った。ジョンが歯を見せて笑い、悪魔《ロック》の手《ホーン》を作ってこちらに突き出した。

「おう、最高だ」

　ほらな、言った通りじゃないか。

　ジョンが登場するまでは音楽なんてものは存在しなかった。まあ確かに、アバのアルバムくらいは時に聴いていた。あとジム・クロウチとかフリートウッド・マックの作品とかを両親から借りてかけることもあった。

　でも僕らの音楽と呼ぶに相応しいものは何も

なかった。つまり、聴いているだけで自分の遺伝子に組み込まれた何かが根本からすっかり変わってしまうかのように感じられる音楽、ということだ。

マイクがまた同じ話をし始める。そもそもどうやってジョンの家でアタリ二六〇〇で遊ばせてもらえるようになったかというやつだ。

当時はジョンが合衆国中で唯一このアタリのゲーム機を持っている存在だった。いや、もちろん僕らの知る範囲で、ということだけれど。

そしてマイクは床にあった『アライヴII』に気がついた。雨の中で涎みたいに口から血を流すジーン・シモンズの写真を示し、ジョンが、こいつはクールだろう、みたいなことを口にした。さらにジョンは、別に大して興味も見せなかったマイクにも、貸してやると言って聞かなかった。マイクはキッスが気に入った振りをした。かくしてジョンはそのまま彼にアタリ二六〇〇を使わせてやったのだ。

「アタリで遊ぶためにはキッスが好きな振りをしなくちゃならなかったんだ」

そう言うマイクにジョンが応じる。

「その通り。そういうのは取引の一部だ」

マイクがミスフィッツの四十五回転アルバム『ビウェア』に針を落とす。だが音楽が始まった途端にもう止めて欲しいと思った。いや、そんな程度では済まない。レコードを裏庭に持っていって埋めてしまいたいくらいの気持ちだった。確実にもう二度と目の前になど現れたりしないようにしてしまいたかった。

しかしこの神聖なるクソ野郎《ホーリーシット》のグレン・ダンジグ殿はいったい何がしたいんだ？　八〇年代初頭に初めて同バンドの音を耳にした時と同じ程度にしか、僕には彼らのやっていることが理解できなかった。

あの時も今も僕にわかるのは、基本このダンジグは他人のことなど一切意にも介していないということくらいだ。あと、こいつはきっと僕を刺すつもりに違いないとも感じた。いずれにせよそんなのが心地好いはずもない。

　このレコードをジョンが初めて貸してくれた時、僕は十三歳だった。一応一気に最後まで全部聴き、これ以上ひどいものは未だかつて聴いたことはないやと思った。そのまま地下室に持っていき、放り出した。いずれ必ずジョンが返せと言ってくるだろうから、捨てる訳にもいかなかったのだ。

　それでもそばに置いておくことは嫌だった。寝ている間もこれが同じ部屋にあるなんて考えたくもなかった。こんな曲を収録している物体が自分が眠る傍らにあるなんて、思うだけで体がすくんだ。

「一年の時にこいつと同じプレイヤーが学校にあったんだ」

　音楽に合わせて楽しげに首を揺すりながらジョンが言う。

「マイクとお前の弟がよくアバを持ってきてかけてた。先公もエラく気に入ってた」

「彼女はすっかり聴き入ってたよ」

　マイクが賛同する。

「ある日俺は姉貴のテッド・ニュージェントを持ってった。『絶叫のライヴ・ゴンゾー』だ。まあしかし、ありゃ全然学校向きじゃあなかったな。猛り狂って四文字言葉連発でよ。先公に止められちまった」

「特に「俺のプーンタグ」がお気に召さなかったみたいだったよな」

　マイクが笑う。

「そう。あの女うちに電話までかけてきやがった。でも俺だって知らなかったんだぞ。学校に持ってったのはカッコよく見えそうだったからだ。ジャケットがすごかったからよ」

話が続くうちおぞましきミスフィッツのこともすっかり忘れた。そいつはもう、ジョンがいかにして音楽的鼻つまみ者となったかという物語のバックグラウンド・ミュージックに過ぎなかった。ジョンは、僕らがいわば見知らぬ岸辺に爪先を浸してみるようなあらゆる試みの、そのすべてを引き受けてくれていたのだ。

それまで知らなかった何かしらに僕らが囚われていった時、それは時に冒涜的な言葉にあふれたレコードだったり、あるいは『マッド』みたいなぶっ飛んだ雑誌だったり、さもなければ裸の女性が印刷されたトランプ一式だったりした訳だが、そういう場合、その責任を自分で引き受けるよりは、とりあえずジョンのせいにしてしまうことの方がよほど簡単だった。彼はすでに名うての悪ガキだったからである。

だから僕らは決して彼の名誉を傷つけていた訳ではない。たとえるならば、すでに二桁の殺しで訴追されている連続殺人犯に、もう一件新たな殺人をつけ加えるようなものでしかなかった。そのはずだ。

「でよ、今日は〈ブーベリー〉のシリアルだかを食うんだろう?」

そう言ったジョンはすでに椅子から腰を持ち上げ冷蔵庫へと向かっていた。

たちまち胃が捩れる気分になった。確かに自分が思いついたことだ。しかし今それが現実になりつつあった。もうちょっとちゃんと考えておくべきだった。どこかで思いなおすことだってきっとできた。

「高果糖コーンシロップ含有だとよ」

箱に書かれた注意書きをマイクが拾い読みして寄越す。

「体にいいに決まってるさ。なあ、兄弟諸君」

言いながらジョンは紙製の箱の上の隙間に指を滑り込ませ、ゆっくりと開封していった。

「たぶん今日できあがったばかりのシリアルよりは俄然マシだぜ。あの頃は遺伝子組み換えなんて技術はなかったからな」

「なあ、本当に食うのか？　正直ちょっと腰が引けるんだが」

　つい本音を吐いてしまった。

「アホ抜かせ」

　ジョンが鼻で笑う。

「こいつが一九七八年もののワインだったらお前だって飲むだろう？　違うか？」

「そりゃあ――」

「もちろん飲むよな」

　彼はそしてシリアルの箱をあちこち端の欠けている〈ポタリーバーン〉のボウルに向けて傾けた。なんだか青い色をした塊が口からこぼれ出す。セルリアンブルーに染めた鼠の糞みたいだ。こぼれ出したそいつが陶器に当たって思いの外金属的な音を立てた。アルミ缶に小銭でも注いでいるかのようだった。

　ジョンがさらに二人分、それぞれのボウルに同じ事をするのを見守った。それから牛乳のパックを順番に回した。こちらは彼がガソリンスタンドで買ってきてくれたもので、もちろん消費期限内だ。だと思う。

　最初に気がついたのは匂いだ。微細な粒子が鼻孔をくすぐる気配が感じられた。ぎざついた星形の、幸福感の結晶みたいな何ものかがその場所で騒いでいた。父の遺品のネクタイに彼の〈オールドスパイス〉のコロンの残り香を感じ取った時のようにそれがわかった。

　たちまち九歳の子供に戻ったような気持ちになった。あの頃この〈ブーベリー〉は、僕らにとっては、純度の高いシャブの結晶みたいなものだった。ヘロイン的な何かだ。

　一度マイクとマークと僕とでキャンプに出かけたことがある。もっとも森の中とかでは全然なくて、家からせいぜい八百メートルも離れていない、どこかの裏庭だった。それでもなんだか、一人前の男とか自立とかいったものへの階段を一つ登ることができたようにも思われた。

　ほかの準備と一緒に僕らは〈ブーベリー〉を一箱携えていった。でも、持っていった分など一旦腰を落ち着けるなり一気に食べ終えてしまった。ミルクさえ必要とせず、順番に箱ごと回しては乾いたままのそれを手づかみで一握りずつ食べた。

　だけどまだ小さかった僕らの体は砂糖というものにさえ十分慣れてはいなかった。実際僕らの母親は、ソーダすらよほど特別な機会でなければ飲むことを許してくれなかった。

　そういう訳で僕らはたちまち少なからずハイになった。気がつけば互いの目はお皿みたいに見開いて、鼓動も打楽器の即興演奏のようだった。息継ぎもせずに喋りまくり、すべてに興奮し、大して面白くもない言葉に爆笑した。

　だから砂糖のせいだったとは思うのだが、とにかくどこだかの段階で誰かが、全員で全裸になったら面白いのではないかと言い出した。決して実行不可能なアイディアではなかったし、頭の中も舌と同様真っ青に染まっていたものだから、三人揃ってたちまち着ていたものを脱ぎ捨ててね、そのまま表の森を駆けた。

　自分たちが何か恐れられて然るべき生き物にでもなった気持ちで月に吠えた。巨大で、壊れたりなど決してしない何かになったような気までしていた。

　翌日マイクの元へ、当時区画の一番端に暮らしていた年配の未亡人から電話がきた。何という名前かは覚えていない。たぶん会釈以上のやりとりを交わしたこともなかったと思う。彼女の家はハロウィーンの時ですら、本能的に誰もがノックを避けていた。遠くからでもリュウマチ用の膏薬の臭いがわかったからだ。

そんな具合だったからマイクは、彼女が電話を寄越した理由を説明し始める前からひどく泡を食っていた。

膏薬夫人はマイクに、夕べあんた方の姿を見かけたわよと告げた。もちろんたらふく食べている場面ではない。もう一つの方だ。どうやら夜の暗闇も、僕らが期待していたほどには、自分たちのあられもない装いを隠してくれた訳ではなかったらしい。

マイクは謝ろうとした。ところが夫人は心配はしなくていいわよと続けた。親たちに言ったりするつもりはないとのことだ。むしろ、またストリーキングを敢行する気になったら、今度は自分の家の近くでやってくれたら大歓迎だからねとまで言われたそうだ。私のところの裏庭だったら、ほかの人に見られなくて済むわよとも言われたらしい。


「私たちだけの秘密にしましょう」

そう告げて彼女は電話を切った。

自分の分のボウルに牛乳を注ぎ込み、そこへスプーンを沈めた。そうしなければならなかった。これは通過儀礼だ。一口ぐらいでは死ぬこともあるまい。そうでもないかな。

――埃みたいな味だった。

座ったまま黙々とそれぞれに咀嚼した。誰かがレコードをストゥージズに取り換えていた。イギーが嘆き出していた。

「俺の夢には何もねえ／忌まわしい記憶があるきりだ」

まったく、この遅い午後の昼食にはまさしく相応しいセレナーデだ。

「弟も来るんじゃなかったのかよ？」

そう訊いたジョンの顎は実に奇妙な動き方をしていた。その中から全力で逃げ出そうとしているリスを必死になって飲み込もうとでもしているようだ。

「来るはずなんだけどね」

こちらも命懸けの思いで口の中のものを飲み下して返事した。自分が何を体内に取り込んでいるかについては極力考えないようにした。でも、三十六年もののシリアルの摂取に注意が向いていたことは、弟の件で自分が失望している事実を自分にも隠す役には立っていた。マークは来ない。僕はそう確信しつつあった。

「ブルーベリー入りのホワイトルシアンを飲んでるみたいだ」

言いながらジョンは三度目のスプーンを口に運んでいる。

「昔と同じ味だと思うけどな」

マイクの歯はすでに目に痛いほど青い。

「いやいや明らかに美味《うま》くなってるだろう」

この主張はジョンだ。

「なんかこう、バリバリ全開になってくみてえな感じがする」

弟が来ないのは、たぶんあいつが、僕がこうやって口いっぱいにぱさぱさのシリアルを頬張るまで感じてさえいなかった何かをすでに思い知っていたからだろう。

僕はバカだった。こいつは無害な郷愁なんかじゃ全然ない。この身は単に空回りを重ねる老いぼれだ。この一年間僕のやってきたことは所詮壮大な時間の無駄に過ぎなかった。本当に出し抜けに、それが痛切に感じられた。

「兄貴がやりたいことってなんなんだよ」

マークが僕の耳元にそう叫んだのはほんの数時間前だった。

「目的は何だ？」

僕にはわずかの手がかりもなかった。この場で僕が広げて見せようとしていたのは、剥がれ落ちたかさぶたみたいなものだった。それから骨董品的代物の群だ。十代だった頃の僕が手にしていたかも知れないものたちだ。そのうちの幾つかを実際に見つけ出せたことは、確かに奇跡の名にも価しよう。だが、だから何だっていうんだ。それで僕が、ただ影を追いかけていただけだったことになんて全然ならない訳じゃない。

むしろもっと悪い。自分の尾を追いかける犬みたいだ。それも、見窄《みすぼ》らしくくたびれた尻尾だ。仮に捕まえられたとして、たぶんどんな満足も得られはしない。

泣き出したい気持ちがした。でもそいつが、砂糖の影響で今回は逆に暗く沈んでしまった気分のせいであることも明白だった。

「悪くねえな」

自分の食器を見下ろしながらジョンが言う。

「てめえはずっとこいつが欲しかったんだなって感じがする」

「骨董品級のシリアルがか？」

「そうじゃねえ。この全部だ。レコードがあってこの家にいて、そんでまたお前らとつるんでる。ここしばらくちとキツかったもんでな」

そこで彼が自分の叔父の話をし始めた。父親よりよほど近しい存在だったのだそうだ。ジョン自身が最も辛かった時期に支えてくれたのがこの相手だったらしい。

その彼が先頃、長いガンとの闘病の末に世を去ってしまった。肉体の方が観念しちまったんだろうな、ともジョンは言った。

「化学療法ってやつが叔父貴を屈服させちまった。あれをやってなきゃ叔父貴はたぶん、化学物質だかで体がパンパンになっちまうようなミジメな二年間じゃなく、もっとまともな三年を過ごせていたんじゃないかと思うんだ」

何かの堰が切れでもしたみたいだった。ずっとそういう、あまり嬉しくはない想像を頭の中に抱えていて、ようやく吐き出せる機会を得られたようだ。記憶にあるパンク少年の残滓など失せていた。今の彼は触れれば壊れてしまいそうなほど脆い、ただの一人の人間だった。

「叔父貴はお前の親父に似てた」

ストゥージズをブロンディに取り替えながらジョンが言った。

「それ、マジで言ってるのか？」

喜んでいいことかどうかも定かでないまま訊き返していた。

「ああ、お前の親父はすごい人だったぞ」

ジョンの答えはそうだった。

「何もかもがとち狂ったような時でも俺に優しくしてくれた」

「そうだったな」

同意したのはマイクである。

「カッコよくて面白くて、そんでもって大層過激な人だった」

「過激？」

父に関してそんな形容を耳にすることなぞ初めてだった。俄然興味が湧いた。

「どう過激だったんだ？」

それから二人が父の話をしてくれたのだが、それはすぐには現実とも思えない内容だった。中世の御伽噺でも聞かされている気分だ。素肌に鎧の剣闘士《グラディエイター》たちが、蜂蜜酒の大瓶を飲み干した後に繰り広げる自慢話みたいだ。

彼らの物語を信じるならば、僕の父親というのは聖職者用の白く背の高い襟に正体を隠した無法者《バッドアス》で、ひねくれた無神論者に哲学的論争をふっかけては打ち負かすのが大好きで、しかも一度噛みついたら決して放さず、ついにはその相手を夜中の三時までベッドの中でも眠れないほどの存在不安にまで追い込んでしまうのにも容赦はしないのだそうだった。

同時に彼はいつだって、まだ若く混乱し、行き場のない怒りだけを抱えているような相手に対しては、そうした自己嫌悪を考えなおさせてくれるだけの的確な言葉をちゃんと持っていたらしい。

父の話題はやがて、数年前に世を去ったマイクの父親のことへと移っていった。僕が彼について知っていたのは、ボランティアで消防団を手伝っていたことと、地域のボーイスカウトのリーダーを務めていたことくらいだ。死亡記事でも真っ先に取り上げられていた内容だ。

その次は自ずとジョンの父親の話になった。カリフォルニア州で交通警察隊に所属していたのだそうだ。まさに『白バイ野郎ジョン＆パンチ』のパンチことエリック・エストラーダだ。

ジョンは両親の離婚後、ほんのわずかだが彼と一緒に暮らしていたらしい。パンクロックに初めて触れたのがこの時期だ。かくしてジョンは、このミシガンの北の寝ぼけたような小さな町に、この手の音楽を持ち込んできた最初の伝道師となったのである。

三人もいるというのに僕らは最早誰一人、父親やそれに類する存在を持ってはいないのだった。皆亡くなるか、あるいはどこかへ消えてしまった。そして彼らの不在というもののざらついた手触りは、時と場所を選ぶこともせず、いまだに不意に甦ってくるのだった。

まるで本当に彼らはただ姿を消しているだけでもあるかのようだった。僕らは皆、あの人たちがもう本当に戻ってはこないのだという考えを克服するのに苦戦していた。

僕自身もまだ決してきちんと受け容れられてなどいなかった。二人の口ぶりから、彼らもまたまったく同じであることがわかった。

父親というものがいつかいなくなってしまうことは無論全員知っていた。でも、それはいつだって、ここより先のどこか未来の出来事であるはずだった。僕らがもっと大人になってからだ。ああだから、今よりもさらにもっと年老いた頃に、ということだ。

しかしそれはあまりにも早く訪れた。もう少し時間が欲しかった。どうしても必要だった。

人生なるもののなんと駆け足で過ぎいくことだろう。ほんの一瞬でも、すべての動きをもう少しだけ遅くしてしまうことが叶うなら――。

人生なる代物は、時にこの身を、あたかもユーチューブの前に座っている、あのコンチクショウめな千年紀人の一人に過ぎないように感じさせもする。いつだってこんな感じである。「次、次、次、ああもういい、わかった、次はなんだ。今のは面白かった。でも次だ」

若人《わこうど》諸君、頼むからもう少しだけ落ち着きたまえ。何をそんなに急ぐんだ。たまには深く息を吸い、そんなに慌てて次々次々ばかり言うのは止めちまおうぜ。できなくはないはずだ。

僕らが亡き父親たちの話をする間、伴奏してくれていたのはダイナソーJr.の『ユア・リヴィング・オール・オーヴァー・ミー』とU2の『アクトン・ベイビー』、それからデッド・ケネディーズの『フランケンクライスト』の頭の二曲だった。僕らもそこで、さすがにこいつだけは会話のBGMには向いてないぞと気づいてレコードを止めたのだ。

代わりにボウイの『ヒーローズ』のA面をかけた。全然感傷的でなどなかった。それは純然たる音楽で、しかもヴォリュームが大き過ぎ、その中で会話を続けるためには三人とも時々思い切りの大声を出さなければならないほどだった。でも、音量を絞ることなど誰も考えもしなかった。

ボウイは表面上ベルリンの恋人たちのことを歌っていた。でも僕らはそれぞれ自分の聴きたいように聴いていた。

僕らの耳にはこの曲は、雁首揃えた四十半ばの三人の野郎どもを歌っているように響いた。ほとんど空っぽのキッチンに座ってシリアルの〈ブーベリー〉を食べているような連中だ。

「我々は何ものでもない――」

ボウイの声が宙を征《ゆ》く。

「手を差し伸べてくれる者もない」

アーメン。

電話が鳴ったのはその時だ。それぞれにテーブルに置かれていた誰かの携帯ではない。ベルの音はこの家の、壁にかけられるタイプの、ダイアル式の電話機から届いていた。

最初は白だったであろう塗装はすっかり黄ばみ、個々の数字の脇にアルファベットが幾つかずつ並んでいるタイプの回転盤の方もほどよく磨り減り、その真ん中で、タイプで打たれたこの場所の電話番号が、一応は薄いプラスチックの覆いで守られながらやはり消えかけていた。

電話機は誰からもすぐには手の届かない位置にあった。テーブルと、このキッチンを出てこの家のほかのすべての部屋へと続いていくドアとのちょうど真ん中あたりの壁に、ぽつねんと吊り下げられていたのだ。

昔とまったく同じだった。たぶん僕らが去って以来、唯一不変だったものだといっていいのかも知れない。

もちろん機械も同じものだ。五五四という型番だ。受話器も送話器も祖父母が使っていたまさにそのもので、僕らの子供時代にはずっと、両親が受け継いで使っていたのだ。

レコードが終わった。でも誰も取り替えに立ち上がることもしなかった。針は立ち泳ぎさながらに無音の溝の無限ループに捕らわれて、そんな状態で無視され続けていることへの不平をぶつぶつと申し立てていた。

でも僕らはすっかりベルに射貫かれていた。そいつはまだ鳴り続けていた。止まなかった。

悲鳴のように響き渡り家全体を揺さぶった。

　こいつはこんなに大きかっただろうかと訝った。でも確かにそうだった。誰もが小型の電話機能のある機械を持ち歩くようになるより以前には、電話というものはどの家にも一つきり、キッチンに置かれているだけだった。外部との連絡の一切を管轄する司令塔だ。

　だから、地下まで含めた三階建ての、寝室が四つある家のどこかにいる誰かの注意をちゃんと引けるだけの音量が必要だったのだ。

　たとえ地下室で洗濯をしていようが、二階の化粧室で排便に勤しんでいようが、どこにいようがこいつは相手の居場所をつきとめ、こう教えて寄越す必要があった。

「おら、てめえと話したいってやつがいやがるんだよッ。さあ来い今来い早く来い。連中がいなくなっちまう前に！」

　三人揃って鳴り続ける電話機から目を離せずにいた。明らかにこの機械は僕らを怒鳴りつけていた。だがこっちも応じることなど断固拒んでいた。議論の余地も必要もない。全員が同じように考えていたはずだ。

　だって基本自分たちが今いるのは空き家で、こちらには占有していい法的根拠もなければ、持参してきたもの以外は家具すらなく、そのうえここまで計十二本のビールを三人で空にし、そうしながら大好きだった亡き父親たちの話題に興じ、自分がどれほど彼らの声をもう一度聞きたいと思っているかを吐露し合い、しかも、この電話は本当ならまだ回線が切られたままであって然るべきで、だから本当はこいつはどう考えたって骨董品的機械にしか過ぎず、しかもたぶん放棄されてかなり久しく、だから、ダイアル回線の信号を未だ受信できるはずなど、絶対決して金輪際万が一にもなかったのである。

　それが出し抜けに鳴り出した。受話器を取った方がいい状況など、どこをどう引っ繰り返したって有り得るはずがない。

　ああ、一つだけあるかも知れない。是非とも小便をちびりたいなら取るのもアリだ。

　だから僕らは待った。しかし呼び出し音は鳴り止もうともせず、僕らは銘々次第に顔を歪めていった。頭の中はたぶんこんな具合だったのではないかと思う。

「誰かあれを止めてくれ。止めて止めて止めて止めて。我慢できない。お願いだから。後生だから。もう一回でも鳴ったらあたし悲鳴を上げながらここから逃げ出しちゃうんだから」

　ようやく止んだ。辺りが改めて静まり返る。聞こえているのはヴァイナル盤の上の煉獄から救い出されることを待ち詫びている針の立て続ける、穏やかなノイズだけとなる。

　さて次にどうするべきかなど、誰にもわかるはずがなかった。それでもジョンが解決策を見つけ出してくれた。

「おいおいおいおいちょい待ちだぞ、こいつはひょっとして『ナイト・フライト』か？」

　見上げると彼の手にあの〈Kテル〉の脂塗れの盤《ディスク》があった。

「そうだよ。どうもジャケットの方は途中でどこかに行っちまったみたいだね」

　大急ぎで乗っからせてもらうことにした。

「え、こいつがジャケットに入ってたことなんてあったのか？」

　マイクも同様だったようだ。

「そこが面白えとこなんだよな」

　ジョンが応じる。

「たとえばお前らからレコードを借りるか、さもなきゃ俺が貸してたやつを取り戻して帰ってくるだろう？　そうすっと時々中から出てきたのがこいつだったりした」

「なんだそりゃ」

　僕は、そんなことまるで知らなかったよと響くよう努めながら頷いてみせた。

「実にイカれた話だな」

「もちろん最初は腹が立ったさ。でもじきにこう思うようになった。まあいいだろう。聴いてやるべ。こいつもロックにゃ違いねえって」

「今はどうだ？　聴きたいか？」

　訊いてみた。

「ひょっとして「アメリカン☆ヒーローのテーマ」か？」

　これはマイクだ。

「当り前田のコンチクショウめだ」

　ジョンが叫んだ。

　兄貴は降霊会でもやりたいのさ、と、へらへら笑いながら母に告げた弟は、結局正しかったのである。確かに始まった段階ではそんなことはちっともなかった。

　でも、今やこのキッチンに亡者たちがいることは、この場にいる誰もに疑念の余地なく明白だった。鳴り止まなかった電話機がそいつを納得させていた。

　しばらくはかなり薄気味悪かった。しかし今やあちらの連中も、どうやら死後の世界から長距離電話をかけてくることは諦めて、代わりにそこら辺を適当にうろつくことで満足してくれたようでもあった。

　おかげさまで僕らの方は、多少の寒気を覚えながらでこそあれど、またこうやって楽しめるようになれたのだった。

　　なあ、僕に起きたことをみてくれよ
　　　自分でも信じられないんだけれどね

　ジョンの腕に鳥肌が立っていることには気がついていた。でも、それがはたして彼が自分の叔父が今この場に一緒にいるのだと考えているせいなのかどうかまではわからなかった。

　ひょっとして実際に叔父さんの、明らかに今ここに生きているかのような温かい吐息を間近に感じているのかも知れなかった。そういうことも有り得ないとは言い切れまい。

　だがあるいは単に、手を例の悪魔の手《ロックホーン》の形に決めながら力一杯「アメリカン☆ヒーローのテーマ」に合わせて歌うことは、ミスフィッツの歌になぞこれっぽっちも怯えていないぞという振りをするのに比べれば、かなりどころではなくマシなのだというだけの話なのかも知れなかったが。


　マークが到着した。奥さんのエイミーも一緒だ。夫の後ろからつき従っている。僕らがちょうど、それぞれ二杯目の〈ブーベリー〉のボウルを空にしようかというタイミングだった。

　最初二人は玄関口に立ったままだった。中を覗き込んでこそいたが、足を踏み入れる決心はいまだつけかねている様子だった。

　ジョンとマイクが椅子から飛び上がって二人を歓迎しに出向いた。そしてそれぞれにマークときつく握手を交わした。

「元気そうじゃねえか、おう」

　ジョンが言う。

「ああ、いや、うん、あなたもね」

　マークの返事はそんな感じだ。

　二人の視線がぶつかった。これが本当に自分たちの望んでいたことなのかを見極めようとでもしていたのだろう。

　ジョンたちの目にはたしてマークの姿は、さも億万長者っぽく映っていたりもするのだろうか。ジョンの方はマークに、有罪判決を受けた犯罪者ってのはきっとこんな感じだろうなと本人が思っていたものを実際に見せていたりもするものなのか。

いずれにせよ二人は二人ともやや落胆した様子になった。きっとマークはシルクハットに片眼鏡くらいは身につけて現れるべきだったのだろう。ジョンの方も残念ながら、強盗みたいなマスクにそれっぽい風呂敷といったいかにもな装備でなどなかった訳だし。

それでも最後にはマークとエイミーも、中に入ってもどうやら身の危険はないらしいと判断してくれたようだった。そこでまず僕が、懐かしきこの我が家を一通り案内して見せた。

一部屋ずつ居場所を移す間にも弟と僕は、かつて家具のあった位置を逐一指差して確認していった。小さなテーブルの場所について論考を巡らせ、その上に置かれていた、最早記憶の中にしか存在しない花瓶の色を巡って論争した。

マークが思い出させてくれたこともある。僕が父の書斎だったと思い込んでいた一室が、実はそもそもは客間で、両親は一時期カンボジアから孤児の女の子を養子に迎える計画を立てており、その子の部屋にする予定になっていた。だがこれは何らかの理由で実現しなかった。

ほかの面々を従えながら僕とマークは自分たちの痕跡を求めて家中を探索した。ドア枠や裾板に、改修や塗装のやりなおしといった迫害の歴史を辛くも生き延びた傷跡を見つけては、さらによく見るべく身を屈めた。

端々に指を走らせる僕らは、さながら古代文明の存在を証明する手がかりを懸命に繋ぎ合わせようとしている人類学者のようだった。しかもあちこちで、時に獰猛なまでになりながら、起源を巡って議論を闘わせることまでした。

僕の寝室のドアにあるいびつな穴は、はたして僕が弟を締め出すべく取りつけた閂《かんぬき》錠のせいでできたものだったのか。僕には場所が全然違っているように思われたのだが、マークは間違いないといって聞かなかった。

そんな具合にどんな小さな傷跡にも、膨大に過ぎるくらいの背景を披露し合った。そうしたそれぞれに実際に価する以上に多くを語らせようとしていた。

いよいよマークを本人の寝室へと案内した。もちろんキッスのポスターに喜んでくれることを期待していた。なんたって思春期以前のほぼすべての日々、彼が毎晩その下で眠りに就いていた、まさにその同じポスターなのである。

だがこの野郎は笑みの一つも漏らそうともしなかった。ポスターが間違っていないことは認めた。でも場所が違うと言うのだ。またしても議論だ。

「反対の壁じゃなかったか？」

弟は偉そうな腕組みまでしてみせる。

「いいや、お前の方が混乱してるんだ。この場所以外では全然収まりが悪かったんだ。だってお前のベッドの頭の真上だろう」

「だから、そもそもベッドがこっち側だったんだってば」

しかしレコードプレイヤーには弟も興味を隠さなかった。〈ジェネラルエレクトリック〉社製のＶ六三八ｈ型だ。僕らに音楽の洗礼を施した存在である。

この〝クソみたいな安物〟は、これはマークの表現なのだが、とにかくこいつは『セサミ・ストリート』に出てくるボブの歌の一語一語を僕らに教え、そして『スター・ウォーズ』のサントラの、あの開幕のトランペットでこちらをぞくぞくさせてくれていたのである。

それだけではない。カブキスタイルのメイクアップに股袋《コッドピース》といった出で立ちの異形の大人連中がものすごく大事なことを歌っているのだと信じさせもしてくれた。夜の間中ずっとロックし、毎日がパーティー三昧でといった中身だ。

そしてデトロイトという名の町こそは、そういうのを飽くことなく楽しめる場所なのだとも教わった。

　だから、こいつこそが極めて重要な、世界についてのあらゆる情報へと繋がってくれる唯一の経路だったのだ。それゆえ僕らは、こいつにはきちんと耳を傾けるべきだったのである。

　プレイヤーを二階に運び、僕と弟の寝室に挟まれた廊下の真ん中に据えた。いつもそうやって置いていたのだ。気づくなりマークの顔が輝いた。それまでの、いわば冷めたというか、不承不承というのか、そういう空気が一瞬にして消え失せた。本当になくなったかどうかはともかくとして、少なくともこの時間だけはどこか暗い場所にしまわれてくれたようだった。

　弟は床に這いつくばって〈GE〉を仔細に点検し始めた。摘まみやスイッチの感触を思い出してでもいるのだろう。

「どうやったらこの摘まみが壊れずに済んでるなんてことが起きる？」

　感極まったようにやつが訊く。

「これ以上有り得ないような安物のプラスチックでできてるのに」

「持ち主が誰であれ、そいつが実際には一度もこいつを使わなかったからだろうよ」

「しっかしひでぇな」

　言いながらもマークは満面の笑みだ。

「造りだってろくなもんじゃないよ。よく俺たちの、あんなに長いこともったもんだな」

　僕は応じた。

「いや、終わりの頃はあちこちテープで補修してあったよ。あと、ほかに選択肢がなかったことも長く使った理由の一つだ」

　弟は機械から目を離そうともしなかった。驚きのせいか、まばたきの一つもせず、石器時代みたいな技術に時折笑い出しながら、本当に愛おしそうに眺めていた。

この男本人には、六百万にはさすがに及ばないにしても、実際に百万ドルの価値があるというのに、今やこいつは空っぽの家の廊下で四つん這いになり、〈eベイ〉でも高々二十五ドルの値段しかつけられていなかったプラスチックのレコードプレイヤーにすっかり打ちのめされているのだった。

　マークと僕が床にじかに置かれたレコードプレイヤーに群がり、せいぜい身を縮め、顔を突き合わせている間にも、エイミーは階段のところで辛抱強く立って待ち、ほかの野郎どもは二階の各部屋を出たり入ったりしつつ、自分たちの記憶を披露し合っていた。縦横も高さも全部が全部、自分たちが覚えているのとずいぶん違うよな、などと確認し合ってもいたらしい。

「おい、お前どうやってここにドラムセットなんて入れたんだ？」

　僕の寝室からジョンの声がした。彼はすっかり困惑していた。ここにあったはずだと自分が記憶しているものが全部収まるには、部屋があまりに小さ過ぎるというのだ。たとえばドラムセットだ。しかし、いまだかつて僕がそんなものを持っていた試しなどなかった。

　のみならずジョンは、まるで『スタートレック』の〈エンタープライズ〉号の司令室みたいに二つ並べていた机はどうなったんだとも口にした。これもまた、こちらにはそんな覚えは一切なかった。

「誰かと勘違いしてるんじゃないのか？」

「そんなはずはねえ。てめえはここにドラムを入れてた。間違いない」

　彼はきかない。

「マジで持ってなかったって」

「いや絶対だ。ドラムなんて持ってなかったとか二度とほざくな」

「ドラムなんて持ってなかった」

「あんなあ、てめえはしょっちゅう俺たちに食ってかかってきてたんだよ、特に弟を手荒く扱ってた。で、ぶんむくれて自分の部屋に戻っちまったかと思うと決まってドラムを叩き出したんだ。いつだってこっちはてめえの部屋から今にも〝白鯨《モビーディック》〟が出てきやがるんじゃねえかとか思ってたんだぞ」

　ええと、この台詞のどの一部として全然正確ではないので念のため。

　しかしジョンの側のこうした僕に対する勘違いを聞かされるのは実に興味深かった。僕の方の彼に対する誤解を考え併せればなおさらだ。レコードを聴きながらあれやこれや話しているうち、彼の犯罪歴だかいうやつもどうやら詳《つまび》らかになっていたのである。

　彼の前科というのは、なるほど本人の中毒に直接関係するものだった。でもそこには〈パックマン〉とか〈アステロイド〉とか〈ポールポジション〉といったテレビゲームを、それこそ偏執的にプレイし続けることも含まれていたのである。

「一回スナックに潜り込んだことがあんだよ」

　ジョンはそう教えてくれた。

「結局は母ちゃんがやってきて、髪の毛ひっつかんで、あんたはこういうとこに入り込んじゃだめでしょう、とか言ったたって訳よ」

　ゲーム機につっこむ硬貨を求めてコインランドリーに忍び込むこともしていたらしい。

「たぶん十歳くらいの頃だ」

　彼は続けた。

「テディ・Bと俺とで同じコインランドリーに三回潜り込んだ。俺が泣きを見る羽目に遭ったのは、まあそういう訳だ」

「てことはお前〈パックマン〉やるための小銭を盗んで逮捕されたってことか?」

　思わず訊き返していた。

「その通りだ。あの頃はゲーセンで使う金のためなら、思いつけたバカなことなら何でもやった。当時街にピザ屋があったろう。第一埠頭ビルとかいったかな、あそこにも出入りした。あの店にはソーダ缶のストックが死ぬほどたくさんあってよ、で、従業員ってのが十代のガキばっかで、大抵奥に引っ込んでサボってばかりいやがった。だからテディと俺とで潜り込んで、六箱とか七箱とか、そのくらいのソーダを失敬して逃げた。でもソーダは湖に流すだけだ。とてもじゃねえが飲めねえからな。空き缶が必要だったんだ。回収所に持っていくと小銭がもらえた。知ってるだろう?」

　僕らはだから、声をひそめて両親が囁いた逮捕がどうとかいう警告を、あまりに安易に信じ込み過ぎていた訳だ。頭の中には飛び出しナイフやらヘロインで満たしたバスタブやら、さもなければ長靴下に詰め込まれた硬貨といったものばかりが浮かんでいた。十歳の少年が〈アステロイド〉で遊ぶ金欲しさに、盗んだソーダをミシガン湖に流している光景など、想像の及ぶ範囲の遥か外側だった。

　さらに音楽をかけていくに連れより広範な秘密も顕わになった。ザ・スミスの『ミート・イズ・マーダー』を聴いている間には、ジョンが自分の離婚の話をし、のみならず二度目の離婚についても打ち明けた。すっかり酒に溺れ鬱々とした数年間を過ごしたらしい。それでも今はだいぶマシで、十三歳になる双子の娘たちともいい関係を築けているのだそうだった。

『レッド・ツェッペリンIII』がかかっている間には、マイクが数年間ほど専門の大工として働いていた時期のことを話してくれた。けれど大きな事故に巻き込まれ、ほとんど命を落としかけるまでに至ったらしい。

　その時の傷というのも見せてもらった。今の彼は写真に夢中だ。人生で本当にやりたかったことはたぶんこれだとも口にした。

　それからはしばし、自分たちがザ・スミスとレッド・ツェッペリンとをいかに無頓着に平気で並べていたかという話題に興じた。彼らの音楽はある意味ではそれぞれに虚構の、しかも性的な意味ではまったく位相を異にする世界に立脚していたからだ。

　一方からは〝ペニスがさながら剣闘士の剣のようにそびえ立つ〟なんて言葉が飛び出してくる。だがもう一方からは〝でもこの先誰も僕のことを愛してくれたりはしないんだ〟とかいう一節が耳に入る。これらを一緒に聴いてこっちが分裂してしまわなかったことの方がむしろ奇跡に思われた。

　その後は『スター・ウォーズ』のサントラをかけた。だがこいつは、やはり例に寄って例のごとく、最初の三分が過ぎた途端に一気に面白みを失った。

　ところがそこで弟の妻のエイミーが「砂漠の蛮族タスケン・レイダー」を聴きましょうよと言い出した。まだ七つだかの頃に彼女は『スター・ウォーズ』をテーマにしたダンスの公演に参加したことがあり、その時踊ったのがこの曲だったのだそうである。

「私たちだから、タスケン・レイダーになって踊ったのよ」

　彼女が言った。

「腕には吹き流しみたいな飾りをつけて、衣装にはあちこち包帯巻いて」

「砂漠の蛮族ってのはどんな具合に踊るのさ」

　僕は訊いた。

「なんかこう、滑るように動くのよ」

　僕らはそこで彼女に、簡単でいいから是非ここで「砂漠の蛮族タスケン・レイダー」ダンスを披露してはくれまいかと頼んだ。彼女も頷いてくれたのだがこれが実に素晴らしいものだった。ほかの人類の誰かしらが踊っているのを目にした中でも優に一、二を争う種類の舞踊だといえる。大笑いし、拍手喝采した。

　頃合いを見計らって僕はいよいよ、キッスの『アライヴⅡ』をマークに手渡した。三百ドルもした二枚組だ。そして尋ねた。

「見覚えないか？」

　ぼんやりとそいつを見下ろしていた弟が、ようやく、ああ、と呟いた。

「上に手書き文字が見えてるだろう？」

　Kの箇所の汚れを示しながら僕は重ねた。

「何か思い出さないか？」

「いや」

「そうか。とにかく聴いてみようぜ。何か響くかも知れない」

　そう言って僕は二つ折りのジャケットの中から真っ黒な盤《ディスク》の一枚を取り出した。そして、トランプを操る手品師さながらの手つきで指先でそれを扱い、まるで重さなど存在しないかのように軽々とターンテーブルに載せた。

　ずっとこの瞬間のために準備してきた。一度ならず練習までしていた。これこそクライマックスだ。マークと再び何かを共有できる可能性があった。僕らがとうの昔に失くしたものだ。それを僕が探し出し、取り戻した。

　だってこいつは単なる古いレコードなんてものには留まらない。この溝の中には、この一枚だけが持つ特別な溝には、かつての僕らがそうだった僕ら自身が刻み込まれているのだ。

　だからこれをもう一度かければ必ず――いったいどうなるというのだ？　わからなかった。でも、何かが起きてくれるはずだった。

　僕らが次第に離れていった日々。それぞれを互いに異なる存在へと作り変えていってしまった歳月。最早僕らには共通の話題なんてものも簡単には見つからない。

でもそんなのはもう一切関係なかった。僕らの距離は一瞬にして消え失せる。ほんの数曲分だけの時間のうちにすべてが変わる。

僕らはかつてそうだった僕らに還る。まだ互いに他者でさえなかった頃だ。小さな弟が目の上のこぶだった時期。こいつは廊下一つだけを隔てた真向かいの部屋に住んでいた。こいつのことなら全部知っていた。

「ワオ、マジでクソったれだな。なあ、こいつはアバじゃないのか?」

僕が今にも針を下ろそうとした、まさにその瞬間だった。マークはすっかりこちらから注意を逸らし、新たな興味の対象を見つけ出した。

すでにマークはアバの『グレイテスト・ヒッツ』の盤をジャケットの中から引っ張り出していた。九二年に出た、今や超有名になった『ゴールド』の方ではない。一九七六年にアトランティックから出たベスト盤だ。

ジャケットには表裏それぞれに、二組のカップルが公園のベンチで座っている姿を捉えた写真が使われていた。ベニーとフリッドの方はまるで色気づいたばかりの子供のようにいちゃついている。ところが一方でビョルンとアグネッタの二人は、愛のない結婚にすっかり囚われ身動きできなくなっているようにしか見えない。ああそうだよ。僕はマジで四人の名前までまだきちんと覚えているのだ。

「これを聴かない訳にはいかないでしょう」

マークが主張した。

議論の余地もなかった。レコードを受け取ってターンテーブルへと載せた。そして彼女たちの歌を聴きながらジャケットを皆で回し合い、またそれぞれに好き勝手なことを口にした。

「驚くべきはこの後もバンドがすぐにはぶっ壊れなかったことだよな」

ジョンが指摘する。

「明らかにこっちの二人はもう憎み合ってる。でもあれだな、アバを壊してしまう訳にはいかない、みたいな感じだったんだろうな」

「プロだからね」

マイクが言った。

「金だって動いていただろうし」

こちらはマークだ。

「でも彼らは誠実だったよ」

補足したのはマイクである。

「作品にその誠実さがにじみ出てる」

これを要するに、揃って四十代にもなっているというのに僕らはなお、まだ十代にもならなかった子供時代と似たような駄法螺《だぼら》ばかりを吹いていたという訳である。

アバの音楽はまあ、僕には別にどうということもなかった。でもジャケットの方は少し違った。それが手元に回ってきて改めてしげしげ眺めた時だった。一瞬で何かが自分を洗い流していったような感じがした。

両親は離婚こそしなかったが、一度だけ寸前にまでいった。口論があり、脅迫じみた言葉が押し殺した声でやりとりされた。一切が壊れてしまうのだという不安が絶え間なく宙を渦巻いていたような日々だった。

そういった場面では、本当にそんな事態が起きつつあるのか、それとも一切は自分の想像に過ぎないのかもよくわからないものである。僕の耳には届いていないと二人が思っているこの手のやりとりを立ち聞きしてしまった後では、僕はだから、慌てて自分の部屋に戻ってこのアバの『グレイテスト・ヒッツ』のジャケットを眺めていたのだ。そうしていると少しは日常が戻ってくれる気がした。

「これは僕らのだッ」

「リング・リング」の真ん中辺りで、出し抜けにマークがそう声を上げた。

「その通り」

ジョンが同意した。

「いや、このレコードのことだよ。こいつだ。今ここにあるやつだ」

弟は僕から受け取ったジャケットをかざして揺さぶって見せまでし始めている。

「だからその可能性もなくはねえだろう」

「間違いないよ。絶対だ。自信がある」

「だから俺もそう思うって」

マークが僕ら全員を見回した。かかってこいとでも言わんばかりだ。

「こいつなんだって」

弟がそう言った。

十分だった。確かに僕はキッスのアルバムがこんな瞬間を彼にもたらしてくれることを望んでいた。でも同じことだ。

マークがこれほど感情を顕わにしている。かくも力強く、自分が今、自分たちの昔のレコードを見つけたんだと確信してくれている。その通りかも知れないし、そうではないのかも知れない。そいつはだから、この家から一ブロック先にある家の、床下というかそれとも鼠の便所と呼ぶのが正しいのか、とにかくそういった場所から出てきたものだったからだ。

この特別な一枚に収録された曲たちを、僕らが一緒に育ってきたのとほぼ同じ〈GE〉製とはいえクソみたいな安物でかけ、付属のこれまたクソみたいに安っぽいスピーカーで聴くという行為が、弟の中になにがしかの連鎖反応を起こしたのだ。眠っていた何かを目覚めさせた。

だから出し抜けに、この一切をまともではないと考えていたはずのこいつが、どうして僕が空っぽの家で古いレコードを聴きたがったりするのかなどまるで理解すらできていなかったこの野郎が、今自分たちがある種の〝本物〟を聴いているという事実に、もし文句があるならいつでも受けて立ってやるぞ、みたいな素振りを見せるまでになったのだから。

その後もたぶん二時間か三時間かそのままレコードを聴き続けた。大っ嫌いなものもあったし大好きなものもあった。ほとんど聴いてなどいない場面もあった。ここにいる面々と自分が今同じ部屋にいる。それで十分だった。

レコードが錨の役割を果たしてくれていた。確かに目を見張り息を飲むような瞬間というものはなかった。たくさんの話題が持ち出され、時に頭のネジが外れているとしか思えない理屈まで開陳された。

たとえばマイクは『マジック・オブ・アバ』のジャケット内面に乳首の見えている写真があるのだと言い張ってきかなかった。実際彼はそいつを示し、本当によぉくよく目を近づけて見てみればアグネッタの乳首がモロ映っているのがわかるはずだと主張した。

「マジだって。俺はあらゆる角度から検証したんだ。子供時代中ずっとこいつを見ていたくらいに言っても間違いじゃない。この乳首だ」

「うーん、乳首にしては上過ぎないか？」

反論したのはマークだ。

「三つ目とか言うやつならまだしもさ」

「いいや乳首だ。寝ぼけてんじゃねえぞこらてめえ。これはまさに乳首のある場所だ」

「いやいやいやいやいや――」

割り込んだのは僕である。

「お前ひょっとして乳首の場所のことをあまりよく知らないんじゃないのか？」

そしてシャツをたくしあげ、彼に乳首の位置を教えてやった。

「な、乳首はこのくらい下にある」

「そいつはあてにならねえ」

マイクが怒る。

「お前は野郎だ」

「エイミー、味方してくれないか？」

僕は問題のジャケットを手渡しながら彼女に言った。

「そいつが乳首だなんて有り得ないだろう？」

「あら、乳首かも知れないわよ」

エイミーは笑っていた。

そんな空気がひどく慣れ親しんだものに思われていた。いや、その時の話題になっていたこのネタがということではないよ。まあ確かに、この面子が乳首の話題に興じたことが初めてだということはほぼ有り得ない。それにこれっきりということも、たぶんないだろう。

でもそうではないのだ。初めてなのに懐かしかったのは、声変わりしてすっかり低くなってしまった僕らの笑い声だった。ひどく自然で、強制などまるでされていない感じがそういう感覚を呼び起こしていた。

そんな気安さが僕に思い出させたのは、煙草だった。あの時間を失くして久しいのだなと考えた。ニコチンが欲しいということではない。だから、煙草を吸う人間が集まっていたあの集団を懐かしく思い出したのだ。問題なく吸える場所を探し求めてはぐれ者どもが行き会っていた、あの社会だ。

中に見知った面子がいることもあれば、いるのは今会った相手ばかりということもしばしば起きた。それでもいずれ、あの場所ではなんとなく会話が始まった。燃えていく吸いさしを見つめる以外にできそうなことがほかになかったからである。

一本の煙草が煙になっていくそのつかの間、ほかの人からはわざわざ聞く時間を作ったりなどしないような内容を、その場にいる相手から教えられた。喫煙者たちの間には非喫煙者には決して理解できない種類の絆があった。

それゆえ僕は、今でも車を出した際など、ビルの表の一画で身を縮め、寒空に煙を吐き出しながら、たぶん内輪のジョークか何かで笑い合ったりしている喫煙者らの姿を見かけたりすると、ついこう考えてしまうのだ。

「あそこに仲間がいるや」

僕がもしこの先の生涯ずっと、もう一本の煙草にも触れることなどなかったとしても、彼らはやはり我が同類なのだ。

ま、そういうことだ。たぶんそんな感情に似ている。今ここにいる僕らには、それこそまさにあぶくみたいな親密さを造り出すことができていた。家族とか旧友とかいった括りよりはもうちょっとだけ広い何かだ。

でもこいつはたぶんレコードが終わればそれと一緒に消えていく。けれど、たった今この場にいる彼らはまさしく僕の同胞だった。

Twelve

僕は床に寝そべっていた。ほかに座れる場所などもうなかったからである。

椅子とテーブルとは母とその旦那との手ですでに運び出されていた。大道具係みたいだ。ジョンとマイクもまた帰っていった。こちらはそれぞれ、この午後のための小道具たちでいっぱいになったゴミ袋をぶら下げて消えた。

その中身はというと、ひねり潰したビール缶に空き瓶たち、それから驚くべきことに、最後の最後まですっかり徹底的に貪り尽くされてしまった〈ブーベリー〉の空き箱といったものどもである。

そもそもからして空っぽだった寝室からポスターを剥がすこともした。セロテープの接着剤の跡も丁寧に、執拗に爪で落とした。そうやって自分たちがここにいた証拠が完膚なきまでに隠滅されていることを確かめた。

唯一彼らが残していったものは、レコードである。マイクが母親の床下から引っ張り出してきたものも、ジョンが地下室から発掘してきたものも、全部だ。二人は僕に保管を命じた。

「今度顔を合わせた時に返してもらうからよ」

そう口を揃えてもいた。こいつは一九七八年当時のルールそのままだ。僕らがそれぞれ互いに数ブロックも離れていない範囲に暮らしていたならちゃんと機能するやり方だ。

しかし会員たちが全員別々の州で生活するようになってしまった今となっては、このレコード共有システムを改めて編成することは、ややどころでなく難しい。無論そんなことはわかりきっていた。

でもあえて反対はしなかった。申し出に感謝を述べ、返す時まで責任を持って管理することを約束した。でも互いに、そんなことには決してならないのだろうなとわかってもいた。

僕らはもう、今回の〝思い出通り〟への道行きを存分に楽しみ尽くしていた。それにもし僕がこのカビの生えたレコードたちに対する所有権を申し立てなかったとしたら、それらがたちまち鼠の便所に逆戻りしてしまうこともまた明白だった。

誰もが皆帰ってしまうと、僕のほか取り残されているものは、レコードたちとそれから〈GE〉のベージュのプレイヤーだけになった。

六時間以上も休みなしに酷使され続けた機械は、触れれば火傷でもしてしまいそうな高温にまで達していた。そんな使われ方を想定して作られてはいないこともまた明白だった。

それらの全部を居間にまとめて僕は、自分用の小さな野営地を作り上げた。リゾートホテルとかのハネムーンスイートに据えられたダブルベッドの、その上にちりばめられたバラの花びらさながらに、床いっぱいに思い切りレコードたちを広げてみたのだ。そしてその真ん中で手足をじたばたさせてみた。

　当てずっぽうに手を伸ばし最初に触れた一枚をつかんで顔の上に運んだ。ビースティ・ボーイズの『ポールズ・ブティック』だった。いいだろう。ちょっとくらい獣《ビースト》じみてもいい頃合いだ。

　僕は二曲目の「シェイク・ユア・ランプ《ケツを振れ》」に針を落とした。今聴かなければならないのはこいつだった。この曲なら、音楽愛好家としての僕の原初の記憶を呼び覚ましてくれるはずだ。意味など欠片も理解もしていないのにとにかく一緒に歌ってみる。そういう経験である。

　俺がポン引きに使ってるペンみたいに《ライク・ア・ペン・アイム・ピンピン》
　ラブラドール犬が海老を飲み込んでる《ラブラドール・イーティン・シュリンプ・イン》
　まさかお前さん俺の口座を破産させせんのか《ウエル、ユー・バスティン・マイ・バンク》？
　日々の暮らしってやつに頭に来てんだろ《ユア・ビシン・フォー・ア・リヴィング》？

　違うかな？　少なくとも僕にはこんなふうに聴こえているんだが。

　同グループのリーダーだったMCAことアダム・ヤウクが世を去った時のことは忘れない。たまたまだが、母の誕生日だったのだ。

　お祝いの電話をかけると母の方が声音に気づき、なんだか悲しそうね、と言った。理由を説明するとでも、彼女は混乱した。

「あなたがラップを聴くなんて今まで全然知らなかったわ」

　母が言うので僕は重ねた。

「うん。確かにいつも聴く訳じゃない。だけどビースティ・ボーイズだけは違うんだ」

「白人だから？」

「いやいやいや、そんなことではないよ」

　気がつけばなんとなく噛みついていた。過剰に守勢に入っていることが自分でもわかった。

「連中はブルックリンの出身だし――」

　口調はいつしか母を諭すようになっていく。反対尋問で証言を無効にしてやろうと手ぐすね引いている被告側の弁護人みたいだ。

「それにユダヤ人だし」

続けながら自分でもだが、その理屈がいったいどこへ向かおうとしているのかがわからなくなっていた。

それでも僕はそのまま母に、その当時数々の雑誌やネットに出回っていた死亡記事やら追悼文の類で目についた、彼らについてのありとあらゆる手垢のついた言い回しを組み立てなおして披露した。

ビースティーたちこそはもう存在しなくなったかつてのニューヨークを体現していた。ちなみにたまたまだが、この土地は、僕自身は当時までついに、直接自分の目で確かめることを一度もせずにいた街でもある。

たぶんこの身が八〇年代当時の同市の、ラップとハードコアのシーンへと最も接近した場面というのは、せいぜいがシカゴ南郊外の商店街をうろつきながら、ウォークマンでこの「シェイク・ユア・ランプ」を聴いていた程度が関の山だろう。その僕がだから、彼らはニューヨークを体現していたとか母に説明していた訳だ。

だがそれをまったくの愚行だとも決して思ってはいなかった。自分自身にはほぼ直接関係などなかった物事に対して僕が抱く郷愁というものもかなり平均的な部類に入ると思う。パンクの聖地たる〈ＣＢＧＢ〉になど、足を踏み入れたことは一度もないのに、同店のＴシャツならば持っているという人間だって、決して世に僕一人ではあるまい。

「だから彼らには、もうあんなレコードを作ることはできないんだ」

母にはそう言ったが、これすらも決して自分自身の観察に基づいた言葉ではなかった。だけど僕には、今日この日、この惑星に生きているすべての人間が、七十億だかを数える全人類のその全員が同じように考えているだろうことになら自信があった。あ、いや、ものを考えられるだけの年齢になっていれば、という留保だけは一応必要なのかも知れないのか。

　でも、この〝彼らにはもうあんなレコードを作ることができないんだ〟以上に人類が共有できるような思考というのは、たぶん〝俺絶対死にたくなんかない〟ってやつと、それからそれぞれ死の間際になって口にする〝あなた以上に愛した人なんていないわ〟ってのぐらいなものではなかろうか。後者はでも、もう互いの裸の姿など二十年以上も目にしなくなり、それでも一緒にいて初めて本当の意味で言葉にできる訳だけれど。

　ああでもだから、僕がここで言いたいのは、この音楽が一九八九年に僕の耳に届いたのとまさに同じよう響いてくれるべきだったといったことでは全然ない。むしろそんな考えこそはまるっきりイカれている。

　彼らはもちろん新薬とか指なし手袋なんてものを作ったりはしていない。八九年当時にもそんなことは全然していなかった、まさにその通りに、だ。

　でも世界の方は、その時間にそういった物どもへとどんどん歩み寄っていった。だから僕が〝彼らにはもうあんなレコードを作ることができないんだ〟と口にする時、その意味はつまり〝僕はもう、僕が昔二十歳だった頃そうだったような二十歳では全然ないんだ〟といった意味合いに似ている。わからないって？　僕にもよくわからない。でもそういう感じなんだ。

　そんなふうにヨウクのことを考えていけば自ずと、いずれは自分も死んでしまうのだなという事実に思い至らざるを得なくなった。

　もちろんそんなこと思い浮かべたくもなかった。でもヨウクが亡くなったのは四十七歳で、今の僕は急速にその年齢に近づきつつあった。

しかも彼は人一倍体に気を遣ってもいたのである。ＢＭＩの数値も見事なものだったし、活動的なライフスタイルを維持し、瞑想までやっていた。

翻ってこの僕はといえば、人生の多くの時間を座り込んで酒を飲み、そして、ただ不安に思いを巡らせることばかりに費やしている。

横になったまま自分の鼓動に耳を澄ませた。そして、いつも決して意識から消えてくれることをしないあの心臓発作だかってやつが、もし万が一今ここで起こってしまったらどうなるのだろうと考えた。床の上に大の字になり、一人きりでビースティ・ボーイズを聴いている、今この瞬間だ。

ひょっとしてそういうのが終わりってやつなのかな。それがあいつらが僕を見出すその時だということか。

家族にはそんな状況も、多少なりとも胸をなで下ろせる要素になったりもするのだろうか。だから、僕が自分の愛したものたちに囲まれて息を引き取ったという部分だ。

なるほどたとえばどこだかの事務所の蛍光灯の下、どうしてこんな場所にたどり着いてしまったんだと怒りに顔を歪めているよりは、幾分はマシであるのかも知れない。

でもひょっとするとその事実が、以来綿々とチャーリーの胸につきまとってしまったりもするのではないか。あるいは息子は『ポールズ・ブティック』を手放すことができなくなり、数限りなく繰り返しこいつを聴くことになったりもするのではないか。

死の間際に父親はいったい何を思っていたのだろう。その疑問が彼の胸から一時たりとも離れなくなる。そして、こんな歌たちがどうやって父親の心臓を止めてしまったのだろうかとまで考えてしまうようになる。

　事実この手のことは絶対に頭から離れてはくれない。僕の親父は玉子サンドを食べている最中に亡くなった。以来僕は、もう数える気も失せるくらいの回数そいつを解剖してみている。喪失感の隠喩《メタファー》みたいになっている。

　しかもまた悔しいことに、世界中のどんな歌にも〝玉子サンド〟なんて言葉が歌詞に出てくることは決してない。読み取るべき行間もなければ解体再構築を挑んでみられる音楽的な構造もない。父親の最後の瞬間にそいつがどんな意味を持っていたのかを熟考させてくれるよすがなど、まったく一切見つからない。結局ただの玉子サンドだ。

　もし僕が今ここで死んだら、我が子に生涯をビースティ・ボーイズの研究に費やすことを強いるような羽目にもなりかねない。いったいどうして自分が父親を奪われなければならなかったのかを突き詰めずにはいられなくなる。

　あと、葬儀のことも当然考えない訳にはいかなかった。いったい皆はその場にどんな音楽を選んでくれるのだろうかとか、ついつい思ってしまったのだ。この状況では、僕がここで一緒に死んでいたレコードたちから選ばない訳にもいかないだろう。

　幸い中にはいい選択だといえそうなものがたくさんあった。リプレイスメンツにルー・リードにストゥージズ。このどれでも我が葬列のBGMとして申し分ない。

　しかしここには同時にケニー・ロジャーズも何枚かあるのだ。それからアバも多少。

　うぅワオ、こいつはまじヤバいぞ。もし母さんがアバをかけたりしたらどうしよう。いや、あの人なら必ずそうする。

　仮に母さんが我が血塗れの『レット・イット・ビー』を見つけたとしよう。アクションペインティングのジャクソン・ポロックが自分の血漿で描いたみたいな有様になっているあれである。絶対こう言い出すに決まっている。

「あらまあ、これはさすがにかける訳にはいかないわね。だって町の外から来てくだすってる方もたくさんいらっしゃるのよ。もっと誰もが楽しめるようなものを流さないと」

　かくして僕はアバの四人の歌う「フェルナンド」に送られて、この騒がしくも無常なる世を後にする羽目になる訳だ。南無三。

『ポールズ・ブティック』のＡ面が終わった。行き場を失ったレコード針が何らかのアクションを起こすようにと急かしていた。注意を向けろと囁いていた。だが無視した。

　目を閉じて僕はこのかつての我が家の音へと耳を傾けた。家はまだ震えていた。音楽たちの残響がなお廊下を行き来するのが聴こえる気がした。母はここの床の全部がカーペット敷きになっていたことも気に入っていたようだ。一つの進歩だくらいに思ったらしい。

「だって暖かみが増した気がするもの」

　そうも言っていた。だけど暖かみって。確かに室温は何度か上がっているのかも知れない。でも。その性質の方はむしろ失われているともいっていい。

　そういうのはだから、訪れる者すら最早ほとんどないようなレコード店の棚で埃をかぶっていく四十五回転のアナログ盤《ディスク》よりも、ＦＬＡＣ《フラック》のファイルの方が明らかに優れているのだと、無条件で見做してしまうようなものなのだ。愚者の思考だ。

　だって芸術というものは、歳月を経て、できあがった瞬間の目映い輝きを失った時にこそ、むしろより多くの意味を持つのだから。

　けれど絨毯が覆い隠してくれることにも限界はあった。きっちりと耳を澄ませば床板が軋む音はまだ聞こえていた。壁に跳ね返る残響も、すっかり吸い込まれてしまうというまでのことはなかった。昔のままであるはずのどこかの梁の内側では、さながら音叉が簡単には震えることを止めないように、音楽の名残がいまだなお身を揺すっているのである。

　それに、ほら、廊下を走る軽く小刻みの足音だって聞こえてくる。笑い声まで響いている。なんだか誰か小さな人間が、こちらに向かって必死に駆けてきてでもいるようだ――。

　ちょっと待った。何だって？

　息子が部屋に飛び込んできた。ワレ目《パナマ》を想像してすっかり興奮しまくったデイヴィッド・リー・ロスよろしく、全開の勢いで宙を舞って襲いかかってくる。のびてぐちゃぐちゃになった髪はブロンドで、着ている物といえばブルックリンの安売り店から買ってきたみたいで、そして顔には満面の笑みが浮いている。それも、こっちがどう扱っていいものかもすっかり忘れているような、皮肉の欠けらも見つからない、心底からの笑顔である。

　今のこいつは僕の知る限り、世界で一番カッコよく、かつ一番幸福な人間だった。そんな二つが両立できるなんて今の今まで微塵も思ってはいなかった。

「パパっ」

　叫びながら息子が我が腕の中へとダイヴァーダウンした。いや、ジャンプかな。

「まだレコード聴いてんの？」

「そうだ」

　答えて僕は我が子を思い切り抱き締めた。

「お前が来てくれて父さんはとても嬉しいよ」

「あら、皆はもう帰っちゃったの？」

　部屋を覗き込んだケリーがそう訊いた。

　二人がここへ来ることは知っていた。妻が、じゃあ、必要なことをやり終えた頃合いを見計らって後から車で顔を出すことにするわ、と、教えておいてくれたからだ。

　でも実際に彼女の顔を目にし、そして息子をこの腕に抱き締めれば改めてほっとした。ようやく海面に浮き上がって呼吸できた気分だ。

「少し前に全員退散しちまった」

　そう返事してから僕は続けた。

「まあこっち来て座ってさ、我が家だと思ってくつろいでよ」

　恐る恐るという感じで踏み出しながらも、ケリーは、何もない壁や高い天井のほかに何か確かめるべきものがここにあるのだとでも言いたげな目つきで周囲を見回した。

「思っていたより大きいのね」

　ぽつりとそれだけ彼女が言った。

「家具がないからね。ソファの一つでも押し込んだら大分違う」

　僕は応じた。

　彼女が足でレコードの数枚押し退けて居場所を作り僕の隣に座り込んだ。チャーリーはとっくに起き上がって部屋を駆け回っている。まるで岩を飛び跳ねて川を渡ろうとでもしているようにレコードからレコードへと飛び移る。

「ダメよチャーリー。これは全部パパにとって特別なものなんだから」

　そう言うケリーに僕は囁いた。

「いや、いいんだ」

　それから息子に声を上げた。

「チャーリー、気にしなくていいからな。だけど、もし聴いてみたいやつが見つかったらパパにも教えてくれると嬉しいぞ」

　そして自分でも一番手近な山に手を伸ばし、この再会に相応しい一枚を見つけるべくまたパタパタとめくった。

「別にいいわよ、音楽なんかなくても」

　妻は言うが僕は断固首を横に振る。

「音楽はいつだって必要だ」

こればかりは譲る気はない。

「さて何がいい？　ブロンディかな？　それともケニー・ロジャーズを御所望だろうか。御婦人方のお望みのままだ」

「少しはこのままでいなさいよ。今日一日ずっと音楽を聴いていたんでしょう？　たまには静かな時間をただ一緒に過ごすってことさえ、あなたって人はどうしてもできない訳？」

この点ばかりはどれほど長く二人でいても僕らが決して歩み寄れない部分だった。どんな部屋も音楽がなければ僕には空っぽに感じられてしまう。だからそういう場所は本能的に音楽で満たしたくなる。

しかし妻の方は、音楽はたまにあればそれでいいというスタンスだった。自分が積極的に耳を傾けられるような時にだけ聴こえていればいいと言うのだ。だから彼女はよくこんなふうに口にしなければならない羽目にもなった。

「ねえ、ちょっと音量下げていいかしら。そうすればお互い叫び声にならなくてもこの会話が最後までできると思うんだけど」

あるいはこう。

「止めていい？　そうでないと私、自分の考えもちゃんと聞き取れないんだけど」

でもこっちの方は僕にはいつも、ただ奇妙としか響かない。だって音楽がなければ僕には、自分の考えなど決して聞こえてはこないのだ。

「お、トーキング・ヘッズじゃないか。これこそ今必要な一枚だ」

そう言って僕は『リメイン・イン・ライト』のB面に針を落とした。そして一曲目の「ワンス・イン・ア・ライフタイム」が、僕らが今感じているすべてを一枚の布へと織り上げていってくれるのに任せた。

気がつけば美しい家にいる

美しい妻も一緒だ
いつのまに君は自問している
どうやってここにたどり着いたんだっけ

チャーリーが踊り出す。音楽がかかると息子はいつもそうするのだ。誰が教えた訳でもないのに彼は、だからたぶん本能的に〝ダブダブのスーツに身を包んだデイヴィッド・バーン〟的振付を見事に再現してみせている。ビデオだって観たこともないというのに、だ。

きっとただわかるのだ。リズムよく肩をすくめるその動作を脊髄で理解しているのだ。

「で、結局どうだったの？　思っていた通りにはいった？」

妻が訊く。

「ああ、上手くいったよ」

笑ってそう返事した。

実際には首尾は〝上手く〟なんてどころの話ではなかった。僕の耳にはまだ、懐かしき音楽たちの華やかな喧噪を留めた耳鳴りがなお響いたままでいる。弟と激しく笑い合った痛みも胃から消えてはいない。やつとあんなに笑ったことも子供時代以来初めてだ。

実際これ以上は考えられない喜びに涙も流した。そんなことがこの身にあり得るなんて今日の今日まで欠片も思ってもみなかった。

でもとりあえず僕は、この場では〝上手く〟という言葉で済ませることにした。今日のすべてをきちんと説明しようとするなら数限りない形容詞が必要で、たぶん本一冊分くらい必要には優に超える。しかも絶対大袈裟になり過ぎる。

でも、人生に置いて意味を持つ瞬間というのは得てしてそういうものだろう。何年もの時が過ぎてもまだ誰かに話したくなるような事どもだ。そいつが我が身を選んで起きてくれたことにただ驚き感謝する。それでも、たとえどれほど言葉を費やしたとしても、その気持ちを正確に再現することは叶わない。

「ならよかったわ」

そう言ったケリーはけれど、僕の手を握る自分の手に一層の力を込めてきた。

「でも、だったらまだ悲しそうな顔をしてるのはいったいどうして？」

僕は驚いた振りをした。

「悲しくなんて、全然ない」

妻は納得しなかった。

「悲しそうな顔よ」

「疲れているだけさ。けっこうなエネルギーを使ったからね」

僕らは並んで横になり天井を見上げていた。チャーリーは二階のどこかを探検しているようだった。鼠みたいにパタパタと行き過ぎる足音が頭上で響いていた。

彼女の言葉は正しかった。いつだって大体そう。確かに僕は悲しんでいた。痛烈な終わりの感覚があったせいだ。今日の出来事ですら、記憶の中ではすでにあちこち消えかけ始めている。過去形になりつつある。

最終的には僕自身もほどなくこの家を立ち去らなければならない。レコードとプレイヤーとを抱え、キッチンの床に鍵だけを置いて出ていくのだ。そういう約束だった。

明日になれば新たな家族がこの家に越してくる。もちろん自分たちの持ち物と一緒だ。ソファやマットレスを運び入れ、もうキッスのポスターもなくなってしまった壁を別の何かで飾り立てる。そしてあたかもこの建物の主であるかのように振る舞い始める。

一方でケリーとチャーリーと僕は午前中のうちに車でシカゴに帰ることになる。アパートでは今度は本格的な荷造りが待っている。僕らもまたほどなく引っ越す予定なのである。

僕は例の〈メンズヘルス〉に仕事を受けると

返事をしていた。来月にはだからもう僕らは、ペンシルヴァニアで新たな生活を始めているはずなのだ。町の名はマカンジーという。でもなんだかこいつは、皮膚にできる特殊な腫物《はれもの》を指す医学用語みたいな響きだな。

　そして僕は毎朝きちんと決まった時間に起きて、スラックスにネクタイにちゃんとボタンのついた分別くさいシャツとかに身を包み、会社なる場所に通うことになる。するとこの会社がまともな大人としての給料を僕に払ってくれるという訳だ。

　きっと通勤の道々僕は、ハリー・チェイピンの歌に合わせて「ゆりかごの猫《キャット・イン・ザ・クレイドル》」を口ずさみながら、泣き出してしまったりしないよう懸命に歯を食いしばることにもなるのだろう。

　でも段々と慣れていく。楽にこなせるようになる。もちろんそうなる。そして最後には、今は奇妙で他人事にしか思えていないような一切が日常というやつに化けてくれる。

　いずれは僕らも、地下室に駐車スペースとそれから多少の裏庭くらいはひっついた平屋程度ならば手に入れることもできるようになるだろう。チャーリーがそこで駆け回れるようにもなる。然るべき時にちゃんとパンツを履いて、毎日会社だかに顔を出す。それだけでいい。悪くない取引だ。

　日々は変わっていく。それもいいことだ。一歩ずつ前に向かって進むのだ。僕はただ、そういう準備を整えるのに多少の時間がかかってしまっただけだ。

　このままずっとこの家にいたかった。レコードを眺め続けていたかった。だがもうその時間は終わった。それもわかっていた。オシマイってやつだ。

　もう探し回るべきレコード店なんてものはない。所蔵品を仔細に検《あらた》めなければならない地下室もなければ、消息をたどらなければならない旧友もいない。床下に押し込まれ誰かに見つけてもらうのを待っている木箱なんてものも。

　もっとも、厳密に言えば今回たどらなかった糸というのもあるにはあった。たとえば十代の頃レコードを交換して聴いていた高校時代の友人だ。こいつとはヌード写真をプリントしたマグカップなんかもやりとりしていたのだが、とにかく彼は今ハワイの空軍基地にいた。奥さんと十代になる二人の子供と一緒である。

　ひょっとしてこの男がまだ僕の『メイン・ストリートのならず者』を持っている可能性ならば、決して皆無ではなかった。八七年に貸したきりついに戻ってこなかったのだ。

　しかしこいつは改宗クリスチャンでかつ熱烈な共和党支持者で、そのうえ銃規制反対論者だった。だから、彼の家のガレージの箱の中身を見せてもらうというほとんど有り得ないような可能性に賭け、こうした話題の絨毯爆撃みたいな攻勢にあえて我が身を晒そうという気持ちにまでは、あまりなれなかったのである。

　それにもう十分な枚数を見つけることはできている。この試みを始めた頃は、結局何も手にできないまま終わるのだと考えるのが妥当だろうくらいに思われていた。

　しかし結果は、僕自身も予測すらできていなかったような宝物の数々をこの手に取り戻すことに成功していた。

　乾き切った沼の泥にまみれたボン・ジョヴィの『スリップリー・ホエン・ウエット』。盤面に靴跡のある『レット・イット・ブリード』は生まれて初めての盗みと一緒に取り戻した。

　キッスの『アライヴII』には三百ドルも支払った。箱一杯分の親父のカントリーのコレクションからは防虫剤と白カビの匂いがした。

　ガンズ＆ローゼズの『アペタイト・

フォー・ディストラクション』のジャケットには、一応は僕のものだとのボブから裁定されたイニシアルが書いてある。そのうえリプレイスメンツの『レット・イット・ビー』は僕自身の血で華やかに彩られている。

　プレイヤーの傍らへと居場所を移していたケリーが、細心の注意で『リメイン・イン・ザ・ライト』を裏返す。そいつが昔の『テレビガイド』とか履かなくなった靴たちなんかと一緒の箱に押し込まれ、誰からも見向きもされぬまま三十年もの時を過ごしてきた無価値の骨董品でなどまるでなく、むしろ新品の壊れ物でもあるかのような手つきだ。

　そして彼女は一曲目に針を落とし、聴き慣れた最初の音符がそこからこぼれだすのを待ちかまえる。

　顔に笑みが広がっていく。そのまま妻は両目を閉じ、深く深く息を吸い込む。あたかも今そのレコードが何か芳しい香りを宙に放ちでもしたかのようだ。

　弾むようにチャーリーが階段を降りてくる。大声で笑いながら、不格好なバレリーナみたいにして僕らのいる居間へと駆け込んでくる。

　息子は服を着ていなかった。バットマンの柄のパンツ一枚という格好だ。

「まあチャーリー、ズボンはいったいどこに置いてきたのよ?」

　ケリーが訊くと息子は天井を指差した。

「うーんとね、上のどこか」

　そのまま息子の肩が揺れ出した。最初はゆっくりと、けれど次第にスピードを増す。さっきと同様リズミカルに肩を上下させている。首も音楽に合わせて上下に揺れる。

「パパこれなあに?」

「トーキング・ヘッズだ」

「これ大好きッ」

息子がここまではっきり自分の感情を表現するのはそう頻繁ではない。あっという間に、しかも揺るぎなく心がそう定まってしまったとでもいう感じだ。

何かを好きだと思う時、息子が自分でその事実を理解するまでほぼ時間はかからなかった。逆も然りで、嫌いなものについても同様だ。レタスなどリングに上がらせてもらうことすら叶わなかったものである。

そのままチャーリーはさも楽しげに全身で踊り始めた。あらゆる方向へと同時に体を動かしている。僕は息子のダンスが大好きだ。自意識など欠片も見つからない。むしろ自我さえすっかり捨て去ったかのようだ。

もしマイケル・ジャクソンがワインクーラーの飲み過ぎで、自身の輝かしい歴史のことまですっかり忘れてしまえたなら、きっとこんなふうに踊ったんじゃないかと思うほどだ。

「これ一番だあッ」

叫んだ息子は、また新たにさらに複雑な動きを体現しようとでもした結果だったのか、僕らの間目掛けていきなりダイブしてきた。

「僕のテーマだ」

「お前のテーマはエルヴィス・コステロだったんじゃないのか？」

息子は眉根を寄せた。

「うーん、あれはもう僕のテーマじゃないや。これが僕ンだ」

「わかったわかった」

笑いながら僕は応じた。

「了解であります。これが貴殿のテーマでありますな」

「僕のテーマだッ。僕はこいつが大好きだッ。ずっとずっとずっとずっと聴いていたいのはこれだけだっ」

息子は力一杯叫んでいた。

立ち上がったケリーが、チャーリーと一緒に踊り始めた。でも僕は座ったままでいた。そうやって、この世界で何よりも大切な二人が、かつて自分自身が育った場所で踊っている様を見守った。

そして、八〇年代当時にはさほど注意も払っていなかった、そこにある音楽へと改めて耳を傾けた。そいつはひどく新鮮に響いた。

いつだって目を閉じれば
この想いが甦ってくれる
僕の首を持ち上げて
その内側を見渡している

チャーリーは心の底からの笑顔だった。完璧で、純粋で、僕はそいつをそのまま捕まえて、厳重に何かに包み込み、誰にも見つからないどこかにしまっておきたいような気持ちにもなった。この皮相で冷笑的な世界ってやつがこいつを打ち砕いてしまうことなど、決して、絶対にないように。

けれど、もし仮に本当にそんなことができたとしても、結局はやらなかったと思う。何故ならばこの世界では〝善き物〟と呼ぶに価する物事がずっと新品のままであることなど決してあり得ないからだ。もしそんなことが起きたとしたら、たぶん何かが間違っている。

細かな傷たち。修復の術すら持たないそうしたひずみは永遠にその場所にあり続ける。でもそれは決して悪いことではないのだ。

家に帰ったらチャーリーをレコード店に連れて行こう。今度はちゃんと息子にも注意を払っていよう。店にあるトーキング・ヘッズは全部買う。だって彼の新たなテーマなのだから。それから、父親の方の新しいテーマも考えておかないとならない。

それから息子をどうにかおだて、通路の間を自分でいろいろ探させることもしてみよう。自分でレコードに触れさせて、何か目を引かれるものが見つかるかどうかを試してみるのだ。

だけど万が一ロキシー・ミュージックのアルバム群に引っかかってしまうようなことが起きてしまったら、その時だけはこう言ってやる。

「ああそいつか。そのジャケットには騙されちゃダメだ」

でも本人に代わって決断を下すことは最後までしない。間違いだって自分で犯す必要があるからだ。自分の手でチャンスをつかみ取る経験も必要だ。そうやってまた自身のテーマを見つけていくのだ。

ああそうそう。僕もまたこの世に留まる限りは何か新しいものの可能性とやらに賭けてみることをこの先も重ねていくだろう。バンド名の響きとか、ジャケットの奇妙なデザインだけを頼りにアルバムを選ぶのだ。

そんないわば、無策のまま大海に飛び込んで一番いいものをつかみ出してやろうなんて感じの無謀な挑戦も、気づけばもうずいぶんと長いことしていない。

うん。ようやくあの感覚を思い出す準備ができたみたいだ。

謝辞

本書は次の二人がいてくれなければ存在もしなかった。

一人目はマイク・エアーズだ。彼はかつて〈ＭＴＶハイヴ〉で僕の担当を勤めてくれていた。同社が是非ともネットの世界に安らかな居場所を見つけてくれればいいなとは心から願ってもいるのだが、とにかくこの彼が、たとえ僕がそんな気分でなどないような時でも、毎週必ず何か新しい原稿を書くようにと強力に催促してくれた。おかげでなんだか首を傾げたくなるようなテキストたちが山と仕上がった。

記憶が確かなら、中には女性器の石膏模型に関するコラムや、七人のボウイのコスプレイヤーへのインタビューといったものも含まれていたはずだ。でもこの仕事が最終的に本書の根幹となるアイディアを思いつかせてくれた。だからマイク、僕はこの恩義については永遠に完済などできないと思っているよ。あ、でも〈MTVハイヴ〉はまだ僕に三百ドルの未払いがあるはずなんだけどな。これをちゃんと調べてくれるとものすごく嬉しい。

さて、この本を存在せしめたもう一人の人物というのは我が担当編集者たるベッキー・コール嬢だ。彼女はまだ前提のほかはほぼ何もない、いわば最初の最初の段階から本書の完成と成功とを信じてくれた。そして何度かの書きなおしを通じて彼女は、優しくもかつ外科医のメス裁きのごとき正確さを備えたアドヴァイスでもって、この物語をきっちりブラッシュアップしてくれた。

僕もこの仕事をしているからには当然編集者という人たちとも複数つきあってきているのだけれど、基本に忠実で、かつ非常に挑戦的だなと感じさせてもらえることは滅多にない。どうやらこの二つの要素は平和に共存することがやや難しいようだ。

ニューヨークの彼女のオフィスで一応一旦できあがった第一稿を広げ、彼女が通りの先のデリから買ってきてくれたサンドウィッチで机上のピクニックランチとしゃれ込んだことは忘れられない。こう思ったものだ。

「この女性は僕のガンダルフなんだな」

言わずもがなだが『指輪物語』に出てくる彼である。

それからダン・マンデルにも感謝を捧げない訳にはいかない。もう二十年以上も僕の代理人《エージェント》を引き受けてくれている人物で、そうしなければならない理由など欠片も見当たらないような時期にも僕を信じ、僕のために闘うことを止めずに続けてくれている。

だから僕は九十歳まで生きてやろうと決めている。そうすればたぶん『ニューヨークタイムズ』に載る彼の死亡記事をこの手で書けるだろうからだ。そうやって、このダンがいかに自分の人生を変えてくれたかをつややかに回顧して見せる作家連中の一人に名を連ねるのだ。

それから母にも尽きることのない謝意を表する。ずっと僕を支え、励まし続けてくれている。普通の親ならもうとっくにこう言い放っていていい頃合いだ。

「我が子よ、もう自分の足でお立ちなさい」

それから弟のマークにも。彼が僕の知己の範囲で最も面白おかしい人物であることには疑念を挟む余地など一切ない。あいつを笑わせることに成功する以上に満足を得られることなどほかにはなかなか見つからないのも本当だ。そのうえ彼はパンチ一発で僕の歯を一本吹っ飛ばしてしまった唯一の人間でもあるし、僕にどうしてもその必要がある場合に、自分の書いたテキストへの不安を払拭してくれることができるのもまた、実は彼だけだったりする。

なお、僕がここまで言うのは当然ながら、彼ならば財布の中に入れている金だけでいつでも好きな時に僕をいわゆる〝消息不明〟に仕立て上げ、トルコの刑務所辺りに送り込むくらいのことなら簡単にできてしまうという理由からでは、まったくちっとも全然ないので念のため。

それから水曜の夜に〈エッジウォーターラウンジ〉で一杯やりに集まっていた面々にも改めて礼を言わせてもらいたい。ライアンにジェフにマイク、ETにブラッドにカールに、それからジェレミー。まだ本書のアイディアが曖昧模糊としたものでしかなかったあの頃、こんなバカげた思いつきを広げていく、いわば共鳴板の役割を果たしてくれたのが彼らだった。

本書がこうして本になるよりずっと以前、僕らは幾晩もかけ、この本についての話し合いを重ねてきた。その間に僕はだから、ちゃんと酒類販売の免許を持っていたのかどうかも怪しかったあの店で数え切れない本数のビールを空にした。その〈エッジウォーターラウンジ〉も今は失くなってしまった。〈エッジウォーターラウンジ〉万歳！

それからレコード店に連れ回してしまった人たちにもこの場を借りてありがとうと言わせていただく。T・J・シャノフにブライアンにリズ。ほかにもう思い出せない人々も中にはいるが、彼らが皆、我が最悪のアナログ盤《ディスク》へのこだわりに苛まれ、同時にそれを勇気づけてもくれたことも間違いはない。

そして数多くの雑誌編集者の方々。彼らがいたればこそ僕はいわば文学上のフランケンシュタイン的怪物にも成れた。ステファン・ランドールにジョン・ケリー、マイケル・ホーガン、ジュリアン・サンクトン、フランク・ディジャコモ、アダム・キャンベル、ポール・シュロッド、ビル・フィリップス、ピーター・ムーア、そしてウィリー・ステイリー。彼らの存在がなければ、僕はスタイルも技術も何も持たない、ただ言葉を吐き出すだけのインクのシミみたいなものだったはずである。

　ついでにこの本の大部分をそこで書かせてもらった建物たちにも触れておく。たとえばシカゴの〈メトロポリス・コーヒーカンパニー〉だ。ここではただのコーヒーを散々頂戴したばかりか、ほとんど勤めているような勢いで通わせてもらった。作中にも登場した、我が家の所有であるミシガン州オメナのコテージでもずいぶん書いた。

　あとはペンシルヴァニア州ベツレヘムの〈サイヤマンション〉だ。賭けてもいいがここには絶対幽霊がいる。マジである。この本の最後の章を書いていた部屋は九九パーセント確実に絶対間違いなく呪われていた。だってベッドの下から女の子がくすくす笑う声が聞こえてきたんだぞ。

　後になって宿の主人から教えてもらったところによれば、この少女はおそらくは十九世紀からずっといる幽霊で、宿泊客の足の裏をくすぐることで有名なのだそうだ。でもおかげさまで僕自身はそこまでの目には遭わずに済んだ。実にありがたい。もしそんなことが起きていたら、間違いなく怖さのあまりウンチくらいは平気で漏らし、すっかり下着を汚してしまっていたことだろう。

　クエストラヴにも特別な感謝を。たとえ本人にそんなつもりなどなかったにせよ、彼こそが僕にこの冒険を始めさせた張本人なのだから。それからボブ・ダイナーとロブ・ハーレス、ヘザー・ゴダウトとアラン・ハンターにも感謝を捧げる。様々な形でこの本の骨格を為してくれたのが彼らだ。旧友ジョン・スワンソンの名前も挙げておこう。いつもあの言葉を思い出させてくれたのは彼だ。

「タイプをお続けなさい、ドロシー」

いや、動機付けありがとう。わかったから後は帰ってマスでも掻いてろ。

そして、誰にも増してケリーとチャーリーとに感謝を捧げる。我が妻と息子だ。この本が仕上がるため最も多くの犠牲を強いられた二人だ。幾晩も、それに複数の週末も、もっと正直にいえば数ヶ月も、この本のために僕が二人の前から姿を消してしまわなければならない場面ならば数え切れないほどあった。それでも君たち二人が僕を支えてくれようという姿勢は決して揺るがなかった。あ、いやまあ、一度だけ涙目のチャーリーにはこう言われたが。

「パパの本なんて大っ嫌いだッ」

その気持ちは心底わかる。あの時は僕自身もある意味この本を憎んでいた。パパだってちゃんと約束を守って、恐竜のロボットでお前と遊んでいたかったんだぞ。でも僕はそうせずにこっちをやった。たぶん僕自身が価している以上に君たちはパパのことを我慢してくれた。どうやっても埋め合わせなどできないほど無条件に支えてくれた。

もしこの本がさほど悪くないものに仕上がっているとしたら、それは全部君らのおかげにほかならない。今の僕がそうである一切、この先そうであろうとする一切は、全部君たちのおかげなんだ。

● エリック・スピッツネイゲル
Eric Spitznagel

シカゴ在住。ライター。『プレイボーイ』『エスクワイア』『ローリング・ストーン』『ニューヨーク・タイムス』『ビルボード』『メンズヘルス』などに寄稿。著書は6冊あり、そのうちの1冊はドイツでも翻訳されているが、2016年に出版された本書がもっとも有名。

● 浅倉卓弥
Takuya Asakura

1966年北海道生まれ。作家・翻訳家。著書に『四日間の奇蹟』『君の名残を』、訳書にジャレット・コベック『くたばれインターネット』『すべて間違ってやれ！』、トレイシー・ソーン『安アパートのディスコクイーン——トレイシー・ソーン自伝』『アナザー・プラネット～郊外の十代』、デボラ・ハリー『フェイス・イット～デボラ・ハリー自伝』など。

レコードは死なず

2021年2月12日　初版印刷
2021年2月12日　初版発行

著者　エリック・スピッツネイゲル

訳者　浅倉卓弥

装画　よしもとよしとも
装丁　神戸太郎
編集　野田努(ele-king)

発行者　水谷聡男
発行所　株式会社Pヴァイン
〒150-0031
東京都渋谷区桜丘町21-2 池田ビル2F
編集部:TEL 03-5784-1256
営業部(レコード店):
TEL 03-5784-1250
FAX 03-5784-1251
http://p-vine.jp

発売元　日販アイ・ピー・エス株式会社
〒113-0034
東京都文京区湯島1-3-4
TEL 03-5802-1859
FAX 03-5802-1891

印刷・製本　シナノ印刷株式会社

ISBN 978-4-909483-84-3

ele-king books